서비스 혁신을 위한
AI 실무 가이드

AX 기획론
AI TRANSFORMATION

AX 기획론
서비스 혁신을 위한 AI 실무 가이드

초판 1쇄 발행 2025년 5월 22일

저자 : 노주환
출판사 : 공존의 미학
출판년도 : 2025년
ISBN : 979-11-950726-8-2
이메일 : gongzonepublishing@gmail.com

서비스 혁신을 위한
AI 실무 가이드

AX 기획론
AI TRANSFORMATION

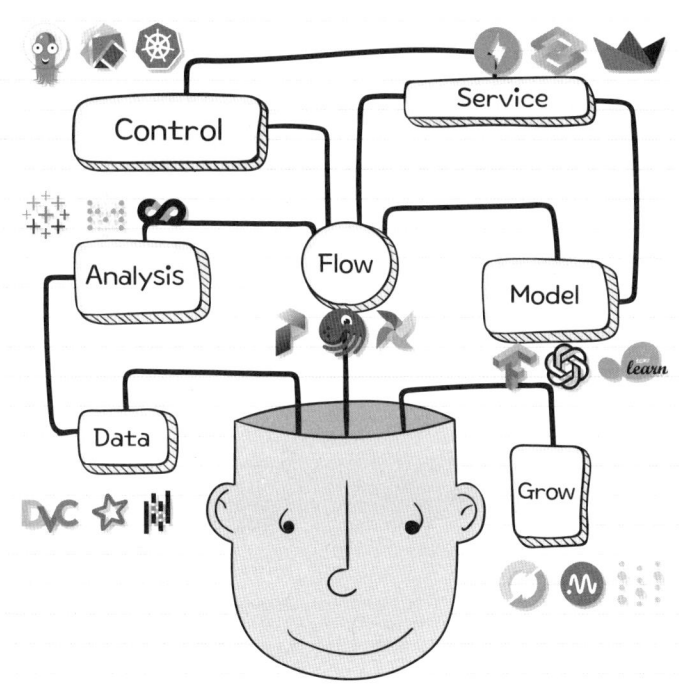

목차

1. 회원 가입　　　　　13

아이디 추천　　　　　14
비밀번호 추천　　　　20
신용카드 등록　　　　24
신분증 인증　　　　　28
지문 인증　　　　　　34
얼굴 인증　　　　　　39
CAPTCHA 인증　　　43
AI 아바타 생성　　　　47

2. 고객 분석　　　　　55

고객 프로파일링　　　　56
고객 세분화　　　　　　65
퍼소나 생성　　　　　　71
고객 평생 가치 예측　　76
고객 여정 분석　　　　　85
고객 이탈 예측　　　　　92
고객 유지 효과 예측　　99
고객 의도 예측　　　　108
감정 분석　　　　　　　114
VOC 분석　　　　　　 122

3. 문서 분석　　　　　131

문서 생성　　　　　　132
문서 구성 분석　　　　147
문서 구조 분석　　　　151
지능형 문서 처리　　　156
문서 유사도 분석　　　160
엔터티 관리　　　　　164

4. 검색　　　　　　　187

키워드 검색　　　　　188
자연어 검색　　　　　199
생성형 검색　　　　　209
이미지 검색　　　　　227
색상 검색　　　　　　232
멀티모달 검색　　　　236

5. 추천　　　　　　　251

인구 통계 기반 추천　　252
규칙 기반 추천　　　　256
온보딩 개인화　　　　260
지식 기반 추천　　　　274
맥락 기반 추천　　　　276
콘텐츠 기반 추천　　　280
협업 필터링　　　　　327
하이브리드 추천　　　342

6. 챗봇　　　　　　　　357

FAQ 챗봇　　　　　　　358
시나리오 챗봇　　　　　361
RAG 기반 챗봇　　　　　366
멀티모달 챗봇　　　　　371

7. 번역　　　　　　　　379

신경망 기계 번역　　　　380
LLM 기반 번역　　　　　385
하이브리드 번역　　　　　390

8. 음성 인터페이스　　　399

지능형 콜센터　　　　　400
지능형 회의　　　　　　411
오디오 내레이션　　　　418

9. 위치 및 공간　　　　425

POI 분석　　　　　　　426
혼잡도 분석　　　　　　435
주변 장소 추천　　　　　444
지오펜싱　　　　　　　460
경로 추천　　　　　　　467
여정 플래너　　　　　　470

10. 광고　　　　　　　487

쿠키리스 사용자 식별　　488
리타겟팅 광고　　　　　494
컨텍스트 광고　　　　　499
클릭 예측 모델　　　　　501
A/B 테스트 자동화　　　507
브랜드 리프트 측정　　　511
멀티채널 어트리뷰션 분석　515

서문

AI는 더 이상 특별한 기술이 아니다.

많은 기업과 기관이 업무와 서비스를 AI 중심으로 혁신하는 AX^{AI Transformation}을 도입하고 있다. AX는 단순한 기술 도입을 넘어, 비즈니스 모델과 운영 방식 전반의 변화를 의미하며, 경쟁 우위를 확보하고 새로운 가치를 창출하기 위한 필수 전략으로 자리 잡았다.

그러나 현실에서 AX를 추진하는 일은 결코 쉽지 않다.

AI 기술은 복잡하고, 변화 속도는 빠르며, 알고리즘이나 프레임워크에만 집중된 설명은 실무 기획과 쉽게 연결되지 않는다. 이로 인해 많은 기획자와 마케터들이 "AI를 도입해야 한다"는 압박감을 느끼지만, 어디서부터 시작해야 할지, 무엇을 먼저 고민해야 할지 갈피를 잡지 못하고 있다. 기술과 실무 사이에는 분명한 간극이 존재하며, 이것이 AX를 가로막는 보이지 않는 장벽이 되고 있다.

이 책은 이 간극을 좁히는 데 초점을 맞췄다.

AI를 난해한 첨단 기술로 설명하기보다 실제 서비스에서 어떤 문제를 해결하고 어떤 흐름 속에서 작동하는지를 중심으로 풀어냈다. 회원 가입, 검색, 추천, 번역, 챗봇, 음성 인터페이스, 문서 분석, 광고, 위치 기반 서비스, 고객 분석까지, 다양한 실무 사례를 통해 AI 기술을 설명했다. 또한, 기획자가 어떤 관점과 질문을 가져야 하는지 함께 제시하고자 했다.

AX는 기술보다 설계가 먼저다.

무엇을 자동화할 것인지, 어떤 데이터를 활용할 것인지, 어떤 사용자 경험을 만들고 싶은지를 명확히 정의해야 한다. 이 책은 AI를 구현하는 방법을 다루기보다는 AI로 무엇을 바꿀 것인가를 고민하는 사람들을 위한 책이다.

AI 기술은 처음에는 방대하고 복잡하게 느껴지지만, 실제로 들여다보면 서비스마다 사용되는 개념과 구조는 놀랍도록 비슷하다. 같은 모델이나 소프트웨어가 여러 장에 걸쳐 반복 등장하는 것은 의도적인 구성이며, 이를 통해 독자가 실무에서 중요하게 활용되는 기술과 소프트웨어를 자연스럽게 파악할 수 있도록 했다. 반복된 흐름 속에서 AI는 더 이상 넘기 어려운 장벽이 아니라 충분히 이해하고 기획할 수 있는 실천 가능한 영역임을 체감하게 될 것이다.

이 책에 소개된 서비스 사례들은 대부분 기획 단계에서 AI의 필요성을 절감했던 문제의식을 바탕으로 선택되었다. 다양한 실무적 고민 속에서 AI가 왜 필요했는지, 어떤 역할을 해야 했는지를 중심으로 구성했다. 이를 통해 실질적인 문제 인식과 AI 적용 가능성에 대한 감각을 느끼도록 했다.

이 책은 개발자나 엔지니어를 위한 책이 아니다.

코드를 반드시 이해할 필요는 없지만, 실무 적용을 돕기 위해 일부 주요 개념과 흐름은 코드 예시를 함께 제공했다. AI를 기획하는 사람이라면, 기술을 직접 구현하지 않더라도 기본적인 원리와 솔루션의 특성은 이해할 필요가 있다. 이에 따라 주요 모델과 소프트웨어에 대한 설명도 함께 담았다.

책의 구성은 가능한 한 누구나 쉽게 접근할 수 있도록 오픈소스를 중심으로 설명했다. 실제 프로젝트에서는 다양한 상용 솔루션도 활용되지만, 이 책은 기본 원리와 적용 가능성을 이해하는 데 중점을 두었다. AI 기술은 빠르게 진화하고 있어, 일부 최신 동향이 반영되지 못한 부분이 있을 수 있다는 점도 미리 밝힌다.

본문에서 충분히 설명하지 못한 개념이나 용어는 주석을 통해 보완했고, 현재 페이지에 설명이 없더라도 뒷부분에서 다루어질 수 있음을 참고해주기 바란다. 해외 출판도 고려하여 내용을 구성하다 보니 우리나라 상황이나 사례를 깊이 있게 담지 못한 아쉬움이 남는다.

이 책이 완성되기까지 꼼꼼한 자료 조사와 코드 예시 작성, 주석 정리에 큰 도움을 준 배이안 수석님에게 깊은 감사를 전한다.

끝으로,

이 책이 엔지니어와 협업하며 AI 프로젝트를 이끌어야 하는 사람, 데이터 기반 의사결정을 고민하는 사람, 그리고 AI를 통해 상품과 서비스를 혁신하고자 하는 모든 사람에게 AX 여정을 시작할 수 있는 실용적인 지침서가 되기를 바란다.

2025년 3월

노주환

01 회원 가입
Sign-up

아이디 추천

비밀번호 추천

신용카드 등록

신분증 인증

얼굴 인증

지문 인증

CAPTCHA 인증

AI 아바타

1. 회원 가입

회원가입은 단순히 계정을 만드는 절차를 넘어 사용자가 서비스와 처음으로 관계를 맺는 순간이다. 이 단계에서의 경험이 긍정적이면 이탈 없이 서비스를 이용하게 되고, 이후 상호작용에도 자연스럽게 연결된다. 반대로 복잡하거나 불편한 가입 과정은 그 자체로 이탈의 원인이 된다.

최근에는 회원가입 절차에 다양한 AI 기술이 적용되어 사용자 경험을 향상시키고 있다. AI가 사용자에게 맞는 아이디를 추천해주거나 안전하면서도 기억하기 쉬운 비밀번호를 자동 생성해주는 기능, 신용카드나 신분증을 자동으로 인식하는 OCR 기술, 얼굴과 지문을 이용한 생체 인증 등이 그 예다. 이 기능들은 단지 편의성을 높이는 데 그치지 않고, 사용자가 서비스에 자연스럽게 머물 수 있도록 심리적 진입장벽을 낮추는 역할도 한다.

무엇보다 회원가입은 고객 분석, 추천 시스템, 개인화 전략에 필요한 핵심 데이터 확보의 시작이라는 점에서 중요하다. 사용자가 누구인지, 어떤 방식으로 진입했는지, 어떤 특성과 관심사를 가지고 있는지를 회원 가입 시 수집할 수 있다. 이 장에서는 회원가입 절차에 적용된 AI 기술들이 어떻게 동작하는지, 어떤 방식으로 고객 데이터와 연결되어 서비스에 기여하는지를 살펴보려고 한다.

아이디 추천

회원가입 시 AI 기술을 사용하여 아이디를 추천하면 사용자 경험을 개선하고, 가입 절차를 간소화하며, 중복 아이디 문제를 해결하는 데 도움된다. 우선, 가입자가 많은 온라인 서비스에 회원가입을 할 때 이미 사용 중인 경우가 많아, 원하는 아이디를 선택할 때까지 여러 번 시도했던 경험이 있을 것이다. 이런 문제는 AI 기술을 통해 사용자가 입력한 이름, 닉네임, 이메일을 분석 후 적절한 아이디를 추천하는 방식으로 해결할 수 있다. 예를 들어, 사용자가 "daniel"이라는 아이디 입력 시, 이 아이디가 이미 사용 중이라면, AI는 "daniel_2025", "real_daniel", "daniel_journey" 등 유사한 대안을 추천할 수 있다.

더 나아가, 맞춤형 추천을 제공할 수도 있다. 단순한 유사한 대안 추천을 넘어, 사용자의 관심사, 트렌드, 기존 데이터 패턴 학습을 통해 좀 더 개성 있는 아이디를 추천할 수 있다. 예를 들어, 사용자가 게임, 테크, 금융 등의 키워드와 연관이 있다면, "daniel_gamer", "dan_tech99", "financewizard_d" 등 개성 있는 아이디를 추천할 수도 있다.

이렇듯 아이디를 추천하는 방법은 자연어 처리 기반, 데이터 기반, 생성형 AI 기반으로 구분할 수 있다.

자연어 처리 기반의 아이디 추천

우선, 자연어 처리 기반의 아이디 추천은 사용자가 입력한 이름, 이메일, 닉네임 등 사용자 입력 데이터를 자연어 처리 기술로 분석하여 핵심 키워드를 추출한 후, 이를 조합하거나 변형하여 다양한 아이디 대안을 추천하는 방

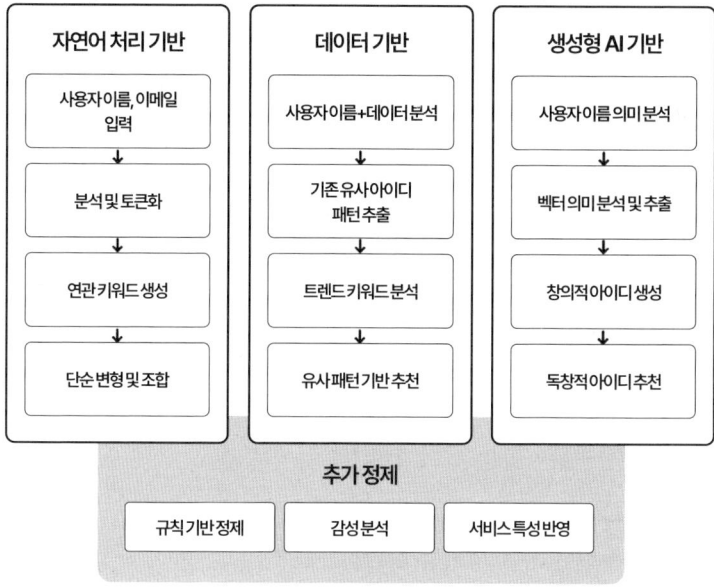

아이디 추천 프로세스

식이다. 이때 키워드를 의미 단위로 분리하는 토큰화[1])를 거치므로 사용자 데이터와 연관된 키워드를 적용할 수 있다.

예를 들어, 이름 "Bryan Roh"를 입력하면, spaCy로 성과 이름을 구분하고 이니셜을 생성한다. 그다음 WordNet[2])을 활용하여 연관 키워드를 만들고, FastText로 성, 이름과 유사한 키워드를 결합한다. 최종적으로 Elasticsearch나 PostgreSQL을 통해 중복 아이디를 검사하여 추천 아이디의 사용 가능 여부를 확인한다.

---

1) 토큰화(Tokenization)는 문장에서 단어, 형태소, 혹은 의미 있는 단위로 텍스트를 분리하는 과정이다. 자연어 처리(NLP)에서 가장 기본적인 전처리 과정 중 하나이며, 텍스트를 분석하고 처리하기 위해 필수적으로 수행된다.

2) WordNet은 프린스턴 대학교에서 개발한 영어 단어의 의미론적 네트워크이다. 유의어 집합(synsets)을 통해 단어 간 의미적 관계를 구조화한 어휘 데이터베이스로써 자연어 처리 분야에서 단어의 의미 분석과 유사도 측정에 널리 활용된다. (출처 : https://wordnet.princeton.edu/)

1. **이름 분석** : "Bryan Roh" → [("bryan", "NNP"), ("roh", "NNP")]
2. **이니셜 생성** : "Bryan Roh" → ["b_roh", "roh_b", "b_r"]
3. **연관 키워드 생성** : "star", "music", "pro", "blue"
4. **추천 아이디 생성** : "bryanstar", "bryan_music", "roh_b_pro", "b_r_blue"

데이터 기반의 아이디 추천

다음은 데이터 기반 아이디 추천이다. 이 방식은 사용자의 입력 데이터뿐만 아니라 다른 사용자들의 아이디 패턴, 검색 트렌드, 기존 사용자 아이디, 인기 키워드 등을 분석하여 최적의 아이디를 추천한다. 이는 단순히 사용자가 입력한 이름을 변형하는 것이 아니라 데이터 분석을 통해 유사한 패턴의 아이디를 추천한다는 점이 자연어 처리 기반의 아이디 추천 방식과 다르다. 다시 말해, 이름 분석, 이니셜 생성, 연관 키워드 생성까지는 자연어 처리 기반의 아이디 추천 방식과 같지만, 여기에 이미 사용된 아이디를 분석하여 유사한 패턴을 가진 기존 아이디를 찾고, 현재 트렌디한 키워드와 유사한 아이디 패턴을 추천하는 과정이 추가된다는 점에서 다르다.

예를 들어, ElasticSearch 또는 PostgreSQL를 사용하여 데이터베이스에서 이미 사용된 아이디와 유사한 기존 아이디를 찾은 후, Scikit-learn을 사용하여 기존 아이디와 유사한 패턴을 찾아 추출한다. 그런 다음, Google Trends API나 Twitter API 등을 통해 현재 주목받는 키워드를 수집하고, FastText[1]나 Word2Vec 같은 단어 임베딩 도구를 활용하여 유사한 아이디 패턴을 분석한다. 이러한 임베딩 도구는 유사한 의미를 가진 단어들 간의 거

---

[1] FastText는 Facebook AI Research에서 개발한 단어 표현 및 텍스트 분류를 위한 라이브러리이다. 단어를 문자 n-gram의 집합으로 표현하여 희소 단어와 형태학적 변형에 강점을 갖는다. 대규모 텍스트 데이터에서 효율적으로 단어 벡터를 학습할 수 있어 다양한 자연어 처리 작업에 활용된다. (출처 : https://fasttext.cc/)

리(유사도)를 계산할 수 있는데, 이 특성을 활용하면 사용자 관심사나 트렌드 키워드와 분위기가 비슷한 단어들을 찾아낼 수 있다.

예를 들어, 사용자가 입력한 관심 키워드가 "game"이라면, 모델은 "gamer", "esports", "playzone" 같은 유사 단어들을 추출할 수 있다. 이렇게 뽑아낸 단어들을 사용자 이름이나 이니셜과 조합하여 "bryan_gamer", "streamerbryan", "b_playzone" 같은 아이디를 추천할 수 있다.

특히, FastText는 희귀한 단어나 신조어도 잘 처리할 수 있어서 개성 있는 아이디를 추천할 때 적합하다. 이처럼 임베딩 기반의 분석은 단순한 형태 변형을 넘어 미적으로 자연스럽고 유사한 느낌을 주는 아이디 조합을 생성하는 데 효과적이다.

1. **기존 아이디와 유사한 패턴 추출** : "Bryan Roh" → "bryan_tech", "bryan_cloud"
2. **키워드 트렌드 분석** : "gaming"
3. **유사 아이디 패턴 추천** : "gaming" → "gamer", "esports"
4. **아이디 조합** : "bryan"+"gamer" → "bryan_gamer"

생성형 AI 기반의 아이디 추천

마지막은 생성형 AI 기반 아이디 추천 방식이다. 이 방식은 자연어 처리 기반 아이디 추천이 단순한 변형 조합을 제공하고, 데이터 기반 추천이 기존 트렌드와 패턴을 활용하는 것과 달리 GPT 기반 생성형 AI가 사용자의 입력과 연관된 창의적인 아이디를 자동으로 생성하여 새로운 형태의 아이디를 직접 생성한다. 특히, 기존에 없던 독창적인 조합을 만들어내므로 중복 아이디 문제를 최소화하고, 사용자의 개성을 반영한 추천도 가능하다.

여기서는 Hugging Face Transformers 라이브러리에 있는 사전 학습된

AI 언어 모델들을 활용한다. 예를 들어, 사용자가 입력한 이름이나 키워드를 모델이 이해할 수 있도록 먼저 토큰화Tokenization 작업을 수행한다. 이는 긴 문자열을 AI가 처리할 수 있는 조각들로 나누는 과정이다.

그다음, BERT나 RoBERTa 같은 모델을 활용하여 이 조각들의 의미와 문맥을 파악한다. 이 모델들은 단어 하나하나를 독립적으로 보는 게 아니라 문맥 속에서 그 단어가 어떤 의미를 가지는지를 분석한다. 예를 들어, "Bryan Roh"라는 이름이 들어오면, "Bryan"이 이름이고 "Roh"가 성이라는 구조적 의미, 이 이름이 흔한지, 어떤 분위기를 주는지 등을 벡터 형태로 표현해낸다. 이 벡터는 이름의 특성을 수치화한 일종의 '의미 지문'이라고 할 수 있다.

이렇게 분석된 의미 정보는 GPT 계열의 생성형 모델에서 사용한다. GPT는 수많은 글을 학습하면서 어떤 단어 뒤에 어떤 단어가 자연스럽게 이어지는지를 배웠다. 이 능력을 활용하여 입력된 이름의 특성과 어울리는 아이디 후보를 만들어낸다.

예를 들어, "Bryan Roh"라는 이름에 대해 GPT 모델이 "tech", "dev", "bright" 같은 단어들을 연결해서 "brightBryan" 또는 "devRoh" 같은 자연스럽고 기억하기 쉬운 아이디를 제안할 수 있다. 즉, 이 과정은 이름의 맥락을 이해하는 모델과 창의적인 조합을 만들어내는 모델이 함께 동작하는 구조로 되어 있다. 생성된 후보 아이디들은 규칙 기반 함수를 통해 다음과 같은 추가적인 정제 과정을 거친다.

- **아이디의 길이**를 확인한다. 너무 긴 아이디는 기억하기 어렵고, 너무 짧은 아이디는 이미 사용 중일 가능성이 높다. 예를 들어, "quantumtransformedrohsupercoder"와 같은 지나치게 긴 아이디는 "quantumRoh"로 축약될 수 있다.

- **복잡성**을 평가한다. 발음하기 어렵거나 기억하기 힘든 조합은 피한다. "brynrh7×9z"와 같은 복잡한 조합보다는 "brightBryan"처럼 발음하기 쉬운 형태로 조정한다.

- **발음 용이성**을 확인한다. 아이디를 소리 내어 읽을 때 자연스러운지 평가한다. "bryxnqzt"와 같이 자음이 연속으로 나열된 경우는 "bryantechstar"처럼 모음을 적절히 포함한 형태로 바꾼다.

이 정제 과정 후에는 감성 분석Sentiment Analysis 모델을 통해 뉘앙스도 평가한다. 예를 들어, "darkBryan"이나 "sadRoh"와 같이 부정적 감정을 연상시키는 단어가 포함된 아이디는 필터링된다. 반면 "brilliantBryan", "creativeRoh", "insightfulBR"과 같이 긍정적인 의미를 담은 아이디는 우선순위가 높아진다.

또한 서비스 특성도 고려한다. 예를 들어, 비즈니스 플랫폼이라면 "professionalBryan", "expertRoh"와 같은 전문성을 강조하는 아이디가, 게임 플랫폼이라면 "victoryBryan", "legendaryRoh"와 같은 활동적인 아이디가 추천될 수 있다. 이러한 과정을 통해 단순히 "bryan_gamer"와 같은 조합을 넘어, "luminousBryan", "quantumRohMaster", "bryanovaJourney"처럼 기존 패턴에서 벗어난 창의적이고 독특한 아이디를 제안할 수 있다.

1. **의미 분석** : "Bryan Roh" → BERT 모델로 의미 벡터 추출 → ["creative", "technology", "gaming"]
2. **창의적 확장** : GPT 모델로 연관 개념 생성 → ["luminous", "quantum", "nova", "journey"]
3. **아이디 후보 생성** : GPT 모델로 창의적 단어 조합 → ["luminousBryan", "quantumRoh", "bryanova", "rohJourney"]
4. **정제 및 평가** : 규칙 기반 함수로 추가 정제 → 감성 분석 → 최종 추천 "luminousBryan"

비밀번호 추천

강력한 비밀번호는 온라인 보안을 유지하는 데 필수적이다. 그러나 많은 사용자는 기억하기 쉬운 비밀번호를 선호하는 경향이 있어 단순한 문자열을 반복적으로 사용하거나 잘 알려진 단어를 조합하여 쉽게 예측할 수 있는 패턴으로 만든다. 이러한 습관과 경향 때문에 계정 탈취나 데이터 유출과 같은 보안 사고가 빈번하게 발생하고 있어 AI 기술을 활용한 비밀번호 추천 방식이 점점 더 중요해지고 있다.

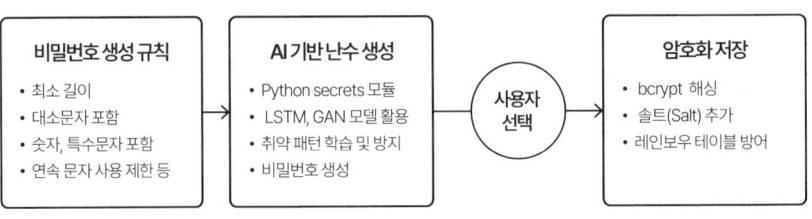

비밀번호 추천 프로세스

AI 기반 비밀번호 추천은 사용자가 입력한 키워드나 개인 정보를 분석하는 것이 아니라 난수 기반으로 누구도 예측할 수 없는 강력한 비밀번호를 자동 생성한다. 여기에 LSTM(Long Short-Term Memory) 네트워크나 GAN(Generative Adversarial Network) 모델 같은 머신러닝을 활용하여 취약한 비밀번호 패턴을 학습하여 더 안전한 난수를 생성할 수 있다.

이러한 방식이 필요한 이유는 비밀번호 설정 과정에서 사용자가 보안성과 편의성 사이에서 고민하는 경우가 많기 때문이다. 사용자는 기억하기 쉬운 비밀번호를 원하지만, 보안성을 높이려면 복잡한 조합의 비밀번호는 필수다. 이런 비밀번호를 사용자가 직접 생성하는 것은 결코 쉬운 일이 아니며 사용자가 복잡하게 조합하더라도 실제로는 보안성이 낮은 경우가 많아 사용자가 별도의 고민 없이 안전한 비밀번호를 생성할 수 있도록 도울 필요가 있다.

비밀번호 생성 규칙

AI를 통해 보안성을 갖춘 비밀번호를 추천하면 사용자는 복잡한 보안 규칙을 신경 쓸 필요 없이 추천한 비밀번호를 선택하면 되므로 비밀번호 추천 기능은 사용자의 편의성과 보안성을 동시에 향상시킨다. 난수 기반의 비밀번호를 추천하기 위해서는 비밀번호 생성 규칙을 미리 설정해야 하는데, 일반적으로 다음과 같은 규칙을 적용하고 있다.

- **비밀번호 길이** : 최소 12자 이상 권장 (중요 시스템의 경우 20자 이상)
- **문자 집합** : 대문자(A~Z), 소문자(a~z), 숫자(0~9), 특수문자(!@#$%^& 등) 포함
- **조건부** : 최소 1개 이상의 대문자, 소문자, 숫자, 특수문자 포함
- **제한사항** : 동일 문자 3개 이상 연속 사용 불가, 연속된 숫자/문자 조합 금지, 사전에 있는 단어 사용 금지, 이전에 사용된 비밀번호 재사용 제한 등

난수 생성

위와 같은 규칙 내에서 보안성이 높은 난수를 생성해야 하는데, 주로 Python의 secrets 라이브러리[1]를 사용한다. 비밀번호 생성 소프트웨어는 상용제품도 많은 편이고 리눅스에서 바로 실행할 수 있는 CLI 기반 pwgen[2]를 사용하는 경우도 많지만, 더 안전한 난수를 생성하고 자동화 프로세스를 구축하려면 Python의 secrets이 더 적합하다.

---

1) secrets는 Python 3.6부터 도입된 표준 라이브러리이며, 암호학적으로 강력한 난수를 생성할 수 있어 비밀번호, 토큰 생성 등 보안이 중요한 애플리케이션에 적합하다. (출처 : https://docs.python.org/3/library/secrets.html)

2) pwgen은 Linux 시스템용 명령줄 비밀번호 생성 도구이며, 발음하기 쉽고 기억하기 쉬운 암호를 빠르게 생성할 수 있다. (출처 : https://linux.die.net/man/1/pwgen)

난수 기반의 비밀번호 예시

zQ7%j2P#tR9$kL5!

생성된 난수는 생성 규칙을 충족하는지 다시 한번 유효성 검증을 마친 후 사용자에게 비밀번호를 추천한다.

암호화 저장

사용자가 선택한 비밀번호는 단순 저장이 아니라 Python의 bcrypt 라이브러리[1]를 통해 해싱[2]하여 안전하게 저장한다. bcrypt는 자동으로 솔트salt라는 임의의 값을 비밀번호에 추가하여 암호화한다. 솔트란 비밀번호에 무작위로 생성된 추가 문자열을 더하여 해시값을 만드는 기법이다. 이렇게 하면 동일한 비밀번호를 사용하는 여러 사용자가 있더라도 다른 해시값이 생성된다.

- **사용자 A의 비밀번호** "password123" + **솔트** "ab3d9f" → **해시값** : "2cf24dba.."
- **사용자 B의 비밀번호** "password123" + **솔트** "7uj2k1" → **해시값** : "9d4e1e0f.."

이 방식은 해커들이 자주 사용하는 레인보우 테이블 공격을 방어할 수 있다. 레인보우 테이블[3]은 미리 계산된 해시값 목록인데, 이 목록을 이용하여

---

1) bcrypt는 솔트(salt)를 자동으로 적용하고 의도적으로 연산 속도를 늦춰 무차별 대입 공격에 강한 암호화 알고리즘이다. 비밀번호 저장에 널리 사용되며 다양한 프로그래밍 언어에서 라이브러리로 제공된다. (출처 : https://cheatsheetseries.owasp.org/cheatsheets/Password_Storage_Cheat_Sheet.html)

2) 해싱(Hashing)은 데이터를 고정된 길이의 문자열로 변환하는 과정을 말한다. 이 과정에서 사용하는 함수를 해시 함수라고 하며 해시 함수가 반환하는 값을 해시값이라고 한다. 해싱은 입력 데이터가 동일하면 항상 동일한 해시 값을 생성하며, 입력 데이터가 조금이라도 다르면 완전히 다른 해시 값을 생성하기 때문에 데이터의 무결성을 검증하는 데 사용한다.

3) 레인보우 테이블(Rainbow Table)은 암호 해독을 위해 미리 계산된 해시값과 원본 비밀번호의 대규모 조합 테이블이다. 해커가 이 테이블을 사용하면 암호화된 해시값으로부터 원래 비밀번호를 빠르게 역추적할 수 있기 때문에 방어책의 일환으로 솔트(salt)를 사용한 해싱이 권장된다. (출처 : https://owasp.org/www-community/attacks/Rainbow_Table_Attack)

해커가 암호화된 비밀번호를 원래 텍스트로 역추적할 수 있다. 그러나 솔트를 사용하면 동일한 비밀번호도 매번 다른 해시값이 생성되므로 이러한 테이블이 무용지물이 된다.

로그인 시 사용자가 비밀번호를 입력하면 시스템은 저장된 솔트를 찾아 입력된 비밀번호에 그 솔트를 추가하고 해시 처리한 뒤, 결과가 저장된 해시값과 일치하는지 확인한다. 이런 방식으로 원본 비밀번호를 직접 저장하지 않고도 비밀번호 검증이 가능하다.

신용카드 등록

스마트폰을 이용한 신용카드 등록은 사용자 경험을 개선하고 보안을 강화한다. 기존에는 사용자가 카드 번호, 만료일, CVV(또는 CVC)[1] 코드 등을 직접 입력하다 보니 입력 오류가 발생하거나 보안 문제가 발생하였지만, 이런 문제를 AI 기술을 통해 해결할 수 있다.

이미지 전처리

사용자가 스마트폰 카메라로 신용카드를 촬영하면 안드로이드나 iOS에서 제공하는 기본 API를 통해 실시간으로 촬영된 영상을 분석하여 카드 영역을 감지하고 자동으로 초점을 맞춰 촬영된다. 촬영된 이미지를 자동 보정하여 OCR 정확도를 높이는 이미지 전처리 과정을 거치는데, 이때 OpenCV[2]를 사용하여 이미지 대비, 기울기 등을 보정하여 이미지 품질을 높이고 이미지 내 패턴 감지에 특화된 신경망 구조CNN, Convolutional Neural Network 기반으로 작동하는 TensorFlow EAST 모델[3]을 사용하여 OpenCV로 보정된 이미지에서 신용카드 번호가 있는 위치를 정확하게 탐지한다.

---

1) CVV는 카드 인증 값(Card Verification Value), CVC는 카드 인증 코드(Card Verification Code)의 약자다. 이 코드는 신용카드나 직불카드에 기재된 3~4자 숫자로 카드 소유자만 알 수 있는 일종의 보안 코드이다.

2) OpenCV(Open Source Computer Vision Library)는 실시간 컴퓨터 비전을 위한 오픈소스 라이브러리로 이미지 처리, 객체 인식, 얼굴 감지 등 다양한 컴퓨터 비전 기능을 제공한다. (출처 : https://opencv.org/about/)

3) TensorFlow EAST(Efficient and Accurate Scene Text Detector) 모델은 이미지 내 텍스트 영역을 효율적으로 감지하는 알고리즘으로 자연 장면에서 텍스트 위치를 식별하는 데 뛰어난 성능을 보인다. 실시간 텍스트 감지가 가능하며, 회전되거나 왜곡된 텍스트도 감지할 수 있어 신용카드, 문서, 간판 등의 텍스트 인식에 널리 활용된다. (출처 : https://arxiv.org/abs/1704.03155)

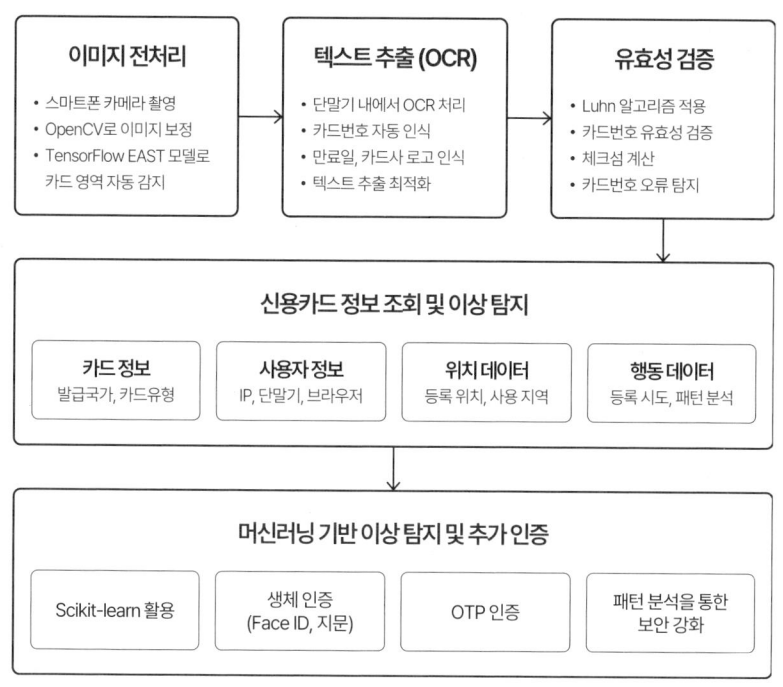

신용카드 등록 프로세스

텍스트 추출

그 다음 전처리된 이미지에서 신용카드 번호, 만료일, 카드사 로고 등을 자동으로 인식해주는 OCR^{Optical Character Recognition}로 텍스트를 추출한다. 보안 측면에서는 신용카드 정보가 인터넷을 통해 클라우드 서버로 전송되면 보안 문제가 발생할 수 있어 Google Vision API 같은 클라우드 기반 OCR 서비스는 주의해야 한다.

거의 모든 국가에서는 신용카드 정보의 외부 전송을 금지하거나 강력한 보안 조치를 요구하고 있어 정보 보호를 위해 장치 내에서 처리되는 OCR 솔루션을 선택하는 것이 바람직하다.

유효성 검증

인식된 신용카드 정보는 Luhn 알고리즘[1]을 사용하여 신용카드 번호가 유효한지 검증하는데 다음과 같이 5단계 과정을 거친다. Luhn 알고리즘은 카드 번호의 가장 오른쪽 숫자, 즉 마지막 숫자를 체크섬checksum 숫자로 간주합니다.

이 체크섬 숫자는 나머지 숫자들을 기반으로 계산되어 카드 번호의 유효성을 검증하는 데 사용되므로 오른쪽에서 시작하여 알고리즘을 적용해야만 체크섬 숫자를 기준으로 계산을 진행할 수 있다.

유효성 검증 예시 (카드번호 : 1789372997)

1. 카드 번호의 오른쪽에서 왼쪽으로 숫자를 가져온다	7	9	9	2	7	3	9	8	7	1
2. 오른쪽부터 짝수번째 자리의 숫자를 두 배로 만든다	2	1	2	1	2	1	2	1	2	1
3. 두 배로 만든 숫자가 10 이상이면 각 자릿수를 더한다	14	9	18	2	14	3	18	8	14	1
4. 모든 숫자를 더한다(최종 값= 56)	5	9	9	2	5	3	9	8	5	1
5. 검사 숫자를 계산한다	(10-(56 mod 10) mod 10 = 4									

위 계산 결과에서 모든 숫자의 총합은 56이며, 검사 숫자는 4가 나왔다. 따라서 전체 신용카드 번호는 17893729974가 된다.

신용카드 정보 조회

유효성 검증을 마친 신용카드 번호는 카드 데이터베이스 조회를 통해 어느 은행, 어떤 카드인지 확인한다. 그런 다음, 신용카드 등록 과정에서의 부

---

[1] Luhn 알고리즘(룬 알고리즘)은 1954년 IBM의 Hans Peter Luhn이 개발하여 그의 이름을 따서 명명되었다. 신용카드 번호 검증에 사용되는 알고리즘이며, 지식재산권의 보호기간이 끝난 퍼블릭 도메인 저작물에 속하여 오늘날 널리 사용되고 있다. (출처 : https://en.wikipedia.org/wiki/Luhn_algorithm)

정 사용, 도난 카드 등록, 비정상적인 패턴 감지를 위해 머신러닝을 활용하여 분석한다. 이때 Scikit-learn을 사용하여 지도학습으로 라벨이 있는 정상 거래와 이상 거래의 데이터를 훈련하고, 비지도학습으로 라벨이 없는 데이터에서 패턴을 발견하여 이상치를 탐지하도록 훈련한다. 이를 위해서는 신용카드 번호 외에도 다음과 같은 다양한 데이터가 필요하다.

- **신용카드 정보** : 카드 발급 국가, 카드 유형(VISA, Mastercard), 신용카드 번호 등
- **사용자 정보** : IP 주소, 사용자 단말기 정보, 웹 브라우저 종류 등
- **위치 데이터** : 사용자가 카드를 등록하거나 사용한 지역
- **행동 데이터** : 동일 IP, 단말기, 웹 브라우저에서의 등록 시도 등

위와 같은 데이터를 통해 특정 사용자가 일정 기간 내에 몇 번이나 카드를 등록했는지, 사용자가 과거에 등록했던 위치와 현재 위치가 일치하는지, 과거에 등록했을 때 걸린 시간과 크게 차이가 나는지 등 패턴을 분석하여 이상치를 탐지할 수 있다. 만약 이상치를 탐지하게 되면, Face ID, 지문 인식 등 생체 인증이나 OTP 인증을 추가로 요구하여 부정사용을 방지한다.

신용카드 등록

신분증 인증

최근 AI 기술로 인해 금융 거래, 민원 신청 등 디지털 환경에서 신분증을 통한 신원 확인 절차가 보편화 되고 있다. AI 기반 신분증 확인은 OCR 기술, 컴퓨터 비전, 딥러닝 모델을 활용하여 신분증의 내용을 자동으로 추출하여 진위 여부를 검증하고, 사용자의 실제 얼굴과 신분증의 사진을 비교하여 부정 사용을 방지하고 본인 여부를 확인하는 과정으로 진행된다.

신분증 확인을 위한 기술과 절차는 앞서 살펴본 신용카드 등록과 비슷하지만, 신분증은 신용카드에 비해 더 다양하고 많은 정보를 담고 있고, 얼굴 사진을 정교하게 분석해야 하며, 신분증마다 다른 레이아웃을 정확하게 분석해야 한다는 점에서 다르다. 좀 더 살펴보면, 신분증은 이름, 생년월일, 주소, 발급기관, 고유 번호 등을 포함하여 사진, 서명, 보안 패턴 등 신분증의 구성 정보도 분석해야 한다. 즉, 단순한 텍스트 인식이 아니라 문서 전체를 분석해야 하므로 신용카드보다 난이도가 더 높다.

객체 탐지

OpenCV로 신분증, 얼굴 등 이미지 전처리를 수행하여 품질을 높이고, Tesseract OCR[1]로 신분증에 포함된 텍스트를 인식하여 추출한다. 여기까지는 신용카드 등록과 동일한 절차이지만 신분증은 종류가 다양하고 구성도 복잡하기 때문에 LayoutParser[2]를 사용하여 신분증 내부에서 OCR을 수행할

---

1) Tesseract OCR은 구글이 지원하는 오픈소스 광학 문자 인식(OCR) 엔진으로 다양한 언어의 인쇄된 텍스트를 디지털 텍스트로 변환하는 데 사용된다. (출처 : https://github.com/tesseract-ocr/tesseract)

2) LayoutParser는 문서 이미지에서 레이아웃을 분석하고 텍스트 영역을 식별하는 딥러닝 기반 도구로 OCR 전처리 과정에서 문서의 구조적 요소를 인식하는 데 특화되어 있다. (출처 : https://arxiv.

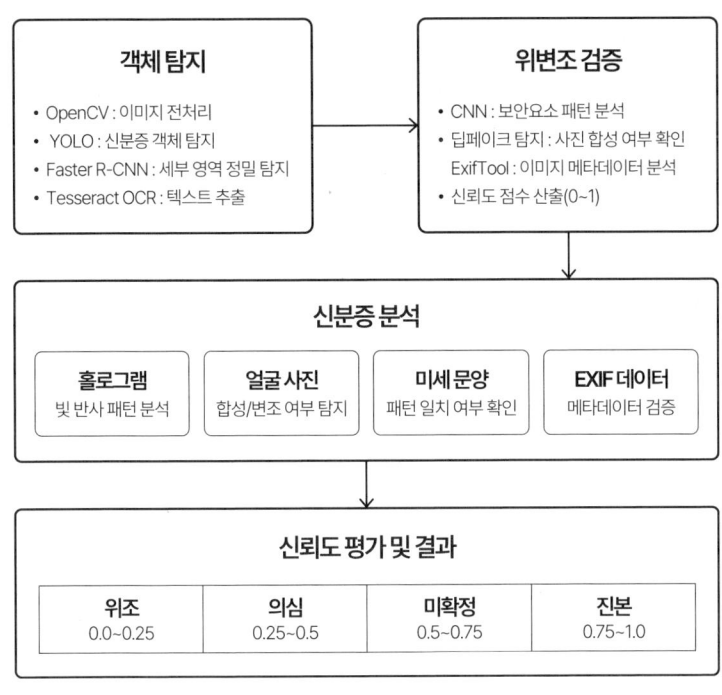

신분증 인증 프로세스

위치를 분석하여 지정한다. 그런데 LayoutParser는 특정 신분증에 대한 지정된 영역을 탐지하는 기능에 맞춰져 있어 국가, 기관, 기업별로 발행된 신분증은 레이아웃도 다 달라서 LayoutParser로는 정확한 탐지가 어렵다. 이럴 때는 신분증 전체를 하나의 객체로 인식하고, 그 안의 항목들까지 위치를 함께 파악할 수 있는 객체 탐지Object Detection 모델을 활용해야 한다. 주로 YOLO, Faster R-CNN[1], SSD[2] 같은 딥러닝 기반 객체 탐지 모델을 사용하

org/abs/2103.15348)

1) Faster R-CNN(Region-based Convolutional Neural Network)은 객체 탐지를 위한 딥러닝 모델로 이미지 내 여러 객체를 정확하게 식별하고 위치를 파악한다.(출처 : https://arxiv.org/abs/1506.01497)

2) SSD(Single Shot MultiBox Detector)는 단일 신경망으로 이미지의 객체를 검출하는 딥러닝 모

는데, YOLO는 단일 프레임으로 신분증 자체를 빠르게 탐지하고 OCR 영역으로 지정할 신분증 내 세부 객체는 Faster R-CNN을 사용하여 탐지한다.

위변조 검증

그 다음은 객체 탐지와 OCR을 통해 추출한 신분증 데이터에 대한 위변조 여부를 검증하는 과정을 거친다. 신분증은 곳곳에 홀로그램, 특수 무늬 등 보안 요소를 포함하고 있고 이러한 미세한 요소를 탐지하기 위해서는 딥러닝 기반 CNN 모델이 필요하다. 특히, 최근 AI를 이용한 얼굴 합성 기술이 발전하면서, 신분증 사진을 변형하여 다른 사람의 얼굴로 바꾸는 사례가 증가하고 있다. 이를 탐지하기 위해 딥러닝 모델을 통해 신분증 사진이 합성되었는지, 원본을 조작한 흔적이 있는지 딥페이크 탐지DeepFake Detection를 분석하는 과정이 필수적이다.

CNNConvolutional Neural Network 모델은 이미지 내 패턴을 찾고 이미지에서 특정 특징을 학습하는데 최적화된 딥러닝 모델이다. 이 모델을 활용하면 신분증 표면의 홀로그램, 워터마크, 보안 패턴, 미세한 문양, 경계 패턴, 글꼴의 불규칙성 등을 분석하고 학습하여 위변조를 탐지할 수 있는 서비스를 만들 수 있다. 이때 위변조 가능성을 0~1 범위의 신뢰도 점수로 수치화하여 평가하는데 예시처럼 1에 가까울수록 신뢰할 수 있는 신분증, 0에 가까울수록 위조 가능성이 높은 신분증으로 볼 수 있다. 신뢰도 평가 체계나 판정 방법은 실제 딥러닝 모델과 전문가의 판정 결과를 지속적으로 대조하면서 조정해야 하며, 이 과정을 통해 딥러닝은 진짜와 위조 신분증의 차이를 학습하게 되어 위변조 탐지의 정확성도 높일 수 있다.

델로 다양한 크기의 객체를 효율적으로 감지할 수 있다. Faster R-CNN보다 속도가 빠르며 실시간 객체 탐지에 적합하다. (출처 : https://arxiv.org/abs/1512.02325)

신뢰도 점수 예시

신뢰도 점수	설명
0.95	신분증이 진짜일 가능성이 매우 높음
0.40	신분증이 위조일 가능성이 높음
0.10	신분증이 거의 위조됨

이렇게 학습된 모델이 실제 서비스 형태로 실시간으로 작동하도록 만들려면 TensorFlow[1]가 필요하다. TensorFlow는 딥러닝 모델을 학습시키고 실행하는 일종의 엔진과 같은 역할을 수행한다.

딥러닝 모델은 여러 개의 층으로 구성된 신경망이며, 이 신경망은 기본적으로 입력 데이터와 가중치를 행렬 계산으로 데이터를 변환해서 다음 층으로 전달하는 과정을 거치면서 복잡한 패턴을 학습한다. 그런데 처음에는 신경망이 전혀 학습되지 않은 상태이기 때문에 출력값이 정확하지 않아 오차를 계산하여 신경망이 스스로 가중치를 조정한다. 이때 각 가중치가 얼마나 조정되어야 하는지를 미분 계산을 하고, 이를 통해 가중치를 업데이트하면서 신경망이 점점 정답에 가까워진다.

이런 복잡한 작업을 개발자가 직접 코드로 구현하는 것은 너무 어렵고 비효율적이기 때문에 다음과 같은 최적화를 통해 딥러닝을 빠르게 실행시킨다.

- **행렬 계산 최적화** : 많은 데이터와 연산을 CPU로 처리하면 너무 느리기 때문에 자동으로 GPU 및 TPU 활용
- **가중치 업데이트 최적화** : 학습할 때 불필요한 연산을 줄여 더 빠르게 학습
- **메모리 최적화** : 계산하는 과정에서 RAM(메모리)을 덜 사용하도록 최적 설계

---

1) TensorFlow는 구글이 개발한 오픈소스 머신러닝 및 딥러닝 프레임워크이며, 다양한 기기와 플랫폼에서 모델 개발과 배포를 지원한다. 텐서(다차원 배열)를 사용하여 계산을 수행하며, 연구에서 실제 제품까지 유연하게 활용할 수 있는 생태계를 제공한다. (출처 : https://www.tensorflow.org/)

그런데 TensorFlow는 세부적인 연산을 직접 코드로 구현해야 하는 저수준 라이브러리이기 때문에 한 줄의 명령어로 앞에 언급한 작업을 자동으로 처리해 주는 고수준 라이브러리 Keras를 조합하여 사용한다.

Keras는 TensorFlow의 상위 레벨 API로 복잡한 딥러닝 모델을 직관적이고 간단하게 구현할 수 있게 해준다. 신분증 확인 시스템에서 Keras는 다음과 같은 역할을 수행한다.

- 신분증 분석에 필요한 CNN 모델을 몇 줄의 코드로 쉽게 구현할 수 있다.
- 실제 신분증 이미지와 위변조된 신분증 이미지 데이터셋으로 학습 시 Keras의 model.fit() 함수 하나로 복잡한 학습 과정을 처리할 수 있다.
- 학습된 모델로 새로운 신분증 이미지의 진위 여부 판별 시 model.predict() 함수 하나로 간단하게 예측 결과를 얻을 수 있다.

이러한 기능으로 신분증 이미지의 진위 여부뿐만 아니라 텍스트 영역 탐지, 얼굴 인식, 홀로그램 패턴 감지 등 여러 모델을 통합하여 종합적인 판단을 내릴 수 있다. 각 모델은 신분증의 서로 다른 특징을 검사하여 신분증의 전체 신뢰도를 평가한다. 이처럼 Keras는 신분증 확인 시스템의 핵심인 딥러닝 모델을 쉽게 구현하고, 학습시키고, 실행할 수 있게 해주는 필수적인 도구이다.

딥러닝 모델을 사용하지 않더라도 신분증의 EXIF[1] 데이터를 분석하여 위변조 여부를 확인할 수 있다. 사진을 포토샵이나 GAN 모델로 조작하면 촬영기기 정보가 삭제되거나 변경되고, 생성 날짜 등 메타데이터와 해상도가 일치하지 않게 된다. 특히, GAN 모델[2]로 생성된 이미지는 특유의 노이

---

1) EXIF(Exchangeable Image File Format)는 디지털 카메라로 촬영한 이미지 파일에 저장되는 메타데이터 형식으로 촬영 날짜, 카메라 모델, 노출 설정 등 이미지 생성 관련 정보를 포함한다. (출처 : https://www.jeita.or.jp/japanese/standard/book/CP-3451B_E/)

2) GAN(Generative Adversarial Network, 생성적 적대 신경망)은 2014년 소개된 딥러닝 모델로

즈 패턴도 생긴다. 이런 패턴은 딥러닝 모델로 탐지하고, 데이터 이상치는 ExifTool[1]을 사용하여 탐지한다.

생성자(Generator)와 판별자(Discriminator) 두 신경망이 서로 경쟁하며 실제와 구분하기 어려운 데이터를 생성하는 기술이다. 생성자는 가짜 데이터를 만들고, 판별자는 이를 실제 데이터와 구분하려 하는 과정에서 서로 발전하여 사실적인 이미지, 비디오, 음성 등을 생성할 수 있다. (출처 : https://arxiv.org/abs/1406.2661)

1) ExifTool은 다양한 파일 형식의 메타데이터를 읽고, 쓰고, 수정할 수 있는 Perl 기반 오픈소스 도구다. Exif, IPTC, XMP 등 주요 메타데이터 포맷을 지원하며, 커맨드라인 유틸리티뿐 아니라 Perl 라이브러리로도 활용 가능하다.(출처 : https://exiftool.org/)

지문 인증

지문 인증은 사용자의 지문을 생체 인식 방식으로 등록하고 인증하는 기술이며, 주로 스마트폰, 금융 서비스, 보안 시스템 등에서 사용된다. 기존의 비밀번호나 PIN 번호와 달리 지문은 개인 고유의 생체 정보이므로 도용되거나 유출될 위험이 적고, 사용자가 기억할 필요 없이 손가락 터치만으로 즉시 인증할 수 있어 빠르고 안전하다.

모바일 OS는 기본적으로 지문 인식을 지원하는 API를 제공하지만, 직접 지문 인증을 구현하려면 얼굴 인증처럼 지문 감지, 특징 벡터 추출, 데이터 저장, 본인 인증 순으로 진행된다.

지문 감지 및 전처리

우선, 사용자의 지문을 정확하게 감지하는 것이 중요하다. 스캐너나 센서를 통해 입력된 지문은 조명, 해상도, 노이즈 등의 문제로 인해 바로 사용할 수 없는 경우가 많아 OpenCV를 사용하여 이미지 전처리를 수행한다. 컬러 이미지는 불필요한 색상정보가 많아 오히려 연산을 복잡하게 만들기 때문에 전처리는 이미지 색상을 컬러 모드(RGB)에서 그레이스케일 모드(Grayscale)로 변환하는 작업부터 시작한다.

그런 다음, 지문의 융선(Ridges)과 골(Valleys)을 더 뚜렷하게 하기 위해 대비를 조정하고, 촬영 환경에 따라 남아 있는 노이즈를 제거한다. 지문이 기울어진 상태로 입력되면 특징점 추출이 어려워지므로 기울기를 보정한다. 이런 과정을 거쳐 지문 영역을 정확하게 추출한다. 이때 처리 속도와 정확도를 높이기 위해 손가락이 포함된 전체 이미지를 사용하지 않고 인증에 필요한 지문 영역만 추출하여 전처리된 지문 이미지를 지문 인식 알고리즘으로 보낸다.

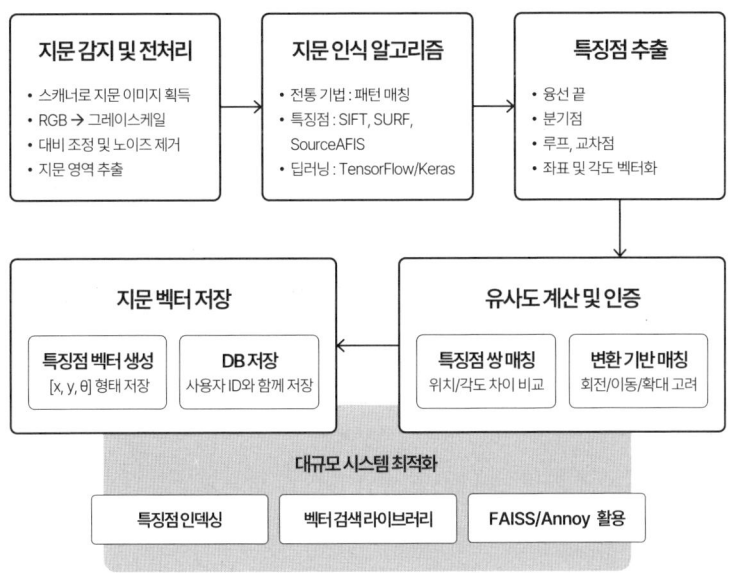

지문 인증 프로세스

지문 인식

지문 인식 알고리즘은 크게 전통적인 방식과 딥러닝 기반 방식으로 나눌 수 있다. 전통적인 방식에는 패턴 매칭Pattern Matching과 특징점 기반Minutiae-based 방식이 있다. 패턴 매칭은 전체 지문 이미지를 직접 비교하기 때문에 구현은 간단하지만 회전이나 변형에 취약하다. 특징점 기반 방식은 지문의 고유한 특징점을 추출하여 비교하는 방식으로 지문 변형에 영향을 덜 받는다. SIFT[1]나 SURF[2] 같은 알고리즘은 이미지의 크기가 달라지거나 회전하더

---

1) SIFT(Scale-Invariant Feature Transform)는 이미지 크기, 회전, 조명 변화에도 불변하는 특징점을 추출하는 알고리즘이다. 다양한 변형에도 동일한 객체를 인식할 수 있어 물체 인식, 이미지 스티칭, 3D 모델링 등에 널리 사용된다. (출처 : https://www.cs.ubc.ca/~lowe/papers/ijcv04.pdf)

2) SURF(Speeded Up Robust Features)는 SIFT를 개선한 알고리즘으로 적분 이미지와 근사 헤시안 행렬을 사용하여 SIFT보다 빠른 속도로 유사한 품질의 특징점을 추출한다. 실시간 물체 인식이나 이미지 등록과 같은 응용 분야에서 효율적으로 활용된다. (출처 : https://link.springer.com/chapter/10.1007/11744023_32)

라도 바뀌지 않은 특징점을 추출할 수 있어 지문 인식에 자주 사용하고 있다.

반면, 딥러닝 기반 지문 인식은 CNN 같은 신경망을 활용하여 지문의 미세한 패턴까지 학습한다. TensorFlow/Keras를 사용한 딥러닝 방식은 훈련 데이터가 충분할 경우 매우 높은 인식률을 보이고 다양한 환경 변화에 적응력이 뛰어나다는 장점이 있다. 그러나 GPU 리소스 사용량이 많고 학습 과정이 복잡하며, 대규모 훈련 데이터가 필요하다는 단점도 있다.

이러한 상황에서 SourceAFIS 같은 오픈소스 라이브러리는 좋은 대안이 될 수 있다. SourceAFIS는 특징점 기반 알고리즘을 구현한 것으로 딥러닝 모델보다 가볍고 빠르며, Java, C#, Python 등 다양한 프로그래밍 언어에서 사용할 수 있다는 장점이 있다. 또한, 특별한 훈련 과정 없이 바로 사용할 수 있지만, 매우 낮은 품질의 지문이나 심한 변형에 대해서는 딥러닝 기반 모델보다 정확도가 떨어질 수 있다.

지문에는 사람마다 다른 고유한 패턴이 존재하며, 이 패턴의 위치를 특징점Minutiae이라고 부른다. 이 특징점은 다음과 같은 요소로 식별하며, 사람마다 다르고 평생 변하지 않기 때문에 지문을 비교할 때 신뢰할 수 있는 기준이 된다.

- 융선 끝Ridge Ending : 지문선이 갑자기 끝나는 지점
- 분기점Bifurcation : 한 개의 선이 두 개로 나뉘는 지점
- 루프Loop : 지문선이 휘어져 다시 제자리로 돌아가는 구조
- 교차점Crossover : 두 개 이상의 지문 선이 교차하는 지점
- 섬Island : 지문 선의 짧은 단편이 독립적으로 존재하는 영역
- 돌기Spur : 지문 선이 분기되었다가 바로 종료되는 작은 선

SourceAFIS는 OpenCV로 전처리된 지문 이미지에서 특징점을 분석하여 좌표(x, y)와 각도(θ) 형태의 벡터로 변환한다. 예를 들어, 특정 융선 끝이 이

미지의 (150, 230) 위치에 있고 방향이 45°라면, 이를 [150, 230, 45]라는 벡터로 표현하며, 이러한 특징점을 여러 개 찾아서 하나의 지문을 여러 개의 숫자 배열(벡터 집합)로 표현한다.

유사도 계산

추출된 지문 특징점 벡터는 사용자 ID와 함께 데이터베이스에 저장된다. 이때, 원본 지문 이미지가 아닌 특징점 벡터만 저장하여 개인정보 보호를 강화한다. 사용자가 인증을 시도할 때는 새로 스캔한 지문에서 추출한 특징점 벡터와 데이터베이스에 저장된 벡터 간의 유사도를 계산한다.

유사도 계산 방법은 크게 두 가지로 나눌 수 있다. 첫째, 특징점 쌍 매칭 Minutiae Pair Matching은 두 지문의 특징점 위치와 각도를 비교하여 일치하는 쌍의 수를 세는 방식이다. 두 특징점이 일치하려면 위치 차이가 기준 픽셀 이내이고 각도 차이도 기준 각도 이내여야 한다. 일치하는 특징점 쌍의 비율이 전체 특징점 수 대비 특정 임계값을 넘으면 동일 지문으로 판단한다.

둘째, 변환 기반 매칭 Transform-based Matching은 특징점 집합 간의 최적 정렬을 찾는 방식이다. 두 지문 간에 회전, 이동, 확대/축소 등의 기하학적 변환을 고려하여 정렬한 후, 정렬된 상태에서 특징점 일치 정도를 평가한다. 이 방식은 사용자가 매번 정확히 같은 위치와 각도로 손가락을 스캐너에 놓지 않아도 인증이 가능하게 한다.

지문 인덱싱

대규모 시스템에서는 수백만 명의 지문을 빠르게 검색하기 위해 특징점 인덱싱 Minutiae Indexing 기술을 사용한다. 이는 지문 특징점의 특정 패턴이나 관계를 해시 테이블로 구성하여 검색 속도를 높이는 방식이다. 또한, 최근에는 얼굴 인증과 마찬가지로 FAISS나 Annoy[1] 같은 벡터 검색 라이브러리를 지문 인증에도 적용하여 검색 효율성을 높이고 있다. 이렇게 지문 인증 시스템은 다양한 알고리즘과 기술을 조합하여 정확성, 속도, 보안성을 모두 고려한 최적의 솔루션을 구성하는 것이 중요하다.

---

[1] Annoy(Approximate Nearest Neighbors Oh Yeah)는 Spotify에서 개발한 대규모 벡터 검색 라이브러리이다. 고차원 벡터 공간에서 근사 최근접 이웃 검색을 빠르게 수행한다. 메모리 효율적이며 대규모 추천 시스템이나 유사성 검색에 적합하다. (출처 : https://github.com/spotify/annoy)

얼굴 인증

얼굴 인증은 사용자의 얼굴을 분석하여 본인 인증을 수행하는 기술로 단순한 2D 이미지 분석부터 깊이 정보를 활용한 고급 3D 매핑까지 다양한 기술이 사용된다. 애플이 iPhone X에서 Face ID로 3D 얼굴 인증을 대중화했지만, 얼굴 인증 기술 자체는 그 이전부터 다양한 형태로 존재해왔다. 비밀번호나 패턴 입력은 기억의 어려움과 입력의 번거로움이 있지만, 얼굴 인증은 사용자가 별다른 동작을 하지 않아도 즉시 인증을 할 수 있어 빠르고 편리하고 보안성도 높다.

모바일 앱은 스마트폰 OS에서 기본적으로 얼굴 인증 기능[1]을 제공하기 때문에 API 호출만으로도 손쉽게 구현할 수 있다. 그런데 특별한 요구사항으로 인해 서버 기반의 커스텀 얼굴 인증을 구현해야 한다면 OS API 없이 직접 구축할 수 있다. 사용자가 얼굴을 등록하는 과정은 얼굴 감지, 특징 벡터 추출, 데이터 저장, 본인 인증 순으로 진행된다.

얼굴 탐지

우선, 사용자가 카메라를 통해 얼굴이 입력되면 OpenCV 내 DNN$^{Deep\ Neural\ Network}$ 모듈과 객체 탐지 알고리즘 YOLO를 사용하여 얼굴을 감지하는데, 이때 DNN 모듈은 YOLO 같은 딥러닝 모델을 로드하고 실행하기 위한 환경을 제공하고, YOLO는 이미지 속에 얼굴을 빠르게 탐지한다.

YOLO[2]는 "You Only Look Once"의 약자다. 즉, 여러 번 스캔하지 않고

---

1) iOS는 LocalAuthentication API, Android는 BiometricPrompt API를 제공하고 있다.
2) YOLO는 고해상도 얼굴 탐지가 가능하기 때문에 정확도가 높지만 모델 크기가 커서 모바일에는 적합하지 않다. 모바일 앱은 경량 모델인 MobileNet-SSD가 적합하다.

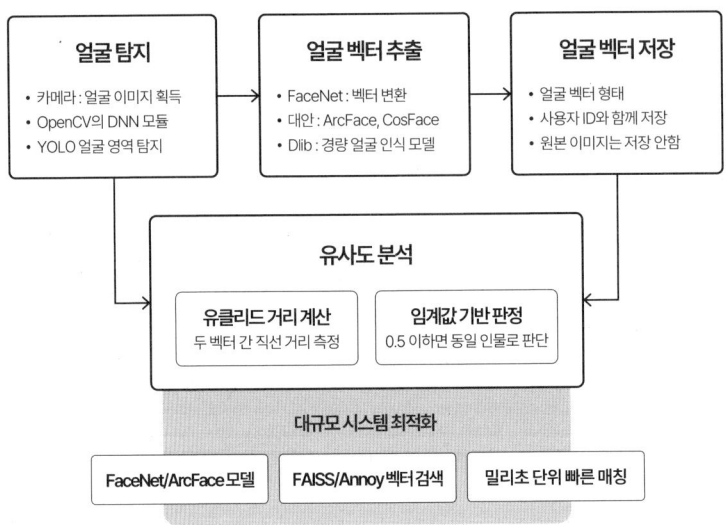

얼굴 인증 프로세스

"한 번에" 얼굴이 있는지 판단하기 때문에 탐지 속도가 빠르다. 이미지를 여러 개의 격자Grid로 나누고, 각 작은 격자가 "이 부분에 얼굴이 있을까?"하고 예측하며 얼굴이 있는 위치를 찾아내는데, 얼굴을 발견하면 해당 위치의 좌표(바운딩 박스)를 표시하여 FaceNet에 전달한다.

얼굴 벡터 추출

FaceNet은 구글이 개발한 딥러닝 모델이며, 핵심 기능은 얼굴을 숫자로 표현한 128차원 벡터로 변환하는 것이다. 이렇게 숫자로 얼굴을 표현하면 얼굴을 단순히 시각적으로 비교하는 것이 아니라 수학적 계산으로 비교하여 유사도를 정밀하게 평가할 수 있어 조명이나 각도가 달라져도 얼굴 자체의 특징을 유지하면서 비교할 수 있다. FaceNet은 TensorFlow로 학습된 모델이므로 TensorFlow/Keras에서 불러와 사용하는데 학습 과정이 복잡하고 많은 데이터가 필요하기 때문에 일반적으로 사전 훈련된 모델을 활용한다.

FaceNet 외에도 얼굴 인증을 위한 다양한 대안적 방법들이 존재한다. ArcFace[1]와 CosFace[2]는 얼굴 인식 정확도를 높이기 위해 각도 기반 손실 함수를 사용하는 최신 모델로 FaceNet보다 더 높은 정확도를 제공한다. 또한 dlib의 얼굴 인식 모델은 더 가벼운 리소스로 구현 가능하여 서버 부하가 적다는 장점이 있다.

유사도 분석

FaceNet으로 추출한 얼굴 벡터를 사용자 ID와 함께 데이터베이스에 저장한다. 이후 로그인 시 촬영된 얼굴을 다시 FaceNet을 사용하여 벡터로 변환하여 데이터베이스에 저장된 얼굴 벡터와 비교하는데, 이때 동일 얼굴 여부를 '유클리드 거리'Euclidean Distance를 계산하여 판정한다.

유클리드 거리는 두 점 사이의 직선 거리이며, 두 지점이 얼마나 가까운지 또는 먼지를 숫자로 나타내는 방법이다. 예시처럼 두 얼굴의 벡터 사이를 유클리드 거리로 계산한 값이 "0.5"라면 임계값 0.5 이하에 해당하므로 두 얼굴은 동일 인물로 판정한다. 이때 임계값Threshold은 실제 데이터를 학습하고 테스트하면서 적절한 값을 찾는데, 유클리드 거리는 작을수록 두 얼굴이 유사함을 의미한다. 임계값을 너무 낮게 설정하여 엄격한 기준을 적용하면 정확도는 높아지지만 실제 본인임에도 제대로 인식하지 못하는 경우가 발생하여 불편함도 높아질 수 있다는 점에 유의해야 한다.

---

1) ArcFace는 얼굴 인식을 위한 딥러닝 알고리즘이다. 각도 마진(Angular Margin)을 기반으로 특징 임베딩 간의 구분을 강화하여 높은 정확도를 제공한다. 특히, 얼굴 간 미세한 차이를 더 잘 구분할 수 있어 대규모 얼굴 인식 시스템에서 널리 사용된다. (출처 : https://arxiv.org/abs/1801.07698)

2) CosFace는 대규모 얼굴 인식을 위한 딥러닝 알고리즘이다. 코사인 마진 기반 손실 함수를 사용하여 같은 클래스의 특징은 가깝게, 다른 클래스의 특징은 멀게 학습하여 얼굴 인식의 정확도를 높이는 데 효과적이다. (출처 : https://arxiv.org/abs/1801.09414)

두 얼굴의 벡터 예시

- **저장된 얼굴** : [0.9, 1.2, -0.5, 2.1, ...]
- **새로 촬영한 얼굴** : [0.8, 1.3, -0.6, 2.2, ...]

두 벡터 사이의 유클리드 거리 : 0.5

임계값

거리 점수	설명
0.5 이하	매우 가까운 얼굴 (100% 동일 인물)
0.8 이하	같은 사람일 가능성이 높음
1.0 이상	다른 사람일 가능성이 높음
1.2 이상	완전히 다른 사람

　대규모 서비스에서는 얼굴 인증 시스템의 성능을 높이기 위해 두 가지 기술을 조합하여 사용한다. 먼저 FaceNet, ArcFace 같은 얼굴 인식 모델이 얼굴 이미지를 고유한 벡터로 변환하고, 그 다음 FAISS나 Annoy 같은 벡터 검색 라이브러리가 이 벡터들을 효율적으로 저장하고 검색한다.

CAPTCHA 인증

CAPTCHA는 "컴퓨터와 인간을 구별하는 완전 자동화된 공개 튜링 테스트"Completely Automated Public Turing test to tell Computers and Humans Apart의 약자이다. 여기에서 "튜링"Turing은 현대 컴퓨터의 이론적 기초를 확립하고, 제2차 세계대전 당시 독일의 암호 기계 에니그마Enigma를 해독했던 영국의 수학자 앨런 튜링Alan Turing의 이름에서 유래했다.

튜링 테스트Turing Test는 컴퓨터가 인간처럼 사고할 수 있는지를 평가하는 방식으로 1950년 앨런 튜링이 논문 "Computing Machinery and Intelligence"에서 제안했다. 사람이 채팅을 통해 상대가 인공지능인지 인간인지 구별할 수 없는 경우, 그 AI는 지능을 가졌다고 볼 수 있다는 원리로써 오늘날 인공지능 연구의 기초가 되는 중요한 개념이다.

주로 왜곡된 문자나 숫자를 포함한 이미지를 제공하고 사용자가 이를 직접 입력하도록 하는 방식이 일반적이었지만, 최근에는 다양한 방식의 CAPTCHA가 개발되고 있다. 이미지 CAPTCHA는 자동차, 신호등, 횡단보

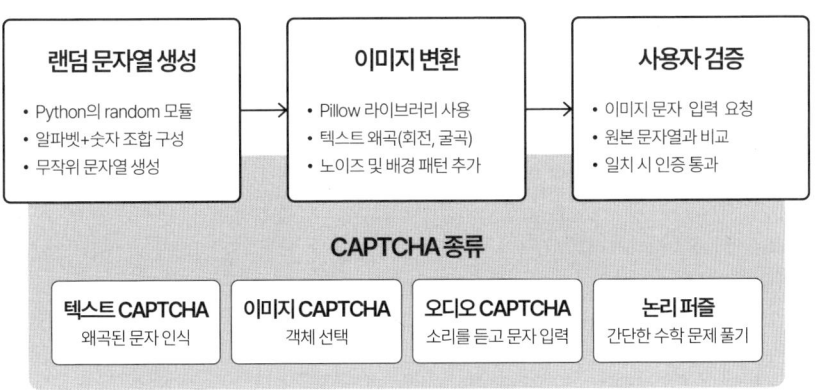

CAPTCHA 인증 프로세스

도 등 특정 객체가 포함된 사진을 선택하는 방식이고, 텍스트 CAPTCHA는 왜곡된 문자를 인식하는 방식이다. 오디오 CAPTCHA는 시각 장애인을 위해 소리를 듣고 문자를 입력하는 방식을 제공하며, 논리적 퍼즐 CAPTCHA는 간단한 수학 문제나 퍼즐을 풀도록 한다. 여기서는 가장 기본적인 텍스트 CAPTCHA를 중심으로 살펴보자.

랜덤 문자열 생성

CAPTCHA 인증은 랜덤 문자열 생성, 이미지 변환, 사용자 입력 검증 순으로 진행된다. 우선, 컴퓨터가 예측할 수 없도록 무작위로 문자와 숫자로 이루어진 문자열을 만드는데, Python의 random 모듈을 사용하여 알파벳 대소문자(A-Z, a-z)와 숫자(0-9)를 조합한 기본 난수 수준의 랜덤 문자열을 생성한다. 이 문자열은 복잡하지 않아 예측할 수 있는 조합이어서 보안에 다소 취약하다. 무작위 시도를 방지하는 용도로는 사용할 수 있지만, 금융 인증 등 보안 인증 용도로는 적합하지 않다.

예: "x9DfA1"

이미지 변환 및 사용자 검증

생성된 랜덤 문자열을 Python의 Pillow 라이브러리를 사용하여 이미지로 변환한다. 그런 다음, OCR 소프트웨어가 쉽게 읽지 못하도록 다양한 방식으로 왜곡 처리한 후 이미지는 최종적으로 "captcha.png"로 저장된다. 사용자에게 이 이미지를 보여주고 이미지에 있는 문자를 입력하게 하여, 입력 값이 원래 생성된 문자열과 일치하면 인증을 통과시키는 방식으로 작동한다.

이미지 왜곡 처리 예시

기법	설명	예제 코드
텍스트 왜곡	글자 회전, 굴곡, 랜덤 위치 배치	rotate(), paste()
노이즈 추가	랜덤 점, 컬러 픽셀 추가	numpy.array(), random.randint()
배경 패턴	선, 격자 무늬, 점선 등 추가	draw.line()

그러나 딥러닝과 OCR 기술의 발전으로 인해 기존 텍스트 CAPTCHA의 한계가 드러나고 있다. 최신 OCR 기술은 왜곡된 텍스트를 96% 이상의 정확도로 읽어낼 수 있어, 단순 텍스트 기반 CAPTCHA는 더 이상 효과적인 보안 수단이 되지 못하고 있다. 이에 따라 최근 CAPTCHA 기술은 다음과 같은 방향으로 발전하고 있다.

- **reCAPTCHA**: 구글이 개발한 이 기술은 사용자의 행동 패턴을 분석하여 사람인지 봇인지를 판단한다. 체크박스 클릭만으로 인증이 가능하며, 의심스러운 경우에만 추가 확인을 요구한다.

- **hCaptcha**: 개인정보 보호에 중점을 둔 CAPTCHA 서비스로 테스트를 통과하는 과정에서 수집된 데이터를 AI 학습에 활용하면서도 사용자 개인정보는 보호한다.

- **인공지능 기반 CAPTCHA**: 사용자의 마우스 움직임, 키보드 입력 패턴, 세션 정보 등을 분석하여 실제 사람인지 봇인지를 판단하는 백그라운드 인증 방식이 늘어나고 있다.

이러한 최신 CAPTCHA 기술들은 사용자 경험을 해치지 않으면서도 더 강력한 보안을 제공하는 방향으로 발전하고 있다.

(참고) 소프트웨어 구성요소

소프트웨어 개발 및 실행에 필요한 개념을 Python 사례로 살펴보자.

- **모듈**Module : 하나의 파일로 구성된 코드 집합으로, 함수, 클래스, 변수 등을 포함할 수 있다. import 키워드를 사용하여 불러오며, 다른 파일에서 재사용할 수 있다. (예: math, random, os, sys)

- **라이브러리**Library : 여러 개의 모듈을 묶어 하나의 기능을 수행하는 코드 집합이다. 기본적으로 제공되는 표준 라이브러리Standard Library와 추가로 설치해야 하는 외부 라이브러리Third-Party Library가 있다. (예: NumPy, Pandas, TensorFlow, OpenCV)

- **패키지**Package : 여러 개의 모듈을 포함하는 디렉터리(폴더) 단위의 구조이며, __init__.py 파일을 포함하여 계층적으로 모듈을 관리한다. 패키지를 통해 코드의 체계적인 구성과 모듈 간의 효율적인 참조가 가능하다. (예: requests, scikit-learn, matplotlib)

- **프레임워크**Framework : 특정 목적의 소프트웨어 개발을 위한 코드 구조를 제공하는 시스템이다. 개발자가 기본적인 기능을 직접 구현하지 않아도 되도록 지원하며, 특정 패턴[1]을 따르는 것이 일반적이다. (예 : Django, Flask, TensorFlow, PyTorch)

- **스크립트**Script : Python 인터프리터를 사용하여 한 줄씩 실행할 수 있는 코드 파일이다. .py 확장자로 저장되며, 자동화 작업, 데이터 처리, 웹 크롤링 등에 널리 사용된다. (예: 크롤러, 데이터 분석 스크립트, 배치 처리 코드)

- **인터프리터**Interpreter : Python 코드(.py 파일)를 한 줄씩 읽고 실행하는 프로그램이다. Python은 인터프리터 언어로, 실행 시 별도의 컴파일 과정 없이 코드가 즉시 실행된다. (예: CPython, PyPy, Jython, IronPython)

- **바이너리 실행 파일**Executable : Python 코드를 컴파일하여 운영체제에서 직접 실행할 수 있는 파일로 변환한 것이다. Python이 설치되지 않은 환경에서도 프로그램을 실행할 수 있도록 한다. (예: pyinstaller를 이용한 .exe 변환)

---

1) 특정 패턴은 개발 과정에서 반복적인 문제를 해결하기 위해 정해진 설계 방식이나 구조를 의미하며, 코드의 일관성을 유지하고 유지보수를 쉽게 만들어 개발 속도를 높이는 데 도움을 준다. 대표적인 사례가 MVC 패턴(Model-View-Controller)인데 DB에서 데이터 가져오기, 저장하기 등 데이터 처리(Model), 사용자에게 보여지는 화면 구성(View), 버튼 클릭, 입력값 전달 등 사용자의 요청을 받아서 로직 처리(Controller)로 역할을 나누면 코드가 정리되며 협업과 유지보수가 편리해진다.

AI 아바타 생성

AI 아바타는 사용자의 프로필 이미지를 캐릭터 형태의 이미지로 생성해주는 기능을 말한다. 이 기능은 단순히 이미지를 보정하거나 필터를 적용하는 수준을 넘어서, 입력된 얼굴 사진의 특징을 분석한 뒤 적합한 스타일을 반영하여 새로운 캐릭터 이미지를 만들어낸다. 온라인 프로필, 커뮤니티, 게임 플랫폼 등에서 자아 표현을 위한 수단으로 각광받고 있으며, 서비스 초기 사용자 경험의 몰입도나 정체성 형성에 긍정적인 영향을 준다. AI 아바타 생성 과정은 크게 입력 이미지 전처리, 얼굴 특징 추출, 스타일 기반 이미지 생성, 결과물 후처리 및 제공 단계로 나눌 수 있다.

입력 이미지 전처리

사용자가 업로드한 사진은 해상도, 구도, 조명 등에서 다양한 특성을 가지기 때문에 일정한 형태로 정규화해야 한다. 일반적으로는 이미지 크기를 모델이 요구하는 해상도로 리사이징하며, 이때 인물의 얼굴이 이미지 중심에 위치하도록 조정해야 한다. 이를 위해 얼굴 주변을 적절히 잘라내는 크롭crop을 적용하거나 반대로 이미지 가장자리에 여백을 추가하는 패딩padding을 활용해 균형을 맞춘다.

이렇게 해야만 얼굴 인식이나 스타일 변환이 더 정확하게 진행된다. 이 과정에서 OpenCV를 활용하면 얼굴 영역을 검출한 뒤 자동으로 중심 맞춤을 수행할 수 있다. 이때, 이미지에 노이즈가 많거나 밝기가 너무 어둡거나 밝으면, 얼굴 특징점을 검출하거나 스타일 변환 같은 작업 시 입력 데이터를 정확히 해석하지 못할 수 있으므로 이미지의 노이즈 제거와 밝기 보정 과정을 거쳐야 한다.

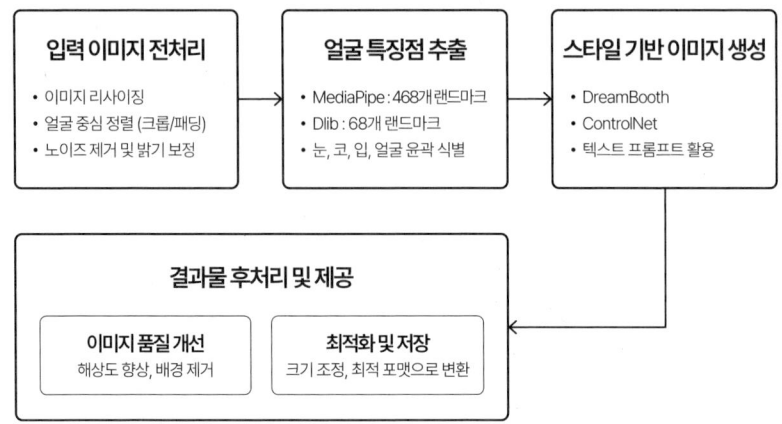

AI 아바타 생성 프로세스

얼굴 특징점 추출

이 단계에서는 사용자의 얼굴 이미지에서 눈, 코, 입, 윤곽 등 주요 특징점을 식별하고, 얼굴의 정렬 상태를 파악하여 모델 입력에 최적화된 형태로 정제한다. 이때 가장 널리 쓰이는 도구는 구글의 MediaPipe Face Mesh 또는 dlib의 얼굴 랜드마크 검출기다.

MediaPipe는 총 468개의 세밀한 얼굴 랜드마크를 추출할 수 있는 고해상도 모델로써 눈동자, 눈꺼풀, 콧망울, 입술 가장자리, 뺨의 굴곡, 이마와 귀 주변까지 얼굴의 거의 모든 영역을 촘촘하게 커버한다. 또한 GPU 가속을 지원하여 모바일이나 웹 환경에서도 실시간 처리가 가능하다.

반면 dlib은 총 68개의 얼굴 특징점으로 구성된 비교적 간단한 모델을 제공한다. 눈, 코, 입술, 턱선 등 얼굴의 주요 부위를 넓은 간격으로 포착하며, 경량 구조 덕분에 Python 환경에서 빠르게 프로토타이핑하거나 간단한 정렬 작업에 적합하다. 이렇게 추출된 특징점 정보는 얼굴 위치와 형태에 대한 기준값으로 사용되며, 경우에 따라 조건 기반 스타일링을 위한 마스크나 포즈 제어용 가이드로 활용되기도 한다.

조건 기반 스타일링은 생성 모델에 특정 얼굴 부위의 윤곽이나 위치를 기준으로 스타일을 제한하거나 강조하도록 지시하는 것을 말한다. 이때는 눈, 입, 턱선 등 주요 부위 기준으로 마스크를 생성한 다음, 해당 영역에만 특정 스타일을 적용하거나 강조할 수 있다. 예를 들어, 눈 주변에만 효과를 주거나 입술 색상만 따로 변형하는 스타일 효과를 줄 수 있다.

또한, 얼굴의 전체 형태와 구성 정보를 활용하여 포즈 제어용 가이드로도 사용할 수 있다. 사용자가 특정 각도로 고개를 돌린 이미지에서 얼굴 방향을 그대로 유지한 채, 스타일링을 적용하거나 그 반대로 원하는 각도로 얼굴을 회전시켜 새로운 시점의 아바타를 생성할 수 있다.

스타일 기반 이미지 생성

이 단계가 AI 아바타 생성의 핵심으로 사용자의 얼굴 특징을 활용하여 특정 스타일의 아바타 이미지를 생성하는 과정이다. 이때 주로 Stable Diffusion[1] 기반의 확장 모델인 DreamBooth를 많이 사용하는데, 이 모델은 사용자 얼굴을 특정한 스타일로 반복적으로 생성할 수 있도록 개인화된 학습을 수행하는 모델이다. 이 모델의 핵심 작동 원리는 다음과 같다.

- **사용자 얼굴 학습** : 정면, 측면 등 다양한 각도의 사용자 얼굴 사진을 입력하여 모델이 사용자의 독특한 얼굴 특징을 학습하게 한다.
- **고유 식별자 생성** : 모델은 이 사용자의 얼굴을 표현하기 위한 고유한 토큰을 생성하고, 이 토큰을 텍스트 프롬프트에 포함시켜 해당 얼굴의 특징을 유지한 채 이미지를 생성할 수 있게 한다.

---

1) Stable Diffusion은 Stability AI에서 개발한 텍스트-이미지 생성 AI 모델로 잠재 확산 모델(Latent Diffusion Model)을 기반으로 한다. 사용자가 입력한 텍스트 프롬프트를 기반으로 고품질 이미지를 생성할 수 있다. (출처 : https://stability.ai/stable-diffusion)

- **클래스 보존** : 모델이 성별, 나이대 등 사용자 얼굴의 기본적인 특성을 유지하도록 "사람", "여성" 등 사전 학습된 클래스 개념에 대한 지식을 보존한다.

- **미세 조정** : Stable Diffusion 모델의 일부 레이어만 미세 조정하여 적은 수의 사용자 이미지로도 효과적인 학습이 가능하게 한다.

DreamBooth는 "a [V] person in anime style"과 같은 프롬프트를 통해 사용자의 얼굴 특징을 유지하면서 애니메이션 스타일의 아바타를 생성할 수 있다. ControlNet[1]을 사용하는 방법도 있다. ControlNet은 입력 이미지의 구조적 정보를 보존한 상태로 스타일을 입힐 수 있는 모델이다. 구체적인 작동 방식은 다음과 같다.

- **조건 생성**: 얼굴 랜드마크를 활용하여 윤곽선 Canny Edge, 깊이 맵 Depth Map, 스케치 등의 조건 이미지를 생성한다. 예를 들어, 68개 특징점을 연결하여 얼굴 윤곽선을 생성할 수 있다.

- **조건부 이미지 생성**: 생성된 조건 이미지와 함께 "anime portrait, detailed features"와 같은 텍스트 프롬프트를 ControlNet에 입력하면, 원본 얼굴의 구조를 유지하면서 애니메이션 스타일로 변환된 이미지가 생성된다.

- **적용 예시**: 예를 들어, 눈 위치가 (x1, y1), (x2, y2)인 경우, 이 좌표를 기반으로 만든 윤곽선 이미지를 ControlNet에 제공하면 생성된 아바타도 동일한 위치에 눈을 유지하게 된다.

결과물 후처리 및 사용자 제공

생성된 이미지는 다음과 같은 후처리 과정을 거친다.

---

[1] ControlNet은 Stable Diffusion과 같은 확산 모델에 조건부 제어 기능을 추가하는 신경망 구조로 윤곽선, 깊이 맵, 포즈 등 추가 입력 정보를 기반으로 이미지 생성을 제어할 수 있게 한다. 원본 이미지의 구조적 특징을 유지하면서 스타일 변환이 가능하여 정교한 이미지 합성 및 편집에 활용된다. (출처 : https://arxiv.org/abs/2302.05543)

- **이미지 품질 개선**: 생성된 아바타 이미지의 해상도를 향상시키고 Super Resolution, 노이즈를 제거하며, 색상 밸런스를 조정한다. 필요에 따라 배경 제거나 투명화(Alpha Channel 생성) 작업도 수행한다.

- **크기 및 형식 최적화**: 다양한 플랫폼에서 사용할 수 있도록 여러 크기로 이미지를 리사이징하고, 웹 환경에 적합하도록 압축 및 최적화한다. 일반적으로 PNG, JPEG, WebP 등 다양한 포맷으로 저장한다.

- **비동기 처리 시스템**: 이미지 생성은 계산 집약적인 작업이므로, Celery[1]와 같은 비동기 작업 큐를 사용하여 백그라운드에서 처리한다. 사용자의 요청은 즉시 접수된 후, 실제 생성 작업은 별도 서버에서 진행되며, Redis[2]와 같은 인메모리 데이터베이스를 통해 작업 상태를 관리한다.

- **결과 제공 방식**: 생성된 여러 아바타 옵션을 사용자에게 보여주고 선택할 수 있게 한다. 선택된 이미지는 클라우드 스토리지(S3, GCS 등)에 저장하고 CDN을 통해 전달하여 빠른 접근성을 보장한다.

이러한 AI 아바타 생성 기술은 개인정보 보호와 윤리적 측면에서도 고려가 필요하다. 사용자의 얼굴 데이터는 민감한 개인정보이므로, 데이터 암호화, 저장 기간 제한, 사용 목적 명시 등의 보호 조치가 필요하다. 또한 생성된 아바타가 성별, 인종, 연령 등의 측면에서 편향되거나 차별적인 결과를 만들지 않도록 다양한 훈련 데이터와 공정성 테스트가 중요하다.

---

1) Celery는 Python으로 작성된 분산 태스크 큐 시스템으로 비동기적으로 처리할 작업들을 메시지 브로커를 통해 분산 처리할 수 있게 해준다. 주로 웹 애플리케이션에서 이메일 발송, 파일 처리, 이미지 생성 같은 시간이 오래 걸리는 작업을 백그라운드에서 처리하는 데 사용된다. (출처 : https://docs.celeryq.dev/en/stable/getting-started/introduction.html)

2) Redis(Remote Dictionary Server)는 인메모리 데이터 구조 저장소로 키-값 형태의 데이터를 고속으로 저장하고 검색할 수 있는 오픈소스 데이터베이스이다. 문자열, 해시, 리스트, 집합 등 다양한 데이터 타입을 지원하며 캐싱, 세션 관리, 메시지 브로커, 실시간 분석 등에 활용된다. (출처 : https://redis.io/docs/about/)

AI 아바타 생성

02 고객 분석
Customer Analysis

고객 프로파일링

고객 세분화

퍼소나 생성

고객 평생 가치 예측

고객 여정 분석

고객 이탈 예측

고객 유지 효과 예측

고객 의도 예측

감정 분석

VOC 분석

2. 고객 분석

고객에 대한 이해 없이 데이터 기반의 의사결정을 거론하는 건 모래 위에 성을 짓는 것과 같다. 고객 분석은 단순한 인구통계나 구매 이력에 머무르지 않고 고객의 행동, 관심사, 기대, 이탈까지 다양한 관점에서 고객을 입체적으로 이해하려는 시도다. 특히, AI 기술의 발전으로 정교한 세분화, 의도 예측, 감정 분석 등이 가능해지면서 고객 분석은 더 실시간적이고, 정교하며, 자동화된 방향으로 발전하고 있다.

이 장에서는 AI 기반의 고객 분석이 실제로 어떻게 활용되는지를 단계적으로 소개한다. 고객의 특성을 파악하는 프로파일링에서 시작하여 세그먼트와 퍼소나를 정의하고, 평생가치를 예측하며, 여정을 분석하고, 이탈과 유지 가능성을 예측하는 흐름으로 구성된다. 또한, 최근 주목받는 고객 인텐트 분석, 감정 분석, VOC 분석까지 포함하여 마케팅과 제품 전략에 실질적으로 활용될 수 있는 분석 기법들을 설명한다.

고객 분석은 모든 고객에게 같은 메시지를 전달하던 방식에서 벗어나, 각 고객이 처한 상황에 맞춘 커뮤니케이션을 가능하게 한다. 즉, 고객 중심의 전환을 이끄는 핵심이자, 개인화 전략의 토대가 되는 영역이다. 이 장을 통해 AI가 고객을 어떻게 더 깊이 이해하고, 그 이해가 어떻게 비즈니스 성과로 이어지는지를 살펴보자.

고객 프로파일링

고객 분석의 출발점은 고객을 이해하는 것이고, 그 시작은 '고객 프로파일링'이다. 고객 프로파일링Customer Profiling은 고객에 대한 다양한 정보를 수집·정리하고, 분석 가능한 형태로 구성하는 작업이다. 즉, 고객이 누구인지, 어떤 특성을 갖고 있는지를 데이터로 설명해주는 작업으로 고객 분석과 예측 모델의 기반이 된다. 그래서 이탈 예측, 고객 세분화, 추천 시스템, 개인화 마케팅 등은 모두 고객에 대한 정확한 프로파일이 전제되어야 가능하다.

고객 프로파일링은 단순히 이름, 성별, 나이 같은 인구통계 데이터뿐만 아니라 고객의 구매 내역, 서비스 이용 이력, 웹사이트 방문 패턴, 앱 사용 시간, 클릭 로그, 상담 이력, 마케팅 캠페인 응답 여부 등 다양한 형태의 데이터를 통합하여 고객에 대한 다면적인 시각을 구성하는 것이다. 이를 통해 고객이 어떤 행동을 보이고, 어떤 상황에서 이탈하거나 반응하는지를 더 정교하게 파악할 수 있으므로 다음과 같은 고객 데이터를 확보해야 한다.

- **인구통계 정보** : 나이, 성별, 지역, 직업, 소득 수준 등
- **거래 이력** : 구매 횟수, 구매 금액, 구매 주기, 구매 상품군 등
- **행동 정보** : 웹사이트 방문 패턴, 앱 사용 시간, 클릭 로그 등
- **CRM 데이터** : 상담 이력, 캠페인 응답 여부, 고객 등급 등
- **외부 데이터** : 소셜 미디어 반응, 날씨, 위치 데이터 등

고객 데이터 수집

이와 같은 고객 데이터를 어디서 어떻게 수집하는지 살펴보자. 인구통계 정보는 회원가입 시 직접 수집하거나 외부 데이터와 연계하여 확보한다. 회원가입을 통해 이름, 생년월일, 성별, 거주지 등을 직접 수집하는데, 일부 기

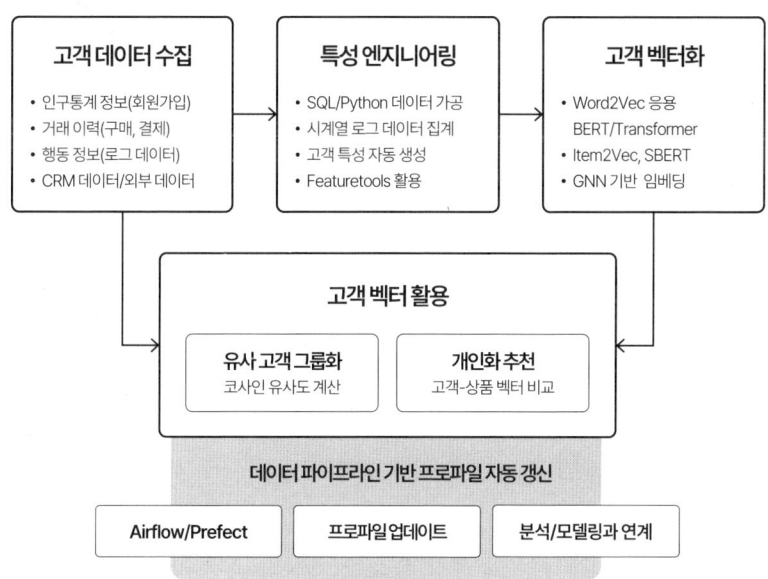

고객 프로파일링 프로세스

업은 고객 동의 아래 신용카드사, 통신사, 위치 기반 서비스 사업자와의 제휴를 통해 직업이나 소득 수준 같은 데이터를 추가로 수집한다. 만약 기업이 B2B 서비스를 운영하고 있다면, 기업 정보 DB를 통해 담당자 및 기업의 규모나 업종 같은 데이터를 확보할 수 있다.

거래 이력은 내부 시스템에서 확보할 수 있는 데이터다. 고객이 자사 서비스나 앱을 통해 결제를 진행하면, 주문 테이블, 결제 테이블, 영수증 테이블 등에 저장된다. 여기에는 주문 일시, 상품 ID, 수량, 금액, 결제 수단, 배송 여부 등의 필드가 포함되며, 이 데이터를 기반으로 구매 주기, 금액, 카테고리별 선호도 등 다양한 특성을 도출할 수 있다. 예를 들어, PostgreSQL을 활용하여 고객 ID를 기준으로 최근 3개월 간의 평균 구매금액을 계산하거나 가장 자주 구매한 상품군을 추출하는 것이 가능하다.

행동 정보는 고객이 웹사이트나 앱에서 남기는 로그 데이터를 통해 수집된다. 웹사이트의 경우 Google Analytics 같은 분석 도구를 통해 페이지 뷰, 클릭, 머문 시간, 이탈률 등의 정보를 수집할 수 있다. 앱에서는 Firebase Analytics[1] 같은 SDK를 탑재하여 이벤트 단위로 고객 행동을 기록한다. 이 로그 데이터는 주로 JSON 형식으로 수집되어 로그 서버 또는 데이터웨어하우스로 적재되어 고객 ID나 익명 ID 기준으로 집계된다. 예를 들어, 최근 7일 간 방문 횟수, 특정 상품 상세 페이지 클릭률, 장바구니 담기 이후 구매 전환율 등을 계산할 수 있다.

CRM 데이터는 고객과의 커뮤니케이션 이력에서 수집할 수 있다. 상담 이력은 고객센터 시스템 또는 챗봇에서 수집되며, 고객의 문의 내용, 응답 시간, 만족도 등의 데이터를 포함한다. 마케팅 캠페인의 반응 데이터는 이메일 발송 도구, 문자 발송 시스템 등을 통해 수집할 수 있으며, 열람 여부, 클릭 여부, 수신 거부 이력 등을 분석하여 고객의 관심도나 참여도를 판단할 수 있다. 이러한 CRM 데이터는 CRM이나 CDP[2]를 통해 관리된다.

외부 데이터는 직접 수집하거나 외부 API와 연동하여 확보한다. 예를 들어, 소셜 미디어 반응 데이터는 Twitter, Instagram, 블로그 등에서 고객이 특정 키워드나 브랜드를 언급한 데이터를 수집하거나 고객이 자발적으로 SNS 계정을 연동했을 때 확보할 수 있다. 이때, 텍스트 마이닝이나 감정 분석 모델을 활용하여 긍정/부정 여부를 분류하기도 한다. 날씨나 위치 데이터는 OpenWeather, Google Places 등 외부 API를 활용하여 수집하며, 고객

---

1) Firebase Analytics는 구글이 제공하는 모바일 앱 분석 솔루션으로 사용자 행동, 전환, 이탈 등의 데이터를 실시간으로 수집하고 분석할 수 있게 해준다. 자동 추적 이벤트와 커스텀 이벤트를 통해 사용자 여정을 상세히 파악할 수 있다. (출처 : https://firebase.google.com/docs/analytics)

2) CDP(Customer Data Platform)는 여러 소스에서 고객 데이터를 수집, 통합, 관리하여 단일화된 고객 프로필을 구축하는 소프트웨어 시스템이다. 이 플랫폼은 다양한 채널과 접점에서 수집된 데이터를 결합하여 더 개인화된 마케팅 및 고객 경험을 제공하는 데 활용된다. CDP는 데이터 사일로를 없애고 실시간 고객 인사이트를 제공함으로써 기업이 고객 중심 전략을 실행하는 데 도움을 준다. (출처: https://www.gartner.com/en/marketing/glossary/customer-data-platform-cdp)

의 위치 기반 행동을 분석하거나 특정 지역에서의 구매 패턴을 설명하는 데 활용된다. 예를 들어, 날씨가 흐린 날 우산이나 커피 매출이 증가하는지 분석하거나 특정 지역에서 프로모션 반응이 더 높은지를 확인하는 식이다.

고객 데이터 가공 및 특성 추출

실제 업무에서는 고객 데이터를 수집하고 정제한 뒤, 고객 단위의 테이블을 구성하여 하나의 고객을 한 행row으로 표현하고, 고객 특성을 열column로 구성한다. 예를 들어, '최근 구매일', '30일 기준 총 방문 횟수', '연간 평균 구매금액', '브랜드별 선호도' 등의 정보가 이에 해당한다. 이러한 특성들은 분석 목적에 따라 달라지며, 실무자가 수작업으로 정의하거나 알고리즘을 활용하여 자동 생성하기도 한다.

특히, 로그 기반 서비스의 경우 고객 행동 데이터가 시계열로 쌓이기 때문에 고객 단위로 집계하는 작업이 중요하다. 예를 들어, 어떤 페이지를 몇 번 봤는지, 어떤 상품을 장바구니에 담았는지, 실제로 구매를 했는지 같은 정보들이 시간 순서대로 계속 쌓이게 된다. 이런 데이터를 보통 '로그 데이터'라고 부르는데, 개별 행동 하나하나를 매우 자세하게 담고 있는 방대한 양이어서 사람이 직접 수백 수천 개의 로그를 직접 들여다볼 수 없기 때문에 분석 자체가 어렵다.

특성 엔지니어링

이런 로그 데이터를 한 줄로 요약해서 정리하는 작업이 필요하며, 이때 사용하는 방법이 바로 '특성 엔지니어링'이다. 특성이라는 건 쉽게 말하면 '고객의 행동을 숫자나 정보로 요약한 것'이다. 예를 들어, 최근 30일 동안 사이트를 몇 번 방문했는지, 최근 한 달간 장바구니에 담은 상품 개수는 몇 개인지, 평균적으로 며칠에 한 번씩 앱에 접속하는지 같은 것들이 모두 특성(피처)에 해당한다.

이런 특성을 만들기 위해서는 로그 데이터를 가공하고 요약하는 과정이 필요하다. 이때 많이 쓰이는 도구가 SQL과 Python이다. SQL은 데이터베이스에서 데이터를 꺼내고 계산하는 데 쓰인다. "고객 ID별로, 지난 30일간의 접속 로그를 기준으로 총 방문 횟수를 계산하라." 또는 "최근 3번의 구매 금액을 평균 내서, 고객별 평균 구매 금액을 구하라." 이런 계산을 하면 수천 개의 행동 로그가 고객 한 명당 한 줄로 요약되면서 분석에 바로 쓸 수 있는 형태가 된다.

Python을 쓸 때는 pandas라는 도구를 가장 많이 사용하는데, 엑셀처럼 데이터를 다룰 수 있으면서도 훨씬 빠르고 유연하다. 예를 들어, 고객의 구매 이력을 시간순으로 정렬한 다음, 그 사이의 간격을 계산해서 '구매 주기'라는 특성을 만들 수도 있고, 특정 브랜드 상품을 몇 번 구매했는지 세는 것도 가능하다.

좀 더 자동화된 방식으로 다양한 특성을 만들어주는 도구도 있는데, 그중 하나가 featuretools라는 오픈소스 라이브러리다. 이 도구는 '고객과 구매 사이의 관계', '구매와 상품 사이의 관계' 같은 연결 구조를 자동으로 분석해서 유용한 특성을 제안해주기 때문에 반복 작업을 줄이는 데 도움이 된다.

이런 방식으로 만들어진 특성들은 모두 고객 한 명을 설명하는 데 사용된다. 마치 자기소개서를 쓰듯, 고객 한 사람의 행동을 다양한 숫자와 정보로 요약해주기 때문에 이탈 가능성을 예측하거나 어떤 제품을 추천할지 결정하는 데 큰 도움이 된다.

고객 벡터화

고객을 데이터로 이해하는 방식은 점점 더 정교해지고 있다. 예전에는 고객의 나이, 성별, 구매 횟수처럼 눈에 보이는 숫자를 기준으로 분석하는 것이 일반적이었지만, 최근에는 고객을 '벡터'라는 수학적인 형태로 표현하는 방식이 널리 쓰이고 있다.

'벡터'라고 하면 수학적으로 어렵게 들릴 수 있지만, 실제로는 고객의 특성을 여러 개의 숫자로 요약한 것이라고 보면 된다. 마치 누군가를 소개할 때 "그 사람은 조용하고, 규칙적인 생활을 하고, 책을 좋아하고, 외식은 별로 안 해"라고 말하는 대신에, 이런 성향을 각각 숫자로 표현해서 하나의 리스트로 만드는 것이다. 예를 들어, [0.8, 0.2, 0.9, 0.1]처럼 표현하는 식이다. 이 숫자들이 조용함, 외향성, 독서 선호도, 외식 빈도를 나타낸다고 하면, 이 리스트가 바로 그 사람의 '벡터'가 되는 셈이다.

실제 서비스에서는 고객이 남긴 행동 데이터에 기반하여 벡터를 자동으로 만들어낸다. 예를 들어, 영화 추천 서비스를 운영한다고 해보자. 어떤 고객이 지난 한 달 동안 스릴러 영화는 자주 보고, 로맨스 영화는 가끔 보고, 애니메이션은 거의 보지 않았다면, 이 고객은 '스릴러 성향이 강한 고객'이라고 할 수 있다. 이 정보를 단순히 "스릴러 10편, 로맨스 2편, 애니메이션 0편"으로 저장하는 대신 벡터로 바꿔 표현하면 [0.9, 0.2, 0.0]처럼 숫자들의 조합으로 나타낼 수 있다.

이런 벡터는 다양한 딥러닝이나 머신러닝 모델로 만들 수 있다. 초기에는 Word2Vec이라는 기술이 많이 활용되었다. 이 기술은 원래 단어를 숫자로 표현하기 위해 개발됐지만, 고객의 행동 기록에도 응용할 수 있다. 고객이 본 영화들을 시간 순서대로 나열하고, 그 흐름에서 의미 있는 패턴을 찾아내면, 모델이 고객의 취향을 반영하는 벡터를 자동으로 학습하게 된다.

최근에는 더 발전된 임베딩 기술들이 고객 벡터 생성에 활용되고 있다. BERT나 GPT와 같은 Transformer 기반 모델은 고객 행동의 맥락과 순서를 더 정교하게 반영할 수 있어 더 정확한 벡터를 생성한다. 예를 들어, BERT

모델을 사용하면 고객이 영화를 본 순서뿐만 아니라, 시청 시간, 평점, 리뷰 등 다양한 상호작용 정보를 동시에 고려하여 복합적인 벡터를 만들 수 있다.

또한 자기지도학습Self-Supervised Learning 방식의 Item2Vec[1]이나 SBERT[2]와 같은 모델은 고객과 상품 간의 관계를 더 잘 포착할 수 있도록 특화되어 있다. 이러한 최신 임베딩 기술을 적용하면 단순한 장르 선호도를 넘어, "액션 장면이 있지만 스토리 중심의 드라마를 좋아하는 고객"처럼 더 미묘하고 복잡한 취향까지 벡터 공간에 표현할 수 있게 된다.

GNN[3]를 활용한 방식도 주목받고 있는데, 이는 고객, 상품, 행동을 모두 노드로 연결한 그래프 구조에서 정보를 전파하며 더 풍부한 맥락을 담은 벡터를 생성할 수 있다. 이렇게 다양한 최신 임베딩 기술들은 고객의 벡터 표현을 더욱 정교하게 만들어 추천 시스템과 개인화 서비스의 정확도를 크게 향상시키고 있다.

고객 벡터 활용

이렇게 만들어진 고객 벡터는 여러 방식으로 활용할 수 있다. 먼저, 서로

---

1) Item2Vec은 Word2Vec의 개념을 아이템 추천에 적용한 임베딩 기술로 사용자-아이템 상호작용 데이터를 기반으로 아이템을 벡터 공간에 표현한다. 동시에 소비되거나 유사한 컨텍스트에서 등장하는 아이템들을 가까운 벡터로 표현함으로써 콘텐츠 기반 필터링 없이도 아이템 간 유사성을 파악할 수 있다. (출처 : https://arxiv.org/abs/1603.04259)

2) SBERT(Sentence-BERT)는 문장이나 단락 수준의 의미를 벡터로 변환하는 트랜스포머 기반 모델로 BERT를 수정하여 문장 임베딩에 최적화했다. 유사 문장 검색, 클러스터링, 의미 분석 등에 활용되며, 기존 BERT보다 계산 효율성이 높고 문장 간 유사도 계산에 더 적합하다. (출처 : https://arxiv.org/abs/1908.10084)

3) GNN(Graph Neural Networks)은 그래프 구조 데이터를 처리하는 신경망 모델로 노드와 엣지로 구성된 네트워크에서 정보를 전파하며 학습한다. 소셜 네트워크, 추천 시스템, 화학 구조 예측 등에 활용되며, 노드 간 관계와 연결 패턴을 학습하여 복잡한 상호의존성을 모델링할 수 있다. (출처 : https://www.sciencedirect.com/science/article/pii/S2666651021000012)

비슷한 벡터를 가진 고객끼리 묶어서 '유사 고객'을 찾을 수 있다. 예를 들어, 두 사람의 벡터가 모두 스릴러 중심이라면, 한 명이 아직 보지 않은 스릴러 영화를 추천해줄 수 있다. 또는 고객들을 자동으로 분류하여 '스릴러 팬', '로맨스 마니아', '다양한 장르를 골고루 보는 타입'처럼 그룹을 만들 수도 있다. 마케팅이나 추천 전략을 이 그룹 단위로 다르게 설계할 수 있는 거다.

더 나아가서는 고객 벡터와 상품 벡터를 같은 공간 안에서 비교할 수도 있다. 예를 들어, 고객 벡터가 [0.9, 0.2, 0.0], 어떤 영화의 벡터도 [0.85, 0.1, 0.05]라면, 두 벡터가 아주 비슷하니까 이 영화는 해당 고객에게 잘 맞을 가능성이 높다는 뜻이다.

이러한 벡터 간 유사도는 주로 코사인 유사도Cosine Similarity를 사용하여 계산한다. 코사인 유사도는 두 벡터 간의 각도를 측정하여 -1부터 1까지의 값으로 나타내며, 1에 가까울수록 두 벡터가 유사하다는 의미다. 위 예시에서 코사인 유사도를 계산하면 약 0.997로, 거의 완벽하게 일치한다고 볼 수 있다. 계산식은 다음과 같다.

$$\text{코사인 유사도} = A \cdot B \, / \, \|A\| \times \|B\|$$

여기서 A·B는 두 벡터의 내적이고, ||A||와 ||B||는 각 벡터의 크기다.

다른 방법으로는 유클리드 거리Euclidean Distance를 사용할 수도 있는데, 이는 두 벡터 간의 직선 거리를 계산하며 값이 작을수록 유사도가 높다. 하지만 벡터의 크기에 민감하기 때문에 추천 시스템에서는 코사인 유사도를 더 많이 사용한다.

이렇게 고객과 상품을 같은 방식으로 표현해서 비교할 수 있기 때문에 기존보다 훨씬 정교한 추천이 가능해진다. 이처럼 고객을 벡터로 표현하는 방법은 단지 '데이터를 숫자로 바꾸는' 기술이 아니라, 고객의 취향과 행동 패턴을 더 깊고 정확하게 이해하기 위한 과학적인 노력이며, 복잡한 행동 데이터를 한눈에 비교하고 분석하도록 도와주는 아주 강력한 도구인 셈이다.

  이러한 작업은 단발성으로 끝나지 않고 주기적으로 재계산되면서 고객의 최신 상태를 업데이트해야 하기 때문에 프로파일링은 데이터 파이프라인으로 구성되는 것이 일반적이다. Airflow[1]나 Prefect[2]와 같은 워크플로 관리 도구를 활용하면 고객 프로파일링을 정기적으로 갱신할 수 있고, 이후 단계의 분석이나 모델링 작업과 유기적으로 연결할 수 있다.

---

1) Airflow는 Apache Software Foundation의 오픈소스 워크플로 관리 플랫폼으로 데이터 파이프라인의 프로그래밍, 스케줄링, 모니터링을 위한 도구이다. 방향성 비순환 그래프(DAG)를 사용하여 복잡한 데이터 처리 워크플로를 정의하고, 의존성을 관리하며, 실패 시 재시도 및 알림 기능을 제공한다. (출처 : https://airflow.apache.org/docs/apache-airflow/stable/index.html)

2) Prefect는 데이터 워크플로 오케스트레이션 도구로 복잡한 데이터 파이프라인을 구축하고 모니터링하기 위한 Python 기반 프레임워크이다. (출처 : https://docs.prefect.io/latest/)

고객 세분화

고객 세분화는 전체 고객을 어떤 기준에 따라 비슷한 성향이나 특성을 가진 그룹들로 나누는 작업이다. 한 마디로 '고객을 쪼개서 바라보는' 분석 방식이다. 이 작업을 통해 고객을 평균적인 존재가 아닌 각각 다른 취향과 행동을 가진 집단으로 구분하여 더 적절한 대응을 할 수 있게 된다.

예를 들어, 모든 고객에게 똑같은 메시지를 보내는 대신, '반응이 빠른 고객', '최근 이탈 조짐이 보이는 고객', '고가 상품을 자주 구매하는 고객' 등으로 나누고, 각 그룹에 맞는 전략을 설계하는 것이 훨씬 효과적이다. 실제로 동일한 마케팅 캠페인도 어떤 고객에게는 매력적으로 느껴지고, 어떤 고객에게는 무관심하게 받아들여지기 때문에 고객의 특성에 따라 맞춤화하는 것이 성과에 큰 차이를 만든다. 고객 세분화는 단지 고객을 분류하는 데 그치지 않고, 이후에 이어지는 개인화 추천, 타겟 마케팅, 리텐션 전략, 가격 정책 등 거의 모든 데이터 기반 의사결정의 출발점이 된다.

세분화 기준 및 방법론

세분화를 할 때 사용하는 기준은 매우 다양하다. 나이, 성별, 지역 같은 인구통계 정보부터 시작해서, 구매 이력, 접속 빈도, 반응 패턴, 상품 선호도, 더 나아가 고객이 남긴 리뷰나 SNS 활동까지 포함된다. 어떤 기준을 선택할지는 분석 목적에 따라 달라진다. 예를 들어, 신제품 출시를 앞두고 있다면, 신제품에 호기심이 많고 반응이 빠른 고객을 따로 분리하는 것이 유리하고, 이탈 방지 전략을 고민 중이라면 최근 이용률이 줄어든 고객을 중심으로 세그먼트를 구성하는 것이 좋다.

고객 세분화를 할 때 가장 자주 쓰이는 방법 중 하나가 클러스터링이다.

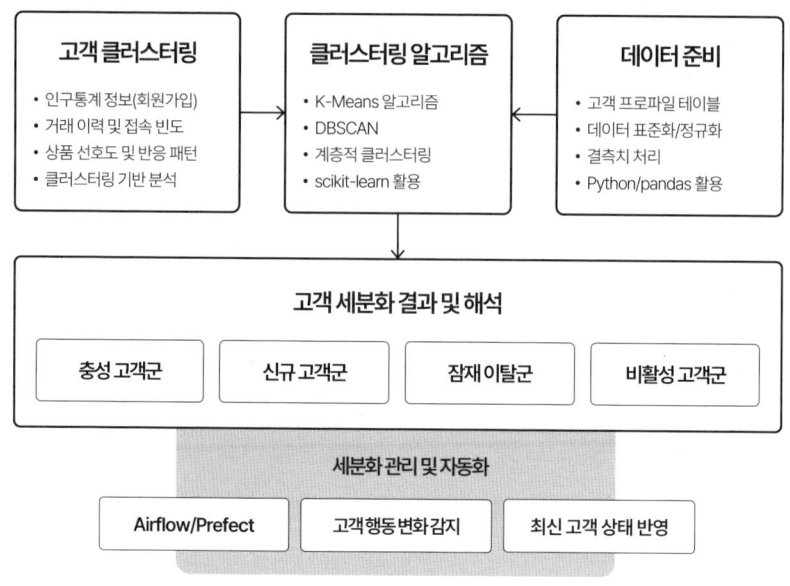

고객 세분화 프로세스

이 방식은 미리 정해놓은 기준 없이, 컴퓨터가 데이터를 살펴보고 스스로 비슷한 것끼리 묶어주는 방법이다. 예를 들어, 쇼핑몰에 매달 물건을 한두 개씩 사는 고객도 있고, 한 번에 큰 금액을 쓰는 고객도 있다. 또 자주 방문은 하지만 실제로 구매는 잘 하지 않는 고객도 있을 수 있다. 이 모든 고객을 하나하나 따로 분류하기는 어렵기 때문에 클러스터링 알고리즘을 활용해서 "비슷한 행동을 보이는 고객들"을 자동으로 묶어주는 것이다.

클러스터링 알고리즘의 활용

주로 사용하는 방법이 K-평균K-Means이라는 알고리즘이다. 이 방법은 먼저 우리가 몇 개의 그룹으로 나누고 싶은지를 숫자로 설정한다. 그런 다음, 각 그룹의 중심점을 임의로 설정한 뒤, 고객 데이터를 하나씩 보고 어느 중심점과 가장 가까운지를 계산해서 묶고 다시 각 그룹의 중심점을 새로 계산해서 위치를 조금씩 바꾼다. 이런 과정을 반복하다 보면, 점점 각 그룹이 비슷한 특성을 가진 고객들로 구성되게 된다.

K-평균은 계산이 빠르고 구조가 단순해서 실제 분석 작업에 자주 사용된다. 다만 그룹의 개수를 사전에 정해야 하기 때문에 몇 개의 그룹이 가장 적절한지 실험해보는 과정이 필요하다. 이를 위해 엘보우 방법[1]이나 실루엣 분석[2]과 같은 기법을 활용하여 최적의 클러스터 수를 결정하는 것이 좋다.

반면, DBSCAN[3]이라는 알고리즘도 있는데, 이는 그룹(군집)의 개수를 미리 정하지 않아도 되고, 데이터의 밀집도를 기준으로 자연스럽게 그룹을 만든다. 그래서 특정 그룹이 다른 그룹에 비해 훨씬 작거나, 데이터가 군데군데 뭉쳐 있는 경우에 더 잘 작동한다. 또한 계층적 클러스터링Hierarchical Clustering은 그룹 간의 관계를 트리 구조로 보여주어 다양한 수준에서 세분화를 검토할 수 있다는 장점이 있다.

---

1) Elbow Method는 클러스터링에서 최적의 군집 수를 결정하기 위한 기법으로 군집 내 분산을 군집 수에 따라 그래프로 그렸을 때 나타나는 '팔꿈치' 모양의 굴곡점을 기준으로 적절한 클러스터 수를 선택한다. 이 굴곡점 이후로는 추가 클러스터의 효과가 감소하므로 최적의 균형점으로 판단한다. (출처 : https://scikit-learn.org/stable/auto_examples/cluster/plot_kmeans_elbow.html)

2) Silhouette Analysis는 클러스터링 품질을 평가하는 방법으로 각 데이터 포인트가 자신이 속한 클러스터와 얼마나 유사하고 다른 클러스터와 얼마나 구분되는지를 -1에서 1 사이의 값으로 측정한다. 평균 실루엣 계수가 높을수록 클러스터링이 잘 되었음을 의미하며, 여러 클러스터 수에 대해 계산하여 최적의 클러스터 수를 결정하는 데 활용된다. (출처 : https://scikit-learn.org/stable/auto_examples/cluster/plot_kmeans_silhouette_analysis.html)

3) DBSCAN(Density-Based Spatial Clustering of Applications with Noise)은 밀도 기반 클러스터링 알고리즘으로 데이터 포인트들의 밀집도를 기준으로 군집을 형성한다. 사전에 클러스터 수를 지정할 필요가 없고, 임의 모양의 클러스터를 발견할 수 있으며, 이상치(noise)를 자동으로 식별한다는 장점이 있다. 데이터의 분포가 불규칙하거나 밀도 차이가 있는 경우에 효과적이다. (출처 : https://www.aaai.org/Papers/KDD/1996/KDD96-037.pdf)

실제 구현과 데이터 준비

고객 세분화를 실제로 적용할 때 특별한 장비나 복잡한 시스템이 필요한 건 아니다. Python이라는 프로그래밍 언어를 사용하면, 비교적 간단한 코드로도 고객 데이터를 분석할 수 있다. 특히, 고객 세분화에 자주 쓰이는 도구 중 하나가 scikit-learn이라는 오픈소스 라이브러리인데, 여기에 다양한 클러스터링 알고리즘이 이미 잘 정리되어 있어 바로 활용할 수 있다.

이를 위해 가장 먼저 할 일은 각 고객에 대한 정보를 정리한 테이블을 준비하는 것이다. 앞서 고객 프로파일링을 통해 각 고객의 행동과 특성을 요약한 테이블을 만들었다면, 고객 세분화에서는 바로 그 데이터를 바탕으로 분석을 진행하게 된다. 이미 고객 한 명당 한 줄씩 정리된 이 테이블에는 각 고객을 설명할 수 있는 여러 숫자 정보들이 들어가 있다.

예를 들어, 최근의 방문 빈도, 구매 금액, 특정 상품군에 대한 선호도처럼 고객의 행동을 수치로 표현한 정보들이다. 이런 숫자들은 고객이 어떤 유형에 속하는지를 판별하는 데 중요한 기준이 되며, 클러스터링 알고리즘은 이 특성들을 바탕으로 유사한 고객들을 자동으로 묶어준다.

세분화 전에 반드시 고려해야 할 점은 데이터 전처리다. 특히, 클러스터링 알고리즘은 변수의 스케일에 민감하기 때문에 표준화와 정규화 과정이 필수적이다. 예를 들어, 구매금액과 방문횟수 간의 스케일 차이가 크면, 큰 값을 가진 변수가 결과를 지배하게 된다.

이처럼 고객 프로파일링과 세분화는 서로 연결된 과정이며, 앞에서 잘 정리된 프로파일이 있어야 그다음 단계의 세분화도 자연스럽게 이어질 수 있다. 분석 흐름상으로 보면, 고객 프로파일링이 '고객을 설명하는 데이터'를 만드는 과정이라면, 세분화는 '그 데이터를 기준으로 고객을 나누는 분석'이라고 볼 수 있다.

세분화 결과의 해석과 활용

데이터가 준비되면, 이제 클러스터링 알고리즘을 적용하는 단계로 넘어간다. 이 알고리즘은 비슷한 특성을 가진 고객들을 알아서 하나의 그룹으로 묶어준다. 분석이 끝나면, 각 고객이 어떤 그룹에 속하는지가 숫자로 표시된다. 예를 들어, "고객 A는 1번 그룹", "고객 B는 2번 그룹", "고객 C도 1번 그룹"처럼 결과가 정리된다.

이렇게 나뉜 그룹 정보를 활용하면, 각 그룹에 맞는 마케팅 전략을 짤 수 있다. 예를 들어, 1번 그룹은 자주 방문하고 많이 사는 고객들이 모여 있다면, 이들에게는 "감사 쿠폰"이나 "VIP 전용 이벤트" 같은 혜택을 줄 수 있다. 반면, 2번 그룹은 관심은 있지만 실제 구매로 잘 이어지지 않는 고객들이라면, 할인 쿠폰이나 무료 체험 같은 유인책이 더 효과적일 수 있다. 이런 식으로 같은 마케팅 자원을 쓰더라도, 그룹에 따라 다르게 전략을 세우면 훨씬 높은 반응을 기대할 수 있다.

클러스터링 결과를 해석할 때는 각 그룹의 특성을 명확히 이해하는 것이 중요하다. 이를 위해 각 그룹별로 주요 변수의 평균값을 비교하거나 레이더 차트를 통해 그룹 간 차이점을 시각화하는 방법이 효과적이다. 또한, "충성고객군", "잠재 이탈군" 등 각 그룹에 적절한 이름을 붙여 비즈니스 측면에서의 의미를 부여하는 것도 중요하다.

결국 이 작업의 핵심은, 고객을 모두 똑같이 대하지 않는 것이다. 고객 한 사람 한 사람의 행동을 잘 살펴보고, 비슷한 사람들끼리 묶어서, 그 특성에 맞는 접근을 하는 것. 이게 바로 고객 세분화의 가장 큰 장점이고, Python과 같은 오픈소스 도구를 사용하면 그 과정을 누구나 손쉽게 구현할 수 있다.

세분화 관리와 자동화

고객 세분화는 일회성으로 끝나는 분석이 아니라 정기적으로 갱신되어야 하는 작업이다. 고객 행동은 시간에 따라 변하기 때문에 계속 업데이트되어야 한다. 이를 위해서는 정기적으로 데이터를 재수집하고, 클러스터링을 재실행하는 자동화된 파이프라인을 구축하는 것이 좋다. 앞서 설명했던 Prefect나 Airflow 같은 워크플로 도구를 사용하면 손쉽게 구축할 수 있으며, 전체 분석 흐름도 안정적으로 운영할 수 있다.

또한, 세분화 결과를 실시간으로 모니터링하고, 특정 그룹의 크기나 특성이 급격히 변할 경우 알림을 받을 수 있는 시스템을 구축하면, 시장 변화나 고객 행동 패턴의 변화를 빠르게 감지하고 대응할 수 있다. 이러한 지속적인 관리는 세분화의 효과를 장기적으로 유지하는 데 핵심적인 요소다.

퍼소나 생성

마케팅이나 UX 기획에서 고객을 이해하기 위해 사용하는 기법 중 하나가 퍼소나Persona다. 퍼소나는 특정 고객 집단의 공통된 특징을 바탕으로 만들어진 가상의 대표 인물로 "우리 고객 중 이런 사람이 실제로 존재한다면 이런 모습일 것이다"라는 관점으로 구성된다. 이름, 직업, 연령, 관심사, 행동 특성, 니즈 등이 구체적으로 설정되며, 고객을 단순한 숫자가 아니라 '사람'으로 이해하도록 도와준다.

퍼소나는 주로 인터뷰나 설문, 기획자의 직관을 통해 수작업으로 만들었지만, 최근에는 AI 기술을 활용하여 데이터 기반으로 퍼소나를 자동 생성하기도 한다. 즉, 고객 데이터를 정제하고 군집화한 뒤, 각 군집의 특징을 추출하고 요약하는 방식으로 퍼소나를 구성하게 된다.

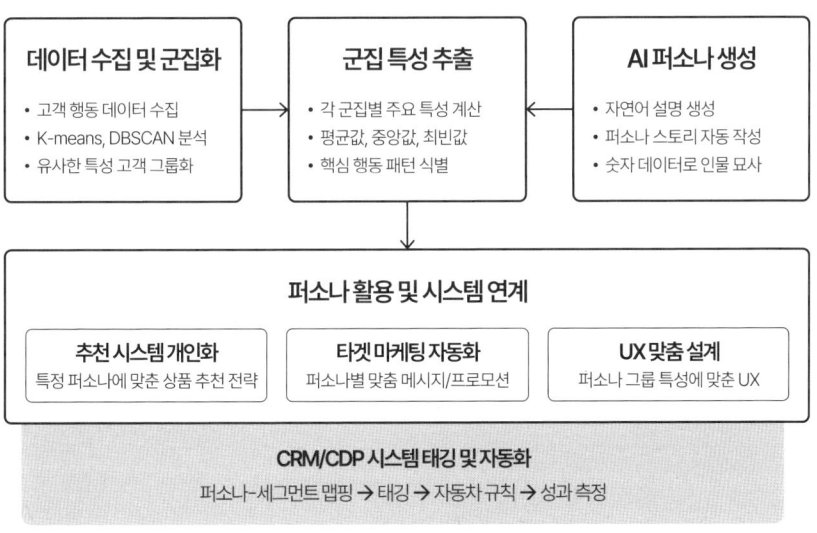

퍼소나 생성 프로세스

고객 군집화

쇼핑몰에서 지난 6개월간의 고객 행동 데이터를 수집했다고 하자. 이 데이터에는 고객의 성별, 나이, 평균 구매 금액, 선호 카테고리, 주 구매 시간대, 장바구니 이탈률, 앱 접속 빈도 등 다양한 특성이 포함되어 있다. 이 데이터를 기반으로 K-means 같은 군집화 알고리즘을 적용하면, 다음과 같이 서로 다른 특성을 가진 그룹이 나타날 수 있다.

- **1번 군집**: 20대 후반, 여성, 평균 구매 단가 낮음, 뷰티와 패션 상품 위주, 주로 모바일 앱 사용, 금요일 밤에 집중 구매
- **2번 군집**: 40대 중반, 남성, 고가 전자기기 구매, 월 1~2회 방문, 구매 빈도는 낮지만 단가는 높음
- **3번 군집**: 30대 직장인, 성별 다양, 육아용품과 식료품 중심, 점심시간이나 출퇴근 시간대에 앱 사용 집중

이렇게 고객을 여러 그룹으로 나눈 뒤, 각 그룹을 단순한 숫자나 조건 집합으로만 볼 게 아니라, 누가 봐도 쉽게 이해할 수 있는 사람 형태로 바꿔주는 작업이 필요하다. 그런데 여기서 "이 그룹은 20대 여성이고, 뷰티 상품을 자주 사고, 주로 금요일 밤에 모바일로 구매합니다"라는 식의 조건만 나열하면 너무 기술적이고 건조해 보인다. 그래서 기획자들은 이걸 더 직관적으로 이해할 수 있게, 마치 실존하는 인물처럼 이야기를 덧붙여서 표현한다.

"이 고객은 마케팅 대행사에 다니는 28세 직장인 여성. 평소 SNS를 통해 트렌드를 빠르게 접하고, 세일 정보에 민감하게 반응하며, 금요일 밤마다 휴대폰으로 화장품을 쇼핑하는 습관이 있다."

퍼소나 자동 생성

이렇게 설명을 붙이면 같은 데이터라도 훨씬 생생하게 다가오고, 마케팅이나 UX 전략을 세울 때 바로 쓰일 수 있는 형태가 된다. 여기서 AI가 할 수 있는 일은 바로 이 설명을 자동으로 생성해주는 것이다.

예를 들어, 군집화 알고리즘을 통해 "이 그룹은 평균 나이 27세, 여성 비율 92%, 평균 구매 금액은 낮지만 구매 빈도는 높고, 뷰티·패션 카테고리를 주로 소비함"이라는 통계를 뽑았다고 하자. 이 데이터를 기반으로 GPT 같은 생성형 언어 모델에게 이렇게 프롬프트를 줄 수 있다.

"평균 나이 27세, 여성이 많고, 뷰티와 패션을 주로 소비하며 모바일로 자주 구매하는 고객 그룹을 설명해줘."

그러면 모델이 이렇게 답할 수 있다.

"이 그룹은 트렌드에 민감한 20대 후반의 여성 소비자로, 바쁜 일상 속에서도 자신을 꾸미는 데 관심이 많습니다. 스마트폰을 통해 간편하게 쇼핑하는 것을 선호하며, 신상품이나 한정 할인 이벤트에 특히, 빠르게 반응합니다."

AI를 활용한 퍼소나 생성 과정은 다음 단계로 구성될 수 있다.

1. **데이터 수집 및 전처리** : 고객 행동, 인구통계, 구매 이력 등의 데이터 확보
2. **군집화** : K-means, DBSCAN 등의 알고리즘으로 유사한 특성의 고객 그룹화
3. **특성 추출** : 각 군집의 주요 특성(평균값, 중앙값, 최빈값 등) 계산
4. **자연어 생성** : 추출된 특성을 생성형 AI 모델에 입력하여 퍼소나 설명문 생성
5. **퍼소나 완성** : 생성된 텍스트와 시각적 요소를 결합하여 최종 퍼소나 문서 작성

이처럼 AI는 데이터에 기반한 자연어 설명 생성을 도와줄 수 있고, 기획자는 이 결과를 약간만 다듬어서 퍼소나로 바로 활용할 수 있다. 결국 이 작업은 숫자로 된 분석 결과를, 실무에서 바로 쓰일 수 있는 이야기로 바꾸는 과

정인데, 이때 AI를 활용하면 이 과정을 더 빠르고 일관성 있게 만들 수 있다.

퍼소나의 구성 요소

퍼소나 예시

- **이름** : 김민지
- **나이** : 28세
- **직업** : 마케팅 대행사 근무
- **관심사** : 뷰티 트렌드, 패션, SNS 쇼핑
- **구매 습관** : 주로 금요일 밤에 모바일로 쇼핑, 세일 정보에 민감함
- **행동 특성** : 장바구니에 담은 후 며칠 고민하다가 구매, 배송 후기 열심히 읽는 편
- **니즈** : 합리적인 가격의 신상품, 빠른 배송, 사용자 리뷰 신뢰도
- **좌절 요소** : 배송 지연, 실제 제품과 이미지의 차이, 복잡한 결제 과정
- **기술 활용도** : 소셜 미디어 활발히 사용, 모바일 앱 선호, 새로운 디지털 트렌드에 빠른 적응

퍼소나 활용

AI를 활용한 퍼소나 생성은 퍼소나의 근거가 되는 데이터를 구체적으로 제공해준다. 이를 통해 주관적인 추측이 아니라 정량적 기반 위에서 퍼소나를 설계할 수 있다. 특히, 퍼소나를 만들 때 그 퍼소나가 어떤 고객 군집에서 나왔는지를 기록해두는 것이 중요하다.

퍼소나는 보기 좋게 가공된 '이야기'지만, 그 배경에는 실제 데이터가 있다. 예를 들어, "김민지는 28세 마케팅 대행사 직원으로, 뷰티와 패션 상품을 주로 구매하고, 금요일 밤에 모바일 앱으로 쇼핑하는 습관이 있다"라는 퍼소나가 있다면, 이 퍼소나가 1번 군집(20대 후반, 여성, 뷰티·패션 상품 위주, 금요일 밤 집중 구매 등)에서 만들어졌다는 사실을 남겨둔다. 그리고 기록을

통해 다음과 같이 실제 시스템에 적용할 수 있다.

- **추천 시스템**에서는 "김민지와 같은 1번 군집 고객들에게는 신상 화장품과 패션 아이템을 금요일 오후에 추천했더니 반응이 좋았다"는 식으로 퍼소나별 추천 전략을 테스트하거나 운영할 수 있다.
- **개인화 마케팅**에서는 특정 퍼소나에 해당하는 고객들에게만 "금요일 밤 뷰티 특가" 알림을 보내는 등 맞춤형 메시지를 자동 발송할 수 있다.
- **UX 설계나 콘텐츠 구성**에서도 "김민지 같은 고객은 배송 후기를 중요하게 본다"는 군집의 특성을 참고하여 해당 고객 그룹에는 후기 중심 UI를 노출할 수 있다.

시스템 연계

퍼소나의 가치는 단순히 문서화된 프로필을 넘어 실제 비즈니스 운영에 통합될 때 극대화됩니다. 이를 위해서는 퍼소나와 실제 고객 세그먼트 간의 명확한 연결고리가 필요하다. 데이터 기반 퍼소나를 실제 마케팅 자동화 시스템과 연결하는 방법은 다음과 같은 흐름으로 진행된다.

1. **퍼소나-세그먼트 매핑**: 각 퍼소나가 어떤 고객 세그먼트(군집)에서 파생되었는지 명확히 문서화
2. **태깅 시스템**: CRM이나 CDP에서 고객 프로필에 해당 퍼소나 정보를 태그로 추가
3. **자동화 규칙 설정**: "이 퍼소나에 해당하는 고객이 장바구니에 상품을 24시간 이상 방치하면 할인 쿠폰 발송" 등의 자동화 규칙 구성
4. **성과 측정**: 퍼소나별 마케팅 성과를 분석하여 지속적으로 전략 최적화

이러한 연계 시스템을 통해 퍼소나는 단순한 참고 자료가 아니라 실질적인 비즈니스 의사결정 도구로 활용될 수 있다. 즉, 퍼소나는 사람이 이해하기 위한 형식이고, 군집 ID는 시스템이 활용하기 위한 열쇠다. 이 둘을 연결하면 분석 결과가 단순히 보고서에 머무는 게 아니라 실제 서비스 로직 안에서 개인화 전략으로 바로 이어질 수 있다.

퍼소나 생성

고객 평생 가치 예측

고객 평생 가치CLV, Customer Lifetime Value 는 고객이 앞으로 얼마나 많은 가치를 창출할지를 예측하는 지표다. 단기적인 매출이 아니라 장기적으로 고객이 기업에 가져다줄 총 이익을 바라보는 방식이라고 볼 수 있다.

예를 들어, 고객 확보 비용이 1인당 3만 원이라고 할 때, CLV가 2만 원인 고객을 유치하는 건 손해지만, 10만 원인 고객이라면 적극적으로 유입해야 한다. 같은 비용으로 더 큰 가치를 가져다 주는 고객을 선별하여 집중하는 것이 CLV 예측의 목적이며, 할인율 결정, VIP 고객 선정, 고객 맞춤형 혜택 설계에 바로 적용될 수 있다.

CLV는 단순 계산으로는 구하기 어렵다. 예측이라는 이름이 붙은 것처럼 고객이 앞으로 얼마나 자주, 얼마나 오래, 얼마나 많은 금액을 지출할지를 모두 고려해야 하기 때문이다. 특히, 이탈할 가능성이 높은 고객과 충성도가 높은 고객은 향후 매출 기여도에 큰 차이를 보인다. 따라서 과거 구매 패턴, 구매 간격, 구매 금액뿐만 아니라 최근 활동 여부나 고객 여정 데이터도 함께 분석하는 것이 일반적이다. CLV는 단순한 누적 구매액이 아니라 '미래에 대한 가중치'를 반영했기 때문에 행동 데이터를 시계열적으로 해석하는 시각이 필요하다.

실제로 CLV를 예측할 때는 크게 두 가지 방식이 있다. 하나는 통계 기반으로 수학적인 공식을 이용하여 계산하는 방식이고, 다른 하나는 머신러닝이나 딥러닝 모델을 활용하여 예측하는 방식이다.

통계 기반 CLV 예측

우선 수학적인 공식을 이용하여 계산하는 방식부터 알아보자. 이 방식은

고객 평생 가치(CLV) : 고객이 앞으로 창출할 총 가치 예측
구매 빈도, 금액, 지속 기간 등을 고려한 장기적인 고객 가치 지표

Python의 Lifetimes 라이브러리
통계 기반 CLV 예측

- **RFM 모델**
  Recency(최근성), Frequency(빈도), Monetary(금액) 기반 고객 가치 점수화
- **BG/NBD 모델**
  고객 활동 여부+잔여 구매 횟수 예측 구매 횟수+최근성 기반 통계 모델
- **Gamma-Gamma 모델**
  평균 구매 금액 예측 모델 → 금액 패턴, 분산 등을 고려한 정교한 예측

scikit-learn 라이브러리
머신러닝 기반 CLV 예측

- **고객 특성 엔지니어링**
  최근 30일 구매 빈도
  평균 구매 간격과 그 표준편차
  카테고리별 구매 금액
  앱 사용 패턴, 접속 빈도 등
- **앙상블 모델학습**
  Random Forest, Gradient Boosting
  다양한 고객 행동 패턴 학습
  scikit-learn 라이브러리 활용
  고객별 미래 가치 수치화

CLV = 잔여 구매 횟수 X 평균 구매 금액

CLV 활용 방안

- **고객 확보 비용 최적화**
  고객 유치 비용과 CLV를 비교하여 투자 결정
- **VIP 고객 선정**
  높은 CLV를 가진 고객을 우수 고객으로 관리
- **맞춤형 혜택 설계**
  고객의 CLV에 따른 차별화된 서비스와 혜택 제공

고객 평생 가치 예측 프로세스

고객의 과거 거래 기록을 통해 몇 가지 핵심 지표를 계산하고, 그 조합을 통해 미래 가치를 추정하는 방식이다. 실제로 데이터가 충분하지 않거나 복잡한 모델링이 어려운 환경에서는 이 방법이 오히려 실용적이다. 가장 대표적인 방식은 RFM 모델이다.

RFM 모델

RFM은 Recency(최근성), Frequency(빈도), Monetary(금액)의 약자로

고객의 과거 구매 패턴을 세 가지 지표로 설명하는 모델인데 간단하면서도 고객의 충성도나 가치 수준을 직관적으로 표현하기 때문에 널리 쓰인다.

이 모델에서는 고객마다 각 항목을 점수로 환산하는 과정을 거치게 된다. 점수는 일반적으로 1점부터 5점까지 부여되며, 전체 고객을 항목별로 상대 비교해서 등급을 나누는 방식이다. 예를 들어, Recency는 숫자가 작을수록, 즉 최근에 구매한 고객일수록 높은 점수를 받는다. 반대로 Frequency와 Monetary는 숫자가 클수록 좋은 점수를 받는다. 자주 사고 많이 쓰는 고객이 높은 점수를 받는 구조인 셈이다.

가령, 고객 A가 마지막으로 구매한 지 5일밖에 지나지 않았고, 최근 3개월 간 7번의 구매를 했으며, 평균 구매 금액이 10만 원이라면, 이 고객은 세 항목 모두에서 높은 점수를 받게 된다. 반면, 고객 B는 마지막 구매가 90일 전이고, 2번밖에 구매하지 않았으며, 평균 금액도 2만 원에 불과하다면, 상대적으로 낮은 점수를 얻게 된다. 실제로 이 고객들을 RFM 분석에 적용하면, 고객 A는 각 항목에서 5점씩을 받아 총점 15점, 고객 B는 각각 1점 또는 2점 수준으로 총점 5점에 그치게 된다.

RFM 점수 예시 표

고객 ID	Recency (일)	R 점수	Frequency (회)	F 점수	Monetary (원)	M 점수	총합 (R+F+M)
A	5	5	7	5	100,000	5	15
B	90	1	2	2	20,000	2	5

이처럼 점수를 조합하면 고객별로 상대적인 등급을 매길 수 있게 된다. RFM 점수의 조합을 '555', '453', '321' 같은 코드로 나타내고, 이를 기준으로 우수 고객, 잠재 고객, 이탈 위험 고객 등으로 분류할 수 있다.

이 점수 계산을 SQL이나 Excel로도 쉽게 구현할 수 있다. 예를 들어, PostgreSQL에서는 NTILE(5) 함수를 사용하여 전체 고객을 5등분하고, 각 구간에 1~5점의 점수를 할당할 수 있다. Recency는 최근 구매일을 기준으로 내림차순 정렬해서 높은 점수를 부여하고, Frequency와 Monetary는 값이 클수록 높은 점수가 주어지도록 정렬 방향을 조정하면 된다.

BG/NBD 모델

좀 더 정교한 방식으로는 BG/NBD 모델[1]이 있다. 이 모델은 고객의 '잔여 가치'를 예측할 때 자주 사용되는 통계 모델이다. 쉽게 말해, "이 고객이 앞으로도 계속 거래할 가능성이 얼마나 될까?"를 계산해준다.

이 모델은 크게 두 가지 정보에 주목한다. 첫째, 과거에 몇 번이나 구매했는지(구매 횟수), 둘째, 마지막으로 구매한 시점이 얼마나 최근인지(최근성). 이 두 가지를 조합하여, 고객이 아직도 활동 중일 가능성과 앞으로 또 구매할 확률을 계산하는 구조다.

예를 들어, 고객 C와 고객 D, 두 명이 있다고 해보자.

- 고객 C는 최근 6개월 동안 4번 구매했고, 마지막 구매는 10일 전에 있었다.
- 고객 D도 같은 기간에 4번 구매했지만, 마지막 구매는 120일 전이었다.

이 두 사람은 총 구매 횟수는 같지만, 마지막 활동 시점이 크게 다르다. BG/NBD 모델은 고객 C처럼 최근까지도 활발히 활동한 고객은 앞으로도 계속 구매할 가능성이 높다고 판단한다. 반면, 고객 D처럼 마지막 구매 이후 시간이 오래 지난 고객은 이미 이탈했을 가능성이 크다고 본다.

---

1) BG/NBD 모델(Beta-Geometric/Negative Binomial Distribution)은 고객의 구매 행동을 예측하는 통계적 모델로 고객의 과거 구매 횟수와 최근성(마지막 구매 시점)을 기반으로 미래 구매 가능성과 고객 활동 상태를 예측합니다. 이 모델은 고객 평생 가치(CLV) 계산에 자주 사용되며, 고객이 아직 활성 상태인지 이탈했는지를 확률적으로 추정할 수 있습니다. (출처 : https://journals.sagepub.com/doi/10.1509/jmkr.2005.42.4.415)

BG/NBD 비교 표 예시

항목	고객 C	고객 D
분석 기간	최근 6개월	최근 6개월
총 구매 횟수	4회	4회
마지막 구매 일자 기준 경과일	10일 전	120일 전
구매 간격	대체로 일정함	대체로 일정함
BG/NBD 판단	활동 중 가능성 높음	이탈 가능성 높음
미래 구매 예측	재구매 가능성 큼	재구매 가능성 낮음

이 모델이 주는 핵심 인사이트는 단순히 '많이 산 사람'이 아니라 '최근에도 사고 있는 사람'이 더 가치 있는 고객이라는 것이다. 총 구매 횟수가 같더라도, 최근까지 활동하고 있느냐에 따라 예측 결과가 크게 달라진다. 그래서 BG/NBD 모델은 단기적 구매 이력뿐 아니라 '시간의 흐름'을 함께 반영한다는 점에서 매우 실용적이다.

실무에서는 Python의 Lifetimes라는 오픈소스 라이브러리를 활용하면 BG/NBD 모델을 쉽게 구현할 수 있다. 필요한 데이터는 매우 단순하다. 고객 ID, 첫 구매일, 마지막 구매일, 총 구매 횟수, 그리고 분석 대상 기간 동안 고객이 얼마나 관찰되었는지만 있으면 된다. 이 데이터로 모델을 학습시키면, 각 고객에 대해 남은 기대 구매 횟수와 이 고객이 앞으로도 활동 중일 확률을 계산해준다.

BG/NBD 모델은 앞으로 얼마나 자주 구매할지를 예측해주는 데 강하다. 하지만 고객의 '구매 빈도'만으로는 CLV를 제대로 계산하기 어렵다. 왜냐하면 CLV는 "얼마나 자주 사는지"뿐만 아니라, "한 번에 얼마를 쓰는지"도 중요하기 때문이다. 예를 들어, 어떤 고객이 앞으로 10번 더 구매할 것으로 예측되었을 때, 그 고객이 한 번에 2만 원을 쓰는지, 10만 원을 쓰는지에 따라 CLV는 5배 차이가 날 수 있다. 이때 Gamma-Gamma 모델이 필요하다.

Gamma-Gamma 모델

Gamma-Gamma 모델은 통계적인 분포(감마 분포) 기반으로 작동하며, 고객이 한 번 구매할 때 평균적으로 얼마를 지출할지를 예측한다. 중요한 점은 이 모델이 "과거 구매 금액의 평균"만 단순히 보는 게 아니라, 금액의 일관성, 분산 등 고객별 소비 패턴의 차이를 반영하여 더 정교한 예측을 시도한다는 점이다. 즉, 어떤 고객은 항상 비슷한 금액으로 구매하고, 어떤 고객은 클 때도 있고 작을 때도 있다면, 그런 차이까지 고려해서 예측하는 방식이다.

예를 들어, 고객 E와 고객 F가 있다고 가정하자.

- 고객 E는 최근까지도 꾸준히 구매하고 있고, 구매할 때마다 10만 원 정도의 금액으로 일정하게 소비한다.
- 고객 F는 구매 빈도는 비슷하지만, 어떤 날은 2만 원, 어떤 날은 30만 원처럼 금액이 들쭉날쭉하다.

이 두 고객의 과거 평균 구매 금액은 비슷해 보여도, Gamma-Gamma 모델은 고객 E의 소비 패턴이 더 안정적이라는 점을 반영해서 향후 예측 금액을 더 신뢰할 수 있다고 본다. 반면, F는 변동성이 크기 때문에 예측 금액에 더 큰 불확실성이 있다고 판단한다. 결국 같은 평균 금액이더라도, 신뢰도와 예측 분포까지 반영하는 게 Gamma-Gamma 모델의 강점이다.

통합적 CLV 계산

이제 BG/NBD와 Gamma-Gamma 모델을 결합하면 전체 CLV 계산이 가능해진다. 이렇게 산출된 CLV는 고객을 등급화하거나, VIP 후보를 선별하거나, 할인 혜택을 줄 고객을 고를 때 핵심 기준이 된다.

1. BG/NBD 모델이 "앞으로 몇 번 구매할 것인지"를 예측하고,
2. Gamma-Gamma 모델이 "한 번에 얼마를 쓸 것인지"를 예측하면,
3. 이 둘을 곱해서 최종적으로 CLV, 즉 "예상 잔여 매출"을 구할 수 있게 된다.

고객 G의 CLV 계산 예시

항목	값
예상 잔여 구매 횟수 (BG/NBD)	6.2회
예측 평균 구매 금액 (Gamma-Gamma)	52,000원

예측 과정은 Python의 Lifetimes 라이브러리를 통해 쉽게 구현할 수 있다. 이 라이브러리는 BG/NBD와 Gamma-Gamma 모델이 통합된 형태로 제공되며, 단 몇 줄의 코드로 고객별 CLV를 계산해주는 기능을 포함하고 있다. 필요한 입력값은 고객 ID, 총 구매 횟수, 마지막 구매일, 분석 기간, 그리고 각 거래의 금액 정도로 매우 간단하다.

머신러닝 기반 CLV 예측

다음은 머신러닝을 활용하여 예측하는 방식이다. 고객이 앞으로 얼마만큼의 가치를 만들어낼지를 예측할 때, 단순한 수학 모델로는 한계가 생기는 경우가 있다. 특히, 고객 수가 많고, 고객의 행동이 다양하고 복잡해지는 상황에서는 예전처럼 구매 횟수나 평균 금액만으로는 충분한 분석이 어렵다. 이럴 때는 머신러닝 모델을 활용하면 훨씬 더 정교한 예측이 가능해진다.

머신러닝은 과거 데이터를 바탕으로 패턴을 학습하고, 그 패턴을 이용하여 미래를 예측하는 기술이다. CLV 예측에 적용할 때는 먼저 고객별 특성을 정리하고, 이 특성과 과거의 실제 매출을 연결해서 모델을 학습시킨다. 이후 새로운 고객이 들어왔을 때, 그 고객의 특성을 넣으면 앞으로의 예상 구매 금

액, 즉 CLV를 예측할 수 있게 된다.

이때 Random Forest[1]나 Gradient Boosting[2] 같은 앙상블 기법이 많이 쓰인다. 이 기법은 여러 개의 의사결정 트리를 조합해서 예측 정확도를 높이는 방식인데, 실제로도 CLV처럼 다양한 요인이 복합적으로 영향을 주는 문제에 강한 성능을 보인다. Python의 scikit-learn 라이브러리를 사용하면 이런 모델들을 간단히 적용할 수 있다.

모델이 학습하기 위해 필요한 것은 고객 데이터를 숫자로 정리한 테이블이다. 이 테이블은 고객 한 명당 한 줄씩 있고, 그 옆에 있는 여러 열column이 각각의 특성이 된다.

예를 들어, 다음과 같은 특성들이 들어갈 수 있다.

- 최근 30일 동안의 구매 빈도
- 평균 구매 간격 (구매 간 주기의 표준편차)
- 최근 앱 접속 간격
- 상품 카테고리별 평균 구매 금액
- 장바구니에 담은 뒤 실제 구매로 이어진 비율
- 가입 이후 총 이용 일수
- 마지막 접속 이후 경과 일수

---

1) Random Forest는 여러 개의 의사결정 트리를 구축하고 그 결과를 종합하는 앙상블 머신러닝 알고리즘이다. 각 트리는 데이터의 무작위 하위 집합과 특성으로 훈련되어 다양성을 확보한다. 이를 통해 과적합 위험을 줄이고 더 안정적인 예측을 제공하며, 분류와 회귀 문제 모두에 적용 가능하다. (출처 : https://link.springer.com/article/10.1023/A:1010933404324)

2) Gradient Boosting은 이전 모델의 오차를 순차적으로 보정해가는 앙상블 기법이다. 약한 학습기를 차례로 학습시키며, 각 단계마다 이전 모델의 잔차(residual)를 예측하도록 훈련한다. (출처 : https://projecteuclid.org/journals/annals-of-statistics/volume-29/issue-5/Greedy-function-approximation-A-gradient-boosting-machine/10.1214/aos/1013203451.full)

이런 특성들은 대부분 고객 프로파일링 과정에서 만들어진 데이터에서 얻는다. 가령, 고객 G가 있다고 해보자. 이 고객은 지난 30일 동안 3번 구매했고, 평균적으로 10일마다 한 번씩 구매했으며, 식품 카테고리에서 주로 소비했다. 앱은 매주 2~3회 접속했고, 마지막 로그인은 3일 전이었다. 이 정보를 통해 머신러닝 모델은 이 고객이 앞으로도 얼마나 자주, 얼마나 많이 구매할지를 예측할 수 있게 된다.

이런 방식은 BG/NBD 모델처럼 통계적으로 가정하지 않기 때문에 데이터가 풍부할수록 유연하게 작동한다. 특히, 다양한 행동 특성, 마케팅 반응, 날씨나 시즌성 등 외부 변수를 함께 반영할 수 있어 실제 운영 환경에 훨씬 가깝다. 물론 모델의 해석이 다소 어렵고 학습과 평가 과정이 필요하긴 하지만, 예측 성능을 높이고 싶을 때는 가장 현실적인 선택지다.

머신러닝 기반 CLV 예측은 고객 행동을 하나하나 숫자로 정리하고, 그 수치를 바탕으로 미래 가치를 예측하는 방식이다. 이 예측은 단순히 금액을 추정하는 데 그치지 않고, 마케팅 캠페인의 타겟 선정, VIP 고객 정의, 리마케팅 우선순위 결정 등 다양한 비즈니스 의사결정에 바로 연결된다. 데이터만 잘 준비되어 있다면, 실제로 구축하는 데는 많은 시간이나 자원이 들지 않는다. 오히려 가장 중요한 건, 고객을 얼마나 잘 표현할 수 있는 특성을 만들었느냐 여부이며, 머신러닝은 그다음의 문제다.

끝으로 고객 평생 가치 예측은 단기 수치를 넘어, 더 전략적인 관점에서 고객을 바라보게 해주는 도구다. 데이터를 통해 "지금의 고객이 앞으로 얼마나 소중한 사람인지"를 미리 알아보는 과정이자, 고객 중심 전략의 핵심이 되는 분석이라고 할 수 있다.

고객 여정 분석

고객은 단 한 번의 행동으로 서비스를 평가하지 않는다. 앱을 처음 설치한 순간부터 탐색, 비교, 구매, 사용, 피드백에 이르기까지 수많은 접점을 오가며 시스템과 상호작용하며, 이 일련의 과정을 고객 여정Customer Journey이라고 부른다. 그리고 고객 여정 분석은 이러한 흐름을 시간 순서대로 추적하고, 그 안에서 고객이 어떤 경로를 거쳤는지, 어디에서 머물고, 어디에서 이탈했는지를 분석하는 방법이다.

이 분석이 중요한 이유는 간단하다. 고객은 복잡한 여정을 거치는 동안 기대가 충족되기도 하고, 실망하기도 한다. 특정 페이지에서 머무는 시간이 길었다면, 관심이 있었을 수도 있고, 정보가 부족하여 길을 잃었을 수도 있다. 결제 직전까지 갔다가 돌아갔다면, 가격이 마음에 들지 않았을 수도 있고, 배송 조건이 불만족스러웠을 수도 있다. 고객 여정 분석은 이런 흐름 속에서 숨어 있는 행동 패턴과 전환의 단서를 시각적으로 드러내는 작업이다.

고객 여정 및 전환율

실제로 여정 분석은 주로 이벤트 로그 기반의 시계열 데이터를 활용한다. 고객의 클릭, 페이지 이동, 검색, 장바구니 담기, 구매 완료, 리뷰 작성 같은 행동이 시간순으로 기록된 로그 데이터를 분석하여 개별 고객이 어떤 경로를 거쳤는지를 추적한다. 이 데이터를 여러 고객의 행동과 겹쳐 보면, 서비스 내에서 주요 여정 흐름이 어떻게 구성되어 있는지, 어디서 이탈이 많이 일어나는지, 어떤 경로를 거친 고객이 전환율이 높은지를 확인할 수 있다.

예를 들어, A 고객이 "홈페이지 → 검색 → 카테고리 진입 → 상품 상세 → 장바구니 → 이탈"이라는 경로를 거쳤고, B 고객은 "홈페이지 → 추천 상품

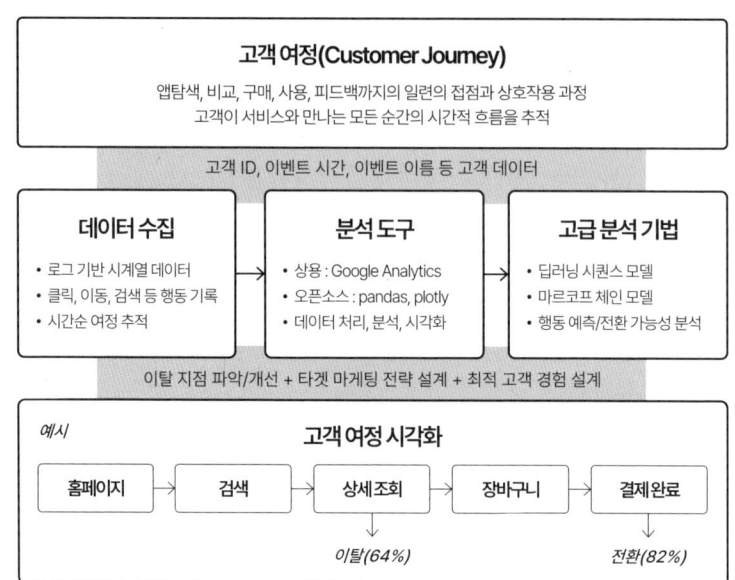

고객 여정 분석 프로세스

→ 상세 페이지 → 구매 완료"라는 경로를 보였다면, 이 경로들을 수백만 명의 고객 경로와 함께 시각화해볼 수 있다. 이 과정에서 "상품 상세 페이지 이후 이탈률이 높다"거나 "추천 상품 진입 고객은 구매 전환율이 높다"는 인사이트가 도출된다.

분석 도구

고객 여정 분석을 위해서는 고객이 남긴 행동 로그 데이터를 시간순으로 정리하고 분석할 수 있는 도구가 필요하다. Google Analytics, Mixpanel[1],

---

1) Mixpanel은 사용자 행동 분석 플랫폼으로 웹사이트 및 모바일 앱에서 사용자의 상호작용을 추적하며, 이벤트 기반 분석, 사용자 흐름 시각화, 코호트 분석, 전환 퍼널 등의 기능을 제공한다. (출처 : https://www.forrester.com/report/the-forrester-wave-digital-intelligence-platforms-q2-2023/RES176041)

Amplitude[1] 같은 상용 도구는 웹이나 앱의 고객 행동을 자동으로 수집하고, 클릭 흐름이나 전환 퍼널, 페이지 이동 경로 등을 시각적으로 보여주는 기능을 갖추고 있다. 개발자가 아니더라도 대시보드 설정만으로 분석이 가능하다는 장점이 있다.

반면, Python 기반의 오픈소스 도구들을 사용하면 보다 유연하게 분석 흐름을 설계할 수 있다. 특히, 복잡한 사용자 여정이나 맞춤 분석이 필요한 경우에는 직접 코드를 작성해서 원하는 대로 데이터 흐름을 구성할 수 있다는 점에서 장점이 있다. 이때 자주 사용되는 도구가 Python 데이터 분석의 3대 도구인 pandas, plotly, networkx다.

pandas

pandas는 데이터 처리와 분석을 위한 핵심 라이브러리다. 테이블 형태의 데이터를 다루는 DataFrame 구조[2]를 제공하며, 데이터 정제, 변환, 집계, 병합 기능이 포함되어 있다. 고객 로그 데이터를 시간순으로 정렬, 특정 조건으로 필터링, 그룹별로 집계하는 작업 등을 효율적으로 수행할 수 있다. 특히, 대용량 데이터를 메모리에서 빠르게 처리하는 성능이 특징이며, 시계열 데이터 분석에도 강점을 보인다.

plotly

plotly는 인터랙티브 데이터 시각화 라이브러리다. 정적인 차트가 아닌 마

---

1) Amplitude는 제품 분석 플랫폼으로 실시간 사용자 여정 추적, 리텐션 분석, 행동 기반 세그먼테이션, 예측 분석 등의 기능을 제공하는데, 머신러닝 기반 예측 분석과 강력한 사용자 행동 패턴 식별 기능으로 주목 받고 있다. (출처 : https://www.idc.com/getdoc.jsp?containerId=US49988723)

2) DataFrame 구조는 pandas 라이브러리의 핵심 데이터 구조로 행과 열로 구성된 2차원 테이블이다. 각 열은 서로 다른 데이터 타입을 가질 수 있으며, 색인된 행과 이름이 지정된 열을 지원한다. SQL 테이블이나 스프레드시트와 유사하며, 데이터 정렬, 필터링, 그룹화, 병합 등 다양한 데이터 조작 기능을 제공한다. (출처 : https://www.oreilly.com/library/view/python-for-data/9781098104031/)

우스 오버, 확대/축소, 데이터 선택 기능이 있는 동적 그래프를 생성할 수 있다. 막대 그래프, 산점도, 히트맵 등 기본적인 차트부터 3D 그래프, 지리적 맵, Sankey 다이어그램[1]까지 다양한 시각화 옵션을 제공한다. 웹 기반으로 작동하기 때문에 대시보드 구축이나 분석 결과 공유에 유용하다.

networkx

networkx는 네트워크와 그래프 분석에 특화된 라이브러리다. 노드(점)와 엣지(선)로 구성된 관계형 데이터를 모델링하고 분석할 수 있다. 고객 여정을 그래프로 표현하면 주요 경로 식별, 중요 전환점 분석, 경로 복잡도 계산 등이 가능하다. 최단 경로 알고리즘, 중심성 측정, 커뮤니티 탐지 등 그래프 이론 알고리즘을 구현하고 있어 복잡한 관계 패턴을 분석하는 데 활용된다.

이 세 도구는 서로 다른 목적을 가지고 있지만 함께 사용하면 효과적인 분석 파이프라인을 구축할 수 있다. pandas로 원데이터를 처리하고, networkx로 관계 구조를 분석한 후, plotly로 결과를 시각화하는 흐름으로 작업할 수 있다. 이러한 조합은 특히, 고객 여정 분석에서 유용하며, 복잡한 행동 패턴을 이해하고 의미 있는 인사이트를 도출하는 데 도움이 된다.

데이터 수집

먼저 예시처럼 데이터를 준비한다. 이 데이터를 pandas로 정렬한 다음, 각 고객의 이벤트 순서를 추출하여 가장 많이 이용하는 이동 경로를 집계하면, "홈페이지 방문 → 검색 → 상세 → 장바구니 → 결제"라는 경로가 자주 등장한다는 걸 파악할 수 있다.그다음 이 경로를 plotly의 Sankey 다이어그

---

1) Sankey 다이어그램: 흐름의 양과 방향을 시각화하는 그래프로 노드 간 연결을 너비가 다양한 경로로 표현한다. 주로 에너지, 물질, 비용의 흐름이나 웹사이트 사용자 경로 분석에 사용된다. 흐름의 크기에 비례하는 경로 폭을 통해 복잡한 시스템 내 자원 이동을 직관적으로 보여준다. (출처 : https://www.perceptualedge.com/books.php)

램으로 시각화하면, 고객들이 어떤 경로를 많이 거쳤는지, 어느 지점에서 이탈했는지 한눈에 볼 수 있다. 예를 들어, '장바구니 담기' 이후에 '결제'로 이어진 비율이 낮다면, 해당 구간에서 이탈 원인을 찾아볼 수 있다.

고객 행동 로그 데이터 예시

고객 ID	이벤트 시간	이벤트 이름
A	2025-03-01 12:00:00	홈페이지 방문
A	2025-03-01 12:01:00	상품 검색
A	2025-03-01 12:02:30	상품 상세 조회
A	2025-03-01 12:03:10	장바구니 담기
A	2025-03-01 12:05:00	결제 완료

데이터 분석

이렇게 오픈소스 도구를 활용하면 여정을 분석하는 방식도 더 자유롭고, 특정 조건에 따른 필터링이나 고객 그룹별 비교도 유연하게 구현할 수 있다. 물론 시각화나 대시보드 설정이 자동화되어 있지는 않기 때문에 분석에 익숙하거나 맞춤형 분석이 필요한 경우에 적합하다.

최근에는 고객 여정을 단순히 '무슨 행동을 했는가'만 분석하는 데서 나아가, 앞으로 어떤 행동을 할지를 예측하거나 전환 가능성이 높은 최적의 여정 경로를 자동으로 추천해주는 분석 방식도 활발히 사용되고 있다. 여기에는 대표적으로 딥러닝 기반의 시퀀스 모델[1]과 마르코프 체인 모델 같은 기술이 활용된다.

예를 들어, 어떤 고객이 지금까지 "홈페이지 방문 → 상품 검색 → 상세 페

---

[1] 시퀀스 모델(Sequence Model)은 시간적 순서나 순차적 패턴을 가진 데이터를 처리하는 머신러닝 모델이다. RNN, LSTM, Transformer 등이 대표적이며, 이전 데이터의 맥락을 고려하여 텍스트 생성, 음성 인식, 시계열 예측, 사용자 행동 예측 등에 활용된다. (출처 : https://www.deeplearningbook.org/)

이지 조회"까지 진행했다면, 이후 "장바구니 담기"로 갈 가능성이 높은지 아니면 "이탈"할 가능성이 높은지를 예측하는 것이다. 만약 모델이 이 고객이 곧 이탈할 가능성이 높다고 판단하면, 그 시점에 자동으로 할인 배너를 노출하거나 추천 상품을 보여주는 식의 개입이 가능해진다.

이런 분석에는 과거 수많은 고객들이 거쳤던 행동의 순서가 학습 데이터가 된다. RNN[1], Transformer 등 딥러닝의 시퀀스 모델은 이 행동 순서를 마치 문장처럼 처리하여, 앞에 어떤 행동이 있었을 때 다음 행동으로 무엇이 올 가능성이 높은지를 예측한다. 마르코프 체인 모델[2]은 "현재 상태에서 다음 상태로 넘어갈 확률"을 계산하여 전체 여정 흐름에서 어디가 이탈 지점인지, 어디가 전환으로 이어지는 경로인지를 수치적으로 분석해준다.

고객 여정 단계별 다음 행동 예측 결과 예시

현재까지 행동 흐름	예측되는 다음 행동	전환 확률
홈 → 카테고리 → 상세 페이지	장바구니 담기	75%
홈 → 검색 → 상세 페이지 → 장바구니	결제 완료	82%
홈 → 검색 → 상세 페이지	이탈	64%

---

1) RNN(Recurrent Neural Network)은 순차적 데이터를 처리하기 위한 인공 신경망으로 이전 단계의 출력을 현재 단계의 입력으로 사용하는 순환 구조를 가진다. 이 구조 덕분에 시간적 의존성이 있는 데이터(텍스트, 음성, 시계열 등)를 효과적으로 학습할 수 있다. 문장 생성, 감성 분석, 번역, 음성 인식, 사용자 행동 예측 등 다양한 분야에 적용된다. (출처 : https://www.manning.com/books/deep-learning-with-python-second-edition)

2) 마르코프 체인 모델(Markov Chain)은 현재 상태에 기반해 다음 상태를 예측하는 확률 모델이다. 과거 이력은 고려하지 않고 오직 현재 위치만 중요하다. 예를 들어, 쇼핑몰 웹사이트에서 '장바구니 페이지'에 있는 고객이 다음에 '결제 페이지'로 갈 확률이 70%, '상품 페이지'로 돌아갈 확률이 30% 라는 식으로 분석한다. (출처 : https://www.elsevier.com/books/introduction-to-probability-models/ross/978-0-12-814346-9)

데이터 활용

예시와 같은 데이터를 활용하여 특정 여정 흐름에서 어떤 고객은 전환 가능성이 높고, 다른 고객은 이탈 위험이 크다는 걸 실시간으로 감지할 수 있다. 이를 통해 "전환 확률이 낮은 고객에게만 타겟 할인 쿠폰 제공", "특정 경로에서 UI 변경 실험" 같은 마케팅 전략을 정교하게 설계할 수 있다.

이처럼 고객 여정 분석은 단순히 고객의 "이동 경로"를 그려보는 것이 아니라, 고객이 어떤 흐름 속에서 경험을 형성하고, 어느 지점에서 이탈하거나 전환에 이르렀는지를 읽어내는 과정이다. 이 흐름을 잘 이해하면, 고객이 머무는 지점을 강화하고, 이탈하는 지점을 줄이며, 최적의 여정을 설계할 수 있다.

고객 이탈 예측

신규 고객 확보에 많은 비용을 들이지만, 실제로는 기존 고객을 유지하는 것이 더 비용 효율적인 전략이다. 그런데 대부분 고객이 조용히 떠난다는 점이 문제다. 명확한 의사를 표현하지 않고, 그저 더 이상 로그인하지 않거나, 구매를 멈추거나, 알림을 무시하면서 서서히 떠난다. 그래서 고객 이탈 예측을 통해 고객이 떠나기 전에 그 징후를 먼저 알아채는 것이 중요하다.

고객 이탈 예측은 특정 고객이 가까운 시점에 우리 서비스를 더 이상 이용하지 않게 될 가능성을 예측하는 분석 기법이다. 단순히 "누가 떠났는가?"를 파악하는 것이 아니라, "누가 곧 떠날 가능성이 있는가?"를 미리 예측하는 데 초점을 둔다. 이 정보를 활용하면 이탈 예상 고객에게 선제적으로 혜택을 제안하거나, 콘텐츠를 노출하거나, 직접적인 커뮤니케이션을 시도할 수 있다. 예측이 정교할수록 유지 전략은 더 효과적으로 작동하게 된다.

고객 이탈 정의 및 분류

이탈 예측을 위해 먼저 해야 할 일은 '이탈'에 대해 정의하는 것이다. 어떤 서비스는 일정 기간 동안 로그인하지 않으면 이탈로 간주하고, 어떤 서비스는 구매가 중단된 경우를 기준으로 한다. 예를 들어, 쇼핑몰이라면 '30일 동안 구매가 없을 경우', 교육 플랫폼이라면 '2주 이상 수강이 없을 경우' 등을 이탈로 정의할 수 있다. 이렇게 이탈 기준을 명확히 정한 다음, 과거 데이터를 기반으로 '이탈한 고객'과 '유지된 고객'을 구분하고, 두 그룹의 특성을 비교하게 된다.

머신러닝을 활용한 이탈 예측은 분류Classification 문제로 다뤄진다. 즉, 각 고객이 이탈할지, 유지될지를 0 또는 1로 분류하는 모델을 학습시키는 것이

고객 이탈 예측 프로세스

며, 고객이 이탈과 유지 중 어떤 상태에 가까운지를 모델이 판단하는 것이다.

　이 예측이 가능하려면 먼저 모델에게 "이탈한 고객은 이런 특성을 가졌고, 유지된 고객은 이런 행동을 보였다"는 식의 패턴을 학습시켜야 한다. 학습에 사용하는 데이터는 과거의 실제 사례다. 이미 이탈 여부가 판별된 고객들의 행동 데이터를 통해 모델을 학습시키면, 나중에는 새로 들어온 고객에 대해서도 이탈 가능성을 예측할 수 있게 된다.

예를 들어 보자. 어떤 쇼핑 앱에서 고객 A는 최근 14일 동안 앱에 10번 접속했고, 마지막 로그인은 2일 전, 지난 한 달 동안 2번의 구매를 했다. 반면 고객 B는 최근 14일간 단 한 번도 접속하지 않았고, 마지막 로그인은 한 달 전, 구매 기록도 없다. 이 두 사람의 데이터를 비교해보면 고객 A는 여전히 활발히 활동 중이고, 고객 B는 이탈한 것으로 간주할 수 있다. 이런 데이터를 수천 명의 고객에 대해 정리하면, 어떤 패턴의 고객이 이탈하는지를 모델이 스스로 배울 수 있다.

고객 활동 비교 예시

항목	고객 A	고객 B
최근 14일 앱 접속 횟수	10회	0회
마지막 로그인으로부터 경과일	2일	30일
지난 30일 구매 횟수	2회	0회
최근 마케팅 알림 클릭 여부	클릭함	클릭 안 함
이탈 여부 (레이블, 학습용)	유지 (0)	이탈 (1)

고객 이탈 분석

그런데 여기서 좀 더 살펴보면, 단순히 "이 고객은 곧 떠날 것 같다"는 예측 결과만으로는 어떤 대응을 할지 고민된다. 그래서 최근에는 고객의 행동 데이터를 기반으로 이탈 징후를 정밀하게 탐지하는 분석 기법이 함께 사용된다. 이를 '행동 기반 이탈 징후 탐지'Behavioral Churn Signal Detection 또는 '이탈 직전 행동 패턴 분석'Pre-Churn Behavior Analysis이라고 부른다.

이 접근 방식은 모델이 예측한 결과만 보는 것이 아니라 고객이 이탈하기 전에 보이는 특징적인 행동 흐름을 함께 파악하는 데 초점을 둔다. 예를 들어, 어떤 고객은 이전까지는 매일 로그인하고 상품을 둘러보다가, 갑자기 접속 주기가 3~4일 간격으로 벌어지기 시작하고, 알림을 더 이상 클릭하지 않으며, 마지막으로 장바구니에 담긴 상품을 결제하지 않고 떠난다. 이런 작은 변화들이 모이면, 그것이 바로 이탈 징후가 된다.

이런 행동 신호는 규칙 기반으로 간단히 탐지할 수도 있고, 시계열 데이터를 분석하는 방식으로 더 정교하게 감지할 수도 있다. 중요한 것은 고객이 갑자기 떠나는 게 아니라, 조용히 멀어지고 있다는 점을 행동 데이터를 통해 읽어내는 것이다. 실제로 많은 서비스에서 이탈 직전 고객은 다음과 같은 공통적인 행동 변화를 보인다.

- 하루 한 번 접속하던 고객이 이틀, 사흘 간격으로 접속함
- 상품 상세 페이지를 둘러보긴 하지만 구매 전환율이 급격히 떨어짐
- 평소 즐겨보던 콘텐츠 카테고리 접근 빈도가 감소함
- 클릭, 열람 등 마케팅 알림에 대한 반응이 줄어듦

이런 패턴을 미리 탐지하면, 모델이 '이탈 가능성 있음'이라는 결과를 내기 전에 이미 대응할 수 있다. 예를 들어, 위와 같은 행동이 감지된 고객에게는 알림을 통해 개인화 콘텐츠를 추천하거나, 쿠폰을 제공하거나, 메시지를 통해 피드백을 요청하는 식으로 선제적인 개입이 가능하다.

즉, 이탈 예측 모델이 "누가 이탈할까?"를 알려준다면, 행동 기반 패턴 분석은 "왜 이탈하려는 걸까?", "언제, 어떤 징후가 있었을까?"를 알려주는 역할을 한다. 두 가지 분석이 함께 사용되면, 예측의 정확도뿐 아니라 실제 대응 전략의 타이밍과 정밀도도 훨씬 높아지게 된다.

고객 이탈 예측 알고리즘

머신러닝 모델을 학습시키려면 고객 한 명당 한 줄Row로 정리된 테이블 형태의 입력 데이터셋이 필요하다. 각 열Column은 고객의 행동이나 상태를

숫자나 범주로 정리한 특성Feature이고, 마지막 열에는 그 고객이 실제로 이탈했는지를 나타내는 정답Label이 들어간다.

입력 데이터셋 예시

고객 ID	최근 14일 접속 횟수	마지막 로그인 이후 일수	최근 30일 구매 횟수	알림 클릭 여부	이탈 여부 (Label)
A	10	2	2	1 (클릭함)	0 (유지)
B	0	30	0	0 (클릭 안 함)	1 (이탈)

이 표에 담긴 수치들은 단순한 과거 이력이 아니라 이탈 직전에 나타나는 행동 변화의 징후를 데이터화한 것이다. 예를 들어, '최근 14일 접속 횟수'나 '마지막 로그인 이후 일수'는 사용 빈도와 관심도의 감소를, '알림 클릭 여부'는 반응성 저하를 나타낸다. 이처럼 행동 신호를 수치로 정리하는 과정이 이탈 예측 모델의 정확도에 큰 영향을 미친다.

실무에서는 이러한 데이터를 기반으로 분류Classification 문제를 해결할 수 있는 머신러닝 알고리즘을 적용하게 되는데, 가장 널리 쓰이는 도구는 Python의 scikit-learn이다. 이 라이브러리는 분류 문제에 적합한 다양한 모델을 지원하며, 그 중에서도 로지스틱 회귀Logistic Regression[1]은 구조가 단순하고 해석이 쉬워 자주 사용된다. 이 모델은 예측 결과를 0 또는 1이 아닌 확률 값으로 출력해주기 때문에 고객의 이탈 가능성을 수치로 판단할 수 있다는 장점이 있다.

조금 더 복잡한 문제나 다양한 특성이 혼합된 상황에서는 랜덤 포레스트

---

1) 로지스틱 회귀(Logistic Regression)은 이진 분류 문제를 해결하는 통계적 기계학습 알고리즘으로 입력 특성과 타겟 변수(0 또는 1) 간의 관계를 선형 결합된 입력값을 확률로 변환시키는 시그모이드 함수를 통해 모델링한다. 여러 특성의 선형 조합을 계산한 후 이를 0과 1 사이의 확률값으로 변환하여 분류를 수행한다. 모델 해석이 용이하고 계산 효율성이 높아 의료 진단, 마케팅 반응 예측, 고객 이탈 예측 등 다양한 분야에서 널리 사용된다. (출처 : https://hastie.su.domains/ElemStatLearn/)

Random Forest나 그래디언트 부스팅Gradient Boosting 계열의 트리 기반 모델이 많이 활용된다. 이 모델들은 여러 개의 결정 트리를 조합하여 예측의 정밀도를 높이는데 고객의 행동 변화가 복잡하게 얽혀 있는 상황에서도 강한 성능을 낸다.

고객 이탈 예측 및 대응

모델이 학습하는 데 사용하는 데이터는 대부분 고객 프로파일링 과정에서 만들어진 특성들이다. 그리고 앞에서 언급한 행동 기반 분석 기법을 통해 다음과 같이 이탈 징후를 포착할 수 있는 중요한 변수들이 자연스럽게 포함되게 된다.

- 최근 14일간 접속 횟수
- 마지막 구매일로부터의 경과일
- 구매 간격의 불규칙 정도
- 지난달 평균 구매 금액
- 마케팅 알림 클릭 여부
- 고객센터 문의 이력
- 앱에서 특정 기능을 사용한 횟수
- 장바구니 담기 후 결제율
- 일평균 접속 시간 변화량

이런 특성들은 모두 고객의 최근 행동에서 이탈 전 나타나는 변화 신호를 반영한 것이다. 수치형 또는 범주형 값으로 정리한 뒤 모델에 입력하면, 머신러닝은 이 데이터를 기반으로 고객의 행동 패턴을 학습하고, 이탈 가능성을 더 정확하게 판단할 수 있게 된다.

예측이 완료되면, 모델은 고객별로 이탈 확률을 숫자로 알려준다. 예를 들어, 고객 C는 84% 확률로 다음 달 안에 이탈할 가능성이 있다고 예측될 수 있다. 이처럼 수치화된 결과는 바로 마케팅 자동화 도구나 CRM 시스템과 연동되어, 이탈 위험 고객에게는 할인 쿠폰을 미리 제공하거나, 알림을 더 자주 보내거나, 콜센터에서 우선적으로 연락하는 등 고객의 행동 변화에 빠르게 대응하는 실시간 전략을 실행하도록 돕는다.

결국 머신러닝 기반의 이탈 예측은 단순한 분류 기술이 아니라 행동 데이터에 숨은 신호를 발견하여 더 나은 결정을 돕는 분석 도구다. 고객 이탈은 갑작스러운 일이 아니라 서서히 드러나는 변화이므로 그 징후를 먼저 인지하고 대응한다면 충분히 예측하고 예방할 수 있다.

고객 유지 효과 예측

이탈을 예측하는 데 성공했다면, 그다음 질문은 "그래서 무엇을 해야 하는가?"다. 이탈 가능성이 높은 고객에게 마케팅 메시지를 보내거나 할인 쿠폰을 제공하는 등의 조치를 취할 수는 있지만, 그 대응이 정말 효과가 있었는지를 어떻게 판단할까? 바로 그 질문에 답해주는 분석이 고객 유지 효과 예측 Retention Effectiveness Prediction이다.

고객 유지 효과 예측은 쿠폰 제공, 이메일 발송, 전화 상담 등 어떤 유지 전략이 실제로 고객 이탈을 줄이는 데 효과가 있었는지를 데이터 기반으로 검증하고 예측하는 기법이다. 단순히 이탈 고객을 막기 위한 행동을 하는 것이 아니라 어떤 고객에게 어떤 전략이 효과적인지를 사전에 판단하는 것이다. 그래야 마케팅 자원을 더 전략적으로 배분할 수 있고, 불필요한 비용 낭비도 줄일 수 있다.

예를 들어, 이탈 위험 고객 1,000명에게 할인 쿠폰을 보냈을 때, 200명은 다시 돌아왔고, 800명은 여전히 반응하지 않았다면, 이 전략의 효과는 낮다고 볼 수 있다. 하지만 자세히 들여다보면, 쿠폰을 받은 고객 중에도 어떤 고객은 원래 이탈할 생각이 없었고, 어떤 고객은 아무 혜택을 줘도 떠났을 것이다. 진짜 효과가 있었던 건 '혜택을 받았기 때문에 유지된 고객'이다. 고객 유지 효과 예측은 개입이 없었으면 이탈했을 고객이 실제로 유지된 비율, 즉 인과 효과[1]를 계산하는 것이다.

실무에서 유지 전략이 실제로 이탈을 줄였는지를 판단하기 위해 A/B 테스

---

1) 인과 효과(Causal Effect)는 어떤 처치(개입)가 결과에 미친 인과적인 영향을 말한다. 여기서는 "쿠폰을 줬기 때문에 이탈 확률이 줄었다"는 식의 원인과 결과 관계를 추론하는 것이며, 보통 전체 집단이나 특정 세그먼트의 평균적인 효과를 논할 때 쓰인다.

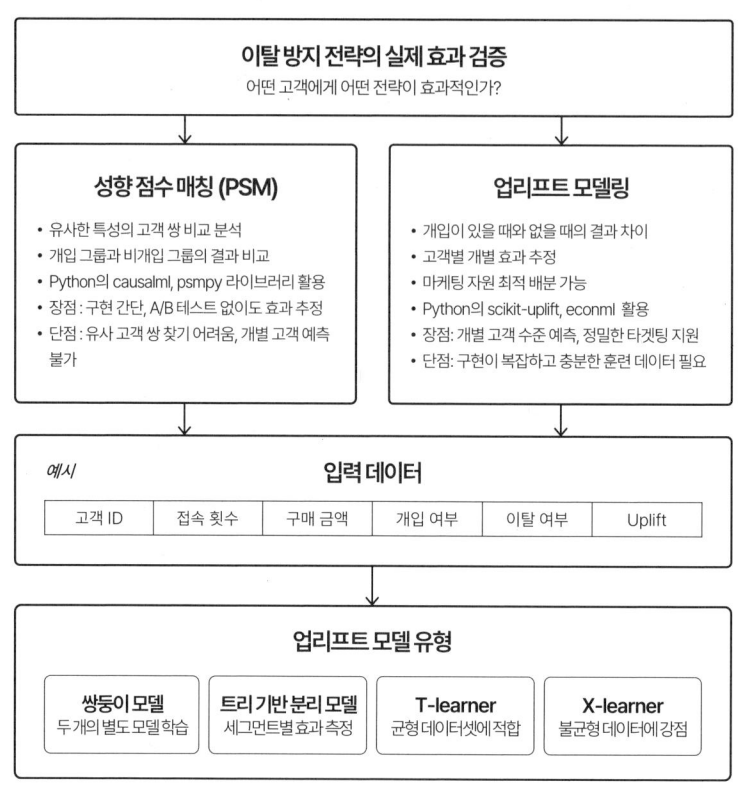

고객 유지 효과 예측 프로세스

트를 주로 활용한다. 즉, 비슷한 고객을 두 집단으로 나눈 뒤, 한쪽에는 쿠폰, 메시지, 전화 등 혜택을 주고, 다른 쪽은 그대로 두고 비교하는 방식이다. 현실적으로는 실험이 어렵거나 이미 개입이 이루어진 상황이 많기 때문에 실험이 아닌 데이터만으로 효과를 추정하는 기법들이 필요했고, 대표적으로 성향 점수 매칭과 업리프트 모델링을 많이 활용하고 있다.

성향 점수 매칭

성향 점수 매칭PSM, Propensity Score Matching은 개입 여부가 무작위가 아니더라도 개입을 받았을 법한 고객과 받지 않았을 법한 고객을 짝지어서 비교할 수 있도록 도와준다. 즉, "쿠폰을 받은 고객 A"와 "쿠폰은 받지 않았지만 A와 거의 똑같은 행동을 보인 고객 B"를 찾아, 두 사람의 결과를 비교하여 쿠폰의 효과를 추정하는 방식이다.

예를 들어 보자. 고객 A는 최근에 구매를 여러 번 했고, 이탈 위험이 높다고 판단되어 쿠폰을 받았다. 고객 B는 쿠폰을 받지는 않았지만 구매 횟수나 접속 패턴이 고객 A와 매우 유사하다. 이 두 고객은 '성향'score이 비슷한 고객 쌍으로 간주된다. 이탈 여부를 비교해봤더니, A는 쿠폰을 받고 유지됐고, B는 아무 혜택 없이 이탈했다면, 쿠폰이 효과적이었다고 판단할 수 있다.

이 방법은 구현이 간단하다. Python에서는 causalml, psmpy 같은 오픈소스 라이브러리를 통해 쉽게 분석할 수 있고, 복잡한 모델 없이도 효과를 평가할 수 있다. 특히, 모든 고객을 개별적으로 분석하지 않고도, 전체적으로 전략의 효과를 판단할 수 있다.

다만, 한 가지 한계는 있다. 고객 수가 많고, 고객의 행동 특성이 다양할수록 비슷한 조건을 가진 쌍을 정확히 찾아내기가 어려워진다는 점이다. 예를 들어, 조건이 10개, 20개로 많아지면 완벽하게 비슷한 쌍을 찾기 힘들어지고, 매칭 정확도가 떨어질 수 있다. 또한, 고객 반응을 개별적으로 직접 예측하기 어렵다. 다시 말해, "이 고객에게 쿠폰이 효과 있었을까?"보다는 "전반적으로 효과가 있었는가?"를 평균적으로 추정하는 데 적합한 기법이다.

그래서 성향 점수 매칭은 A/B 테스트를 하기 어려운 상황에서 데이터만으로 고객 유지 전략의 평균 효과를 판단하고 싶을 때 유용한 방법이다. 더 정교한 타겟팅이나 개별 고객의 반응 예측까지 하고 싶다면, 업리프트 모델링 같은 분석을 활용해야 한다.

업리프트 모델링

업리프트 모델링Uplift Modeling은 마케팅 메시지, 할인 쿠폰, 알림 발송 등 고객 유지 전략이 개별 고객에게 실제로 영향을 미쳤는지를 예측하는 분석 기법이다. 단순히 고객의 이탈 여부나 구매 여부를 예측하는 것이 아니라 개입이 있었을 때와 없었을 때의 결과 차이, 즉 업리프트 효과[1]를 고객 단위로 추정하는 데 초점을 둔다.

예를 들어보자.

- 고객 A는 최근 앱 사용이 줄어들고, 구매도 뜸해져서 이탈 위험이 높아 보였다. 그래서 할인 쿠폰을 보냈더니 다시 돌아와 구매를 이어갔다.
- 고객 B도 비슷한 행동을 보였지만, 쿠폰을 보내지 않아도 여전히 충성도 높게 서비스를 계속 사용했다.

이 두 고객 모두 '유지'된 것은 맞지만, 의미는 다르다. 고객 A는 개입(쿠폰 제공)으로 유지된 고객이기 때문에 전략이 효과적이었다고 판단할 수 있지만, 고객 B는 원래부터 이탈할 가능성이 낮았던 고객이라, 굳이 비용을 들여 혜택을 줄 필요가 없었다고 볼 수 있다. 이렇듯 업리프트 모델링은 이런 판단을 고객별로 미리 예측해주는 모델이다.

"이 고객에게 우리가 개입하지 않았더라면 어떻게 됐을까?" 이 질문에 답하려면, 고객의 행동 데이터를 기반으로 개입이 있었을 때와 없었을 때의 결과 차이를 추정해야 한다.

---

1) Uplift는 무언가를 끌어올리는 것을 의미한다. 감정, 기분, 상태, 수치 등 여러 분야에 비유적으로 쓰이며, 데이터 분석에서는 "개입에 의해 결과가 얼마나 향상되었는가"를 뜻한다.

고객별 개입 효과 예시

고객 ID	개입 여부	실제 이탈 여부	모델이 추정한 이탈 확률 (개입 있음)	모델이 추정한 이탈 확률 (개입 없음)	Uplift (효과 차이)
A	있음	유지됨	30%	80%	+50%
B	있음	유지됨	10%	12%	+2%
C	없음	이탈함	-	-	? (예측 필요)

예시에서 고객 A는 개입이 없었으면 80% 확률로 이탈했을 고객인데, 개입 후 이탈 확률이 30%로 줄었으므로 전략이 매우 효과적이었다고 할 수 있다. 그런데 고객 B는 개입 전후 이탈 확률 차이가 거의 없으므로, 굳이 개입하지 않아도 됐던 고객으로 볼 수 있다. 고객 C는 개입을 받지 않은 고객이라, 모델이 "개입했더라면 어떻게 됐을까?"를 예측하는 데 쓰인다.

업리프트 모델링은 이렇게 각 고객마다 '차이값'을 예측한다는 점에서 기존 모델과 구조가 다르다. 기존 이탈 예측 모델은 "이 고객이 떠날까 말까?"만 판단한다면, 업리프트 모델은 "전략이 효과를 낼 수 있는 고객은 누구일까?"에 초점을 맞춘다. 이 모델이 실무에서 중요한 이유는, 한정된 마케팅 자원을 더 효과적인 고객에게 집중할 수 있게 해주기 때문이다.

업리프트 모델 구현은 일반적인 이탈 예측보다 더 복잡한 데이터 구성이 필요하지만 전체 흐름은 그렇게 어렵지 않다. Python의 causalml, econml, scikit-uplift 같은 라이브러리를 활용하면 쉽게 만들 수 있다. 이 라이브러리는 고객을 '전략 개입을 받은 그룹'과 '받지 않은 그룹'으로 나누고, 각 그룹의 반응을 비교하여 전략의 효과 차이를 모델링할 수 있도록 도와준다.

모델 학습

모델 학습을 위해 준비해야 하는 입력 데이터는 일반적인 머신러닝 데이터셋과 유사하지만, 다음과 같은 항목이 반드시 포함되어야 한다:

1. **고객의 특성 정보** : 기존 고객 프로파일링 단계에서 만든 변수들(예: 최근 30일 접속 횟수, 구매 금액, 클릭률, 고객 등급 등)
2. **개입 여부** : 해당 고객이 마케팅 전략을 실제로 받았는지 여부(예: 쿠폰 제공 여부, 이메일 발송 여부 등)
3. **결과(반응) 값** : 개입 이후 고객이 어떤 행동을 했는지(예: 이탈 여부, 재방문 여부, 구매 여부 등)

입력 데이터 예시

고객 ID	접속 횟수	평균 구매 금액	고객 등급	개입 여부	이탈 여부
A	15	80,000	Silver	1	0 (유지)
B	10	65,000	Gold	0	1 (이탈)
C	7	45,000	Bronze	1	1 (이탈)
D	18	90,000	Silver	0	0 (유지)

- A는 전략을 받고 유지되었으므로 전략 효과 가능성 있음
- B는 전략을 안 받았고 이탈했으므로 전략이 있었으면 유지됐을 수도 있음
- C는 전략을 받았지만 이탈했으므로 전략 효과 없음
- D는 전략 없이도 유지되었으므로 전략 필요 없었음

이런 데이터를 수천 명, 수만 명에 대해 정리한 뒤, 업리프트 모델은 "이 고객은 전략을 적용했을 때와 안 했을 때의 차이가 얼마나 날까?"를 학습하게 된다.

이 과정에서 기존의 분류 모델과는 구조적으로 차이가 있다. 기존 모델은 단순히 이탈 확률을 예측하지만, 업리프트 모델은 두 가지 조건(개입 있음 vs 없음)에 따른 결과 차이를 모델링해야 하기 때문에 쌍둥이 모델, 트리 기반 분리 모델, T-learner, X-learner 같은 전용 구조가 사용된다.

쌍둥이 모델

우선 쌍둥이 모델Two-Model Approach은 개입 그룹과 비개입 그룹을 나눠서 각각의 데이터를 가지고 두 개의 예측 모델을 따로 학습시킨다. 예를 들어, 하나는 쿠폰을 받은 고객만 가지고 이탈 여부를 예측하고, 다른 하나는 쿠폰을 받지 않은 고객만으로 예측 모델을 만든다. 그리고 새 고객에 대해 두 모델의 예측 결과 차이를 비교하여 "전략이 어느 정도 효과가 있었는가"를 계산한다. 구현이 비교적 간단하다는 장점이 있지만, 두 모델이 완전히 독립적으로 학습되기 때문에 일관성이 떨어질 수 있다.

이런 일관성 문제는 실제 적용에서 중요한 오류의 원인이 된다. 예를 들어, 30대 남성이고 월 2회 구매하며 평균 구매액이 5만 원인 고객 X가 있다고 하자. 이 고객에 대해 "쿠폰 받은 그룹" 모델은 이탈 확률을 60%로 예측하고, "쿠폰 받지 않은 그룹" 모델은 동일한 특성에 대해 이탈 확률을 80%로 예측했다면, 업리프트는 20%(80%-60%)로 계산된다. 그런데 이 20%가 진짜 쿠폰의 효과인지, 아니면 두 모델이 서로 다른 방식으로 학습되어 생긴 차이인지 구분하기 어렵다는 문제가 있다.

실제로 "쿠폰 받은 그룹" 모델은 구매 횟수를 중요한 변수로 학습했고, "쿠폰 받지 않은 그룹" 모델은 구매 금액을 더 중요한 변수로 학습했을 수 있다. 이렇게 두 모델이 서로 다른 기준과 가중치로 학습되었다면, 예측 결과의 차이가 실제 쿠폰 효과가 아닌 단순히 모델 학습 방식의 차이에서 비롯될 가능성이 크다. 이것이 바로 쌍둥이 모델 접근법의 가장 큰 한계점이다.

트리 기반 분리 모델

트리 기반 분리 모델Separate Model per Leaf은 의사결정트리Decision tree 구조를 기반으로 한다. 먼저 고객 데이터를 특성에 따라 여러 잎Leaf 노드로 분할한다. 이렇게 하면 비슷한 특성을 가진 고객들이 같은 노드에 모이게 된다.

각 잎 노드 내에서는 개입을 받은 고객과 받지 않은 고객의 반응 차이를 직접 비교하여 해당 세그먼트에서의 업리프트 효과를 계산한다. 이 방식의 장점은 비슷한 특성을 가진 고객들 사이에서 개입 효과를 측정하기 때문에 좀 더 정확한 인과 관계를 파악할 수 있다는 것이다. 또한, 고객 세그먼트별로 효과를 쉽게 해석할 수 있기 때문에 비즈니스 관점에서 인사이트를 얻기 용이하다.

scikit-uplift 라이브러리에서는 이 모델을 쉽고 정확하게 적용하도록 명료한 인터페이스와 기능을 제공한다. 특히, 고객이 여러 세그먼트로 확실히 구분되는 상황에서 효과적이며, 모델의 결과를 통해 "어떤 유형의 고객에게 어떤 전략이 더 효과적인가"를 파악하는 데 유용하다.

T-learner

조금 더 정교한 방식으로는 T-learner가 있다. 이 방식도 두 그룹을 나눠서 각각 예측 모델을 학습시키지만, 머신러닝 모델을 자유롭게 활용할 수 있다는 점에서 더 유연하다. 예를 들어, 개입 그룹에는 XGBoost를, 비개입 그룹에는 랜덤 포레스트Random Forest를 쓸 수도 있다. T-learner는 개입 여부가 균형 있게 존재할 때 좋은 성능을 낸다. 반면 두 그룹의 크기가 크게 다를 경우에는 한쪽 모델의 예측 정확도가 떨어질 수 있다.

X-learner

이 단점을 보완한 방식이 X-learner다. X-learner는 적은 쪽 그룹의 결과를 추정하여 보정하는 과정을 거치기 때문에 데이터가 불균형한 상황에서도 비교적 안정적으로 업리프트를 예측할 수 있다. 그래서 "전략을 받은 고객은 적고, 받지 않은 고객은 많은 경우"에 유용하다. Python의 econml 라이브러리에서는 이 모델 구조를 정형화된 형태로 제공하고 있어서 복잡한 알고리즘을 새로 설계하지 않아도 바로 사용할 수 있다.

결론적으로 업리프트 모델이 기존 이탈 예측 모델과 가장 다른 점은 단일 결과가 아닌 '전략 전후의 차이값'을 예측한다는 점이다. 그렇기 때문에 구조도 다르고 학습 방식도 더 복잡하지만, 그만큼 진정한 효과를 판단할 수 있다는 장점이 있다. 무작정 많은 고객에게 쿠폰을 뿌리는 대신, 업리프트가 높은 고객에게만 전략을 집중하는 방식은 마케팅 효율과 비용 절감을 동시에 가져올 수 있다.

고객 의도 예측

고객은 의도를 가지고 행동한다. 어떤 사용자는 특정 상품을 구매하려고 앱을 켜고, 또 다른 사용자는 단지 리뷰를 보거나 친구가 공유한 링크를 확인하러 들어온다. 이런 고객 의도Intent를 시스템이 먼저 파악할 수 있다면, 맞춤화된 콘텐츠, 기능, 혜택을 선제적으로 제공할 수 있다.

고객 의도 예측Customer Intent Prediction은 고객이 지금 무엇을 하려고 하는지를 행동 데이터 기반으로 예측하는 분석 기법이다. 주로 사용자의 클릭 패턴, 검색어, 페이지 체류 시간, 구매 이력, 위치 정보, 접속 경로 같은 데이터를 조합하여 "이 고객은 지금 구매하려는 걸까?", "단순히 둘러보는 걸까?", "곧 이탈하려는 걸까?" 등을 분석한다.

예를 들어, 쇼핑몰에서는 고객이 특정 브랜드의 상품을 여러 번 비교하거나 장바구니에 담은 뒤 일정 시간 머무르면, 그 고객은 구매 의도가 높다고 볼 수 있다. 반면, 검색만 여러 번 반복하거나 상품 상세 페이지를 짧게 둘러보다 이탈하는 고객은 탐색 의도나 정보 수집 목적일 가능성이 높다. 마찬가지로 콘텐츠 플랫폼에서는 사용자가 다음 콘텐츠를 계속 시청하거나 한 작가의 콘텐츠를 연달아 클릭할 경우, 구독 의도를 가진 사용자일 수 있다.

단순한 관심을 넘어 실제 행동과 연결될 가능성을 예측하는 과정이 중요하다. 예를 들어, "이 고객은 85% 확률로 24시간 이내에 구매할 것이다" 또는 "이 고객은 오늘 중으로 다시 방문할 가능성이 낮다"처럼 구체적인 예측을 통해 서비스는 각 고객에게 맞춘 전략을 실시간으로 제공할 수 있게 된다.

예측 모델 설계

예측 모델을 만들기 위해서는 먼저 고객 의도를 대표할 수 있는 행동 지표

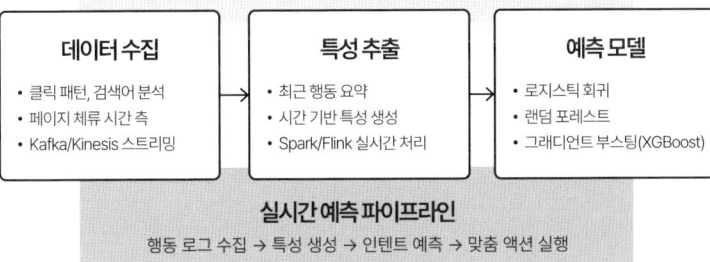

고객 의도 예측 프로세스

를 정의하고, 그 지표와 과거 행동 데이터를 연결하는 작업이 필요하다. 모델이 학습할 수 있도록 데이터를 구성할 때는 고객 한 명당 한 줄Row로 정리하고, 예측하고자 하는 인텐트[1]를 목표값Label으로 설정한다.

실무에서는 예측 기준 시점(t)을 정한 뒤, 그 이후 일정 시간 안에 어떤 행동이 일어났는지를 기준으로 라벨을 만든다. 예를 들어, 고객이 오후 3시에 앱을 사용했다고 가정해보자.

- 그 시점 이후 24시간 이내에 실제 구매가 있었다면 인텐트가 있음(1)
- 구매가 없었다면 인텐트 없음(0)

이런 방식으로 수천 수만 명의 고객 데이터를 쌓아두면, 예측 모델은 "이런 행동을 했던 고객은 이후 실제로 구매했더라"는 패턴을 학습하게 된다. 이런 방식은 구매뿐만 아니라 다양한 인텐트 예측에도 적용할 수 있다.

---

[1] '의도'와 '인텐트'는 같은 의미이지만, 실무에서 기술적 용어나 지표에는 '인텐트'를 주로 사용한다.

- **가입 전환 인텐트** : 예측 시점 이후 계정 생성 여부
- **이탈 인텐트** : 이후 7일간 재방문 여부
- **클릭 인텐트** : 콘텐츠 노출 후 실제 클릭 발생 여부

즉, 라벨은 예측하려는 행동이 일정 시간 내에 실제로 발생했는가를 기준으로 정의되며, 이 범위를 어떻게 설정하느냐에 따라 예측의 민감도와 실용성이 달라진다.

예측 분석

고객 의도 예측은 주로 머신러닝 분류 모델을 사용한다. 여기서 분류 모델이란 고객이 구매할지 아닐지, 이탈할지 유지될지처럼 결과가 두 가지로 나뉘는 문제를 풀기 위한 모델을 말한다. 실제로는 다양한 알고리즘을 사용할 수 있는데, 주로 사용하는 모델은 다음과 같다.

- **로지스틱 회귀** Logistic Regression : 구조가 단순하고 빠르며, 결과를 확률로 해석할 수 있어서 직관적이다. 예를 들어, "이 고객은 72% 확률로 24시간 내 구매할 가능성이 있음"처럼 결과가 나온다.
- **랜덤 포레스트** Random Forest : 여러 개의 결정 트리를 조합하여 예측하는 모델이며, 예측 정확도가 높고 다양한 변수에 잘 작동한다.
- **그래디언트 부스팅** Gradient Boosting : 성능이 뛰어난 모델 중 하나로 예측을 반복해서 조금씩 개선해가며 학습한다. Python의 XGBoost나 LightGBM[1] 같은 라이브러리에서 자주 사용된다.

이런 모델들은 Python의 scikit-learn이나 XGBoost 같은 오픈소스 라이

---

1) LightGBM은 마이크로소프트가 개발한 그래디언트 부스팅 프레임워크로 높은 효율성과 빠른 속도를 특징으로 하는 머신러닝 알고리즘이다. 트리 기반 학습 알고리즘을 사용하며 대용량 데이터 처리에 효과적이다. 메모리 사용량이 적고 학습 속도가 빠르면서도 높은 정확도를 유지하기 때문에 실시간 예측이 필요한 환경에서 널리 사용된다. (출처 : https://proceedings.neurips.cc/paper/2017/file/6449f44a102fde848669bdd9eb6b76fa-Paper.pdf)

브러리로 쉽게 구현할 수 있다. 복잡한 수식을 몰라도 기본적인 설정만 하면 학습부터 예측까지 빠르게 적용할 수 있어 실무에서 자주 활용된다.

모델 예측을 위해 입력 데이터, 즉, 특성Feature이 필요한데, 이 특성들은 고객의 최근 행동을 요약한 정보들로 구성된다. 예시 표를 보면 고객 A는 최근에 많이 클릭했고, 다양한 상품을 탐색했으며, 장바구니에 오래 머물렀고, 마지막 방문도 최근이어서 구매 인텐트가 높을 가능성이 있다. 반면, 고객 B는 거의 탐색하지 않고, 검색도 고객센터 관련 키워드였으며, 활동이 적은 편이라 인텐트가 낮게 예측될 가능성이 높다.

고객 인텐트 예측을 위한 입력 데이터 예시

고객 ID	최근 3일 클릭 수	최근 1시간 페이지 이동 수	검색어 유형	장바구니 체류 시간(분)	마지막 방문 이후 일수
A	12	8	"여름 원피스"	15	1
B	3	1	"배송 문의"	2	10

이처럼 고객 한 명당 다양한 행동 데이터를 정리해서 한 줄로 만들고, 그 고객이 실제로 구매했는지 여부를 목표값으로 붙이면 머신러닝 모델은 이 행동이 어떤 결과로 이어졌는지 학습하게 된다.

파이프라인 구축

고객 의도 예측이 가장 큰 힘을 발휘하는 순간은 고객이 실제로 행동할 때다. 고객이 상품을 탐색하거나, 장바구니에 담고 고민하거나, 특정 키워드를 검색하는 행동, 이 모든 행동 속에는 어떤 목적과 의도가 숨어 있다. 이때 시스템이 고객 의도를 즉시 감지하고 맞춤형 콘텐츠나 메시지를 제공하기 위해, 실시간 기반의 예측 파이프라인이 필요하다.

이 파이프라인은 4 단계로 구성할 수 있다.

우선, 고객의 행동 로그를 수집한다. 사용자가 앱이나 웹에서 클릭한 항목, 검색한 상품, 장바구니에 담은 상품 등은 이벤트 로그 형태로 저장된다. 이 데이터는 Kafka나 Kinesis 같은 스트리밍 수집 도구를 통해 실시간으로 분석 시스템에 전달되어, 지연 없이 처리된다.

그다음은 데이터 전처리와 특성 생성 단계다. 수집된 로그에서 고객의 최근 행동을 요약하여 '최근 5분간의 클릭 수', '최근 1시간 동안 조회한 상품 수', '마지막 로그인 이후 경과 시간' 같이 예측 모델이 사용할 수 있는 형태로 가공한다. 이 과정은 Spark Streaming[1]이나 Apache Flink[2] 같은 실시간 데이터 처리 시스템을 활용하여 구성할 수 있고, 경우에 따라 Python 기반 스크립트와 Redis[3] 캐시 조합으로도 유연하게 운영할 수 있다.

이렇게 준비된 데이터는 사전 학습된 인텐트 예측 모델에 입력되는데, 고객의 최근 행동 패턴을 분석하여 "이 고객은 지금 72% 확률로 구매할 가능성이 있음"처럼 인텐트 확률을 예측해낸다. 이 예측은 실시간으로 수행되기 때문에 고객이 아직 앱이나 웹을 떠나기 전에 결과를 받아볼 수 있다.

마지막 단계는 예측 결과 기반의 액션 실행이다. 인텐트 예측 모델을 통해

---

1) Spark Streaming은 아파치 스파크의 확장 기능으로 실시간 데이터 스트림을 처리하기 위한 프레임워크다. 데이터 스트림을 작은 배치로 나누어 처리하는 마이크로 배치 접근 방식을 사용하며, 스파크의 강력한 처리 능력과 풍부한 API를 활용해 복잡한 데이터 변환과 분석을 수행할 수 있다.
(출처 : https://dl.acm.org/doi/10.1145/2517349.2522737)

2) Apache Flink는 분산 스트림 처리 프레임워크로 데이터 스트림에 대한 고성능, 저지연, 정확한 처리를 제공한다. 실시간 스트림 처리와 배치 처리를 모두 지원하며, 복잡한 이벤트 처리와 시계열 분석에 강점을 보인다. (출처 : http://sites.computer.org/debull/A15dec/p28.pdf)

3) Redis는 인메모리 데이터 구조 저장소로, 키-값 형태의 데이터를 빠르게 저장하고 검색할 수 있다. 메모리에 데이터를 저장하여 디스크 기반 데이터베이스보다 훨씬 빠른 읽기/쓰기 성능을 제공하며 캐싱, 세션 관리, 실시간 분석, 메시지 큐, 리더보드 등 다양한 용도로 활용된다.
(출처 : https://www.manning.com/books/redis-in-action)

높은 구매 인텐트가 예측된 고객에게는 곧바로 맞춤형 쿠폰 배너를 보여주거나, 관련 상품을 추천하거나 또는 관심을 끌 수 있는 알림을 보낼 수 있다. 이 작업은 마케팅 자동화 시스템, 실시간 API, A/B 테스트 도구, 고객 행동 기반 UI 제어 시스템 등과 연결되어 실행된다.

이처럼 실시간 예측 파이프라인이 잘 작동하면, 고객이 무엇을 하려는지를 그 순간에 알아채고, 그에 맞는 대응을 실시간으로 제공할 수 있다. 고객 입장에서는 마치 서비스가 자신의 생각을 읽고 반응하는 듯한 인상을 받게 되고, 기업 입장에서는 전환율과 리텐션을 동시에 높일 수 있다.

감정 분석

고객이 남긴 텍스트에는 생각보다 많은 정보가 담겨 있다. 예를 들어, "배송이 느렸지만 제품은 괜찮았어요"라는 말에는 단순한 사실 외에도 고객의 감정과 평가가 함께 녹아 있다. 서비스 제공자가 이런 감정을 정확히 읽어낼 수 있다면, 단순한 로그를 넘어선 인사이트를 얻을 수 있다. 감정 분석 Sentiment Analysis은 이런 텍스트 속 감정 상태를 자동으로 분류하고 정리하는 기술이다.

감정 분석은 자연어 처리NLP의 대표적인 응용 분야다. 사용자가 남긴 리뷰, 설문 응답, 채팅, 콜센터 상담 기록, SNS 포스트 등 비정형 텍스트에서 긍정, 부정, 중립과 같은 감정 상태를 분류하는 데 목적이 있다. 경우에 따라 더 세밀하게 매우 긍정, 긍정, 중립, 부정, 매우 부정처럼 다단계로 분류하기도 하고, '짜증', '감동', '혼란', '무관심' 등 감정의 종류 자체를 여러 범주로 나누기도 한다.

감정 분석의 분류 예시

분류 방식	설명	예시 범주
이진 분류	긍정 vs. 부정으로 간단히 나누는 방식	긍정 / 부정
3단계 분류	중립을 포함해 감정을 세 단계로 분류	긍정 / 중립 / 부정
다단계 분류	감정의 강도를 포함해 더 세밀하게 나누는 방식	매우 긍정 / 긍정 / 중립 / 부정 / 매우 부정
감정 유형 분류	감정의 종류 자체를 범주로 나누는 방식	짜증 / 감동 / 혼란 / 무관심 등

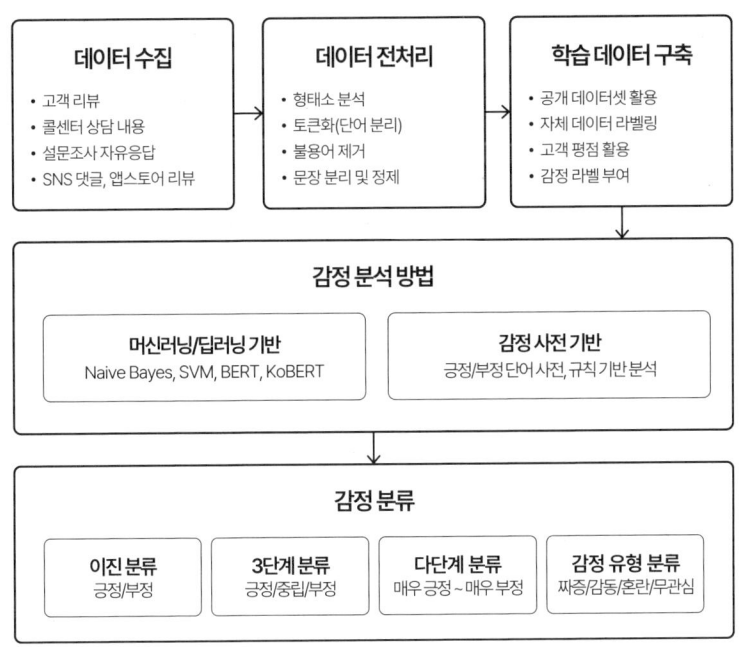

감정 분석 프로세스

데이터 수집 및 전처리

감정 분석은 보통 고객이 남긴 텍스트 데이터를 수집하는 것부터 시작된다. 여기서 말하는 텍스트는 꼭 SNS 댓글이나 상품 리뷰만을 의미하는 건 아니며, 다음과 같은 모든 정보가 분석 대상이 될 수 있다.

- 쇼핑몰에서 고객이 남긴 상품 후기
- 콜센터 상담원이 정리한 상담 요약 내용
- 서비스 만족도 설문에서 고객이 직접 입력한 자유서술형 응답
- 앱스토어나 포털에 올라온 리뷰와 피드백

예를 들어, 한 고객이 남긴 리뷰가 이렇게 되어 있다고 해보자.

"배송은 좀 느렸지만, 제품 품질은 생각보다 좋아서 만족합니다."

이 문장은 사람 눈으로 보면 "조금 아쉬운 점이 있었지만 전반적으로는 긍정적이다"라고 쉽게 판단할 수 있다. 수집된 텍스트 데이터를 감정 분석 모델에 활용하기 위해서는 먼저 기계가 이해할 수 있도록 가공하는 전처리 과정이 필요하다.

전처리에서는 한국어 텍스트를 적절히 가공하기 위해 형태소 분석 Morphological Analysis이 이루어진다. 이 과정은 문장에서 단어를 구성하는 요소들을 분해하고, 그중에서 의미를 지닌 핵심 형태(어간)를 추출하는 작업이다. 텍스트에서는 같은 의미를 가진 단어라도 다양하게 표현된다. 예를 들어, "좋았어요"는 '좋다'와 의미상 같지만, 형태는 다르다. 마찬가지로 "느렸지만"이라는 표현도 본래는 '느리다'라는 뜻을 담고 있다.

형태소 분석 결과를 바탕으로 문장을 단어 단위로 잘게 나누는 토큰화 Tokenization가 진행된다. 예를 들어, "배송은 좀 느렸지만 제품은 괜찮았어요"라는 문장이 있다면, ['배송', '느리다', '제품', '괜찮다', '만족']처럼 분석에 필요한 단어로 분리한다.

그다음 불용어 제거 Stopword Removal 과정을 거친다. 실제 문장에는 제거하더라도 의미 전달에 큰 영향을 주지 않는 단어들이 많아 이런 단어들을 제거하면 텍스트의 핵심 내용만 남게 되어 모델이 더 집중해서 분석할 수 있다.

형태소 분석은 이런 표현들을 공통된 기본형으로 바꾸어준다. '좋았어요'는 '좋다', '느렸지만'은 '느리다'처럼 정리되며, 표현의 다양성은 줄이고 의미의 일관성은 높인다. 이 과정이 잘 이루어져야 모델이 각 문장을 더 정확하게 이해하고, 감정 상태를 판단하는 데 필요한 핵심 단어들을 효과적으로 학습할 수 있다.

마지막으로는 문장 분리 및 정제 작업이 이루어진다. 고객 리뷰는 여러 문장이 길게 이어져 있거나 이모지나 특수기호가 섞여 있는 경우가 많다. 이러한 텍스트를 모델이 잘 이해하도록 고객이 길게 작성한 리뷰나 응답을 한 문장씩 나누고, 그 안에서 분석에 불필요한 기호나 이모지를 제거하는 작업이 이뤄진다.

이러한 전처리 과정을 통해 텍스트는 분석에 적합한 형태로 변환되며, 이후 감정 분석 모델이 이 데이터를 바탕으로 긍정, 부정, 중립 등 고객의 감정 상태를 예측할 수 있게 된다. 전처리는 모델의 성능을 좌우하는 중요한 단계로, 이 과정이 잘 되어 있을수록 예측 결과의 신뢰도도 높아진다.

감정 분석

이제 기계가 감정 상태를 예측하는 과정을 거친다. 이때는 머신러닝이나 딥러닝 기반의 예측 모델이 활용된다. 간단히 말해, 모델이 문장을 보고 "이건 긍정이다", "이건 부정이다"처럼 판단하는 역할을 하는 것이다.

예전에는 Naive Bayes[1], SVM[2], 로지스틱 회귀 같은 전통적인 머신러닝 모델들이 많이 쓰였다. 이 모델들은 구조가 단순하고 훈련 속도도 빠르며, 리뷰나 설문 응답처럼 비교적 짧은 문장들을 빠르게 분류하는 데 적합했다. 예를 들어, "디자인이 깔끔하고 배송도 빨라서 만족합니다"라는 문장이 들어오면, 이 안의 단어들이 긍정적인지 부정적인지를 판단하여 전체 감정을 긍정 또는 부정으로 분류하는 식이다.

---

1) Naive Bayes은 확률론 기반 분류 알고리즘으로 각 특성이 독립적이라는 '나이브(순진한)' 가정을 바탕으로 작동한다. 단순한 구조에도 불구하고 텍스트 분류, 스팸 필터링, 감정 분석 등에 효과적이며, 적은 양의 학습 데이터로도 상대적으로 좋은 성능을 보인다. (출처 : https://probml.github.io/pml-book/book1.html)

2) SVM(Support Vector Machine)은 데이터를 분류하는 결정 경계(초평면)을 찾는 지도학습 알고리즘으로 최대 마진 분류기로도 알려져 있다. 고차원 공간에서도 효과적으로 작동하며, 커널 트릭을 통해 비선형 분류 문제도 해결할 수 있어 텍스트 분류, 이미지 인식, 바이오인포매틱스 등 다양한 분야에 활용된다. (출처 : https://link.springer.com/article/10.1007/BF00994018)

하지만 텍스트가 길어지고 문장의 뉘앙스가 다양해지면서 단어만 가지고는 정확하게 감정을 파악하기 어려운 경우가 많아졌다. 이런 한계를 보완하기 위해 최근에는 BERT, GPT 같은 딥러닝 기반의 언어 모델들이 많이 활용되고 있는데, 이 모델들은 문장의 맥락과 구조를 더 깊이 이해할 수 있어 예측 정확도가 훨씬 높다.

예를 들어, "처음에는 기대보다 별로였는데, 시간이 지날수록 만족감이 커졌어요"라는 문장을 생각해보자. 이 문장은 단어만 보면 부정적인 표현도 들어 있지만, 전체적인 감정은 긍정 쪽에 가깝다. 이런 뉘앙스는 딥러닝 기반 모델만 파악할 수 있다.

특히, 한국어는 문장 구조가 유연하고, 조사와 어미 변화가 많아 일반적인 영어 기반 모델만으로는 정확한 분석이 어렵다. 그래서 최근에는 KoBERT 같은 한국어에 특화된 모델들이 활발히 활용되고 있는데, 이 모델들은 한국어 문장의 흐름, 표현 방식, 감정 어휘에 더 잘 적응되어 있어서 실제 서비스 환경에서 높은 성능을 낸다.

학습 데이터 구축

감정 분석 모델을 제대로 작동시키기 위해서는 모델이 배울 수 있는 학습 데이터가 필요하다. 특히, 감정 분석에서는 문장 하나하나가 어떤 감정인지 구분된 감정 라벨이 붙은 데이터셋이 중요하다. 예를 들어, 어떤 리뷰가 긍정인지, 부정인지, 중립인지가 미리 표시돼 있어야만 모델이 "이런 표현은 긍정이다"라는 패턴을 배울 수 있는 것이다.

이런 데이터를 확보하는 방법은 크게 두 가지로 나눌 수 있다. 하나는 공개된 데이터셋을 활용하는 방법이다. 국내에서는 AI Hub[1]에서 제공하는 감

---

1) AI Hub은 한국지능정보사회진흥원(NIA)에서 운영하는 인공지능 학습용 데이터 구축·활용 생태계 조성을 위한 플랫폼이다. AI 학습용 데이터셋, 응용 서비스, API 등을 제공하며, 연구자와 개발자들이

정 분류용 리뷰 데이터나 네이버 쇼핑 리뷰, 영화 리뷰와 같이 감정이 미리 라벨링된 공개 텍스트들이 꽤 많이 있다. 예를 들어, 어떤 쇼핑 리뷰 데이터셋에는 문장 옆에 "긍정(1)" 또는 "부정(0)" 같은 숫자 라벨이 붙어 있어서 바로 모델 학습에 사용할 수 있다.

다른 하나는 기업이 자체적으로 보유한 텍스트 데이터를 라벨링해서 학습 데이터로 만드는 방법이다. 예를 들어, 고객 상담센터의 VOC, 앱 리뷰, 자유 응답 설문 결과 같은 데이터를 활용하여 해당 문장이 긍정인지 부정인지를 사람이 직접 분류한다. 수작업 라벨링은 시간이 걸리지만, 실제 서비스 문장에 최적화된 모델을 만들 수 있다는 장점이 있다.

감정 라벨이 따로 없을 때는 고객이 남긴 점수나 응답 내용을 기준으로 감정을 추정할 수도 있다. NPS[1]는 고객이 "이 서비스를 주변에 추천할 의향이 있냐"는 질문에 0점부터 10점 사이로 답하는 평가 지표인데, 점수가 높으면 긍정적인 감정으로, 점수가 낮으면 부정적인 감정으로 분류할 수 있다.

감정 사전 기반 분석

감정 분석 모델을 만들 때 꼭 정답 라벨이 있는 데이터만 사용할 수 있는 건 아니다. 만약 고객이 남긴 텍스트에 "이건 긍정이다" 또는 "부정이다" 같은 정답 표시가 전혀 없다면, 규칙 기반Rule-based 접근법으로 분석하는 방법도 있다. 이때 가장 대표적으로 사용되는 도구가 바로 감정 사전Sentiment Lexicon이다.

감정 사전은 긍정적 의미와 부정적 의미를 가진 단어들을 모아놓은 목록

품질 높은 한국어 데이터를 활용하도록 지원한다. (출처 : https://www.aihub.or.kr/)

1) NPS(Net Promoter Score)는 고객 충성도를 측정하는 지표로 "이 제품/서비스를 친구나 동료에게 추천할 의향이 얼마나 있습니까?"라는 질문에 0-10점 척도로 응답한 결과를 바탕으로 산출된다. 응답자를 추천자(9-10점), 중립자(7-8점), 비추천자(0-6점)로 구분하고, (추천자 비율 - 비추천자 비율)로 계산한다. (출처 : https://hbr.org/2003/12/the-one-number-you-need-to-grow)

이다. 예를 들어, '좋다', '만족', '감사' 같은 단어는 긍정 단어로, '불만', '짜증', '최악' 같은 단어는 부정 단어로 분류되어 있다. 이런 단어 모음을 기준으로, 문장 속에 어떤 단어들이 얼마나 포함되어 있는지를 분석하여 문장의 전체 감정 분위기를 추정하는 방식이다.

다음과 같은 문장 안에는 '친절'이라는 긍정 단어도 있지만, '늦다', '기다리다', '짜증' 같은 부정 단어가 더 많다. 이런 단어들의 개수를 세고, 부정 단어가 많으면 전체 문장을 부정적인 감정으로 판단한다.

"상담원 응대는 친절했지만, 문제 해결이 너무 늦었고 기다리는 시간이 길어 짜증났어요."

이 방식은 학습 데이터가 필요 없다는 장점이 있다. 미리 라벨링된 데이터 없이도 감정 분석을 시작할 수 있기 때문에 뉴스 기사 수천 건을 빠르게 분류하거나 하루 수만 건의 리뷰를 간단하게 모니터링하는 데 유용하다. 하지만 감정 사전은 개별 단어를 기준으로 감정을 추정하기 때문에 문장의 흐름이나 맥락, 반전 표현, 뉘앙스를 잘 이해하지 못한다.

다음과 같은 문장은 전반적으로 긍정적인 평가지만, '별로'와 같은 부정 단어가 들어 있어 감정 사전만으로는 잘못 판단할 가능성이 있다. 이처럼 단어 단위 분석은 문맥을 놓칠 수 있고, 표현이 복잡하거나 감정이 섞인 문장을 정확하게 분류하기 어렵다.

"처음엔 별로였지만, 써보니 정말 만족스럽네요."

그래서 감정 사전 기반 분석은 간단한 분류나 빠른 모니터링용으로는 적합하지만, 정밀한 분석이나 고객 응답을 정교하게 분류하는 데는 한계가 있다. 그런 경우에는 라벨이 붙은 데이터로 학습된 머신러닝 또는 딥러닝 모델을 사용하는 것이 더 효과적이다.

요약하자면, 감정 분석 모델을 잘 만들기 위해서는 정확한 감정 라벨이 달린 데이터가 핵심 자원이다. 공개 데이터셋을 활용하거나 자체 데이터를 잘 정리하여 학습 데이터를 만들면, 고객의 감정을 더 잘 이해하는 정밀한 분석이 가능해진다. 라벨이 없더라도 감정 사전을 활용하여 간단한 분석은 가능하지만, 고도화된 서비스 적용을 위해선 라벨링된 데이터의 품질이 결국 성능을 결정하게 된다.

감정 분석은 결과를 정량화할 수 있다는 점에서 의미가 있다. 감정 점수의 변화나 긍·부정 비율 추이를 시각화하면, 고객 만족도 모니터링, 서비스 개선, 위기 감지 등 다양한 전략적 의사결정이 가능해진다. 무엇보다 감정은 클릭이나 구매보다 더 빠르고 섬세하게 고객의 상태를 보여주는 신호다. 이 신호를 잘 포착하고 활용하는 것이 고객을 더 깊이 이해하고 상황에 맞는 대응을 시작하는 첫걸음이 될 수 있다.

VOC 분석

제품에 대한 불만, 칭찬, 건의, 사소한 코멘트 등 다양한 피드백은 모두 VOC^{Voice of Customer}로 분류된다. VOC는 고객의 목소리를 의미하며, 여러 채널을 통해 들어온 자유서술형 텍스트가 대부분이다. 이 안에는 고객의 요구, 불만, 기대, 감정이 복합적으로 담겨 있고, 제대로 분석만 된다면 단순한 응답 이상의 의미를 가진다.

하지만 VOC는 정형 데이터가 아니어서 분석이 쉽지 않다. 고객의 말투, 표현 방식, 주제의 다양성 때문에 단순한 키워드 집계만으로는 실질적인 인사이트를 얻기 어렵다. 특히, 수백 건, 수천 건 이상 쌓이는 VOC를 사람이 일일이 읽고 분류하는 것은 시간과 비용 면에서 한계가 있다. 그래서 최근에는 AI 기술을 활용하여 VOC를 자동으로 분류하고 요약하고 패턴화하고 있다.

데이터 수집 및 분류

VOC 분석은 크게 세 단계로 나눌 수 있다. 먼저 데이터 수집 단계에서는 상담 시스템, 앱 리뷰, 웹사이트 문의 양식, 챗봇 로그, 설문 응답 등 고객이 남긴 텍스트를 다양한 채널에서 통합한다. 이후 텍스트 전처리를 통해 텍스트가 기계가 이해할 수 있는 형태로 정리된다.

그다음은 분석 및 분류인데 크게 두 가지 방법이 사용된다. 하나는 주제 기반 분류이고, 다른 하나는 감정 기반 분류다. 주제 분류는 "배송 지연", "불친절", "제품 품질", "반품 요청" 같은 이슈를 자동으로 분류하는 작업이고, 감정 분류는 "불만", "칭찬", "혼란"처럼 고객의 정서를 파악하는 분석이다.

그런데 하나의 문장에 여러 가지 의미가 동시에 담겨 있는 경우가 많다. 고객은 단순히 제품이 좋다고만 말하지 않고, "제품은 마음에 들지만 배송이 너무 느렸어요"처럼 이슈와 감정이 함께 섞인 표현을 사용하는 경우가 대부분이다. 이런 경우에는 문장을 단순히 하나의 범주로 분류하는 것으로는 충분하지 않다. 그래서 최근에는 주제와 감정을 동시에 분류하는 멀티태스크 모델Multi-task Model이 실무에서 많이 활용되고 있다.

멀티태스크 모델

멀티태스크 모델은 하나의 문장을 입력으로 받아서 두 가지 이상의 결과를 동시에 예측하는 방식이다. 예를 들어, 고객이 아래와 같은 리뷰를 남겼다고 하자.

"배송은 너무 늦었고 상담원도 불친절했어요."

이 문장을 보고 모델은 다음과 같은 두 가지 출력값을 동시에 예측하게 된다.

- **주제 분류 결과**: 배송 지연, 상담 품질
- **감정 분류 결과**: 부정

즉, 하나의 문장에서 "무엇에 대한 이야기인가"와 "어떤 감정인가"를 한꺼번에 추출해내는 것이다. 기존 방식처럼 주제와 감정을 따로 모델을 돌리는 것이 아니라 하나의 모델이 동시에 여러 출력을 내도록 설계되기 때문에 처리 속도와 일관성 면에서 효율적이다. "상담원 친절"이라는 주제가 등장할 때는 긍정 감정이 나올 가능성이 높고, "환불 지연"이라는 주제가 나올 때는 부정 감정일 가능성이 높다. 멀티태스크 모델은 이런 상관관계를 함께 학습하면서 더 정확하고 자연스러운 분류를 가능하게 만든다.

멀티태스크 모델을 구현할 때는 보통 BERT나 KoBERT[1] 같은 사전학습

---

[1] KoBERT는 SK텔레콤에서 개발한 한국어 특화 BERT 모델로 한국어 위키백과, 뉴스 등 대규모 한국어 데이터로 사전 학습되어 한국어 자연어 처리 태스크에서 기존 다국어 모델보다 우수한 성능을 보인다. (출처 : https://github.com/SKTBrain/KoBERT)

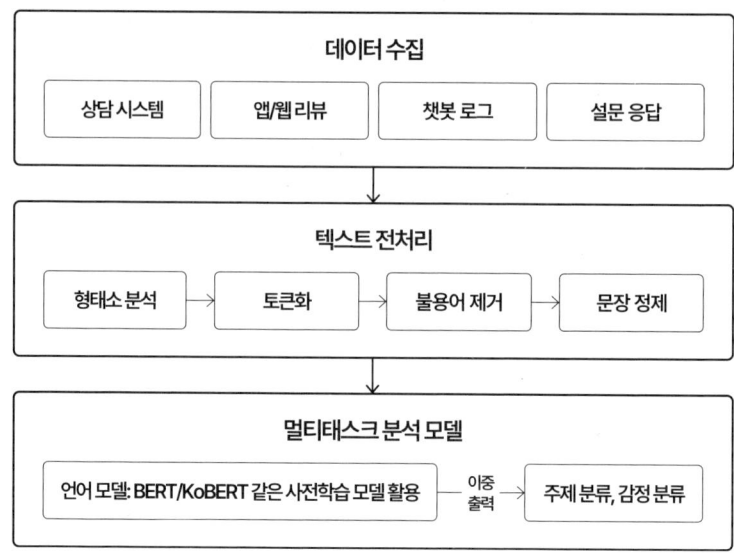

VOC 분석 프로세스

언어 모델을 사용하는데, 이 모델들은 문장의 의미를 잘 이해하는 능력이 있어서 VOC처럼 복잡한 문장을 분석할 때 적합하다. 멀티태스크 구조에서는 이 모델 위에 두 개의 출력층Output Layer을 따로 만들어, 하나의 문장으로부터 주제와 감정을 동시에 예측할 수 있도록 설계한다.

구조를 쉽게 설명하자면 이렇다. 고객의 문장이 들어오면, 먼저 BERT가 그 문장의 전체 의미를 파악한다. 그런 다음, 파악된 의미에서 두 갈래로 나뉜 출력층에서 각각 결과를 뽑아낸다.

- 첫 번째 출력층은 "무슨 주제인가?"를 예측한다.
- 두 번째 출력층은 "어떤 감정인가?"를 예측한다.

예를 들어, 아래와 같은 고객 피드백 문장이 있다고 해보자.

"상담은 친절했지만 배송이 너무 늦어서 화가 났어요."

이 문장을 모델에 입력하면, 두 가지 예측 결과가 동시에 나온다.

- **주제 예측 결과**: 배송 문제, 상담 품질
- **감정 예측 결과**: 부정

모델이 이렇게 예측을 할 수 있으려면, 학습할 때부터 문장마다 이중 라벨(주제 + 감정)이 붙어 있어야 한다. 즉, 위 문장이 학습 데이터라면 아래와 같이 라벨링한다.

이중 라벨 예시

문장 내용	주제 라벨	감정 라벨
상담은 친절했지만 배송이 너무 늦어서 화가 났어요.	배송 문제, 상담 품질	부정

학습 데이터 구성

모델은 이런 데이터를 학습하면서 어떤 단어 조합이나 표현이 어떤 주제와 어떤 감정으로 이어지는지를 스스로 익힌다. 그런 다음, 새로운 고객 문장을 입력받으면, 그 안에 담긴 이슈(무엇에 대한 이야기인지)와 감정(어떤 톤과 기분인지)을 동시에 예측할 수 있게 된다.

이 구조의 장점은 주제와 감정이 서로 관련 있는 경우가 많기 때문에 두 가지를 따로따로 학습시키는 것보다 함께 학습할 때 더 정확해진다는 점이다. 그리고 예측 결과도 한 번에 얻을 수 있어서 속도 면에서도 효율적이다.

실제 실무에서는 이 결과에 따라 자동 분류하거나 우선 순위를 정하여 대응하는 데 활용할 수 있다.

- **배송 + 부정** VOC는 물류팀으로 전송
- **상담 + 혼란** VOC는 고객센터 교육팀으로 전송

앞서 살펴본 것처럼 VOC 분석에서는 텍스트 분류를 위한 다양한 모델이 활용될 수 있다. 전통적인 머신러닝 기법에서부터 최근에는 BERT, KoBERT 같은 사전학습 언어 모델까지 활용 범위가 넓어지고 있다. 특히, 문장의 뉘앙스나 복합적인 감정을 이해해야 하는 VOC에서는 이런 딥러닝 기반 모델이 더욱 효과적이다. 결국 VOC 분석의 핵심은 고객의 '목소리'를 놓치지 않고 정돈된 데이터로 변환한 뒤, 곧바로 의사결정에 활용할 수 있도록 가공하는 데 있다.

03 문서 분석
Document Analysis

문서 생성

문서 분류

문서 구성 분석

문서 구조 분석

지능형 문서 처리

문서 유사도 분석

엔터티 관리

3. 문서 분석

비정형 문서는 오랫동안 데이터 자동화의 사각지대였다. 계약서, 청구서, 보고서, 이메일, 뉴스 기사 등은 핵심 정보가 담겨 있지만, 형식이 일정하지 않아 기존 기술로는 다루기 어려운 영역이었다. 하지만 거대 언어 모델과 컴퓨터 비전 기술의 발전으로 이제는 문서의 내용뿐만 아니라 형식과 구조까지 이해하고 처리할 수 있는 수준에 이르렀다.

문서 분석은 단순히 텍스트를 추출하는 것을 넘어, 문서 내 의미, 시각적 배치, 논리적 흐름을 분석하고 구조화하는 작업이다. 문서 생성, 분류, 구성 분석, 유사도 분석, 엔터티 추출 같은 기술들은 독립된 기능이지만, 동시에 검색, 추천, 챗봇, 자동 태깅, 질의응답 시스템 등 다양한 AI 서비스의 기반이 된다. 문서의 주요 개체를 추출하여 추천 시스템의 필터로 활용하거나 문서 내용을 요약하여 챗봇이 답변에 활용하는 식이다.

이 장에서는 실무에서 자주 마주치는 문서 데이터를 어떻게 AI 기술로 처리할 수 있는지를 살펴본다. 각 기술이 어떤 방식으로 작동하는지, 실제 업무 흐름에 어떻게 적용되는지도 함께 소개한다. 나아가, 문서 분석이 단순한 전처리를 넘어 다양한 AI 시스템의 기초 인프라로 어떤 역할을 하는지를 전체 맥락 속에서 이해하도록 구성했다.

문서 생성

문서 생성은 사용자가 입력한 키워드, 주제, 요약 정보 또는 지시에 따라 AI가 자연스러운 문장과 문단을 자동으로 구성하여 하나의 완결된 문서를 만들어내는 기술을 말한다. 단순히 문장을 이어붙이는 수준을 넘어, 전체 흐름과 맥락을 고려하여 서론부터 결론까지 논리적인 구조를 갖춘 텍스트를 생성하는 것이 핵심이다.

이러한 문서 생성은 거대 언어 모델LLM, Large Language Model의 등장으로 실질적인 활용이 가능해지기 시작했다. GPT[1], Claude[2], LLaMA[3]와 같은 모델들은 대규모 텍스트 데이터를 기반으로 학습하여 주어진 지시Prompt에 따라 자연스러운 문장을 생성하는 능력을 갖추고 있다.

문서 생성 기능은 활용 방식에 따라 크게 두 가지로 나눌 수 있다. 하나는 백지 상태에서 새로운 문서를 만드는 방식이고, 다른 하나는 이미 존재하는 내용을 바탕으로 문서를 완성하는 방식이다. 두 방식은 겉으로 보기엔 비슷해 보일 수 있지만, 내부 작동 방식은 크게 다르다.

---

1) GPT(Generative Pre-trained Transformer)는 OpenAI에서 개발한 거대 언어 모델 시리즈로 텍스트 생성, 요약, 번역, 코드 작성 등 다양한 자연어 처리 작업을 수행할 수 있다. 트랜스포머 아키텍처 기반으로 대규모 텍스트 데이터로 사전학습된 후 특정 작업에 맞게 미세조정된다. (출처 : https://papers.nips.cc/paper/2020/hash/1457c0d6bfcb4967418bfb8ac142f64a-Abstract.html)

2) Claude는 Anthropic에서 개발한 대화형 AI 언어 모델로 안전성과 유용성에 중점을 둔 거대 언어 모델이다. 인간의 피드백을 통한 학습과 헌법적 AI 접근 방식을 사용하여 훈련되었으며, 유해한 콘텐츠 생성을 최소화하면서도 도움이 되는 응답을 제공하도록 설계되었다. 긴 문맥 이해와 복잡한 지시사항 처리 능력이 특징이다. (출처 : https://www.anthropic.com/index/introducing-claude)

3) LLaMA(Large Language Model Meta AI)는 Meta에서 개발한 거대 언어 모델 시리즈로 오픈 소스 커뮤니티에서 널리 사용되고 있다. 다양한 크기(7B, 13B, 33B, 65B 파라미터)로 제공되어 연구 및 상업적 응용 프로그램에 유연하게 활용할 수 있다. 비교적 적은 컴퓨팅 자원으로도 강력한 성능을 발휘하는 것을 목표로 설계되었으며, 미세조정이 용이하여 특정 도메인에 특화된 응용 모델 개발에 자주 활용된다. (출처 : Thttps://arxiv.org/abs/2302.13971)

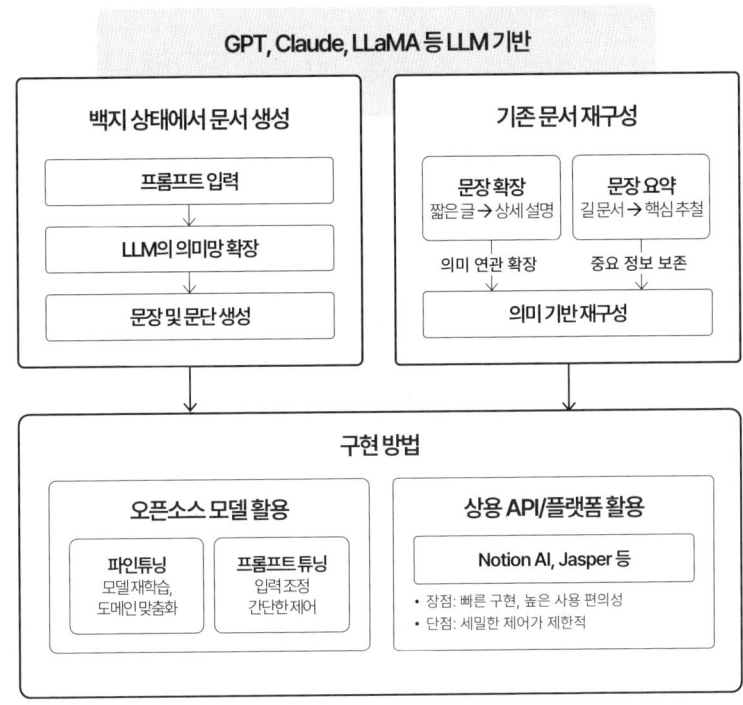

문서 생성 프로세스

백지 상태에서의 문서 생성

먼저 백지 상태에서 새로운 문서를 만드는 방식이다. 사용자가 키워드나 주제를 입력한다. 예를 들어, "5G 기술, 스마트 시티, 미래 교통" 같은 단어들을 넣는 식이다. 이 입력은 LLM에게 주어진 지시문이자 출발점인데, 이를 '프롬프트'Prompt라고 부른다. 즉, 프롬프트는 LLM에게 "이런 주제를 가지고 문서를 써줘"라고 요청하는 명령문 역할을 한다.

이제 LLM은 입력된 키워드를 분석하면서, 어떤 내용으로 문서를 구성할 수 있을지를 마치 머릿속과 같은 수십억 개 파라미터 공간 안에서 유추하기 시작한다. 예를 들어, "5G 기술"이라는 키워드를 보면 네트워크 혁신, 초저 지연, 고속 통신 같은 개념들이 자연스럽게 연결되고, "스마트 시티"는 도시 인프라나 IoT 기반 서비스와 연결되며, "미래 교통"은 자율주행, 실시간 데이터, 차량 간 통신(V2X) 같은 주제들을 떠올리게 만든다.

이처럼 모델은 각 키워드에 포함된 의미망을 확장하면서, 이들이 어떤 식으로 하나의 주제로 연결될 수 있을지를 판단한다. 그 결과 "5G 기술이 스마트 시티 내 교통 시스템을 어떻게 변화시킬 수 있는가"라는 식의 중심 주제를 도출하고, 그에 맞는 글의 흐름을 구상한다. 서론, 본문, 결론이라는 기본 구조를 설정한 뒤, 각 부분에 어떤 내용을 담을지 계획을 세우는 것이다.

문장 구조 파악

이제 본격적인 글쓰기가 시작된다. LLM은 한 문장을 통째로 만들어내는 것이 아니라 단어(토큰) 단위로 하나씩 예측하면서 문장을 완성해간다. 예를 들어, 첫 문장을 쓸 때, "5G 기술은"이라는 시작이 정해지면, 그 다음에 어떤 단어가 나와야 자연스러운지 확률적으로 계산한다. "미래"라는 단어가 가장 어울린다고 판단되면 "5G 기술은 미래"가 되고, 그 뒤엔 "도시"가 이어지는 것이 자연스럽다고 본다. 이렇게 "5G 기술은 미래 도시에서 교통 시스템을…"이라는 문장이 완성된다.

이때 LLM은 수많은 문서에서 학습한 문장 구조와 단어 간의 연결 패턴을 참고한다. 어떤 단어 뒤에는 어떤 단어가 잘 따라오는지, 어떤 문맥에서는 어떤 표현이 적절한지를 통계적으로 학습했기 때문에 문법적 오류 없이 의미 있는 문장을 이어갈 수 있는 것이다.

하지만 문장 하나만 잘 만든다고 해서 좋은 글이 되는 것은 아니다. LLM은 문장 간, 문단 간의 흐름까지 고려하여 전체 구조를 조절한다. 서론에서는 왜 이 주제가 중요한지를 설명하고, 본문에서는 기술적 요소나 실제 사례 등을 제시하며 내용을 확장하고, 결론에서는 전체 내용을 정리하거나 미래 전망을 제시하는 식이다. 마치 사람이 글을 구성할 때처럼 전체적인 맥락과 논리적 연결을 유지하려는 것이다.

이러한 능력은 단순한 단어 예측 기술이 아니라, 대규모 언어 모델이 수십억 개의 문서를 학습하며 쌓아온 글쓰기의 통계적 직관 덕분에 가능하다. GPT나 Claude 같은 모델은 단지 문장을 흉내내는 것이 아니라 어떤 글이 어떻게 전개되어야 자연스럽고 설득력 있는지를 알고 있는 셈이다. LLM이 어떻게 글의 구조를 파악하고, 자연스러운 흐름을 유지할 수 있는지는 그 학습 과정과 작동 원리를 들여다보면 명확해진다.

먼저, LLM은 수많은 문서 형식을 반복적으로 접하면서 글쓰기의 '형식' 자체를 익힌다. 학습 데이터에는 블로그 글, 뉴스 기사, 논문, 리포트, 위키백과 문서처럼 서론-본문-결론 구조를 따르는 글이 압도적으로 많다. 이 글들에서 LLM은 글의 시작에서는 주제를 소개하고, 중간에서는 정보나 논거를 제시하며, 마지막에는 내용을 정리하거나 전망을 제시하는 패턴이 반복된다는 사실을 자연스럽게 배운다.

예를 들어, "최근 들어 ○○ 기술이 주목받고 있다"는 문장은 서론에서 자주 등장하고, "이 기술의 첫 번째 특징은…" 같은 표현은 본문에서 자주 쓰이며, "앞으로 이 기술은 …에 활용될 것으로 기대된다"는 문장은 결론에서 자주 사용된다는 걸 통계적으로 알고 있다. 이런 반복 학습을 통해 LLM은 "이런 문장은 서론이겠군", "이런 흐름은 본문이겠지"라는 식의 반복된 학습을 통해 체득한 직관을 갖게 된다.

- **서론**: "최근 들어 ○○ 기술이 주목받고 있다."
- **본문**: "이 기술은 다음과 같은 특징을 가진다. 첫째, … 둘째, …"
- **결론**: "앞으로 이 기술은 …에 활용될 것으로 기대된다."

프롬프트 기반 흐름 예측

더 나아가 LLM은 사용자가 입력한 프롬프트를 통해 어떤 글을 써야 할지 그 흐름을 스스로 유추해낸다. 예를 들어, 사용자가 "5G 기술, 스마트 시티, 미래 교통"이라는 키워드를 입력하면, LLM은 자신이 과거에 접했던 수많은 문서 패턴을 떠올리며, 이 입력이 어떤 주제와 연관될지 판단한다.

그리고 "이건 아마 5G 기술이 미래 도시의 교통 시스템을 어떻게 바꿀 수 있는지에 대한 글이겠구나"라고 이해한 뒤, 그 주제에 맞는 전개 구조를 스스로 설계하기 시작한다. 주제의 중요성이나 배경 설명은 서론에 배치하고, 기술적 내용이나 구체적 사례는 본문에 풀어내며, 마지막에는 정리나 전망을 결론으로 제시하는 방식이다. 사용자가 따로 "서론부터 써줘"라고 명령하지 않아도, LLM은 학습한 문서 패턴과 입력된 프롬프트를 결합하여 가장 자연스러운 글의 구조를 자동으로 만들어낸다.

- 먼저 주제의 중요성이나 배경 설명 → **서론**
- 그다음 관련 기술 요소, 사례 → **본문**
- 마지막엔 요약이나 전망 → **결론**

문장 역할 인식

또한 LLM은 글을 생성하는 중에도 각 문장이 전체 문서에서 어떤 역할을 하고 있는지 파악한다. 예를 들어, "이 기술은 최근 많은 관심을 받고 있다"는 문장은 글의 도입부에 어울리는 문장으로 판단하고, "이 기술의 첫 번째 특징은…"과 같은 문장은 본문에서 정보 전달을 위한 문장으로 인식한다.

그리고 "결론적으로…" 또는 "앞으로의 전망은…"이라는 표현은 마무리 단계로 들어가는 신호로 받아들인다. 이런 판단은 앞뒤 문맥을 종합적으로 고려한 결과이며, 그 덕분에 LLM은 문장 하나하나가 글 전체의 흐름 속에서 어떤 위치에 있어야 자연스러운지를 조율할 수 있다. 마치 사람이 글을 쓰다가 "이제는 마무리할 때가 됐군" 하고 느끼는 것처럼, LLM도 그와 비슷한 감각을 학습 기반으로 갖추고 있는 것이다.

- "이 기술은 최근 많은 관심을 받고 있다" → **서론 분위기**
- "이 기술의 첫 번째 특징은..." → **본문 정보 제시**
- "결론적으로..." 또는 "앞으로의 전망은..." → **결론 정리**

LLM의 문서 생성 단계 요약

단계	LLM이 하는 일
학습	수많은 글의 구조(서론-본문-결론)를 학습함
판단	프롬프트를 보고 어떤 흐름이 적절할지 예측함
생성	문장의 '역할'을 인식해 논리적 흐름을 이어감

결과적으로 LLM은 글을 작성할 때 단순히 단어를 예측하는 것이 아니라, 글이라는 구조물 안에서 문장들이 어떤 역할을 하며 서로 연결되는지를 이해하고 그것을 바탕으로 텍스트를 구성한다. 이 능력이 바로 문서 생성이 단순한 문장 나열을 넘어, 자연스럽고 설득력 있는 글이 되도록 만들어주는 비결이다.

기존 문서의 재구성

다음은 기존 문서를 재구성하는 방식이다. 이 방식은 짧은 문장을 확장하는 작업과 긴 문장을 요약하는 작업으로 구분할 수 있는데, 겉으로 보기엔 단순한 텍스트 편집처럼 보이지만 내부 수행 과정은 훨씬 정교하다.

예를 들어, "이 스마트워치는 수면 추적 기능과 운동 모니터링 기능이 있습니다"라는 짧은 문장을 입력한다고 해보자. LLM은 이 문장을 그대로 출력하지 않고, 그 안에 담긴 의미를 분석하여 더 구체적이고 설명적인 문장으로 확장할 수 있다. 사용자가 지시하지 않아도 LLM은 '수면 추적'이라는 표현 속에 수면의 질, 시간, 패턴 등 다양한 개념이 포함되어 있다는 것을 이미 알고 있다. '운동 모니터링'도 걸음 수, 심박수, 실시간 활동 기록 등 여러 기능과 연결된다는 것을 이미 알고 있다.

- "수면 추적 기능" → 수면의 질, 깊이, 시간, 패턴 등과 관련됨
- "운동 모니터링 기능" → 걸음 수, 칼로리, 심박수, 실시간 활동 추적 등과 연결됨

이렇게 핵심 키워드를 인식한 후 실제 제품 설명이나 마케팅 문구에서 자주 쓰이는 표현 패턴을 활용하여 짧은 단어들을 서술적인 문장으로 풀어낸다. 예를 들어, "수면 추적"은 "수면 패턴을 정밀하게 분석합니다"라는 문장으로, "운동 모니터링"은 "하루 동안의 활동을 실시간으로 추적하여 건강 관리를 도와줍니다"와 같이 자연스럽게 확장된다.

- "수면 추적 기능" → "수면 패턴을 정밀하게 분석합니다"
- "운동 모니터링 기능" → "하루 동안의 활동을 실시간으로 추적해 건강 관리를 도와줍니다"

그런 다음, LLM은 확장된 표현을 하나의 문장으로 재구성하여 다음과 같은 문장을 완성시킨다. 이처럼 짧고 단순한 문장을 다양한 정보와 표현을 활용하여 더 풍성한 설명형 문장으로 바꾸는 것이 LLM의 확장 생성 능력이다.

"이 스마트워치는 사용자의 수면 패턴을 정밀하게 분석하고, 하루 동안의 활동을 실시간으로 추적해 건강 관리를 도와줍니다."

문장 요약 원리

반대로 긴 문장을 간단히 요약할 수도 있다. 위의 예시 문장을 보면 정보

는 많아 보이지만, 전달하려는 핵심은 '수면 추적'과 '운동 모니터링'이라는 두 가지 기능이다.

- 수면 분석
- 운동 추적

LLM은 이처럼 문장 속의 부가 설명, 수식어, 반복된 표현 등을 제거하고, 핵심 정보만 남기는 방식으로 요약하여 다음처럼 요약된 문장을 생성한다.

- "수면 패턴을 정밀하게 분석" → "수면 추적"
- "활동을 실시간으로 추적해 건강 관리" → "운동 모니터링"

"이 스마트워치는 수면 추적과 운동 모니터링 기능을 제공합니다."

의미 기반 재구성 원리

이 두 작업은 각각 반대 방향이지만, 본질적으로는 같은 능력으로 이루어진다. LLM은 단어의 의미뿐만 아니라 문장 전체의 의미를 이해한 후 중요도와 맥락에 따라 문장을 다시 구성한다. 이런 원리로 짧은 표현을 더 풍부하게 설명할 수도 있고, 반대로 장황한 문장을 핵심 위주로 정리할 수도 있다. 이는 단순히 단어를 바꾸거나 요약하는 알고리즘이 아니라 문장의 의미를 이해하고 다시 표현하는 LLM만의 언어적 사고 방식이라 할 수 있다.

문장 확장 vs. 요약 작업 비교

작업	작동 방향	주요 원리	결과
문장 확장	짧은 표현 → 자세한 설명	의미 연관 확장, 스타일 패턴 생성	설명이 풍부한 문장
문서 요약	긴 문장 → 핵심만 남김	중요 정보 추출, 중복 제거	간결하고 핵심적인 문장

오픈소스 모델을 활용한 구현

문서 생성 기능을 실제 서비스로 구현할 때 두 가지 선택지가 있다. 하나는 오픈소스 모델을 직접 사용하는 방식이고, 다른 하나는 상용 API나 생성형 콘텐츠 플랫폼을 활용하는 방식이다. 각 방식은 구현 방법뿐만 아니라 개발자가 다뤄야 하는 복잡도나 유연성 측면에서도 차이가 있다.

우선 오픈소스 모델을 직접 사용하는 방식부터 살펴보자. 예를 들어, "이 스마트워치는 수면 추적 기능과 운동 모니터링 기능이 있습니다"라는 문장을 입력하면, LLM은 풍부한 설명을 생성해줄 수 있다. 이때 오픈소스 모델을 직접 활용하는 경우, 개발자는 모델을 로컬 환경에 다운로드하거나 클라우드 서버에 배포하여 모델에게 이 문장을 입력하고 원하는 스타일이나 구조로 문장을 생성하도록 구성해야 한다.

이 방식에서는 주로 Transformers 라이브러리를 활용하여 Hugging Face[1]에서 제공하는 GPT-Neo[2], BLOOM[3] 같은 모델이나 Meta에서 개발하고 Hugging Face를 통해 접근 가능한 LLaMA 같은 모델을 불러와 사용할 수 있다. 사전 학습된 모델을 그대로 사용할 수도 있지만, 실제 서비스 환경에 맞춰 모델을 특정 도메인에 맞게 재학습하거나 더 가벼운 방식으로 프

---

1) Hugging Face는 자연어 처리(NLP) 기술을 위한 오픈소스 플랫폼이며, 수많은 사전 훈련된 모델, 데이터셋 및 도구를 제공하는 AI 커뮤니티다. 개발자와 연구자들이 최신 AI 모델을 공유하고 협업할 수 있는 환경을 제공한다.(출처: https://huggingface.co/docs/transformers/index)

2) GPT-Neo는 EleutherAI에서 개발한 오픈소스 언어 모델로 OpenAI의 GPT 모델에 영감을 받아 만들어졌으며 누구나 사용할 수 있도록 공개되어 있다. 이 모델은 대규모 언어 모델의 접근성과 투명성을 높이기 위해 개발되었으며, 다양한 자연어 처리 작업에 활용된다.
(출처: https://github.com/EleutherAI/gpt-neo)

3) BLOOM은 BigScience 프로젝트에서 개발한 대규모 다국어 언어 모델로 46개 자연어와 13개 프로그래밍 언어를 지원하며 176B 파라미터를 보유하고 있다. 상업적 모델과 달리 오픈소스로 제공되어 연구와 응용을 위한 접근성을 높였으며, 다양한 언어에 대한 포용성을 강조한다.
(출처: https://huggingface.co/bigscience/bloom)

롬프트를 조정하여 원하는 응답을 유도할 수도 있다. 전자를 파인튜닝, 후자를 프롬프트 튜닝Prompt-tuning이라고 부른다.

파인튜닝

파인튜닝Fine-tuning은 기존에 학습된 모델을 특정 목적에 맞게 다시 학습시키는 작업이다. 예를 들어, 스마트워치 상품 설명을 전문적으로 생성해야 하는 서비스라고 가정해보자. 일반적인 LLM은 다양한 문서 스타일을 학습했기 때문에 마케팅용, 기술 설명용, 고객 대응용 문장 등을 모두 생성할 수 있다.

만약 이 서비스가 건강 관리 기기 전문 브랜드이고, 제품 설명에서 반드시 "심박수", "수면 주기", "실시간 알림" 같은 용어가 일정한 톤과 문장 구조로 등장해야 한다면, 사전 학습된 모델을 사용하는 것만으로는 원하는 품질이 안정적으로 나오기 어렵다. 이럴 때는 실제 제품 설명 데이터 수백~수천 건을 모델에 다시 학습시켜, 해당 도메인에 특화된 말투와 문장 구성 방식까지 반영되도록 모델 자체를 조정하게 된다.

좀 더 자세히 살펴보자. 파인튜닝을 통해 LLM을 실제 서비스에 맞게 조정하려면, 먼저 그 서비스가 필요로 하는 문장의 스타일과 구조를 LLM에게 '예시로 보여주는' 작업부터 시작한다. 예를 들어, 스마트워치 제품 설명을 전문적으로 생성하고자 할 때, 단순히 "수면 추적 기능"이라고 입력하면 그에 어울리는 자연스러운 설명 문장을 만들어낼 수 있어야 한다. 이를 위해 개발자는 먼저 실제 제품 설명에 가까운 문장들을 정리해둔다. 이때 가장 기본이 되는 형식은 입력과 출력이 짝을 이루는 프롬프트-응답 쌍이다.

- **입력**: 기능: 수면 추적, 운동 모니터링
- **출력**: 이 스마트워치는 사용자의 수면 패턴을 정밀하게 분석하고, 하루 동안의 활동을 실시간으로 추적해 건강 관리를 도와줍니다.

이와 같은 쌍을 수백, 수천 개 정도 준비하는데, 중요한 점은 LLM이 문장 구조와 어휘 선택, 문체 톤까지 정확히 학습할 수 있도록 가능한 한 실제 서비스에 들어갈 문장 스타일과 유사하게 구성해야 한다는 것이다.

이렇게 준비된 데이터를 가지고 LLM을 다시 학습시킨다. 학습 과정에서 LLM은 주어진 입력을 보고, 그에 맞는 출력을 예측하는 연습을 반복하게 된다. 처음에는 엉뚱한 문장을 출력할 수 있지만, 계속해서 정답 문장과 자신의 예측 결과를 비교하면서 오차를 줄여나간다. 이 과정을 통해 LLM은 점점 "이런 입력에는 이런 스타일의 문장을 써야 하는구나"라는 패턴을 익힌다. 마치 사람이 누군가의 글을 계속 따라 써보며 그 말투와 어조를 배워가는 것처럼 LLM도 학습 데이터의 패턴에 맞게 내부 가중치를 조정하며 특정한 문장 구조를 배워가게 되는 것이다.

손실 함수

이때 LLM이 어떻게 '배우는지'를 좀 더 정확히 설명하자면, 학습 과정의 핵심에는 '손실 함수'라는 개념이 있다. LLM은 이 손실 값을 줄이는 방향으로 내부의 가중치, 즉 말의 선택 방식과 문장 구성 방식을 조금씩 바꿔나간다. 이것이 바로 '다시 학습시킨다'는 말의 실제 의미다. LLM이 본질적인 언어 능력을 새로 배우는 것은 아니지만, 그 능력을 어떻게 사용할지를 조정하는 것이다. 쉽게 말해, LLM의 말투와 표현 습관을 '길들이는' 작업이라 할 수 있다.

여기서 학습 과정에서 핵심 역할을 하는 개념인 손실 함수 Loss Function를 살펴볼 필요가 있다. 손실 함수는 말 그대로 LLM이 예측한 결과와 실제 정답 사이의 차이를 수치로 계산해주는 도구다. 즉, LLM이 얼마나 틀렸는지를 알려주는 기준이라고 생각하면 된다.

예를 들어, 학습용 데이터에 다음과 같은 문장 쌍이 있다고 하자.

- **입력**: 기능: 수면 추적, 운동 모니터링
- **정답 출력**: 이 스마트워치는 사용자의 수면 패턴을 정밀하게 분석하고, 하루 동안의 활동을 실시간으로 추적해 건강 관리를 도와줍니다.

하지만 LLM이 처음에는 다음과 같이 간단한 문장을 출력할 수도 있다.

"이 스마트워치는 수면 기능과 활동 추적을 제공합니다."

표현 자체는 완전히 틀린 건 아니지만, 정답 문장에 비해 단어 선택이 단순하고, 표현의 풍부함이나 문체의 특성이 부족하다. 이럴 때 손실 함수는 예시처럼 예측한 문장과 정답 문장 사이의 차이를 단어(토큰) 단위로 비교하여 수치화한다. 이때 여기서 빠진 단어, 바뀐 표현, 잘못된 어순 등을 다 따져서 손실 값이 크면 "지금 이 문장은 정답과 많이 다르다"는 신호가 되고, 작을수록 "꽤 잘 맞췄다"는 의미가 된다.

- "수면 패턴을 정밀하게 분석하고" vs "수면 기능"
- "활동을 실시간으로 추적해 건강 관리를 도와줍니다" vs "활동 추적을 제공합니다"

LLM은 이 손실 값을 줄이기 위해 내부의 구조, 즉 단어를 고르고 문장을 만드는 방식(가중치)을 조금씩 수정한다. 이런 과정이 수천 번 반복되면서, LLM은 점점 더 주어진 입력에 어울리는 스타일과 구조로 문장을 생성할 수 있게 된다. "이런 입력에는 이런 식의 어조와 문장이 필요하구나"라는 걸 체득하게 되는 것이다.

이 과정을 비유하자면, LLM은 마치 글쓰기 수업을 듣는 학생과 같다. 학생이 쓴 글에 대해 선생님이 빨간 펜으로 틀린 부분을 지적하고, 더 나은 표현을 알려주면, 학생은 다음 글에서 그 조언을 반영하여 점점 더 자연스럽고 완성도 높은 글을 쓰게 된다. 이때, 손실 함수는 선생님의 피드백과 같은 역할을 한다. 모델이 글을 쓸 때마다 "이번에는 얼마나 잘 썼는지, 무엇이 부족

했는지"를 정량적으로 알려주는 것이다.

결국 파인튜닝이라는 과정은 모델에게 새로운 언어 감각을 가르치는 일이라고 볼 수 있다. 언어의 기본 능력은 이미 갖춘 LLM에게 특정한 분야의 말투나 문장 스타일을 '길들이는' 작업인 셈이다. 손실 함수는 모델이 스스로 그 차이를 인식하고, 더 나은 결과를 생성할 수 있도록 돕는 핵심적인 메커니즘이다.

이러한 과정을 통해 학습이 완료되면, 모델은 이제 "수면 추적 기능"이라는 짧은 입력만 보더라도 "수면 패턴을 정밀하게 분석해 건강 관리를 돕는다"는 식의 자연스럽고 도메인에 특화된 설명을 자동으로 생성할 수 있게 된다. 즉, 모델은 문장의 전체 틀이나 어조를 고민하지 않아도, 해당 서비스가 요구하는 스타일에 맞는 결과를 꾸준히 만들어내는 능력을 갖추게 되는 것이다. 다만, 이 방식은 학습 시간이 오래 걸리고, 연산 자원이 많이 들며, 모델을 다룰 수 있는 기술적 역량도 요구된다.

프롬프트 튜닝

반면, 프롬프트 튜닝은 LLM 자체는 그대로 두고, 입력 문장을 조정해서 원하는 출력을 이끌어내는 방식이다. 같은 스마트워치 설명을 만들더라도, 단순히 "이 제품은 수면 추적 기능이 있습니다"라고 입력하는 대신, 이렇게 프롬프트를 제시할 수 있다.

> "아래의 정보를 참고하여 소비자가 이해하기 쉬운 제품 설명을 써줘.
> 기능: 수면 추적, 심박수 모니터링, 운동 기록. 톤: 부드럽고 신뢰감 있게."

이처럼 프롬프트에 명확한 지시와 맥락을 부여하면, LLM은 같은 내용을 목적에 맞게 자연스럽게 구성해준다. 이 방식은 파인튜닝보다 훨씬 간단하고, 빠르게 실험하고 수정할 수 있으며, LLM을 직접 수정할 필요가 없기 때문에 리소스가 적게 든다. 대신 프롬프트 구성 능력에 따라 결과 품질이 크게 달라질 수 있다는 점이 있다.

요약하자면, 파인튜닝은 모델을 바꾸는 것, 프롬프트 튜닝은 질문 방식을 바꾸는 것이라고 볼 수 있다. 둘 다 생성 결과를 제어하는 데 효과적이지만, 목적, 자원, 개발 여건에 따라 선택과 활용 방식이 달라진다. 실무에서는 가볍게 시작하고 빠르게 결과를 확인하고자 할 때 프롬프트 튜닝을 먼저 적용하고, 서비스 품질을 안정적으로 높이기 위해 이후 파인튜닝을 진행하는 편이다.

상용 플랫폼 활용

반면, 상용 API나 생성형 콘텐츠 플랫폼을 활용하는 방식은 개발자가 모델 내부를 다룰 필요 없이 API를 통해 곧바로 생성 결과를 받을 수 있어 훨씬 단순하고 빠르다. Notion AI, Jasper[1] 같은 서비스들이 대표적인데 내부에 고도화된 LLM을 탑재해두고 사용자에게는 직관적인 인터페이스와 함께 문서 생성 기능을 제공한다.

예를 들어, Notion AI는 실제로 문서를 작성할 때 아무 위치에서나 /AI 명령어를 입력하거나 마우스로 "AI에게 작성 요청" 버튼을 누르기만 하면 된다. 이후에는 "이 제품의 기능을 소비자에게 쉽게 설명해줘" 같은 간단한 입력을 넣으면, AI가 알아서 적절한 길이와 어조로 문장을 생성해준다. 문체는 친근하게, 길이는 짧게, 대상 독자는 일반 사용자처럼 옵션을 선택할 수도 있어서 마치 AI와 협업하듯 글을 다듬고 작성할 수 있는 환경이 자연스럽게 마련된다.

---

[1] Jasper는 비즈니스와 마케팅 전문가를 위한 AI 콘텐츠 생성 플랫폼으로 광고 카피부터 블로그 포스트까지 다양한 형태의 콘텐츠를 제작할 수 있다. (출처 : https://www.searchenginejournal.com/jasper-ai-review/468911/)

이러한 방식은 개발자가 아니어도 실무에서 AI를 쉽게 활용할 수 있게 해준다. 개발자 입장에서도 문서 생성 기능이 필요한 경우, 별도로 모델을 배포하거나 파인튜닝을 하지 않고도 API 연동 한 번으로 쉽게 서비스에서 활용하도록 구축할 수 있다. 실제로 마케팅 카피 자동 작성, 고객 응대 스크립트 생성, 회의록 정리 같은 반복적인 문서 작업은 Notion AI 같은 서비스만으로도 충분히 빠르게 자동화할 수 있다.

이처럼 상용 플랫폼은 문서 생성의 결과뿐만 아니라 사용자 경험 전체를 단순하고 실용적으로 설계해두었다는 점에서 실무에 적용하기에 매우 효율적인 선택지가 된다.

두 방식은 장단점이 뚜렷하다. 오픈소스 모델은 제어 가능성이 높고, 특정 도메인이나 기업 내부 문서 스타일에 맞게 커스터마이징할 수 있다는 점이 강점이다. 반면, 상용 플랫폼은 인프라 구축이나 파라미터 설정 같은 복잡한 작업 없이도 손쉽게 고품질의 문서 생성을 구현할 수 있다.

실제로 어떤 방식을 선택할지는 구현 목적, 기술 역량, 자원 규모에 따라 달라질 수 있다. 직접 모델을 제어하면서 세밀하게 조정하고 싶은 경우에는 오픈소스를, 빠르게 적용하고 운영 효율성을 높이고 싶은 경우에는 상용 API나 플랫폼을 활용하는 것이 현명한 선택이 될 수 있다.

문서 구성 분석

문서 구성 분석DLA, Document Layout Analysis은 문서에서 제목, 본문, 이미지, 표, 단락과 같은 시각적 요소가 페이지 내에서 어떻게 배치되어 있는지 자동으로 식별하고 분류하는 기술을 말한다. 즉, 문서의 '생김새'를 분석하여 문서의 의미와 맥락을 더 정확하게 이해할 수 있게 해주는 기술이다.

문서 구성 분석의 처리 단계

스캔 문서나 PDF처럼 이미지 기반의 문서에서 컴퓨터는 단순히 픽셀의 집합으로 인식한다. 따라서 텍스트를 추출하거나 의미를 파악하기 위해서는 문서 내 요소의 위치와 영역을 정확하게 식별해야 한다. 문서 구성 분석은 이러한 문제를 해결하기 위한 기술이며, 다음과 같은 작업 흐름으로 진행된다.

1. **이미지 전처리**: 스캔된 문서나 PDF 파일을 이미지 형태로 변환한다. 이때, 이미지 품질을 향상시키기 위해 노이즈 제거, 밝기 조절, 기울기 보정 등의 전처리 과정을 거친다.

2. **객체 탐지**: 문서 내에서 텍스트와 비텍스트 영역을 구분한다. 이때, 컴퓨터 비전 기술을 사용하여 이미지에서 다양한 시각적 요소를 감지하고 영역을 구분하여, 문서 이미지에서 텍스트 블록, 이미지, 표, 제목 등 각 요소의 위치를 식별하고 크기를 인식한다.

3. **텍스트 추출**: 객체 탐지로 텍스트 블록을 찾아내면 OCR 기술을 사용해 실제 글자를 추출한다. 쉽게 말해, 이미지로 되어 있는 글자를 컴퓨터가 인식할 수 있는 텍스트 데이터로 변환하는 것이다.

4. **구조 분석**: 추출한 텍스트와 비텍스트 요소 간의 관계를 통해 문서의 전체적인 구조를 분석한다. 예를 들어, 제목은 일반적으로 텍스트보다 크고 굵게 표시되므로, 이

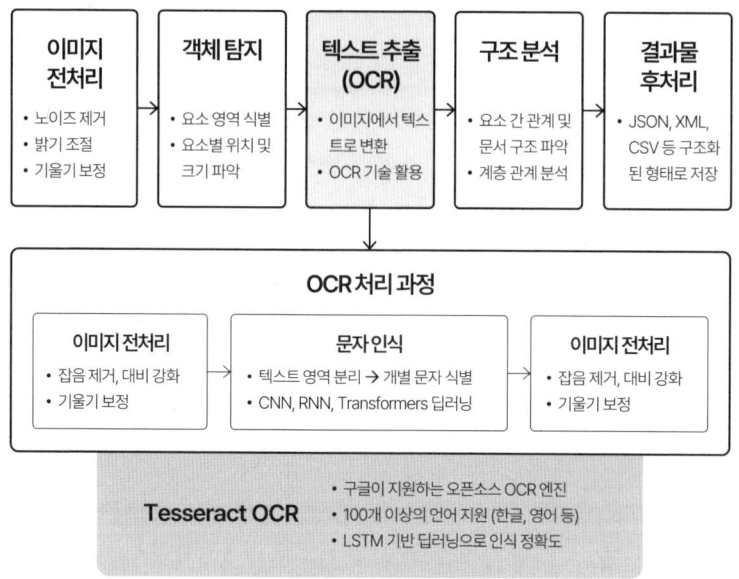

문서 구성 분석 프로세스

러한 특징을 이용하여 제목을 식별한다. 그리고 이 제목 아래에는 본문이 위치하고, 본문에는 표나 이미지가 포함되는 구조를 식별하여, 이 요소들이 어떤 맥락으로 연결되어 있는지를 파악하는 것이다.

5. **결과물 후처리**: 분석이 완료되면 결과물은 구조화된 데이터 형태로 저장된다. 먼저 텍스트는 JSON, XML, CSV로 저장하고, 표나 리스트는 CSV나 Excel과 같은 표 형식으로 저장한다. 이미지는 이미지 파일과 함께 메타데이터도 저장하고, 문서의 레이아웃 정보는 XML이나 JSON으로 저장하여 문서 재구성이나 재사용할 때 사용한다.

OCR의 처리 과정

문서 구성 분석을 위해서는 컴퓨터 비전, 광학 문자 인식, 이미지 전처리, 자연어 처리, 개체명 인식, 객체 탐지, 딥러닝과 같은 기술이 필요한데, '문서 구조 분석'에서 자세하게 다루기 때문에 여기서는 광학 문자 인식에 대해 자세히 살펴보자.

광학 문자 인식OCR, Optical Character Recognition은 이미지 형태로 되어 있는 문서에서 텍스트를 자동으로 추출하고, 이를 편집 가능한 텍스트로 변환하는 기술이다. 스캔된 문서, PDF, 이미지 파일 속 글자를 컴퓨터가 이해하고 검색 가능하도록 만드는 핵심적인 역할을 하는데, 이 기술은 크게 이미지에서 텍스트 영역을 분리하고 인식하기 쉽도록 이미지를 정제하는 이미지 처리와 정제된 텍스트 이미지를 미리 학습된 문자 패턴과 비교하여 어떤 문자인지 식별하는 패턴 인식 기반으로 작동한다.

우선, 스캐너, 카메라 등을 통해 입력된 문서 이미지는 OCR의 정확도를 높이기 위해 원본 이미지에서 잡음을 제거하고 대비를 높이며, 글자가 잘 인식될 수 있도록 기울기를 보정하는 이미지 전처리Image Pre-processing 과정을 거친다. 스캔된 이미지가 흐리거나 기울어져 있으면 정확한 텍스트 인식이 어렵기 때문에 이 과정이 필수적이다.

그 다음, 전처리된 이미지에서 텍스트 영역을 찾아내어 각 문자를 개별적으로 분리하고, 머신러닝이나 딥러닝 기반 모델을 적용하여 실제 텍스트로 변환하는 문자 인식Character Recognition 과정을 거친다. 예전에는 규칙 기반으로 패턴 매칭 방식을 사용했지만, 최근에는 CNN, RNN, Transformer 등 인공신경망을 이용하여 "A"라는 모양을 "A"라고 인식하도록 딥러닝 기술이 주로 사용된다.

그 다음, 인식된 텍스트를 사전 구축된 데이터베이스에 있는 문자와 비교하여 교정하거나 문법 오류를 자동으로 수정하는 과정을 거친다. 예를 들어, "teh"를 "the"로 고치거나, 문맥을 보고 맞는 단어를 예측한다. 이러한 후처리Post-processing 과정을 거쳐 최종적으로 인식된 문자들을 조합하여 결과물을 출력한다.

Tesseract OCR

이러한 광학 문자 인식에는 구글에서 개발한 오픈소스 Tesseract OCR이 가장 널리 사용되고 있다. Tesseract OCR은 1980년대 HP 연구소에서 처음 개발되었으며, 2006년부터 오픈소스로 공개된 이후 구글의 지원을 받아 널리 확산되었다. 현재 영어를 포함하여 한국어, 일본어, 중국어 등 100개 이상의 언어를 지원하고 있으며, 문서 처리 자동화, 데이터 추출, 디지털 아카이빙 등 다양한 분야에 활용되고 있다.

OCR 소프트웨어는 높은 품질의 상용 소프트웨어가 많아 상대적으로 Tesseract OCR의 정확도가 낮다고 평가되어 왔으나, 최신 버전은 LSTM[1] 기반의 딥러닝을 사용하여 문자 인식 정확도를 크게 높여 최근에는 상용 소프트웨어와 동등한 수준에 도달했다는 평가를 받고 있다. 오픈소스로 배포되어 자유롭게 수정 및 활용할 수 있으며, 상업적 프로젝트에도 제한 없이 사용 가능하다.

---

1) LSTM(Long Short-Term Memory)은 순환 신경망(RNN)의 발전된 형태로 장기 의존성 문제를 해결하기 위해 설계된 딥러닝 아키텍처이다. 입력 게이트, 망각 게이트, 출력 게이트로 구성된 메모리 셀을 통해 시퀀스 데이터에서 중요한 정보를 선택적으로 보존하고 불필요한 정보를 제거한다. 텍스트 생성, 음성 인식, 시계열 예측, 기계 번역 등 시간적 맥락이 중요한 작업에 널리 활용되며, OCR과 같은 순차적 패턴 인식에도 효과적이다. (출처 : https://www.mitpressjournals.org/doi/abs/10.1162/neco.1997.9.8.1735)

문서 구조 분석

문서 구조 분석DSA, Document Structure Analysis이란 문서 내 다양한 구성 요소가 어떤 논리적 관계를 맺고 있으며, 각 요소들이 문서 전체의 의미와 맥락을 어떻게 형성하는지를 분석하는 기술이다. 문서 구성 분석DLA이 문서의 '생김새'를 분석하는 데 초점을 맞춘다면, 문서 구조 분석은 문서의 맥락과 의미를 파악하는 데 집중한다. 즉, 문서 내 요소들이 서로 어떤 계층적, 논리적 관계를 맺고 있는지 분석하여 의미를 형성하는 과정을 이해하는 것이다.

문서 구조 분석이 중요한 이유는 문서가 전달하려는 의미는 각 구성 요소 간의 관계와 맥락을 통해 형성되기 때문이다. 단순히 텍스트 블록을 추출하는 것만으로는 문서의 진정한 의미를 파악하기 어렵다. 예를 들어, 뉴스 기사에서는 제목이 기사의 핵심 메시지를 압축적으로 전달하며, 본문은 제목에서 제기된 내용을 구체적으로 설명한다. 표나 이미지는 본문의 내용을 보충하거나 강조하는 역할을 수행한다. 이러한 논리적인 연결 구조를 이해하지 못하면 문서에서 중요한 정보의 의미와 가치를 제대로 파악할 수 없다.

특히, 문서 구조 분석은 대량의 문서를 처리해야 하는 법률, 금융, 의료 분야에서 중요하게 활용된다. 예를 들어, 계약서를 분석할 때, 각 조항 간의 관계나 표와 본문 간의 연결성을 파악해야 리스크 요소를 정확히 식별할 수 있다. 이는 단순히 텍스트만 분석하는 것으로는 불가능하며, 문서 전체의 구조와 맥락을 고려해야 한다.

문서 구조 분석의 처리 단계

문서 구조 분석은 주로 다음과 같은 작업 흐름으로 진행된다.

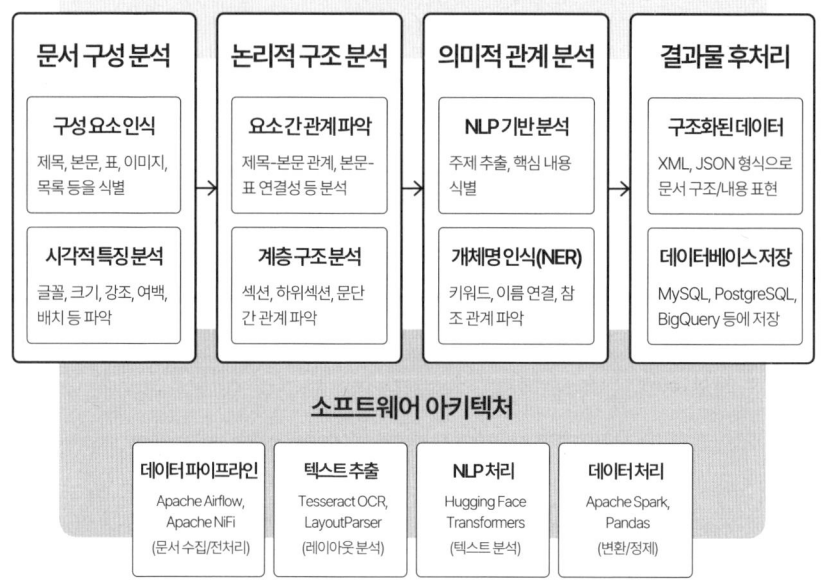

문서 구조 분석 프로세스

1. **문서 구성 분석**: 문서 구성 분석DLA을 통해 문서 내에서 제목, 본문, 표, 이미지, 목록과 같은 구성 요소들을 인식하고 분류한다. 이때, 구성 요소의 글자 크기, 글꼴, 강조 방식 등을 통해 각 요소의 유형을 명확히 구분한다.

2. **논리적 구조 분석**: 문서 내 요소들 간의 관계를 분석하여 제목, 단락, 섹션, 목록 등 논리적 구조를 파악한다. 예를 들어, 제목과 본문, 본문과 표 간의 관계를 파악하고, 각 요소가 문서의 의미를 형성하는 데 어떻게 기여하는지를 분석한다.

3. **의미적 관계 분석**: 자연어 처리 기술NLP을 사용하여 텍스트의 의미를 분석하고, 문서의 주제, 핵심 내용, 주요 정보를 추출하고, 개체명 인식NER을 통해 문서 내 요소들 간의 관계를 분석하여 문서의 전체적인 논리 구조를 파악한다. 예를 들어, 본문 내에서 특정 키워드나 이름이 나타나면 이 키워드를 중심으로 본문과 이미지, 표 간의 연관성을 자동으로 인식하여 논리적 관계가 형성된다.

4. **결과물 후처리**: 논리적 관계 분석 결과를 XML, JSON 등 구조화된 데이터 형식으로 사용하여 문서의 구조와 내용을 표현하고, 데이터베이스에 저장하거나 다른 애플리케이션에서 활용하게 된다.

구조적 데이터 처리

이러한 문서 구조 분석 기술을 구현하기 위해서는 자연어 처리, 개체명 인식, 문서 임베딩, 구조적 데이터 처리, 딥러닝 모델과 같은 기술이 주로 사용되는데, 여기서는 구조적 데이터 처리에 대해 자세히 살펴보자.

구조적 데이터 처리Structured Data Processing는 데이터가 미리 정해진 형식과 구조에 따라 자동으로 저장, 관리, 분석, 활용하는 기술이다. 각 요소의 유형과 관계를 명확하게 정의하여 관계형 데이터베이스RDBMS나 스프레드시트 형태로 데이터를 저장한다는 측면에서 문서 분석에서 최종 단계에 해당한다고 볼 수 있다.

이제 실무에 필요한 소프트웨어 아키텍처를 살펴보자. 우선, 문서 데이터 수집과 처리 작업을 자동화하기 위해 Apache Airflow나 Apache NiFi[1])를 사용하여 데이터 파이프라인을 구축한다. 이때, 다양한 데이터 소스로부터 실시간으로 데이터를 수집해야 하거나 비정형 데이터가 많다면 Apache NiFi가 더 적합하다. 이 단계에서 노이즈 제거, 기울기 보정과 같은 문서 이미지 전처리가 이루어진다.

그 다음, 전처리된 문서 이미지에서 Tesseract OCR과 같은 OCR을 통해 이미지로 되어 있는 글자를 컴퓨터가 인식할 수 있는 텍스트 데이터로 추출

---

1) Apache NiFi는 데이터 흐름 자동화를 위한 오픈소스 소프트웨어로 시스템 간 데이터 이동을 관리하는 데이터 파이프라인을 구축하는 도구이다. 직관적인 웹 기반 인터페이스를 통해 복잡한 데이터 흐름을 시각적으로 설계, 제어, 모니터링할 수 있으며, 다양한 데이터 소스로부터 실시간 데이터 수집과 변환이 가능하다. (출처 : https://www.packtpub.com/product/learning-apache-nifi/9781788997065)

한다. 텍스트 추출 후 LayoutParser 같은 레이아웃 분석 소프트웨어를 이용하여 문서 내 제목, 본문, 표, 이미지의 레이아웃을 분석하여 문서의 구조적 데이터로 전환시킨다.

이어서, Hugging Face Transformers[1] 같은 자연어 처리NLP 기술을 사용하여 문서 내 텍스트 요소들 간의 의미적 관계를 분석한다. 이렇게 분석된 데이터는 Apache Spark나 Pandas 같은 데이터 처리 도구를 사용하여 분석하기 좋게 구조화된 형태로 변환 및 정제한다. 최종적으로 MySQL이나 PostgreSQL과 같은 데이터베이스에 저장한다. 만약 데이터가 방대하거나 복잡한 쿼리가 필요하다면 Amazon Redshift[2]나 Google BigQuery[3]와 같은 데이터웨어하우스에 저장한다.

---

[1] Hugging Face Transformers는 자연어 처리와 컴퓨터 비전을 위한 최첨단 머신러닝 라이브러리로 사전훈련된 모델을 통해 텍스트, 이미지, 오디오 데이터를 처리할 수 있다. 35,000개 이상의 사전훈련된 모델을 제공하며, 150개 이상의 언어로 텍스트 분류, 정보 추출, 질의응답, 요약, 번역, 텍스트 생성 작업에 활용 가능하다. PyTorch, TensorFlow, JAX와 같은 주요 딥러닝 프레임워크와 완벽하게 호환되어 연구와 상용 환경 모두에서 광범위하게 사용된다. (출처 : https://huggingface.co/docs/transformers/index)

[2] Amazon Redshift는 AWS에서 제공하는 완전 관리형 페타바이트급 데이터 웨어하우스 서비스로 대량의 데이터를 빠르게 쿼리하고 분석할 수 있다. 열 기반 저장 방식과 대규모 병렬 처리(MPP) 아키텍처를 사용하여 복잡한 분석 쿼리도 빠르게 실행할 수 있으며, SQL 인터페이스를 통해 친숙하게 데이터에 접근할 수 있다. (출처 : https://docs.aws.amazon.com/redshift/latest/dg/welcome.html)

[3] Google BigQuery는 구글 클라우드 플랫폼의 서버리스 데이터 웨어하우스로 대규모 데이터셋에 대한 SQL 쿼리를 빠르게 실행할 수 있다. 인프라 관리 없이 페타바이트 규모의 데이터를 저장하고 분석할 수 있으며, 머신러닝 기능이 내장되어 예측 분석도 가능하다. 사용한 만큼만 비용을 지불하는 종량제 가격 모델을 제공한다. (출처 : https://www.wiley.com/en-us/Google+BigQuery+Analytics-p-9781118824825)

아마존 킨들 다이렉트 퍼블리싱

아마존 킨들 다이렉트 퍼블리싱KDP, Kindle Direct Publishing은 2007년에 출시된 아마존의 전자책 및 주문형 인쇄POD, Print-on-Demand를 위한 셀프 퍼블리싱 플랫폼이다. 이 플랫폼을 통해 작가와 출판사는 아마존 킨들 스토어에서 전자책이나 종이책을 직접 출판하고 판매할 수 있다.

KDP를 통해 전자책 포함 연간 600만 권 이상의 책이 출판된다. 이 수치는 매일 16,000건이 넘는 책이 등록된다는 것을 의미한다. 전 세계에서 수많은 사람들이 다양한 편집 환경과 디자인, 문서 작성 경험을 가지고 있어 책의 품질과 규격을 일정한 수준으로 유지하는 것은 매우 어렵다. 사소한 오류도 허용되지 않은 출판 서비스 특성상 검증 과정은 절대적으로 중요한데 아직도 이 검증을 사람이 직접 처리하는 곳이 대부분이다.

그런데 사람이 직접 처리하는 것은 엄청난 시간과 그에 따른 비용 증가, 피로 누적으로 인한 오류 증가, 검수자마다 다른 관점으로 인한 일관성 부족 문제가 발생한다. 아마존은 모든 일을 애초부터 자동화하는 데 주력했던 기업이었기 때문에 원고 검증도 자동화된 문서 구조 분석 기술을 적용하였다.

KDP에 원고 파일이 업로드 되면 문서의 형식을 자동으로 검증하여 여백, 페이지 크기, 글꼴 임베딩 여부, 이미지 해상도, 블리드 영역 등 다양한 항목에 대한 검증이 진행된다. 예를 들어, 여백이나 페이지 크기가 KDP 가이드라인 위반 사항, 낮은 이미지 해상도, 글꼴 미첨부, 오탈자 문제가 발생하면 시스템이 자동으로 탐지하여 등록자에게 바로 알려준다. 이러한 자동 검증 시스템을 통해 셀프 퍼블리싱이란 복잡한 프로세스를 간소화하면서도 높은 품질의 출판을 구현하게 만든 핵심 성공요인이다.

지능형 문서 처리

지능형 문서 처리IDP, Intelligent Document Processing는 문서에서 비정형이나 반정형 형태로 존재하는 데이터를 자동으로 식별하고 추출하여 구조화된 데이터로 변환하고, 이를 업무 프로세스에 바로 활용할 수 있도록 돕는 기술이다. 문서 구성 분석DLA과 문서 구조 분석DSA이 문서의 생김새와 논리적 구조를 식별하는 과정이라면, 지능형 문서 처리는 한 단계 더 나아가 문서로부터 의미 있는 데이터를 추출하여 최종적으로 자동화된 의사결정을 지원하여 비즈니스 프로세스를 최적화하는 데 중점을 둔다.

지능형 문서 처리 프로세스

문서 구조 분석과의 차이점

지능형 문서 처리는 문서 구조 분석에 엔터티 추출과 자동화 프로세스만 추가하면 되므로 별도로 구축하는 것이 아니라 선택적으로 추가 구축하는 개념으로 볼 수 있다.

다시 말해, 문서 구조 분석은 논리적 구조와 의미적 관계를 분석하는 것이 최종 목적이라면, 지능형 문서 처리는 날짜, 금액 등 추가적으로 의미 있는 엔터티 데이터까지 직접 추출하고, 데이터를 직접 비즈니스 프로세스의 자동화 단계까지 연결하여 즉시 활용하도록 만드는 것이 최종 목적이다.

처리 흐름

따라서 문서 구조 분석 후 spaCy와 같은 개체명 인식[NER] 기술을 사용하여 핵심 엔터티들을 자동 식별하여 저장한다. 저장된 데이터를 Flask[1]나 Django[2] 기반의 API 서버로 연결하여 ERP, CRM, 계약 관리 시스템 등 비즈니스 시스템에 데이터를 제공하고, 비즈니스 로직에 따라 자동으로 업무 처리를 수행한다.

예를 들어, 스캔된 대출 신청서를 Apache NiFi로 자동 수집한 뒤, Tesseract

---

1) Flask는 파이썬 기반의 경량 웹 프레임워크로 최소한의 코드로 웹 애플리케이션과 API를 빠르게 개발할 수 있다. 마이크로 프레임워크라는 특성을 가지고 있어 핵심 기능만 제공하며, 필요에 따라 확장 기능을 추가할 수 있는 유연성을 제공한다. 간결한 구조와 낮은 진입 장벽으로 프로토타입 개발이나 소규모 서비스에 적합하다. (출처 : https://www.oreilly.com/library/view/flask-web-development/9781491991725/)

2) Django는 파이썬 기반의 풀스택 웹 프레임워크로 "배터리 포함(batteries-included)" 철학에 따라 웹 개발에 필요한 대부분의 기능을 내장하고 있다. ORM(객체-관계 매핑), 관리자 인터페이스, 인증 시스템, URL 라우팅 등 다양한 기능을 제공하여 빠르고 안전한 웹사이트 개발을 가능하게 한다. 대규모 애플리케이션 개발에 적합하며, MVT(Model-View-Template) 아키텍처를 따른다. (출처 : https://djangoforprofessionals.com/)

OCR을 통해 신청서에 포함된 텍스트를 추출하고, LayoutParser로 신청서 내 텍스트, 표, 항목 등의 구조를 정확하게 분석한다.

그다음, spaCy를 이용하여 핵심 엔터티(예: "loan_amount": "10000", "term": "12개월")를 자동으로 인식하고 추출한다. 추출된 데이터는 Pandas로 처리하여 JSON 형태 또는 구조화된 데이터로 구성한 후, PostgreSQL 데이터베이스에 저장한다. 마지막으로 Apache Airflow로 이 데이터 처리 과정을 자동화하면 수작업 대비 처리 시간을 크게 단축할 수 있다.

spaCy는 Hugging Face Transformers와 함께 대표적인 자연어 처리[NLP] 도구다. 주로 이 도구들을 사용하여 엔터티를 추출하는데, spaCy는 CNN 알고리즘, Hugging Face는 Transformer 알고리즘 기반이다. 그래서 spaCy는 모델 크기가 작고, 처리 속도가 빨라 실시간 처리에 적합하다.

반면, Hugging Face Transformers는 처리 속도는 상대적으로 느리지만, 복잡한 맥락을 이해할 수 있어 정확도가 높다. 비즈니스 요구사항이나 인프라 환경에 맞게 선택해도 되지만, spaCy로 대량의 데이터를 신속히 처리한 뒤, 중요도나 리스크가 높은 데이터에만 Hugging Face 모델을 추가로 적용하여 정확도를 높이는 방식처럼 상호 보완적으로 구축할 수 있다.

spaCy-Hugging Face Transformers 비교

항목	spaCy	Hugging Face Transformers
알고리즘	CNN 기반	Transformer 기반
정확도	보통 (일반적 용도에 충분히 우수)	매우 높음 (특히 복잡한 맥락의 이해도 우수)
속도	매우 빠름 (빠른 추론 속도)	느림 (상대적으로 복잡한 모델 구조)
모델 크기	작고 가벼운 모델 사용	크고 무거운 모델이 많음 (높은 성능을 위해)
학습 데이터 필요성	적음 (내장된 사전학습 모델로 적용 가능)	많음 (미세조정 시 충분한 데이터 필요)
맞춤형 학습 난이도	중간 (데이터 준비와 모델 평가에 전문성 필요)	높음 (데이터 준비와 모델 튜닝에 상당한 전문성이 요구됨)
처리 속도	매우 빠름 (실시간 처리 가능)	상대적으로 느림 (고성능을 위해 속도 희생)
사용 난이도	쉬움 (바로 사용 가능, API 간결함)	중간 (미세조정 필요, 모델 복잡성 있음)

문서 유사도 분석

문서 유사도 분석은 서로 다른 문서 간의 콘텐츠 중복 여부를 판단하는 기술이다. 이 기술은 단순히 동일한 문장의 반복 여부만 확인하는 것이 아니라 문서의 의미적 유사성까지 분석한다. 최근 인공지능이 만든 콘텐츠로 인해 직접적인 복사 없이도 유사한 구조나 내용을 따르는 경우가 많아졌기 때문에 표면적인 유사성뿐만 아니라 문맥과 개념 수준에서의 유사성까지 감지할 수 있는 기술이 중요해졌다.

전통적인 유사도 분석 방식

원래 문서 유사도 분석은 단어 또는 구문 수준에서 n-그램 기반으로 진행하거나 문서를 벡터화한 후 코사인 유사도와 같은 통계 기반 거리 측정을 이용했었다. 이런 방식이 간단하고 빠르지만 의미의 유사성까지 계산하긴 어려

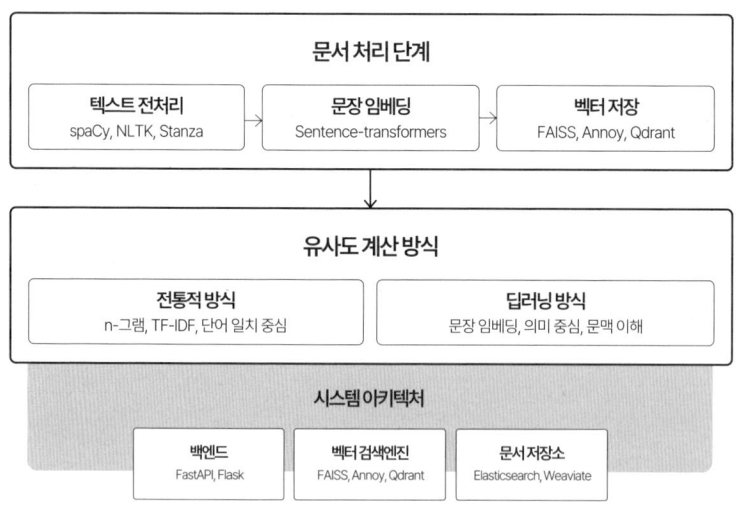

문서 유사도 분석 프로세스

였는데 딥러닝 기술의 등장으로 문장 임베딩 기법을 통해 단어 단위의 일치 여부를 넘어서 문장의 의미까지 수치화하여 문서 간 유사도를 더 정밀하게 계산할 수 있게 되었다.

예를 들어, 두 문장이 있다고 하자. 첫 번째 문장은 "인공지능은 미래 산업의 핵심 기술이다"이고, 두 번째 문장은 "AI는 앞으로 산업을 이끄는 주요 기술로 자리 잡을 것이다"이다. 두 문장은 겉으로 볼 때 단어가 다르고 겹치는 표현도 거의 없다. 이 두 문장을 n-그램 기반 분석[1]이나 코사인 유사도로 비교하면 공통된 단어나 어구가 거의 없어 유사도가 낮게 나온다.

아무래도 이 방식은 문장을 나누고, 그 조각들이 얼마나 일치하는지를 따지기 때문에 단어 단위가 바뀌거나 문장 구조가 달라지면 유사성을 계산하기 어려울 수밖에 없다.

딥러닝 기반 문장 임베딩

하지만 딥러닝의 문장 임베딩 기법을 사용하면 이야기가 달라진다. 문장 의미를 수치 벡터로 변환하고, 그 벡터들 간의 거리를 계산하는 방식은 단어의 일치 여부가 아니라 전체 문장이 전달하는 의미에 집중한다. 위 두 문장이 표현은 다르지만, 사실상 같은 내용을 말하고 있다. 하나는 '인공지능', 다른 하나는 'AI', 하나는 '미래 산업', 다른 하나는 '앞으로 산업'이라는 식으로 서로 다른 어휘를 사용하지만, 개념적 의미는 매우 유사하다. 문장 임베딩은 이런 의미 구조를 파악하여 두 문장이 유사하다고 판단한다. 실제로 이러한 모델을 통해 두 문장의 임베딩을 비교하면, 코사인 유사도 기준으로 0.8 이상의

---

1) n-그램 기반 분석(N-gram Analysis)은 텍스트를 연속된 n개의 단어나 문자 시퀀스로 분할하여 분석하는 자연어 처리 기법이다. 단어나 문자의 연속 패턴을 파악하고 확률적 언어 모델을 구축하는 데 활용되며, 문서 유사도 측정, 자동 완성, 스펠링 교정 등에 널리 사용된다.
(출처 : https://web.stanford.edu/~jurafsky/slp3/)

높은 유사도를 기록하는 경우도 많다.

코사인 유사도

여기에서의 코사인 유사도는 딥러닝만의 기술은 아니다. 코사인 유사도 Cosine Similarity는 두 벡터 간의 방향 유사성을 수치로 계산하는 통계적 방법이며, 전통적으로 텍스트 분석 방식에서도 널리 사용되었다. 다만 최근에는 이 유사도 계산이 적용되는 벡터 자체가 달라졌다. 기존에는 단어의 등장 빈도나 TF-IDF 값을 바탕으로 생성된 벡터에 코사인 유사도를 적용했다면 딥러닝에서는 문장 의미를 담아낸 임베딩 벡터에 같은 방식으로 코사인 유사도를 적용한다. 즉, 유사도 계산 방법은 같지만, 비교 대상이 되는 벡터가 더 정교하고 의미 중심적이다. 이런 구조 때문에 겉으로는 다르지만 의미가 유사한 표현들을 정밀하게 식별할 수 있게 되었다.

이러한 시스템을 구현하기 위해서는 먼저 문서를 정제하고 문장 단위로 분리하는 텍스트 전처리 과정이 필요하다. 여기에는 자연어 처리 라이브러리인 spaCy, NLTK[1], Stanza[2] 등을 사용할 수 있다. 언어에 따라 특화된 도구를 활용할 수도 있지만, 가능한 한 언어 중립적인 도구를 선택하는 것이 여러 언어에 적용할 수 있는 시스템을 만드는 데 유리하다. 예를 들어, 문장 단위의 의미 임베딩을 위해 Sentence-transformers 패키지를 활용하면, 영어는 물론이고 다른 언어도 지원하는 사전학습 모델들을 사용할 수 있다. 특히,

---

1) NLTK(Natural Language Toolkit)는 자연어 처리를 위한 파이썬 라이브러리로 단어 토큰화, 품사 태깅, 구문 분석, 의미 추론과 같은 다양한 텍스트 처리 기능을 제공한다. 50개 이상의 말뭉치와 어휘 자원을 포함하며, 교육 및 연구 목적으로 널리 사용된다. (출처 : https://www.nltk.org/book/)

2) Stanza는 스탠포드 NLP 그룹에서 개발한 자연어 처리 라이브러리로 토큰화, 품사 태깅, 개체명 인식, 의존 구문 분석 등 다양한 기능을 제공한다. 70개 이상의 언어를 지원하며, PyTorch 기반으로 신경망 모델을 활용한 고성능 분석이 가능하다. (출처 : https://arxiv.org/abs/2003.07082)

all-MiniLM[1], distiluse-base-multilingual[2] 같은 모델은 속도와 정확도 측면에서 균형이 잘 잡혀 있어 서비스형 애플리케이션에 적합하다.

실시간 분석을 위한 시스템 구성

서비스 구현 시 프론트엔드와 백엔드의 유기적 연결 구조가 중요하다. API 기반의 백엔드는 FastAPI[3]나 Flask를 활용하여 유사도 분석 기능을 제공하고, 프론트엔드는 결과를 시각화하여 보여준다. 실시간 처리나 반복적 비교가 필요한 경우, 계산된 임베딩을 벡터 인덱스로 저장하여 검색 속도를 높여야 하는데, 이때 많은 문서를 빠르게 비교할 수 있는 FAISS, Annoy, Qdrant 같은 오픈소스 벡터 검색엔진을 사용한다.

또한, 문서 비교의 기준이 되는 참조 문서들을 저장하고 관리하는 시스템도 중요하다. 이때는 단순 파일 저장소보다 검색 기능이 내장된 문서 저장 시스템이 필요하므로 벡터 검색 기능이 포함된 Elasticsearch나 Weaviate[4]와 같은 솔루션이 적합하다.

---

1) all-MiniLM는 Sentence-transformers 라이브러리에서 제공하는 문장 임베딩 모델로 원래의 BERT 모델보다 크기가 작고 빠르면서도 문장 의미 표현에 높은 성능을 보인다. 문서 분류, 의미 검색, 유사도 비교 등에 활용되며, 384차원의 임베딩 벡터를 생성한다.
(출처 : https://arxiv.org/abs/2002.10957)

2) distiluse-base-multilingual는 다국어 지원 문장 임베딩 모델로 15개 이상의 언어로 작성된 문장을 동일한 벡터 공간에 매핑하여 서로 다른 언어 간의 의미 비교가 가능하게 한다. 문장 벡터 크기는 512차원이며, 다국어 정보 검색과 번역 품질 향상에 활용된다.
(출처 : https://arxiv.org/abs/2004.09813)

3) FastAPI는 현대적이고 고성능의 웹 API 프레임워크로 파이썬 3.7+ 타입 힌트를 기반으로 자동 API 문서화 기능을 제공한다. 비동기 처리를 지원하여 높은 처리량과 낮은 지연 시간을 보장하며, Swagger UI와 ReDoc을 통한 대화형 API 문서를 자동 생성한다.
(출처 : https://fastapi.tiangolo.com/)

4) Weaviate는 벡터 검색 기능이 내장된 오픈소스 지식 그래프 데이터베이스로, 객체 간의 의미적 관계를 저장하고 탐색할 수 있다. GraphQL 인터페이스를 제공하며, 머신러닝 모델과 통합하여 데이터의 의미적 검색과 분류가 가능하다. (출처 : https://weaviate.io/developers/weaviate)

엔터티 관리

엔터티Entity, 개체는 "고유한 개념이나 객체를 나타내는 단위"를 의미한다. 즉, 사람, 장소, 조직, 제품, 날짜 등 특정한 이름이나 의미를 가진 개념을 말한다. 엔터티와 관련된 표준 및 이론은 주로 데이터 모델링과 데이터베이스 설계 분야에서 확립되어 있다.

1976년 피터 첸Peter Chen이 엔터티-관계 모델Entity-Relationship Model을 제안하였는데, 이 모델은 데이터베이스 구조를 시각적으로 표현하는 방법이며 엔터티와 엔터티 간의 관계를 도식화하여 데이터를 모델링한다. 엔터티는 업무나 서비스에서 사용할 대상을 관리하는 기술 방법이며, 다음과 같은 특징을 가진다.

- 고유한 의미를 가진다. 예를 들어, "애플"이라는 단어가 문맥에 따라 "기업"일 수도 있고 "과일"일 수도 있지만, "Apple Inc."(기업)라는 개체Entity는 고유한 의미를 가진다.
- 데이터베이스에서 식별할 수 있다. 예를 들어, Wikipedia에서 "Apple Inc."는 고유한 페이지로 존재하며, 디비피디어DBpedia나 위키데이터Wikidata 같은 지식 그래프에서 연결될 수 있다.
- 자동 태깅 및 검색에 활용된다.

AI 기반 검색 시스템이나 추천 알고리즘에서는 엔터티를 자동으로 인식하고 연계하여 관련된 정보를 제공한다. 챗봇, 검색 엔진, 추천 시스템, 지식 그래프 등 AI를 활용하는 서비스는 대부분 엔터티 기반으로 정보를 이해하고 연계하면서 동작한다. 그래서 기획 단계에서 "어떤 엔터티를 어떻게 정의할 것인가?"를 명확하게 설정하는 것이 중요하다.

예를 들어, 이커머스 플랫폼을 기획한다면, "상품, 브랜드, 사용자, 리뷰,

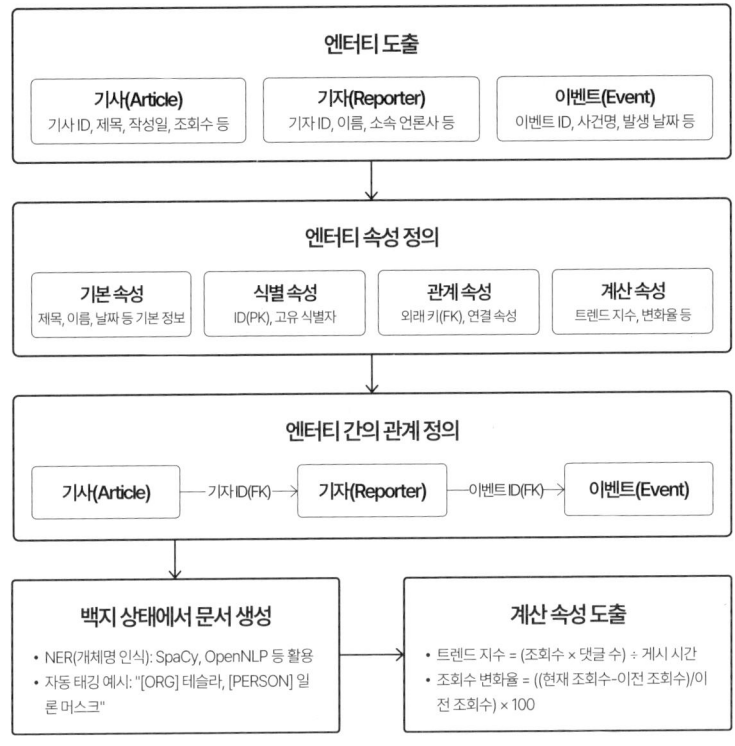

엔터티 관리 프로세스

카테고리" 등을 엔터티로 정의하고, AI가 이들 간의 관계를 이해하고 추천할 수 있도록 해야 한다. 뉴스 서비스를 기획한다면, 뉴스 기사 속 "인물, 사건, 장소, 기관" 같은 요소들을 엔터티로 태깅하고, AI가 연관 뉴스를 추천하거나 트렌드를 분석할 수 있도록 해야 한다.

AI가 엔터티를 어떻게 활용하는지 개념적으로 이해하는 것은 중요하지만, 그렇다고 기획 단계에서 너무 기술적인 딥러닝 모델 설명까지 들어갈 필요는 없다. NER(개체명 인식), 지식 그래프, 자연어 처리에서 엔터티가 어떻게 활용되는지 개념적으로 이해하고, AI가 엔터티를 기반으로 검색, 추천, 자동 태깅을 수행하는 원리를 설명할 수 있으면 충분하다. 서비스 기획에서는 다음과 같은 방법으로 엔터티를 설계하고 적용한다.

엔터티 도출

엔터티는 서비스마다 다르게 정의된다. 기획자는 서비스에서 관리해야 할 핵심 개체Entity를 분류하고 정의하는 작업을 먼저 해야 한다. 즉, 서비스에서 중요한 "개념"이 무엇인지 식별하여 관리 목록을 만드는 과정이라고 볼 수 있다.

기사(Article) 엔터티 예시

속성명	설명	데이터 타입
기사 ID (Article_ID)	기사 고유 식별자	숫자 (Integer)
제목 (Title)	뉴스 제목	문자열 (String)
작성일 (Publish Date)	뉴스 게시 날짜	날짜 (Date)
조회수 (Views)	기사 조회수	숫자 (Integer)
기자 ID (Reporter_ID)	기사를 작성한 기자	숫자 (Integer, FK)
이벤트 ID (Event_ID)	관련된 이벤트	숫자 (Integer, FK)

기자(Reporter) 엔터티 예시

속성명	설명	데이터 타입
기자 ID (Reporter_ID)	기자 고유 식별자	숫자 (Integer, PK)
이름 (Name)	기자 이름	문자열 (String)
소속 언론사 (Media Outlet)	기자의 소속	문자열 (String)

이벤트(Event) 엔터티 예시

속성명	설명	데이터 타입
이벤트 ID (Event_ID)	사건 고유 식별자	숫자 (Integer, PK)
사건명 (Event Name)	이벤트 이름	문자열 (String)
발생 날짜 (Event Date)	사건 발생 날짜	날짜 (Date)

엔터티 속성 정의

모든 엔터티는 고유한 속성Attributes을 가진다. 속성은 엔터티를 구체적으로 설명하는 추가적인 정보(메타데이터)이며, 엔터티가 가진 고유한 특성이나 정보를 의미한다. 각 속성은 문자열, 숫자, 날짜 등 특정 데이터 타입으로 정의되며, 이 속성 간의 관계를 설정하면 데이터 연결이 가능해진다.

속성을 정의하는 데는 특별한 기술, 방법 또는 표준 체계가 존재하지 않는다. 따라서 도메인 지식, 데이터 분석, 사용자 요구 사항 수집 등을 활용하여 엔터티를 효과적으로 설명할 수 있는 적절한 속성을 도출해야 한다. 이 과정은 기획자의 경험과 통찰에 크게 의존할 수밖에 없다. 속성 정의는 데이터 모델링의 핵심이자 가장 중요한 단계로 기획자의 역량이 고스란히 반영되는 과정이라 할 수 있다.

엔터티 속성은 데이터 모델링 관점에서 다음과 같이 기본 속성, 식별 속성, 관계 속성, 계산 속성 등으로 분류하여 정의할 수 있다.

- **기본 속성**Descriptive Attributes : 엔터티에 대한 기본적인 정보를 제공하며, 주로 검색, 필터링, 정렬 등에 활용된다.

- **식별 속성**Identifier Attributes : 엔터티를 고유하게 구분하며, 검색 및 조회의 기준이 된다. 이 속성은 데이터베이스에서 기본 키PK, Primary Key로 설정되므로 중복될 수 없으며, 반드시 존재해야 한다.

- **관계 속성**Relational Attributes : 다른 엔터티와 연결되는 속성이며, 검색, AI 추천, 데이터 분석을 위해 필수적으로 정의해야 한다. 데이터베이스에서 외래 키FK, , Foreign Key로 설정되어, 연관 데이터를 쉽게 검색하고 분석할 수 있게 만든다.

- **계산 속성**Derived Attributes : 다른 속성의 값을 기반으로 자동으로 계산되는 속성이며, 데이터 분석, 성과 측정, 트렌드 예측, 개인화 추천 등의 AI 기반 서비스에서 활용된다.

이와 같은 속성을 위 엔터티 예시에 적용하면 다음과 같이 정리된다.

기사(Article) 엔터티 속성 예시

속성명	설명	데이터 타입	속성 유형
기사 ID (Article_ID)	기사 고유 식별자	숫자 (Integer)	식별 속성 (PK)
제목 (Title)	뉴스 제목	문자열 (String)	기본 속성
작성일 (Publish Date)	뉴스 게시 날짜	날짜 (Date)	기본 속성
조회수 (Views)	기사 조회수	숫자 (Integer)	기본 속성
기자 ID (Reporter_ID)	기사를 작성한 기자	숫자 (Integer)	관계 속성 (FK), 기자(Reporter) 참조
이벤트 ID (Event_ID)	관련된 이벤트	숫자 (Integer)	관계 속성 (FK), 이벤트(Event) 참조
트렌드 지수 (Trend Score)	기사의 인기도 분석	숫자 (Float)	계산 속성
조회수 변화율 (View Rate)	기사 조회수 증가율	숫자(Float)	계산 속성

기자(Reporter) 엔터티 속성 예시

속성명	설명	데이터 타입	속성 유형
기자 ID (Reporter_ID)	기자 고유 식별자	숫자(Integer)	식별 속성(PK)
이름 (Name)	기자 이름	문자열(String)	기본 속성
소속 언론사 (Media Outlet)	기자의 소속	문자열(String)	기본 속성
총 작성 기사 수 (Total Articles)	기자가 작성한 기사 개수	숫자(Integer)	계산 속성

이벤트(Event) 엔터티 속성 예시

속성명	설명	데이터 타입	속성 유형
이벤트 ID (Event_ID)	사건 고유 식별자	숫자(Integer)	식별 속성(PK)
사건명 (Event Name)	이벤트 이름	문자열(String)	기본 속성
발생 날짜 (Event Date)	사건 발생 날짜	날짜(Date)	기본 속성
관련 기사 수 (Related Articles)	특정 사건과 연관된 기사 개수	숫자(Integer)	계산 속성

엔터티 간의 관계 정의

엔터티는 독립적으로 존재하는 것이 아니라, 서로 연결된 관계 속에서 의미를 가진다. 주로 식별 속성에 관계 속성을 설정하는 방식으로 엔터티를 연결하면 데이터베이스 내 테이블 간 연결이 이루어진다.

예시의 경우, 우선 기사^{Article}와 기자^{Reporter}를 연결한다. 이때 기사^{Article}에는 기자 ID$^{Reporter\_ID}$ 속성이 포함되며, 기자^{Reporter} 엔터티의 기자 ID$^{Reporter\_ID}$를 참조하는 외래 키^{FK}로 설정한다. 이렇게 설정하면 기자 ID$^{Reporter\_ID}$를 기준으로 기사와 기자 간의 관계를 정의할 수 있으며, 아래 표처럼 홍길동 기자(001)는 101번 기사와 103번 기사를 작성한 것으로 관계가 연결된다.

기자별 기사 작성 현황

기사 ID	제목	작성일	기자 ID
101	"테슬라 주가 급등"	2024-03-08	001
102	"AI 기술 혁신"	2024-03-07	002
103	"올림픽 경기 결과"	2024-03-06	001

기자 정보 목록

기자 ID	이름	소속 언론사
001	홍길동	BBC
002	김철수	NY Times

그 다음, 기사^{Article}와 이벤트^{Event}를 연결한다. 이때 기사^{Article}에는 이벤트 ID$^{Event\_ID}$ 속성이 포함되며, 이벤트^{Event} 엔터티의 이벤트 ID$^{Event\_ID}$를 참조하는 외래 키^{FK}를 설정한다. 이렇게 설정하면 이벤트 ID$^{Event\_ID}$를 기준으로 기사와 이벤트 간의 관계를 정의할 수 있으며, 아래 표처럼 101번 기사는 201번 이벤트(테슬라 신제품 발표)와 연관되어 있다는 사실을 명시적으로 표현할 수 있다.

기사별 관련 이벤트 매핑

기사 ID	제목	작성일	이벤트 ID
101	"테슬라 주가 급등"	2024-03-08	201
102	"AI 기술 혁신"	2024-03-07	202
103	"올림픽 경기 결과"	2024-03-06	203

이벤트 정보 목록

이벤트 ID	사건명	발생 날짜
201	"테슬라 신제품 발표"	2024-03-05
202	"AI 컨퍼런스"	2024-03-02
203	"파리 올림픽 개막"	2024-03-01

서비스에서 엔터티 간의 관계를 잘 정의하면, 우선 특정 기자가 작성한 모든 기사나 특정 사건(이벤트)과 관련된 모든 기사를 조회할 수 있으므로 "기자별 기사 모아보기"나 "이벤트 관련 뉴스 기사 추천" 기능을 효과적으로 제공할 수 있다.

또한, 기사와 연관된 이벤트 또는 기자를 기준으로 관련 기사를 추천하거나 특정 이벤트와 연관된 기사 개수를 분석하여 트렌드 뉴스를 제공할 수도 있다. 이렇듯 엔터티 속성을 사용하여 관계를 정의하여 데이터를 체계적으로 모델링하면 더 정교한 데이터 검색, AI 추천, 트렌드 분석 등이 가능해진다.

엔터티 태깅 자동화

데이터 양이 적으면 데이터 관리, 검색, 추천을 할 수도 없고 할 필요도 없기 때문에 엔터티 개념이 필요한 곳은 대부분 방대한 데이터를 가지고 있는 시스템이다. 이런 시스템에서 엔터티를 식별하고, 속성을 정의하고, 관계를 설정하는 작업을 수작업으로 진행한다는 것은 사실상 불가능하다. 현재까지는 하나의 오픈소스 소프트웨어만으로 모든 태깅 작업을 완벽하게 처리할 수 없기 때문에 적합한 오픈소스 소프트웨어를 조합하여 활용하는 방식이 일반적이다.

예를 들어, spaCy와 같은 Python 기반 고성능 자연어 처리 라이브러리나 머신러닝 기반 엔터티 인식 라이브러리인 Apache OpenNLP[1]를 활용한다.

엔터티 속성 정의와 엔터티 간의 관계 설정은 메타데이터 관리 및 데이터 계보lineage 추적 기능을 제공하는 Apache Atlas[2]를 활용하며, 데이터 모델

---

1) Apache OpenNLP는 자연어 처리를 위한 오픈소스 기계학습 기반 툴킷으로 토큰화, 문장 분할, 품사 태깅, 개체명 인식, 문서 분류 등의 기능을 제공한다. 자바 기반으로 개발되어 있어 자바 애플리케이션에 쉽게 통합할 수 있으며, 확장성이 뛰어나 커스텀 모델 훈련도 지원한다.
(출처 : https://opennlp.apache.org/docs/)

2) Apache Atlas는 데이터 거버넌스 및 메타데이터 관리를 위한 오픈소스 프레임워크로 데이터 자산의 분류, 계보(lineage) 추적, 데이터 카탈로그 등의 기능을 제공한다. 기업이 데이터를 효과적으로 관리하고 규제 준수를 지원하며, 데이터 관련 엔터티와 그 관계를 시각화하여 이해하기 쉽게 보여준다. (출처 : https://atlas.apache.org/)

을 시각화하는 용도로는 Metabase[1] 또는 ERD 모델링 도구인 DBDiagram. io[2], pgModeler[3] 등을 많이 사용하고 있다.

이런 도구로 뉴스 기사 데이터에 자동 엔터티 태깅Auto Entity Tagging을 적용하면, 기사 제목과 본문에서 특정 개체(엔터티)를 인식하고 미리 정의된 카테고리에 따라 태그를 부여할 수 있다. 예를 들어, 엔터티 카테고리를 기업, 인물, 이벤트, 기술 등으로 정의하고 NER Named Entity Recognition, 개체명 인식 모델을 사용하여 자동으로 엔터티 태깅을 수행하면 다음과 같이 자동 엔터티 태깅 결과를 얻게 된다.

그리고 이러한 태깅 데이터를 통해 사용자가 "테슬라" 관련 기사를 읽으면 같은 테슬라 태그가 포함된 기사를 자동 추천할 수 있고, AI 태그가 포함된 기사만 필터링하여 AI 관련 뉴스 페이지를 자동 생성할 수 있다. 또한, 올림픽 태그가 포함된 기사 중 트렌드 지수가 높은 기사를 모아 "올림픽 관련 뉴스" 트렌드를 분석할 수 있고, 테슬라, OpenAI 등 기업별 뉴스 요약을 자동 생성할 수도 있다.

---

1) Metabase는 데이터 시각화 및 비즈니스 인텔리전스를 위한 오픈소스 도구로 기술적 지식이 없는 사용자도 쉽게 데이터베이스에 질의하고 결과를 시각화할 수 있다. 드래그 앤 드롭 인터페이스, 대시보드 생성, 이메일 보고서 예약 기능 등을 제공하며, 다양한 데이터베이스와 연결 가능하다. (출처 : https://www.metabase.com/docs/latest/)

2) DBDiagram.io는 관계형 데이터베이스 설계를 위한 웹 기반 ER 다이어그램 도구로 간단한 DSL(도메인 특화 언어)을 사용하여 데이터베이스 스키마를 신속하게 정의하고 시각화할 수 있다. 테이블, 필드, 관계를 직관적으로 표현하며 SQL 내보내기, 팀 협업 기능을 제공한다. (출처 : https://dbdiagram.io/docs/)

3) pgModeler는 PostgreSQL 데이터베이스 전용 시각적 모델링 도구로 데이터베이스 구조를 설계하고 구현하는 과정을 단순화한다. 데이터베이스 역공학, SQL 코드 생성, 모델 검증, 데이터베이스 비교 및 동기화 기능을 제공하며, 크로스 플랫폼으로 개발되어 다양한 운영체제에서 사용 가능하다. (출처 : https://pgmodeler.io/documentation/)

자동 엔터티 태깅 적용 결과

기사 ID	제목	엔터티 태깅 결과
101	"테슬라 주가 급등"	[ORG] 테슬라, [PERSON] 일론 머스크
102	"AI 혁신 기술"	[TECH] AI, [ORG] OpenAI, [ORG] Google DeepMind
103	"올림픽 경기 결과"	[EVENT] 올림픽, [PLACE] 프랑스, [ORG] IOC

계산 속성 도출

엔터티 태깅만으로도 데이터를 효과적으로 활용할 수 있지만, 기존 속성을 조합하여 생성되는 계산 속성을 추가하면 서비스에 AI를 구현할 수 있다. 이를 위해 AI가 자동으로 계산하거나 분석할 속성을 통해 트렌드 지수, 조회수 변화율, 총 작성 기사 수, 관련 기사 수 등 실시간 분석을 할 수 있다.

트렌드 지수 활용

기사Article의 트렌드 지수Trend Score를 (조회수Views × 댓글 수Comments) ÷ 게시 시간Hours Since Published으로 계산할 수 있다. 최신 기사일수록 가중치를 높이고, 댓글이 많을수록 트렌드 지수Trend Score를 상승시키도록 설정하여 트렌드 지수가 높은 기사 순으로 AI가 인기 뉴스를 추천할 수 있다.

트렌드 지수 데이터 예시

기사 ID	제목	조회수 (Views)	댓글 수 (Comments)	게시 후 시간 (Hours)	트렌드 지수 (Trend Score)
101	"테슬라 주가 급등"	5000	120	5	(5000 × 120) ÷ 5 = 120,000
102	"AI 혁신 기술"	8000	200	10	(8000 × 200) ÷ 10 = 160,000
103	"올림픽 경기 결과"	3000	80	2	(3000 × 80) ÷ 2 = 120,000

조회수 변화율 활용

기사Article의 조회수 변화율View Rate을 ((현재 조회수 - 이전 조회수) ÷ 이전 조회수) × 100 으로 계산할 수 있다. 최근 빠르게 조회수가 증가한 조회수 변화율View Rate이 높은 뉴스를 AI가 감지하여 실시간 인기 뉴스로 추천할 수 있다.

조회수 변화율 데이터 예시

기사 ID	제목	이전 조회수 (Previous Views)	현재 조회수 (Current Views)	조회수 변화율 (View Rate)
101	"테슬라 주가 급등"	2000	5000	((5000 - 2000) ÷ 2000) × 100 = 150% 증가
102	"AI 혁신 기술"	7000	8000	((8000 - 7000) ÷ 7000) × 100 = 14.3% 증가
103	"올림픽 경기 결과"	1000	3000	((3000 - 1000) ÷ 1000) × 100 = 200% 증가

총 작성 기사 수 활용

특정 기자가 작성한 기사 개수Total Articles를 계산하여 "기자 순위" 또는 "인기 기자 추천" 기능에 활용할 수 있다.

총 작성 기사 수 데이터 예시

기자 ID	기자 이름	작성한 기사 개수(Total Articles)
001	홍길동	25
002	김철수	30
003	이영희	15

관련 기사 수 활용

특정 이벤트와 연관된 기사의 개수Related Articles를 계산하여 AI가 특정 사건과 관련된 기사를 자동 추천하고, 관련 기사 수가 많은 이벤트를 "최신 이슈"로 추천할 수 있다.

관련 기사 수 데이터 예시

이벤트 ID	사건명	관련 기사 수 (Related Articles)
201	"테슬라 신제품 발표"	8
202	"AI 컨퍼런스"	5
203	"파리 올림픽 개막"	12

BBC Juicer 프로젝트

Juicer[1]는 AI, 자동화, 데이터 저널리즘, 인터랙티브 스토리텔링 등의 기술을 통해 BBC의 디지털 혁신 및 저널리즘 기술 연구를 위한 실험적 개발팀 'BBC News Labs'의 대표적인 프로젝트이며, 뉴스 콘텐츠를 자동으로 수집하고, 인공지능을 이용하여 태깅 및 요약하는 시스템이다.

BBC와 기타 뉴스 사이트의 RSS 피드에서 뉴스 기사를 가져와, 원문 텍스트 및 메타데이터를 저장한 후, AI 알고리즘을 이용하여 기사의 개념을 자동으로 태깅하여 검색 및 트렌드 분석에 활용하도록 돕는 API 형태의 '뉴스 수집 파이프라인'이다.

엔터티 분류 체계

사람들이 가장 많이 검색하는 개념이 무엇인지 분석하려면, 주요 개념 Entity을 제한된 범위 내에서 그룹화하는 것이 효율적이다. Juicer의 태깅 방식은 위키피디어Wikipedia 및 디비피디어DBpedia 기반 데이터 모델과 일관

---

[1] Google Digital News Initiative 펀딩을 통해 외부 프로젝트로도 확장되었지만 지속 가능한 비즈니스 모델을 찾지 못해 2018년에 서비스가 종료되었다

성을 유지하기 위해 위키피디어(디비피디어)를 기반으로 이루어진다.

위키피디어는 누구나 자유롭게 정보를 수정하고 추가할 수 있다는 장점이 있지만, 대부분 자연어로 작성된 문장 형태로 저장된다. 즉, 사람이 읽고 이해하는 데는 유용하지만, 기계가 직접 데이터를 분석하거나 활용하기에는 한계가 있다. 이 문제를 해결하기 위해 등장한 것이 디비피디어다.

디비피디어는 위키피디어의 데이터를 자동으로 추출하여 구조화된 데이터 형태로 변환한 오픈 데이터베이스다. 디비피디어 문서에서 인물, 장소, 조직, 개념 등 주요 개념을 추출하고, 이를 체계적으로 정리하여 기계가 읽고 활용할 수 있도록 만든 것이 핵심이다. 디비피디어는 RDF$^{Resource\ Description\ Framework}$ 형식으로 저장되며, 검색 엔진, AI 추천 시스템, 데이터 분석 플랫폼 등에서 널리 활용된다. Juicer 프로젝트도 단순히 데이터를 저장하는 것이 아니라 어떻게 활용할 것인가에 대한 고민 때문에 디비피디어 기반을 채택했다.

뉴스 기사는 기본적으로 "누가, 어디서, 무엇을, 어떻게 했는가" 라는 구조를 가진다. 그리고 이 구조가 뉴스에서 가장 중요한 정보 단위^{Entity}를 가장 직관적으로 그룹화할 수 있는 방법이기 때문에 BBC 개발팀은 디비피디어처럼 Juicer의 엔터티를 네 가지 카테고리로 분류했고, 엔터티 태깅을 통한 뉴스 검색 최적화, 뉴스 기사 추천 자동화, 실시간 트렌드 분석, 뉴스 카테고리 자동 분류, 자동 뉴스 요약 등을 구현하였다.

엔터티 분류

엔터티 카테고리	설명
사람 (People)	사건의 주체(정치인, 연예인, 기업인 등)
장소 (Places)	사건이 발생한 지역(국가, 도시, 특정 장소 등)
조직 (Organisations)	정부, 기업, 단체 등 주요 행위자
기타 (Things)	위의 세 가지에 속하지 않는 기타 개념(법률, 정책, 제품 등)

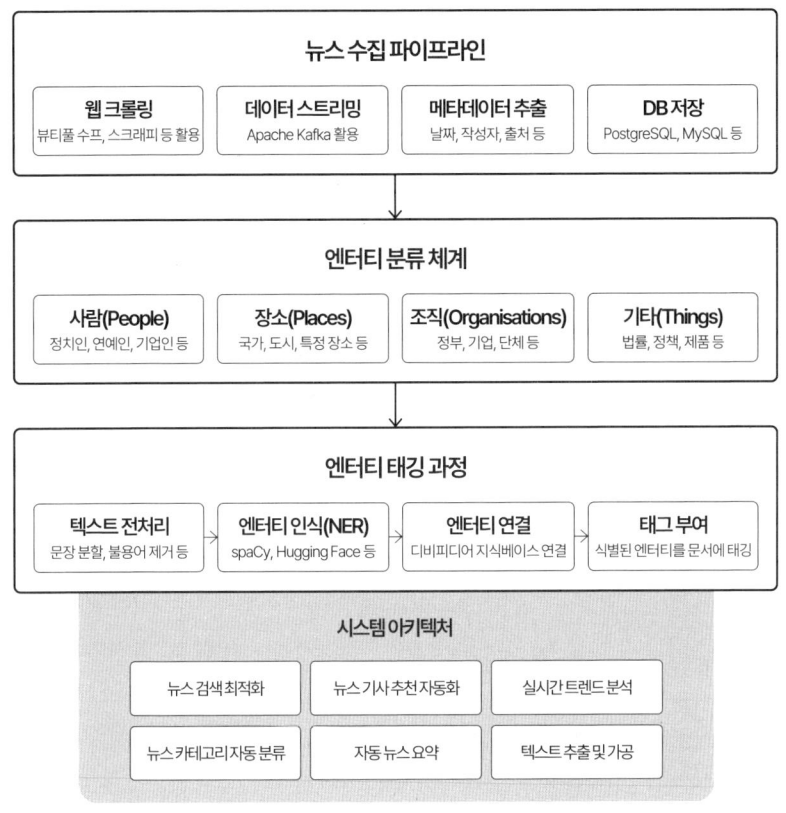

(BBC Juicer 프로젝트) 엔터티 기반 뉴스 처리 프로세스

엔터티 태깅

작업	설명
텍스트 전처리	기사의 텍스트를 문장 및 단어 단위로 분할하고, 불용어 제거 및 어간 추출 등의 전처리 작업을 수행한다.
엔터티 인식	전처리된 텍스트에서 사람, 장소, 조직 등의 명명된 개체를 식별한다.
엔터티 연결	식별된 엔터티를 디비피디어와 같은 지식 베이스의 해당 엔터티에 연결하여, 추가적인 정보를 부여한다.
태깅	연결된 엔터티를 기반으로 기사에 태그를 부여하여, 검색 및 분류에 활용한다.

뉴스 검색 최적화

뉴스 검색에서 "테슬라"를 입력하면 단순 키워드 매칭 방식으로 검색이 이루어져 관련 없는 기사까지 검색되며, "일론 머스크"처럼 특정 인물이 포함된 기사만 보고 싶어도 정확한 검색이 어려웠다. 그런데 Juicer 적용 후에는 기사에서 기업, 인물, 이벤트 등의 엔터티를 자동 태깅하고, NER 모델을 사용하여 기사를 정교하게 분류할 수 있기 때문에 검색 엔진이 태깅된 엔터티 기반으로 검색하여 한층 더 정확한 검색 결과를 제공할 수 있다.

Juicer 적용 전후 검색 정확도 비교

사용자가 검색한 키워드	기존 방식 결과	Juicer 적용 후 결과
"테슬라"	"테슬라 주가 급등" 포함 모든 기사 검색 (관련 없는 기사 포함)	[ORG] 테슬라 태그가 있는 기사만 검색
"일론 머스크"	"머스크" 단어 포함된 기사 노출 (다른 머스크 관련 기사도 포함됨)	[PERSON] 일론 머스크 태그가 있는 기사만 검색

뉴스 기사 추천 자동화

사용자가 특정 기사를 읽어도 관련된 기사 추천이 단순 키워드 매칭에 의존하거나 AI가 기사 간의 연관성을 인식하지 못하고 비슷한 제목만 추천하는 문제가 발생했다. 그런데 Juicer 적용 후에는 기사 내 엔터티를 태깅하고, 같은 엔터티가 포함된 기사를 자동 추천하여 AI가 이 태깅 데이터를 사용하여 연관도 높은 기사를 더 정교하게 추천할 수 있게 되었다.

Juicer 적용 전후 추천 정확도 비교

사용자가 읽은 기사	기존 추천 방식	Juicer 적용 후 추천
"테슬라 주가 급등"	"주가 급등" 키워드 포함된 모든 기사 추천	[ORG] 테슬라 태그가 있는 기사만 추천

| "AI 혁신 기술" | "AI" 키워드 포함된 기사 (AI 로봇 등 비관련 기사 포함) | [TECH] AI 태그 + [ORG] OpenAI, Google DeepMind 관련 기사 추천 |

실시간 트렌드 분석

실시간 인기 기사 선정 기준이 단순 조회수 순으로 정렬하는 수준에 그쳤고 댓글, 공유 건수, 기사 간 연결성 등의 데이터가 반영되지 않았다. 그런데 Juicer 적용 후에는 동일 엔터티 포함 기사 수, 댓글, 공유량 등 기사 간의 연관성을 분석하여 트렌드 지수 Trend Score를 계산하여 실제 핫이슈를 더 정확하게 추천할 수 있게 되었다.

뉴스 카테고리 자동 분류

경제, 스포츠, IT 등 뉴스 카테고리 분류를 기자나 에디터가 수작업으로 지정하거나 같은 주제를 다룬 기사라도 카테고리 분류 방식이 일관되지 않았다. 그런데 Juicer 적용 후에는 기사 내용에서 주요 엔터티를 자동 태깅하고, 이를 기반으로 뉴스 카테고리를 자동 분류하거나 AI가 Juicer의 엔터티 태그를 분석하여 비슷한 주제의 기사들을 하나의 그룹으로 묶어서 추천할 수 있게 되었다.

Juicer 적용 전후 뉴스 카테고리 분류 비교

기사 제목	기존 방식 (기자 수작업 분류)	Juicer 적용 후 (AI 자동 분류)
테슬라 주가 급등	경제 뉴스	자동 분류: [ORG] 테슬라 → 경제/기업 뉴스
AI 혁신 기술 발표	IT 뉴스	자동 분류: [TECH] AI → IT/기술 뉴스
올림픽 경기 결과	스포츠 뉴스	자동 분류: [EVENT] 올림픽 → 스포츠 뉴스

엔터티 관리

자동 뉴스 요약

AI 요약 기능이 단순한 키워드 기반이라 부정확한 경우가 많았는데, Juicer 적용 후에는 엔터티 태깅 데이터를 사용하여 엔터티 중심으로 더 정교한 요약을 생성할 수 있게 되었다.

Juicer 적용 전후 뉴스 요약 비교

구분	내용
원문 기사	테슬라(Tesla)의 주가가 10% 상승했다. CEO 일론 머스크(Elon Musk)는 전기차 판매 증가로 인한 수익 성장을 강조했다. 이번 발표는 월스트리트의 예측을 초과했으며, 시장의 긍정적인 반응을 얻었다.
기존 요약 (키워드 기반)	테슬라 주가 상승, 일론 머스크, 월스트리트 예측 초과
Juicer 적용 후 요약 (엔터티 기반 AI 요약)	[ORG] 테슬라 주가 10% 상승. [PERSON] 일론 머스크, 전기차 판매 증가로 인한 성장 발표. [ORG] 월스트리트 예측 초과.

엔터티 태깅 과정

뉴스 수집

위와 같은 뉴스 서비스를 실제 시스템에서 구축할 때는 다음과 같은 작업 흐름으로 진행한다. 우선 Python 기반의 웹 크롤링 도구인 뷰티풀수프[1]나 스크래피[2]를 사용하여 다양한 뉴스 사이트의 RSS 피드를 통해 실시간으로 뉴스를 자동 수집한다.

---

1) 뷰티풀수프(BeautifulSoup)는 파이썬용 HTML 및 XML 파서 라이브러리로 웹 크롤링에 널리 사용된다. 복잡한 HTML 문서에서 데이터를 추출하는 과정을 단순화하며, CSS 선택자나 태그 이름으로 요소를 쉽게 탐색할 수 있다. 속도는 다소 느리지만 직관적인 API로 초보자도 쉽게 사용할 수 있다. (출처 : https://www.crummy.com/software/BeautifulSoup/bs4/doc/)

2) 스크래피(Scrapy)는 대규모 웹 크롤링을 위한 파이썬 프레임워크로 분산 처리와 고성능 데이터 추출에 최적화되어 있다. 비동기 네트워킹 라이브러리를 기반으로 하여 빠른 속도를 제공하고, 크롤

텍스트 전처리

수집된 뉴스는 Apache Kafka를 사용하여 실시간으로 데이터 스트리밍 파이프라인을 구축하고, 이를 Apache NiFi나 Airflow로 통합하여 전체 데이터 흐름을 효율적으로 관리하고 자동화한다.

이 과정에서 기사의 원본 텍스트뿐 아니라 날짜, 작성자, 출처 등 메타데이터도 함께 수집하여 PostgreSQL 또는 MySQL과 같은 관계형 데이터베이스에 저장한다. 수집된 뉴스 기사는 데이터 전처리를 거쳐야 하며, 주로 Apache Spark 또는 Pandas를 이용하여 뉴스 기사 텍스트를 문장과 단어 단위로 분리하고, 불필요한 단어(불용어)를 제거하거나 어휘를 정제하여 분석하기 좋은 형태로 변환한다.

엔터티 인식(NER)

텍스트 전처리가 끝나면 spaCy, Hugging Face Transformers와 같은 자연어 처리 소프트웨어를 통해 엔터티를 인식하여 기사 내에서 인물, 장소, 조직 등 핵심 엔터티를 자동으로 식별한다. 예를 들어, "테슬라 주가 급등"이란 기사에서 "테슬라"라는 조직과 CEO "일론 머스크"라는 인물을 정확하게 찾아낸다.

엔터티 연결

엔터티 인식 이후에는 디비피디어 API를 사용하여 식별된 엔터티를 지식베이스와 연결한다. 예를 들어, "테슬라"라는 엔터티가 디비피디어의 "Tesla_company" 항목과 연결되면 테슬라의 산업, 국가, 창립일 등 관련 정보를 추가로 가져와 뉴스 데이터를 더욱 풍부하게 만든다.

링 규칙, 미들웨어, 파이프라인 등 확장 가능한 구조를 갖추고 있다.
(출처 : https://docs.scrapy.org/en/latest/)

태그 부여

이렇게 확장된 정보를 기반으로 기사는 자동으로 네 가지 엔터티 카테고리(사람, 장소, 조직, 기타)로 구분하여 태깅된다. 예를 들어, 기사가 테슬라(조직)와 일론 머스크(사람)를 포함하면 자동으로 "[ORG] 테슬라"와 "[PERSON] 일론 머스크"와 같은 태그가 기사에 부여된다. 이 태그는 Elasticsearch에 저장되어 이후 검색과 추천 서비스에 활용된다.

시스템 구성 및 파이프라인 구축

뉴스 검색

기사 태깅까지 끝나면 Elasticsearch를 사용하여 저장된 기사를 빠르게 검색하고 분석한다. 사용자가 "테슬라"나 "일론 머스크"와 같은 엔터티 기반 키워드를 검색하면 Elasticsearch가 기존의 단순 텍스트 검색 방식이 아니라 미리 태깅된 엔터티를 바탕으로 정확한 검색 결과를 제공한다.

뉴스 추천

뉴스 추천은 Apache Spark나 Pandas를 통해 구현한다. 사용자가 읽고 있는 기사에 포함된 엔터티와 관련된 다른 기사를 데이터베이스에서 찾아 추천 리스트를 구성할 수 있다. 예를 들어, 사용자가 "AI 혁신 기술 발표"라는 기사를 읽었다면 "[TECH] AI" 태그나 "[ORG] OpenAI" 태그를 기준으로 유사한 맥락을 가진 기사들이 자동으로 추천된다.

실시간 트렌드 분석

실시간 트렌드 분석은 Apache Kafka로 실시간 데이터를 수집하고 Apache Spark로 분석하여 각 기사의 엔터티를 기준으로 조회수, 댓글 수, 공유 수 등 트렌드 지수를 계산하여 구현한다. 이를 통해 현재 뜨고 있는 화제가 무엇인지 실시간으로 제공할 수 있다.

뉴스 카테고리 자동 분류

뉴스 카테고리 자동 분류는 앞서 식별된 엔터티 데이터를 바탕으로 자동화된다. 예를 들어, "[ORG] 테슬라"와 같은 태그가 붙은 기사는 자동으로 경제/기업 뉴스로 분류되고, "[EVENT] 올림픽"과 같은 태그가 있으면 스포츠 뉴스로 분류된다. 이때 Hugging Face Transformers나 spaCy의 NLP 모델이 엔터티 태깅 데이터를 기반으로 자동 분류 작업을 수행한다.

뉴스 기사 자동 요약

뉴스 기사의 자동 요약 기능은 기존의 키워드 기반 요약 방식에서 벗어나, Hugging Face Transformers의 자연어 처리 모델이 엔터티 중심으로 핵심 내용을 정교하게 요약하여 제공한다. 예를 들어, "테슬라 주가 급등"이라는 뉴스 기사를 "[ORG] 테슬라 주가 10% 상승. [PERSON] 일론 머스크, 전기차 판매 증가 발표"와 같은 엔터티 중심의 핵심적인 요약 형태로 제공할 수 있게 된다.

04 검색
Search & Retrieval

키워드 검색

자연어 검색

생성형 검색

이미지 검색

색상 검색

음성 검색

멀티모달 검색

4. 검색

　검색은 사용자가 원하는 정보를 찾는 가장 직접적인 수단이자 서비스 전체 경험을 결정짓는 핵심 기능이다. 사용자는 언제나 '어떤 것을 알고 싶다'는 기대를 품고 검색창에 무언가를 입력하고, 그에 대해 빠르고 정확한 응답을 기대한다. 이런 단순해 보이는 상호작용 뒤에는 언어 처리, 데이터 색인, 유사도 계산, 문서 분석 등 다양한 AI 기술이 복합적으로 작동하고 있다.

　검색 기술은 키워드 기반의 전통적인 방식에서 출발하여 자연어의 의미를 이해하고 문맥에 맞는 결과를 찾아주는 의미 기반 검색, 그리고 사용자 질문에 직접 응답을 생성하는 생성형 검색까지 빠르게 진화해왔다. 또한 검색의 입력과 출력도 텍스트에 머무르지 않고, 이미지, 음성, 색상 같은 다양한 형태로 확장되고 있다. 멀티모달 검색은 이런 흐름의 끝자락에 있는 기술로 사용자 의도를 더 입체적으로 반영할 수 있게 해준다.

　이 장에서는 검색 기술의 발전 흐름에 따라 각 방식이 어떻게 구현되는지, 어떤 상황에 적합한지, 그리고 어떤 도구와 모델이 사용되는지를 단계별로 소개한다. 단순한 기술 설명을 넘어 검색이 추천, 챗봇, 자동화 응답 시스템 등 다양한 AI 서비스의 기초 인프라로서 어떤 역할을 하고 있는지도 함께 살펴본다. 검색을 제대로 이해하는 것은 곧 사용자와의 대화를 더 잘 설계하는 일이며, 나아가 서비스의 전반적인 만족도를 높이는 중요한 전략이 된다.

키워드 검색

키워드 검색은 가장 기초적이고 전통적인 검색 기술이다. 사용자가 입력한 키워드와 동일하거나 유사한 키워드를 포함한 항목을 찾아 반환하는 방식으로 단순하면서도 직관적이기 때문에 지금도 가장 많이 사용하고 있다. 키워드 검색은 질의어Query와 문서Document 간의 일치 여부를 중심으로 동작하며, '정확히 어떤 단어를 썼는가'가 결과에 큰 영향을 미친다.

예를 들어, '노트북 가방'을 검색하면, 이와 정확히 일치하거나 유사한 키워드를 포함한 상품만 노출되며, 단어 순서가 다르거나 단어 하나가 누락되면 검색 결과는 현저히 달라질 수 있다. 이는 키워드 검색이 텍스트 매칭 중심으로 작동하기 때문이다.

검색 품질을 높이기 위해서는 띄어쓰기 보정, 맞춤법 수정, 동의어 확장, 형태소 분석 등 전처리 과정을 거쳐야 한다. 사용자가 '노트북백'이라고 검색해도 '노트북 가방'이 함께 노출되는 이유는 동의어 처리나 유사어 매핑이 적용되었기 때문이다. 또한, 형태소 분석을 통해 '가방'이라는 명사만 추출해서 검색 범위를 넓히기도 한다.

키워드 검색의 작동 원리

기본적으로 키워드 검색은 사용자가 입력한 단어와 정확히 일치하거나 유사한 단어를 데이터에서 찾아내는 방식으로 동작하지만, 형태소 분석이나 동의어 처리 같은 언어 기술을 함께 사용하면 더 자연스럽고 실제 사용자 의도에 가까운 검색 결과를 제공할 수 있다.

키워드 검색은 기본적으로 검색창UI과 검색 처리 로직(서버 측)이 명확하게 분리되어 있다. 검색창에서는 사용자의 입력을 받고, 서버에서는 그 입력

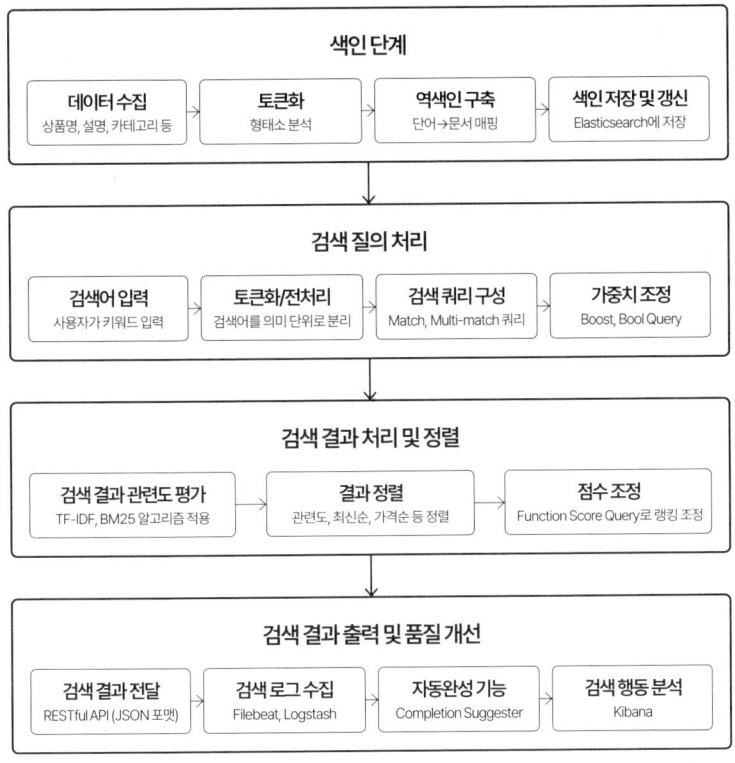

키워드 검색 프로세스

값을 전처리한 뒤 적절한 검색 쿼리로 변환하여 검색엔진에 전달한다. 결과를 받아오는 흐름은 대체로 단순하며, 속도와 정확성이 중요하게 고려된다.

따라서 시스템 구조도 이를 고려하여 설계하는 데 검색 성능을 높이기 위해, 대부분의 검색 시스템은 '역색인'[1]이라는 구조를 사용한다. 이 구조는 책의 목차처럼 각 단어가 등장한 문서들을 미리 정리해 두는 방식이다.

---

1) 역색인(Inverted Index)은 검색 엔진에서 사용하는 데이터 구조로 문서 내 단어와 그 단어가 등장하는 문서들의 관계를 역으로 저장한다. 일반적인 색인이 '문서 → 단어' 방향으로 구성되는 반면, 역색인은 '단어 → 문서' 방향으로 구성되어 특정 단어가 포함된 문서를 빠르게 찾을 수 있게 한다. 각 단어마다 해당 단어가 등장하는 문서 ID 목록을 유지하므로 검색 속도가 크게 향상되며, Elasticsearch, Solr 등 검색 엔진의 핵심 기술이다.

예를 들어, '가방'이라는 단어가 상품 A, B, D에 등장하고, '노트북'이라는 단어가 상품 B, C에 등장한다면, 다음과 같이 색인이 구성된다.

- 가방 → A, B, D
- 노트북 → B, C

이렇게 미리 단어별로 문서 목록을 만들어두면, 사용자가 '노트북 가방'을 검색했을 때 '노트북'과 '가방'이 모두 포함된 문서를 빠르게 찾아낼 수 있다. 일반적인 데이터베이스처럼 모든 문서를 일일이 뒤지는 게 아니라, 단어 중심으로 역으로 문서를 참조하기 때문에 검색 속도가 훨씬 빨라진다.

이런 방식 덕분에 수많은 상품이나 문서가 있는 환경에서도 빠르고 정확한 검색이 가능해진다. Elasticsearch 같은 검색엔진은 이 역색인 구조를 자동으로 만들어 관리해주기 때문에 개발자는 데이터를 잘 준비해서 색인하고, 적절한 쿼리를 보내기만 하면 된다.

검색엔진은 키워드 매칭 외에도 동의어 처리, 검색어 확장, 연관 검색어 추천을 통해 검색 품질을 높인다. 우선 동의어 처리Synonym Filter는 동의어 사전을 통해 '노트북'이라는 검색어가 들어오면 '랩탑', '울트라북' 등 의미가 유사한 단어들도 함께 검색되도록 설정할 수 있다.

검색어 확장Query Expansion은 백엔드에서 사용자의 검색어를 받아 의미적으로 연관된 단어들을 자동으로 찾아내고, "노트북 OR 랩탑 OR 맥북"과 같이 복수의 키워드로 쿼리를 확장하여 보다 풍부한 검색 결과를 제공하는 방식이다. 이 기능은 사용자가 특정 용어만 알고 있는 경우, 더 넓은 결과를 보여줄 수 있어 검색 성공률을 높이는 데 효과적이다. 마지막으로 연관 검색어 추천은 검색창에 검색어를 입력할 때, 그와 관련된 다른 검색어를 추천해주는 기능으로 사용자의 검색 흐름을 이어줘서 적절한 방향으로 탐색을 유도하는 데 유용하다.

실제로 키워드 검색 시스템을 구축할 때 가장 널리 사용되는 오픈소스는 Elasticsearch다. 이는 분산형 검색엔진으로 대용량 텍스트 데이터를 빠르게 검색할 수 있으며, 형태소 분석기와 함께 사용하면 문법 구조가 복잡하거나 단어의 경계가 명확하지 않은 언어들도 효과적으로 처리할 수 있다.

예를 들어, 콘텐츠 기반 추천 구현에 사용했던 Elasticsearch와 형태소 분석기의 조합은 키워드 검색에서도 동일하게 활용할 수 있다. 사용자의 검색어는 형태소 분석기를 통해 의미 단위로 분해되며, Elasticsearch에 사전에 색인된 문서들과 비교하여 일치하거나 유사한 결과를 반환하는 구조이며, 언어별로 적합한 분석기를 선택하여 적용할 수 있다.

색인은 대개 상품명, 설명, 카테고리 등 주요 필드를 기준으로 구성되며, 검색 쿼리는 단순히 입력된 키워드와 일치하는 결과를 가져오는 데 그치지 않고, 다양한 조정 요소를 포함하여 검색 품질을 세밀하게 다듬을 수 있다.

대표적인 방법 중 하나는 필드별 가중치 조정^{Boost}이다. 예를 들어, 사용자가 "무선 마우스"라고 검색했을 때, 해당 키워드가 '상품명'에 포함된 결과를 더 중요하게 취급하고, '상품 설명'이나 '카테고리'에 포함된 경우는 상대적으로 낮은 중요도로 간주할 수 있다. 이를 위해 각 필드에 서로 다른 가중치를 부여한다.

예를 들어, 일반적인 경우 상품명에는 가중치 3, 설명에는 1, 카테고리에는 2를 주는 식으로 상대적 중요도를 설정할 수 있다. 이러한 가중치 값은 서비스의 특성과 사용자 행동 분석에 따라 조정되어야 하며, 실제 환경에서는 A/B 테스트를 통해 최적값을 찾는 것이 일반적이다.

또 다른 방법은 관련도^{Score} 기반 정렬이다. 검색엔진은 검색어와 문서 간의 일치 정도, 등장 빈도, 위치 등을 종합적으로 판단하여 각 결과에 점수를 매기고, 이 점수를 기준으로 결과를 정렬한다. 이 점수는 단순 키워드 일치 여부 외에도, 단어가 문서에서 얼마나 자주 등장하는지, 문서 전체에서 그 단어가 차지하는 비중은 어느 정도인지, 문서 길이는 적절한지 등 다양한 요소를 종합하여 계산된다. 이를 통해 단순히 키워드를 포함하는 문서가 아니라 실제로 가장 연관성 높은 문서가 상위에 노출되도록 할 수 있다.

이러한 조정 기능들은 Elasticsearch 같은 오픈소스 검색엔진에서 기본적으로 지원되며, 실제 시스템에서는 검색 쿼리를 구성할 때 각 필드의 가중치, 정렬 기준, 필터 조건 등을 함께 설정하여 최적의 검색 결과를 만들어낸다. 단순히 키워드 매칭을 넘어 사용자의 의도에 더 가까운 결과를 상위에 노출시키는 것이 검색 쿼리 조정의 핵심 역할이다. 지금부터 Elasticsearch를 통해 키워드 검색이 어떤 흐름으로 구현되는지 살펴보자.

색인 단계

검색 대상 데이터를 수집한다. 일반적으로 상품 정보라면 상품명, 설명, 브랜드, 카테고리, 가격 등 검색에 활용할 주요 필드를 선별한다. 이 데이터는 보통 RDB나 내부 API 등에서 수집하며, 정제Cleaning와 필드 구성Mapping을 거쳐 Elasticsearch에 넣을 준비를 한다. Elasticsearch에서는 이 구조를 "문서"document로 저장하고, 필드 구조는 "매핑"mapping으로 정의한다.

수집된 데이터를 Elasticsearch에 전송하여 색인한다. 이때 하나의 상품은 하나의 문서로 간주되며, 문서가 색인되면 Elasticsearch는 해당 데이터를 저장하여 검색할 준비를 마친다. Elasticsearch에서 데이터를 색인할 때 HTTP 요청 방식의 API를 사용하며, 이때 PUT 또는 POST 요청을 통해 문서를 색인한다.

PUT은 특정 ID를 명시해서 문서를 등록하거나 수정할 때 사용하고, POST는 ID를 자동으로 생성하고 문서를 등록할 때 사용한다. 자동 ID 생성은 구현이 간단하고 충돌 위험이 없지만, 나중에 문서를 수정하거나 삭제할 때는 그 ID를 정확히 알아야 하므로, 애플리케이션 단에서 ID를 추적할 수 있어야 한다.

상품 번호, 콘텐츠 번호, 사용자 ID 등 도메인에서 이미 고유하게 관리되는 ID가 있다면 PUT 방식으로 명시하는 것이 일반적이고, 그렇지 않으면 POST로 빠르게 처리하는 방식도 자주 사용된다. Elasticsearch는 HTTP 요청을 기반으로 데이터를 주고받는 구조이기 때문에 별도의 복잡한 통신 방식 없이도 다른 마이크로서비스나 백오피스 시스템과도 쉽게 연동할 수 있다는 장점이 있다.

상품명, 설명 등 문서 안의 텍스트 필드는 Elasticsearch에 색인되기 전에 분석기Analyzer를 통해 처리된다. 분석기는 입력된 문자열을 의미 단위의 토큰Token으로 분리하는 역할을 하며, 소문자 변환, 불용어 제거, 어간 추출Stemming 등의 전처리도 함께 수행한다.

Elasticsearch는 언어별 기본 분석기를 제공하며, 필요에 따라 사용자 정의 분석기도 설정할 수 있다. 기본 제공 분석기로는 standard analyzer, whitespace analyzer 등이 있고, 다양한 플러그인으로 언어 특화 분석기도 사용할 수 있다.

분석기를 통해 토큰화된 단어들은 Elasticsearch의 핵심 구조인 역색인에 등록된다. 이는 각 단어가 어떤 문서에 등장했는지를 미리 정리해 둔 구조로 검색 속도를 비약적으로 향상시킨다. Elasticsearch는 문서가 색인될 때 자동으로 역색인을 구축하며, 이 과정은 비동기적이고 빠르게 처리된다.

색인은 한 번만 하는 것이 아니라, 새로운 데이터가 들어오거나 기존 데이터가 수정될 때마다 주기적 또는 실시간으로 갱신되어야 한다. 이때는 배치 작업이나 메시지 큐를 통해 데이터를 Elasticsearch로 전달한다.

키워드 검색

Elasticsearch는 Update API를 제공하며, 전체 문서를 재색인할 수도 있고 특정 필드만 부분 업데이트할 수도 있다. 실시간성을 강화하려면 데이터 수집 파이프라인과 연동해야 한다.

검색 질의 처리 단계

사용자가 검색창에 키워드를 입력하면, 시스템은 이 문자열을 서버로 전송한다. 검색어는 사용자 의도에 따라 다양한 해석이 가능하므로 그대로 사용할 수도 있고 필요에 따라 전처리하거나 확장해 쿼리를 구성할 수도 있다.

Elasticsearch는 색인할 때뿐만 아니라 검색할 때도 분석기Analyzer를 사용한다. 이를 통해 사용자가 입력한 검색어를 내부 분석기를 통해 의미 단위로 분해하고, 색인된 문서의 역색인과 비교할 수 있는 형태로 변환한다. 이 과정은 색인 시 분석과 동일한 방식으로 처리한다. 그래야만 색인된 토큰들과 비교가 용이하기 때문이다.

분석된 검색어는 Elasticsearch의 Query DSL Domain Specific Language을 사용하여 쿼리로 변환된다. Query DSL은 JSON 형식으로 검색 조건을 세밀하게 조정할 수 있게 해주는 언어다. 여기서 어떤 필드에 어떤 조건을 걸지, 우선순위를 어떻게 설정할지를 정의한다.

Match Query는 가장 기본적인 키워드 검색 방식으로 분석된 토큰들이 특정 필드에 얼마나 잘 매칭되는지를 기준으로 검색 결과를 반환한다. Multi-match Query는 여러 필드에 동시에 검색을 수행할 때 사용한다. 예를 들어, 상품명, 설명, 브랜드 등 여러 필드를 대상으로 한 번에 검색할 수 있는데 검색어로 다양한 필드에서 결과를 찾아낼 수 있기 때문에 실제 서비스에서 가장 많이 사용된다.

여러 필드에 걸쳐 검색이 이루어질 경우, 어떤 필드를 더 중요하게 판단할지 결정할 수 있다. 예를 들어, 상품명Name에 키워드가 포함된 경우를 더 중요하게, 설명Description에 포함된 경우는 점수를 낮게 줄 수 있다. 이럴 때 boost 파라미터를 사용하여 필드마다 점수 가중치를 다르게 설정할 수 있다.

사용자의 검색 요구가 단순하지 않은 때가 많아 필수 조건must, 선택 조건 should, 제외 조건must_not 등을 조합하여 복합적인 쿼리를 구성할 수 있다. 이를 위해 Elasticsearch는 Bool Query를 제공한다. 예를 들어, "슬림 노트북 가방"을 검색하면서 "가죽 제품은 제외하고", "브랜드가 A 또는 B인 경우 가중치를 높이고" 같은 조건들을 조합할 수 있다.

검색 결과 처리 및 정렬 단계

사용자의 검색어에 대해 Elasticsearch가 문서들을 찾으면, 단순히 문서를 나열하는 것이 아니라 각 문서가 얼마나 관련성이 높은지를 점수로 계산한다. 이 점수를 "relevance score"라고 하며, 이를 기준으로 결과를 정렬한다. Elasticsearch는 이 점수를 계산할 때 TF-IDF 또는 BM25라는 알고리즘을 사용한다. 이 알고리즘 덕분에 단순히 키워드가 있다고 해서 무조건 높은 순위에 올라오는 것이 아니라, 해당 문서가 정말로 검색 의도에 가까운지를 판단해서 우선순위를 결정할 수 있다. Elasticsearch는 기본적으로 BM25를 사용하지만, 설정을 통해 TF-IDF 등으로 변경할 수 있다.

- **TF**Term Frequency : 해당 문서에서 검색어가 얼마나 자주 등장했는가
- **IDF**Inverse Document Frequency : 전체 문서에서 검색어가 얼마나 희귀한가
- **BM25** : TF-IDF를 개선한 알고리즘으로, 문서 길이 등을 고려하여 가중치를 조정하는 방식

Elasticsearch는 relevance score가 높은 순서대로 문서를 정렬하여 결과를 반환한다. 사용자가 "슬림 노트북 가방"이라고 검색했다면, 이 키워드

와 가장 잘 맞는 문서가 맨 위에 나오게 된다. 이 점수는 검색어가 몇 번 등장했는지, 어떤 필드에 등장했는지, 얼마나 중요한 위치에 있는지 등의 기준을 종합적으로 계산해서 만들어진다.

경우에 따라 점수만으로는 부족할 수 있다. 예를 들어, 최신순, 가격순, 인기순 등 특정 기준에 따라 정렬이 필요할 때가 있다. 이때, Elasticsearch는 sort 기능을 사용하여 점수 외에 다른 필드를 기준으로 정렬할 수 있다.

특정 조건에 따라 점수를 더하거나 조정하고 싶을 때는 Function Score Query를 사용한다. 이 기능은 필드 값이나 외부 조건을 기반으로 점수를 재조정할 수 있게 해준다. 예를 들어, 상품에 click_count가 높으면 점수를 추가로 부여, 특정 카테고리 상품에는 보너스 점수 부여, 할인 중인 상품의 점수를 일시적으로 높게 설정 등 데이터 기반의 랭킹 전략을 구성할 수 있다.

검색 결과 출력 단계

사용자의 검색어에 대해 Elasticsearch가 관련도 점수나 기타 정렬 기준에 따라 결과를 반환하면, 이 데이터를 API를 통해 프론트엔드에 전달한다. 이때, Elasticsearch는 RESTful API 형식으로 결과를 반환하기 때문에 프론트엔드나 백엔드 서버는 간단한 HTTP 요청만으로 검색 결과를 받아올 수 있다.

전달받은 검색 결과는 검색 결과 UI에 따라 출력된다. 예를 들어, 쇼핑몰에서는 썸네일, 상품명, 가격, 리뷰 수 등을 포함한 리스트 뷰로 보여주거나 필터와 정렬 옵션을 함께 제공할 수도 있다. 이 단계는 Elasticsearch의 직접적인 역할은 아니지만 검색 쿼리 설계와 화면 설계가 잘 맞물려야 사용자 만족도가 높아진다.

사용자가 어떤 검색어를 입력했는지, 어떤 검색 결과를 클릭했는지, 결과를 몇 개까지 스크롤했는지 등 사용자 반응 정보는 검색 품질 개선을 위한 중요한 데이터다. 이때 로그 수집 시스템을 별도로 구축하거나 기존의 로그 플랫폼과 연동하여 데이터를 저장하고 분석하게 된다. Elasticsearch 자체에는 로그를 수집하는 기능은 포함되어 있지 않지만, Elastic Stack의 도구들인 Filebeat, Logstash, Kibana와 연동하면 검색 로그의 수집, 전송, 시각화를 손쉽게 구현할 수 있다.

- **Filebeat, Logstash** : 서버 로그를 실시간으로 수집하여 Elasticsearch로 전송
- **Kibana** : 수집된 검색 로그를 시각화하고 대시보드로 확인

검색 품질 개선 단계

사용자가 검색창에 단어를 입력하면 추천 검색어를 실시간으로 보여주는 자동완성 기능은 검색의 진입장벽을 낮추고, 오타나 단어 선택의 부담을 줄여준다. Elasticsearch에서는 Completion Suggester 기능을 제공하는데, 이 기능은 색인 단계에서 미리 추천 가능한 후보어들을 저장해두고, 사용자가 입력한 접두어Prefix에 해당하는 결과를 빠르게 찾아 보여준다.

사용자가 자주 검색하는 단어나 문장을 기반으로 추천 검색어나 인기 검색어 기능을 구성할 수 있다. 이를 통해 검색행동을 유도하고, 검색 경험을 개선할 수 있다. Elasticsearch는 Terms Aggregation 기능을 통해 색인된 데이터 또는 로그 데이터를 기준으로 특정 필드에 대해 자주 등장하는 값의 빈도를 집계할 수 있다.

예를 들어, 검색 로그에서 query.keyword 필드를 기준으로 집계를 수행하면, 최근 일주일 동안 가장 많이 입력된 검색어 TOP 10을 실시간으로 도출할 수 있는데, 이 기능을 사용하여 대시보드에서 인기 키워드를 시각화하거나 검색창 하단에 추천어 형태로 노출할 수 있다.

사용자가 어떤 검색어를 입력했는지, 어떤 결과를 클릭했는지, 결과가 없었던 검색어는 무엇이었는지 등 검색 행동을 분석하여 검색 품질을 개선한다. Elasticsearch는 자체적으로 통계를 내는 기능은 제한적이지만, Elastic Stack의 Kibana와 연동하면 검색어별 클릭률CTR, 빈 검색 결과zero results, 시간대별 검색량 변화, 필터 사용 빈도 등을 분석할 수 있다.

지금까지 Elasticsearch를 활용한 키워드 검색에 대해 알아보았다. 키워드 검색은 단순한 기술처럼 보이지만, 실제로는 사용자 경험에 직접적인 영향을 주며 키워드 검색의 핵심 기술은 AI 기반 검색의 토대이기도 하다. 앞으로 다룰 고도화된 검색 방식들도 이 기본 위에서 발전하는 만큼 키워드 검색의 구조를 정확히 이해하는 것이 중요하다.

자연어 검색

키워드 검색은 사용자가 입력한 검색어가 포함된 문서를 색인에서 빠르게 찾아내는 방식이라면, 자연어 검색은 단어나 구의 일치를 넘어 사용자가 입력한 문장의 의미와 맥락을 파악하여 검색하는 방식이다. 예를 들어, 키워드 검색은 "노트북"이라는 단어가 있는 문서만을 찾지만, 자연어 검색은 "가성비 좋은 랩탑을 찾고 싶어" 같은 문장을 분석하여 '노트북'이라는 개념을 이해하고 관련된 결과를 제공한다.

자연어 검색은 사용자가 입력한 문장을 단순 텍스트가 아닌 의미적 정보로 변환하고, 이와 유사한 정보를 데이터에서 찾아내는 방식으로 작동한다. 의미적 정보란 문장을 숫자로 표현하는 벡터로 변환하여 그 안에 담긴 의미의 구조를 수치화하는 방식이다. 같은 의미를 가진 문장은 서로 유사한 벡터로 변환되고, 이를 기반으로 의미 중심의 검색을 구현한다.

예를 들어, "노트북 추천해줘"와 "괜찮은 랩탑 있으면 알려줘"는 단어는 다르지만 의미는 거의 동일하다. 이런 문장들도 자연어 임베딩을 통해 유사한 벡터로 표현되기 때문에 같은 검색 결과를 얻을 수 있다. 이처럼 자연어 검색은 단어 일치보다 한 단계 더 깊은 "의미 기반의 매칭"이라고 이해하면 된다.

자연어 임베딩을 활용한 검색 시스템을 구축할 때는 일반적으로 문장 임베딩 모델과 벡터 검색엔진을 함께 사용한다. 문장 임베딩에는 Sentence-BERT[SBERT]가 널리 사용된다. SBERT는 자연어 문장을 벡터로 변환하는 데 특화되어 있으며, 기존의 BERT보다 빠르고 검색 환경에 적합한 구조를 가지고 있다. 사용자 질의는 SBERT를 통해 벡터로 변환되고, 사전에 색인된 문서나 상품 정보도 같은 방식으로 벡터화된 뒤 벡터 검색엔진에 저장된다.

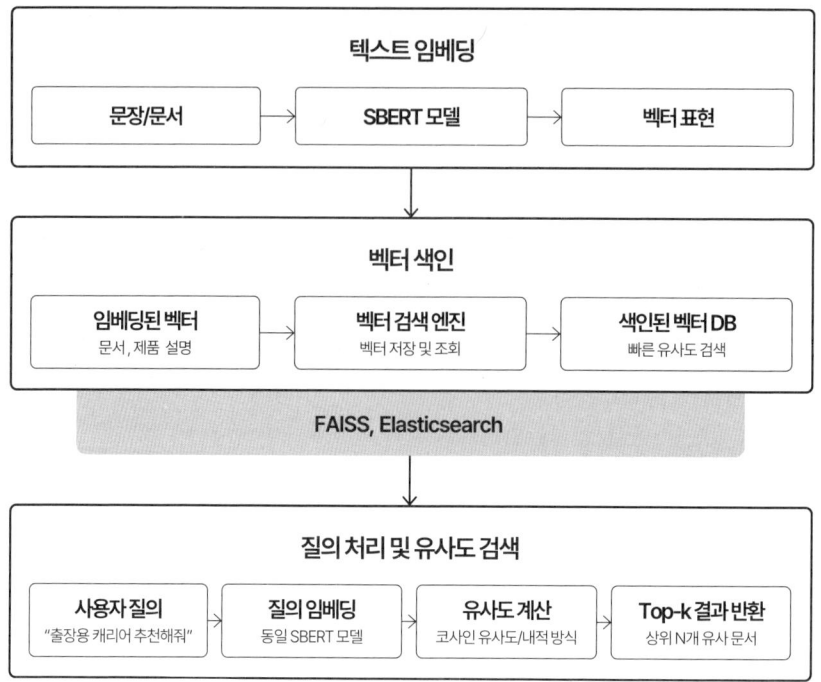

자연어 검색 프로세스

이후 두 벡터 간의 유사도를 계산하여 가장 가까운 문서를 검색 결과로 반환하는 구조다.

이때 벡터 검색은 FAISS나 Elasticsearch를 주로 사용한다. FAISS는 Facebook에서 개발한 라이브러리로 대규모 벡터 데이터를 빠르게 검색할 수 있는 기능을 제공하며, CPU와 GPU 모두에서 효율적으로 작동한다. Elasticsearch도 기존 텍스트 검색 기능 외에 최근에는 벡터 검색 기능을 지원하고 있어, 기존 시스템에 통합하여 사용할 수 있다. 지금부터 자연어 검색이 어떤 흐름으로 구현되는지 살펴보자.

텍스트 임베딩

자연어 검색에서는 단어 일치가 아닌 의미 기반 검색이 핵심이기 때문에 우선 텍스트를 기계가 이해할 수 있는 형태로 바꾸기 위해 임베딩Embedding 과정을 거친다. 이 과정을 통해 문장이나 문서를 숫자로 이루어진 벡터Vector 로 변환하면, 서로 다른 문장도 의미가 비슷하면 비슷한 벡터로 표현된다. 이 벡터끼리의 거리(유사도)를 계산함으로써 단어가 달라도 뜻이 비슷한 문장들을 찾아낼 수 있다. 이때, 임베딩은 주로 SBERT를 사용한다.

이 모델은 BERT 기반의 문장 임베딩 특화 모델로 문장을 고정된 크기의 벡터로 효율적으로 변환할 수 있다. 기존의 BERT는 두 문장을 비교하거나 문맥을 이해하는 데 적합했지만, SBERT는 개별 문장을 하나의 벡터로 변환하기에 더 빠르고 실용적이다. 검색 시스템처럼 빠르게 질의와 문서를 비교해야 하는 환경에서 적합하다.

SBERT를 적용할 때는 보통 Transformers라는 Python 라이브러리를 사용한다. 이 라이브러리는 Hugging Face에서 제공하며, 다양한 사전 학습Pretrained 언어 모델들을 손쉽게 불러와 사용할 수 있게 해준다. 일반적으로는 공개된 사전 학습된 SBERT 모델을 그대로 사용하지만, 필요하면 도메인에 맞게 파인튜닝하는 것도 가능하다.

실제로는 어떤 필드를 임베딩하느냐가 중요하다. 보통은 문서나 상품의 제목Title, 설명Description, 키워드Tags, 리뷰Review 같은 텍스트 필드를 임베딩 대상으로 삼는다. 이 필드들의 텍스트를 하나씩 SBERT 모델에 입력하면, 각각 고정된 차원의 벡터가 출력된다. 이 벡터는 단지 숫자 배열이지만, 실제로는 해당 텍스트가 담고 있는 의미 구조를 수치화한 결과물이다.

벡터 색인

임베딩 과정을 통해 텍스트가 의미 기반의 벡터로 변환되었다면, 다음 단계는 이 벡터들을 검색이 가능하도록 색인하고 저장하는 작업이다. 일반적인 키워드 검색처럼 단어 중심의 색인이 아니라 고차원 벡터 공간에서의 유사도를 기준으로 검색이 가능하도록 색인하는 것이 자연어 검색의 핵심이다.

벡터 색인은 유사도 기반 검색을 위한 준비 과정이다. 텍스트를 임베딩한 결과물은 고정된 크기의 수치 배열이며, 이를 벡터 검색엔진에 저장해두면 나중에 유사한 벡터를 빠르게 찾아낼 수 있다. 예를 들어, "저렴한 무선 이어폰 추천해줘"라는 질의를 입력했을 때, 이 문장을 임베딩한 벡터가 기존에 색인된 상품 설명들과 유사한지를 계산하여 가장 가까운 결과를 반환하게 된다. 이처럼 벡터 색인은 향후 유사도 기반 검색을 빠르게 수행할 수 있는 기반 인프라를 만드는 작업이라 볼 수 있다.

벡터 색인을 처리할 수 있는 도구 중 하나가 FAISS^{Facebook AI Similarity Search}다. 이는 대규모 벡터 데이터셋에서도 빠르게 유사 벡터를 찾아낼 수 있도록 설계된 고성능 라이브러리로 GPU 지원도 가능하여 대용량 환경에서도 효율적으로 사용할 수 있다. 벡터를 메모리에 올려 색인하고, Flat[1], HNSW[2], IVF[3] 같은 다양한 알고리즘을 선택하여 속도와 정확도를 조정할

---

1) Flat은 FAISS 라이브러리에서 제공하는 가장 기본적인 벡터 인덱싱 알고리즘으로 모든 벡터를 선형적으로 비교하여 정확한 유사도 검색을 제공한다. 메모리에 모든 벡터를 저장하기 때문에 작은 데이터셋에는 효율적이지만, 대규모 데이터에서는 속도가 느려진다.
(출처: https://arxiv.org/abs/1702.08734)

2) HNSW(Hierarchical Navigable Small World)는 계층적 그래프 구조를 활용한 근사 최근접 이웃 검색 알고리즘으로 높은 차원의 벡터 데이터에서 빠른 검색 속도와 양호한 정확도를 제공한다. 다양한 거리 계층을 가진 그래프를 구축하여 검색 과정을 크게 가속화한다.
(출처: https://arxiv.org/abs/1603.09320)

3) IVF(Inverted File Index)는 벡터 공간을 여러 클러스터로 분할하여 검색 속도를 높이는 인덱싱 방법이다. 쿼리 벡터가 들어오면 가장 가까운 클러스터만 탐색하므로 전체 데이터셋을 검색하지 않

수 있다. 일반적으로는 오프라인 또는 서버 내에서 독립적으로 FAISS를 운영하며, 쿼리 벡터를 전달하면 가장 유사한 벡터와 그에 대응하는 문서 ID를 반환하는 방식이다.

FAISS처럼 전용 벡터 검색 엔진 외에도 기존 검색 시스템에서 사용되던 Elasticsearch를 그대로 확장하여 벡터 검색 기능을 사용할 수도 있다. Elasticsearch는 최근부터 dense_vector 필드를 통해 벡터 데이터를 저장하고, k-NN[1] 기반의 유사도 검색을 지원한다. 별도의 검색엔진을 도입하지 않고도 기존 Elasticsearch 환경 안에서 벡터 기반 검색 기능을 추가할 수 있다는 장점이 있다. 특히, 콘텐츠 기반 추천 구현에 Elasticsearch를 활용했던 경우, 동일한 인프라 위에서 자연어 검색도 구현할 수 있어 통합 운용이 가능하다.

색인 시 주의할 점은 벡터의 정합성과 확장성이다. 벡터 색인은 일반 텍스트 색인보다 리소스를 많이 사용하기 때문에 얼마나 효율적으로 저장하고 검색할 수 있는지에 따라 성능이 달라진다. 또한, 임베딩 모델을 변경하거나 업데이트할 경우, 모든 데이터를 다시 임베딩하고 색인해야 할 수도 있기 때문에 임베딩-색인-검색 흐름의 일관성 유지가 중요하다. 실무에서는 벡터를 색인하기 전에 미리 벡터 파일을 저장해 두거나 임베딩 버전을 관리하는 방식으로 시스템을 설계하기도 한다.

아도 된다. 정확도와 속도 사이의 균형을 맞추는 데 유용하다.
(출처 : https://hal.inria.fr/inria-00514462/document)

1) k-NN(k-Nearest Neighbors)는 주어진 데이터 포인트에서 가장 가까운 k개의 이웃을 찾는 알고리즘이다. 벡터 검색에서는 쿼리 벡터와 가장 유사한 k개의 벡터를 찾는 데 사용되며, 거리 측정 방식에 따라 결과가 달라진다. (출처 : ttps://ieeexplore.ieee.org/document/1053964)

질의 처리 및 임베딩 변환

벡터 검색이 제대로 작동하려면 문서나 상품 정보만 임베딩해서 색인하는 것으로는 충분하지 않다. 검색의 출발점은 결국 사용자의 질의이기 때문에, 이 질의 역시 동일한 방식으로 임베딩되어야 한다. 즉, 검색 요청이 들어올 때마다 사용자가 입력한 자연어 문장을 실시간으로 임베딩 처리하고, 그것을 기준으로 색인된 벡터들과 비교해야 한다.

이때 중요한 점은 질의 임베딩에 사용하는 모델이 색인에 사용한 모델과 동일해야 한다는 것이다. 색인할 때 SBERT를 사용했다면, 검색 시에도 반드시 동일한 SBERT 모델로 임베딩해야 두 벡터가 같은 기준 위에서 비교될 수 있다. 만약 서로 다른 임베딩 모델을 사용하거나 전처리 방식이 다르면 벡터 간의 의미 비교가 왜곡되어 검색 품질이 크게 떨어질 수 있다.

사용자가 "출퇴근용 백팩 추천해줘"처럼 자연어 문장을 입력하면, 이 문장은 SBERT 모델에 입력되어 고정된 크기의 벡터로 변환된다. 이 벡터는 앞서 색인된 상품 설명 벡터들과 비교할 수 있으며, 코사인 유사도를 사용하여 가장 유사한 벡터를 찾아낸다. 이 과정은 빠르게 실시간으로 처리되어야 하므로 임베딩 모델은 로딩 속도와 처리 성능도 중요하다.

임베딩 이전에 거치는 전처리 과정도 일관성이 필요하다. 예를 들어, 특수문자를 제거하거나 소문자로 통일하는 등의 사소한 처리도 색인 시와 검색 시가 다르면 임베딩 결과가 달라질 수 있다. 따라서 질의 처리 로직은 단순히 모델을 호출하는 것뿐만 아니라, 전처리, 임베딩, 검색 요청까지 하나의 흐름으로 통합된 구조로 설계되어야 한다.

실무에서는 이 질의 임베딩 과정을 별도의 마이크로서비스로 구성하기도 하고, 웹 서버 내에 통합하기도 한다. 요청이 들어올 때마다 질의를 SBERT로 임베딩하고, 생성된 벡터를 벡터 검색엔진에 전달하여 유사한 문서를 조회하는 방식이다. 이처럼 질의 임베딩은 자연어 검색 시스템의 첫 관문이며, 색인과 동일한 규칙과 품질로 유지되어야 전체 검색 흐름의 신뢰도가 확보될 수 있다.

유사도 기반 검색 및 정렬

사용자 질의가 벡터로 변환되면, 색인된 벡터들과 얼마나 비슷한지를 비교한다. 이 과정을 유사도 기반 검색이라 하며, 자연어 검색에서 가장 핵심적인 절차다. 키워드 검색에서는 단어가 일치하거나 포함되는지를 기준으로 검색했지만, 자연어 검색에서는 벡터 간의 거리를 계산하여 가장 가까운 벡터들을 찾아낸다. 이 거리가 가까울수록 두 문장이 의미적으로 유사하다고 판단할 수 있다.

사용자가 "출장용 캐리어 추천해줘"라고 검색창에 입력했다고 가정해보자. 이 문장은 SBERT와 같은 문장 임베딩 모델을 거쳐 하나의 벡터로 변환된다. 동시에 사전에 색인되어 있던 수많은 상품 설명들, 예를 들어, "경량 비즈니스 캐리어", "여행용 대형 캐리어", "컴팩트한 주말용 가방" 등도 각각 벡터로 저장되어 있다. 이제 이 질의 벡터와 상품 벡터들을 비교하여 가장 유사한 항목을 찾는 과정이 바로 유사도 기반 검색이다.

이때, 사용하는 대표적인 비교 방식이 코사인 유사도 Cosine Similarity와 내적 Dot Product이다. 두 방식 모두 벡터 간의 관계를 수치로 계산하지만, 무엇을 기준으로 비교하느냐에 따라 결과가 다르게 나타난다.

코사인 유사도

코사인 유사도는 두 벡터가 이루는 각도에만 집중한다. 방향이 완전히 같다면 유사도는 1, 서로 수직이면 0, 반대 방향이면 -1이 된다. 예를 들어, "출장용 캐리어 추천해줘"라는 질의 벡터와 "비즈니스 출장용 하드캐리어"라는 상품 설명 벡터가 거의 같은 방향을 가진다면, 두 벡터의 코사인 유사도는 1에 가까운 높은 값을 가진다.

반면, "대형 이삿짐 트렁크"처럼 방향이 다르거나 맥락이 먼 경우에는 코사인 유사도가 0에 가까워진다. 이 방식은 벡터의 방향(의미)만 비교하기 때문에 텍스트의 길이나 강조 정도 같은 외부 요인에 영향을 덜 받는다는 장점이 있다.

내적 방식

반면 내적 방식은 두 벡터의 각 성분을 곱하고 모두 더하는 방식으로 계산된다. 이 값은 벡터가 같은 방향을 가질수록 커지고, 벡터의 크기까지 함께 고려된다. 임베딩 모델에서는 단순히 같은 단어를 반복한다고 해서 벡터 크기가 비례해서 커지지는 않지만, 의미적으로 더 풍부하고 상세한 설명을 가진 텍스트는 일반적으로 더 특징적인 벡터 표현을 갖게 되는 경향이 있다. 즉, 의미의 밀도나 구체성이 벡터의 특성에 반영될 수 있어 내적 계산 시 영향을 미칠 수 있다.

예를 들어, 벡터 A가 "출장용 캐리어 추천해줘" 질의이고, 벡터 B가 "출장, 캐리어, 비즈니스, 여행" 같은 키워드를 반복적으로 포함하고 있다면, 두 벡터의 방향은 비슷하고 크기도 크기 때문에 내적 값은 매우 높게 나온다. 반면, 벡터 C가 비슷한 방향이긴 해도 텍스트가 짧거나 단어가 적게 포함돼 있다면 내적 값은 상대적으로 낮아진다. 같은 방향이어도 크기 차이 때문에 결과가 달라질 수 있다는 의미다.

계산 방식 비교

자연어 검색에서는 이처럼 두 방식 모두 사용 가능하지만, 일반적으로는 코사인 유사도가 의미 기반 검색에는 더 적합하다고 평가된다. 텍스트 길이나 강조의 정도보다 문장의 의미 자체에 집중하기 때문이다. 다만, 실무에서는 벡터를 정규화Normalization해서 크기를 일정하게 맞춘 뒤 내적 방식을 사용하는 방식도 널리 쓰이며, 이 경우 두 방식의 결과는 거의 유사해진다. 어떤 방식을 선택할지는 검색 품질, 처리 속도, 인프라 환경 등을 종합적으로 고려하여 결정하면 된다.

유사도 계산 방식 비교 예시

문서 벡터 내용	벡터 특징	코사인 유사도	내적	설명
비즈니스용 출장 캐리어, 기내용 하드케이스	질의와 의미 유사, 길이 보통	0.98	2.3	방향과 내용이 매우 유사
출장, 출장, 출장, 캐리어, 여행, 비즈니스	의미적으로 풍부한 내용	0.98	5.1	코사인 유사도는 동일, 내적은 의미 밀도로 인해 더 큼
학생용 백팩, 노트북 수납 가방	의미 다름, 방향 다름	0.42	1.7	코사인도 낮고 내적도 낮음
캐리어	단어 하나만 존재 → 의미 정보 적음	0.95	0.6	방향은 비슷하지만 의미 정보가 적어 내적은 작음

유사도를 계산한 후 가장 높은 점수를 받은 상위 항목들을 추려내는데, 이를 Top-k[1] 검색이라고 한다. 보통 상위 5개, 10개, 20개처럼 미리 정해진 개수만큼 결과를 반환한다. 예를 들어, "출장용 캐리어 추천해줘"라는 질의를 벡터화하여 검색하면 유사도 계산에 따라 사전에 색인된 수천 개의 상품 벡터 중에서 가장 유사한 Top 10을 골라 사용자에게 보여주는 식이다.

이 과정은 벡터의 수가 많을수록 계산량이 많아지기 때문에 검색 성능도 중요하다. FAISS는 이러한 Top-k 유사도 검색을 빠르게 수행할 수 있도록 다양한 검색 알고리즘을 제공하며, Elasticsearch의 벡터 검색 기능도 k-NN

---

[1] Top-k 유사도 검색은 데이터셋에서 쿼리 벡터와 가장 유사한 상위 k개의 결과만 반환하는 검색 방식이다. 전체 결과가 아닌 가장 관련성 높은 결과만 필요한 검색 애플리케이션에서 널리 사용되며, 대용량 데이터셋에서 효율적인 검색을 가능하게 한다.
(출처 : https://dl.acm.org/doi/10.1145/872757.872795)

기반으로 빠른 Top-k 검색을 지원한다. 실시간 검색 서비스에서는 유사도 검색 속도 자체가 곧 사용자 경험이기 때문에 벡터 색인 구조와 유사도 계산 방식의 선택이 전체 성능에 큰 영향을 미친다.

　이렇게 유사도 기반으로 검색된 결과는 그 자체로도 정렬이 가능하고, 필요에 따라 최신순, 카테고리 필터, 사용자 우선순위 등 추가적인 정렬 조건을 결합하여 최종 결과로 구성할 수 있다. 즉, 자연어 검색은 의미 기반 정렬을 기본으로 하되, 다른 정렬 전략과 유연하게 조합될 수 있다는 것도 하나의 장점이다.

생성형 검색

지금까지 살펴본 키워드 검색, 자연어 검색은 검색어나 검색 질의에 관련 있는 결과를 찾아준 것이지 답을 준 것은 아니다. 사용자의 요구가 높아져서 이제는 적절한 것이 아닌 정확한 답을 원하고 있다. 사용자가 던진 질문, 예를 들어, "출장용 캐리어 뭐가 좋아?", "노트북 백팩 추천해줘", "강원도에서 조용한 숙소 있을까?" 같은 문장들은 단순한 키워드의 나열이 아니라 상황과 의도, 기대하는 결과가 함께 담겨 있다. 기존의 검색 방식으로는 이처럼 풍부한 맥락을 제대로 반영하기 어려웠지만, 생성형 검색은 사용자 의도를 이해하고 그에 맞는 답변을 직접 생성하는 방식으로 이 한계를 넘어선다.

기존의 키워드 검색은 역색인 구조를 활용하여 특정 단어가 포함된 문서를 빠르게 찾아내는 방식이었다. 이는 명확하고 빠르지만, 단어 일치에 크게 의존하기 때문에 질의의 내용과 표현이 조금만 달라져도 원하는 정보를 찾기 어렵다. 이러한 한계를 극복하기 위해 자연어 검색은 문장을 벡터로 변환하고 문서 간 의미 유사도를 계산하는 방식으로 발전하여 같은 뜻을 가진 문장끼리는 비슷한 벡터로 표현되므로 단어가 달라도 유사한 결과를 반환할 수 있게 되었다. 하지만 이 방식도 어디까지나 가장 유사한 문서를 찾아주는 것이지, 그 문서의 내용을 읽고 설명해주는 것은 아니다.

반면, 생성형 검색은 문서를 그대로 보여주는 것이 아니라 그 안의 내용을 바탕으로 사용자의 질문에 답을 '생성'하는 방식이다. 단순히 "관련 문서가 여기 있다"는 것이 아니라 "당신의 질문에 대한 대답은 이렇다"고 말해준다. 즉, 단순 정보 탐색을 넘어 의미 있는 응답 생성까지 수행하는 것이 기존 검색과의 차이점이자 생성형 검색의 핵심이다. 예를 들어, 기존 검색이 "출장용 캐리어"라는 키워드에 맞는 상품 목록을 보여주는 데 그쳤다면, 생성형

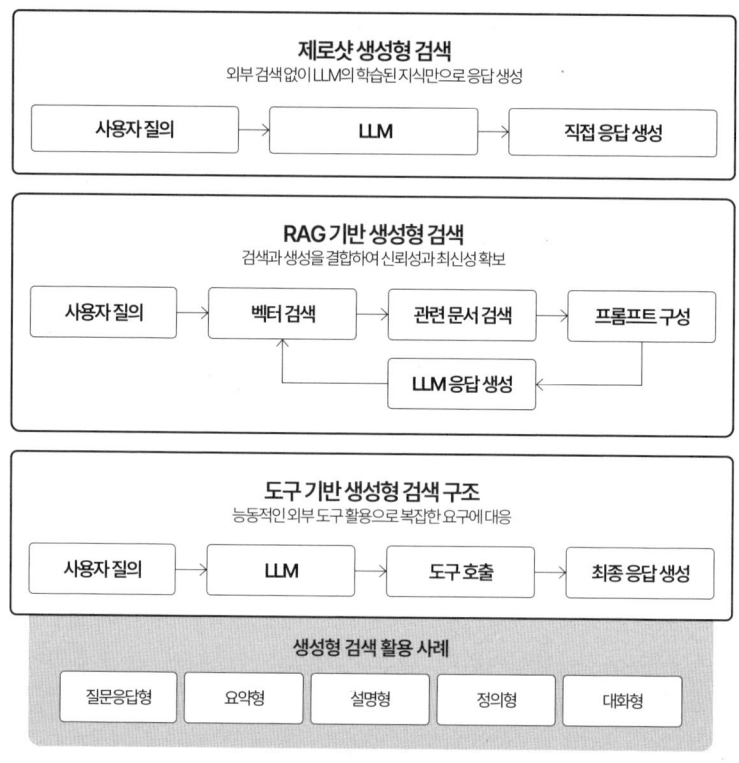

생성형 검색 프로세스

검색은 "출장 시 추천할 만한 가볍고 내구성 좋은 캐리어는 A, B, C입니다"와 같이 요약된 결과와 설명이 담긴 문장을 사용자에게 직접 제공한다.

이런 생성형 검색이 가능해진 배경에는 거대 언어 모델LLM의 발전이 있다. GPT, Claude, LLaMA와 같은 모델들은 방대한 텍스트 데이터를 기반으로 학습되어, 단순한 단어 예측을 넘어 문맥을 이해하고 자연스러운 문장을 만들어내는 능력을 갖추게 되었다. 여기에 기존의 검색 기술을 접목하면, 사용자가 질문한 내용을 이해하고, 관련된 문서를 검색한 뒤, 그 내용을 바탕으로 직접 응답을 생성하는 구조, 즉 생성형 검색이 완성된다.

생성형 검색의 유형

생성형 검색은 기본적으로 LLM을 중심으로 동작하지만, 사용 방식에 따라 그 구조와 역할이 조금씩 다르다. 특히, LLM이 외부 정보를 어떻게 활용하느냐에 따라 생성형 검색은 제로샷Zero-shot 생성형 검색, RAGRetrieval-Augmented Generation 기반 생성형 검색, 도구 기반 생성형 검색Tool-Augmented Generation으로 나눌 수 있는데, 이 구분은 단순한 기술적 차이보다는 LLM이 얼마나 정보에 의존하며, 얼마나 능동적으로 검색·계산·행동을 수행하는지에 따라 생겨난 분류라고 볼 수 있다.

제로샷 생성형 검색

가장 단순한 형태는 제로샷Zero-shot 생성형 검색이다. 이 방식은 LLM이 자신이 학습한 지식만을 기반으로 사용자의 질문에 응답한다. 외부 검색도 없고, 문서 참조도 없다. 사용자의 질의가 들어오면, LLM은 그 안에서 적절한 답을 생성해낸다. 예를 들어, "출장용 캐리어 뭐가 좋아?"라는 질문에 대해 GPT-4는 자신이 학습한 범용 정보를 바탕으로 "가볍고 내구성 좋은 하드케이스형 캐리어를 추천하며, 샘소나이트나 리모와 같은 브랜드가 인기 있습니다" 같은 답을 줄 수 있다. 이 방식은 빠르고 간단하지만, 모델이 알고 있는 지식에 한계가 있을 수 있고, 최신 정보나 특정 도메인 정보에는 취약하다는 단점이 있다.

제로샷 생성형 검색은 구조적으로 단순하다. 외부 문서를 검색하거나 정보를 불러오는 과정 없이 LLM이 이미 학습한 지식만을 활용하여 사용자 질문에 직접 응답을 생성하기 때문이다. 따라서 전체 시스템의 구성도 단순하여 LLM을 호출하는 API 인터페이스만 잘 구성하면 된다.

먼저 입력된 사용자 질의는 백엔드 서버로 전달되고, 백엔드는 해당 질의를 그대로 LLM에 전달하거나 간단한 전처리를 거쳐 프롬프트 형태로 구성한다. 이때 주로 사용하는 도구는 GPT-4, GPT-3.5 등 OpenAI API, Hugging Face Hub의 오픈소스 모델 API, 또는 자체 LLM 서버일 수 있다.

질의가 전달되면 LLM은 사전 학습된 지식 기반으로 응답을 생성한다. 이 방식에서는 별도의 문서 검색 기능이 없기 때문에 FAISS, Elasticsearch 같은 벡터 검색엔진이나 문서 관리 시스템은 필요하지 않다. 즉, LLM만으로 서비스를 제공할 수 있어 베타 버전 수준의 챗봇, 짧은 설명 생성 등에 널리 사용된다.

RAG 기반 생성형 검색

RAG$^{\text{Retrieval-Augmented Generation}}$는 제로샷 생성형 검색의 한계를 보완하여 LLM이 답을 혼자 만들어내는 것이 아니라 외부에서 검색한 실제 문서를 활용하여 응답을 생성한다. 즉, 질의를 받아서 먼저 FAISS, Elasticsearch 같은 벡터 검색엔진으로 관련 문서를 찾고, 그 결과를 LLM에 전달하여 답을 구성하는 방식이다.

같은 질문인 "출장용 캐리어 뭐가 좋아?"에 대해 이 방식은 상품 데이터나 리뷰 문서를 검색한 뒤, "A 캐리어는 무게가 3.2kg이고, 노트북 수납이 가능하여 비즈니스 사용자에게 적합합니다"처럼 실제 정보를 기반으로 구체적인 답변을 생성한다. 이처럼 RAG는 검색과 생성을 결합하여 신뢰성과 최신성을 확보할 수 있다는 점에서 실무 활용이 가장 활발한 구조다.

RAG 기반 생성형 검색은 외부 문서 검색과 자연어 생성을 결합한 구조이기 때문에 시스템을 구성하는 주요 컴포넌트도 몇 가지 단계로 나뉜다. 우선 문서, 상품 설명, 리뷰에 있는 텍스트 데이터를 의미 기반 벡터로 변환하는 임베딩 작업을 하며, 주로 SBERT, OpenAI의 Embedding API 같은 다양한 임베딩 모델이 사용된다.

텍스트는 보통 문서 전체 단위가 아닌 문장이나 단락처럼 의미 단위로 잘게 쪼개서 임베딩되며, 주로 LangChain이나 LlamaIndex에서 제공하는 TextSplitter와 같은 텍스트 분할 도구Text Chunking Tool를 사용한다. 이렇게 생성된 벡터들은 나중에 유사도 검색을 수행하기 위한 기초 자료가 된다.

그다음 임베딩된 벡터는 벡터 검색 엔진에 저장된다. 보통 FAISS, Elasticsearch, Qdrant[1], Weaviate 같은 오픈소스 벡터스토어가 사용되며, 사용자 질의도 동일한 임베딩 모델로 벡터화한 후, 유사도 계산을 통해 가장 관련성이 높은 문서 조각들을 검색하게 된다. 유사도 계산에는 코사인 유사도나 내적Dot Product 방식이 주로 사용되며, 이 과정을 통해 다수의 문서 중에서 상위 N개의 관련 내용을 신속하게 추출할 수 있다.

이후 검색된 문서들은 LLM에 바로 전달되는 것이 아니라, 프롬프트로 다시 구성되는 과정을 거친다. 즉, 사용자의 질문과 함께 검색된 문서의 원문 일부나 요약 내용을 포함한 프롬프트를 만들어 LLM에 전달하는 구조다. 이 작업은 LangChain의 StuffDocuments, MapReduceDocuments, Refine 같은 프롬프트 구성 방식들을 통해 자동으로 처리할 수 있다. 이렇게 프롬프트를 구성하는 이유는 모델이 실제 문서의 내용을 참고한 후 응답을 생성하여 답변의 신뢰성과 정확도를 높이기 위함이다.

최종적으로 LLM이 생성한 응답은 사용자에게 제공된다. 이때 단순히 문장만 보여주는 것이 아니라 해당 응답이 어떤 문서에서 나온 것인지, 어떤 내용을 참고했는지에 대한 출처 정보나 하이라이트 구절 등을 함께 제공할 수 있다. 즉, 단순히 답을 생성하는 데 그치지 않고, 사용자에게 답변이 어디서 유래했는지까지 설명할 수 있다.

---

1) Qdrant는 벡터 유사도 검색에 특화된 오픈소스 벡터 데이터베이스로, 대규모 고차원 벡터의 효율적인 저장과 검색을 지원한다. 메타데이터 필터링, 실시간 업데이트, 수평적 확장성을 갖고 있어 추천 시스템, 의미 검색, 이미지 검색 등에 적합하다. (출처 : https://qdrant.tech/documentation/)

도구 기반 생성형 검색

마지막으로 도구 기반 생성형 검색Tool-Augmented Generation이다. 이 방식은 LLM이 단순히 문서를 참고하는 수준을 넘어서 필요할 때마다 외부 도구를 직접 호출하여 정보를 가져오거나 계산을 수행하는 방식이다. 예를 들어, LLM이 "다음 주 부산 날씨와 함께 추천 여행 코스를 알려줘"라는 질의를 받았을 때, 단순히 학습된 지식으로 응답하는 것이 아니라, 실제로 날씨 API를 호출하여 정보를 받아오고, 내부의 검색 모듈이나 일정 생성기를 활용하여 응답을 만든다.

ChatGPT의 플러그인 기능이나 LangChain 기반의 Tool 사용 구조가 여기에 해당된다. 이 방식은 능동적인 검색과 실행이 가능하여 훨씬 복잡한 요구에도 대응할 수 있지만, 구현이 더 복잡하고 응답 시간이 길어질 수 있다는 문제가 있다.

도구 기반 생성형 검색은 LLM이 외부 정보를 수동적으로 참조하는 수준을 넘어 필요한 기능을 능동적으로 호출하고, 그 결과를 응답 생성에 반영하는 구조다. 이를 구현하려면 LLM과 외부 도구가 상호작용할 수 있도록 시스템을 계층적으로 분리된 구조가 필요하다.

우선 LLM과 프롬프트 처리 계층을 구성한다. 이 계층은 사용자의 자연어 질의를 받아들이고, 그 내용을 기반으로 LLM에게 적절한 프롬프트를 생성하여 전달한다. 이 프롬프트에는 단순한 질문뿐 아니라 이전 대화 맥락, 시스템 역할, 응답 형식 지시 등도 함께 포함될 수 있다. LLM은 이 프롬프트를 사용하여 질문에 대한 답변을 생성하거나 도구가 필요하면 도구 호출 명령을 생성한다.

그다음 도구 선택 및 실행 계층을 구성한다. 흔히 도구 관리자Tool Manager 또는 툴 라우터Tool Router라 불리는 계층인데, 이 계층은 LLM이 생성한 도구 호출 명령을 파싱하여 어떤 도구를 사용할지 결정하고 입력 값(파라미터)을 정리한 뒤 실제 호출 요청을 구성한다.

도구는 사전에 등록하며, 각 도구는 "이름, 설명, 입력 스펙, 실행 함수"와 같은 메타정보를 포함한다. LangChain에서는 이러한 구조를 도구 객체로 정의하며, 도구 선택과 실행 흐름은 Agent, ToolExecutor, AgentExecutor 와 같은 컴포넌트들이 담당한다.

마지막으로 외부 도구 실행 계층을 구성한다. 이 계층에서 실제 기능이 구현되며, 날씨 API, 데이터베이스 질의 모듈, 문서 검색기, 수치 계산기, 파일 변환기 등 다양한 유형의 연산 기능이 포함된다. 도구 실행은 비동기 처리 방식으로 수행되며, 결과는 JSON, 텍스트, 숫자 등 다양한 포맷으로 반환되어 다시 도구 관리자 계층을 거쳐 LLM에 재전달된다.

구조 설계의 핵심은 LLM이 단순한 응답 생성기가 아니라 외부 기능을 활용하는 LangChain의 Agent, ToolExecutor 등 실행 프레임워크에 있다. LLM은 프롬프트 해석 → 도구 필요 판단 → 명령 생성 → 실행 결과 수신 → 최종 응답 생성이라는 일련의 흐름을 반복적으로 수행하며, 매번 생성된 응답에는 이전의 도구 실행 결과가 포함된 상태로 반영된다. 이러한 구조를 효율적으로 구현하려면, 다음과 같은 작업 흐름이 정립되어야 한다.

사용자의 자연어 질의를 수신하고, 이를 LLM이 이해할 수 있도록 프롬프트 형태로 구성한다. 이 과정은 주로 웹 UI, 챗봇 인터페이스 등 프론트엔드와 Flask, FastAPI 등 백엔드 서버에서 처리되며, 프롬프트 구성에는 LangChain의 PromptTemplate 같은 모듈이 사용될 수 있다.

구성된 프롬프트를 LLM에 전달하고, LLM은 이에 대한 응답을 생성하거나 필요한 경우 도구 호출 명령을 생성한다. 이때 LLM은 "~을 검색해야 할 것 같아" 또는 "이건 계산이 필요해"처럼 추론적 판단을 수행하며, 도구 호출 명령은 보통 함수 호출 형태로 반환된다.

LLM 호출은 OpenAI API, Anthropic API, 자체 LLM 서버를 통해 이루어지며, LangChain에서는 LLMChain, ChatOpenAI, ChatAnthropic 같은 래퍼 객체[1]를 사용하여 복잡한 LLM 호출 로직을 간단하고 일관된 방식으로 구현할 수 있다.

LLM이 반환한 도구 호출 명령을 분석하여, 어떤 도구를 쓸지 결정하고 실행한다. 이 과정은 LangChain의 AgentExecutor 또는 ToolExecutor가 수행하며, 도구 자체는 도구 객체로 정의되어 있다. 각 도구는 이름, 설명, 입력값 스펙, 실행 함수로 구성되어 있고, 내부적으로는 실제 API 요청, DB 질의, 계산 로직 등을 포함한다.

선택된 도구가 실행되면, 결과값이 반환된다. 이 값은 JSON, 텍스트, 숫자 등의 형식일 수 있으며, Agent는 이 결과를 다시 LLM에게 전달하기 위한 중간 프롬프트를 구성한다. LangChain에서는 이 흐름이 자동으로 이어지도록 설계되어 있으며, Agent는 도구 결과를 프롬프트에 삽입하여 후속 질의로 넘긴다.

여기서 말하는 Agent는 LangChain에서 도구 실행 흐름을 관리하는 구성 요소인데 LLM이 어떤 도구를 사용할지 판단한 다음, 실행 결과를 다시 프롬프트로 정리하여 LLM에게 넘기는 역할을 수행한다. 즉, Agent는 단순히 LLM의 프롬프트만 넘겨주는 것이 아니라 다음과 같이 전체 흐름을 관리한다.

① LLM의 응답을 분석해서
② "이건 도구가 필요하겠군"을 파악하고
③ 어떤 도구를 쓸지 정하고

---

[1] 래퍼 객체(Wrapper Object)는 서로 다른 LLM을 공통된 방식으로 호출하고 연결할 수 있도록 해주는 인터페이스를 말한다.

④ 그 도구를 실행하고

⑤ 그 결과를 다시 프롬프트로 만들어

⑥ 후속 질의를 LLM에 넘긴다.

LLM은 도구 결과를 포함한 새로운 프롬프트를 받아, 최종 응답 문장을 생성한다. 이 문장은 사용자에게 전달될 자연어 응답이며, 구조적으로는 이전에 수행한 작업들의 결과를 종합하여 작성된다. 이 단계도 LangChain의 AgentExecutor 또는 ConversationChain으로 이어질 수 있다.

사용자가 추가로 질문할 때, 이전 대화의 맥락을 유지하고 필요한 도구를 다시 호출한다. 이때 LangChain에서는 ConversationBufferMemory, ConversationSummaryMemory와 같은 메모리 컴포넌트[1]를 사용하여 이전 대화 내용과 도구 실행 내역을 기억하고, 이를 다음 프롬프트에 자동으로 포함시킨다.

이처럼 도구 기반 생성형 검색은 질의에 응답하는 단계를 넘어 LLM이 다양한 기능과 외부 시스템을 조합하여 복합적인 작업을 수행할 수 있도록 확장하는 구조다. 이 구조는 프롬프트 처리, 도구 선택, 실행 등 각 구성 요소를 명확히 분리하고, 서로 간의 결합도를 낮춰야 유지보수와 기능 확장이 용이하다. 이러한 요소들이 느슨하게 연결된 구조일수록 새로운 도구 추가나 수정이 수월해진다.

특히, 도구 기반 생성형 검색 구조에서는 외부 시스템과의 실시간 상호작용이 핵심이기 때문에 성능과 안정성을 확보하기 위한 설계 요소들이 반드시 고려되어야 한다. 실시간 API 호출이나 계산기, 문서 검색기 등은 응답을 생성하는 데 필요한 데이터를 외부에서 받아오는 구조이므로 도구 호출 시 발

---

1) 메모리 컴포넌트(Memory Component)는 LLM이 이전 대화 이력이나 작업 상태를 기억하고, 이를 통해 일관된 응답을 생성할 수 있도록 지원하는 기능 모듈을 말한다.

생할 수 있는 지연Latency, 실패Failure, 결과 누락 또는 오류Invalid output 등의 리스크에 대비해야 한다.

예를 들어, 날씨 API가 응답을 늦게 주거나 일시적으로 다운되었을 경우, LLM은 응답을 생성하지 못하거나 불완전한 정보를 바탕으로 잘못된 문장을 생성할 수 있다. 이러한 상황을 방지하기 위해 도구 호출에 대한 타임아웃 설정, 예외 발생 시 대체 프롬프트 사용, 기본 응답 또는 사전 정의된 Fallback[1] 문장 구성 등의 예외 처리 흐름[2]이 함께 설계되어야 한다.

또한 도구 호출이 한 번으로 끝나는 것이 아니라 연속적 또는 순차적으로 실행되어야 하는 경우도 많다. 예를 들어, 사용자 질문을 처리하기 위해 먼저 '날씨 정보를 받아오고', 그 결과를 바탕으로 '이동 경로를 계산하고', 그 이후에 '여행 코스를 추천하는' 순서를 따라야 하는 복잡한 작업이 있을 수 있다. 이처럼 도구 간 의존 관계가 있는 경우, 시스템은 각 실행 결과를 기억하고, 다음 도구에 넘겨줄 수 있어야 하며, 작업 상태를 지속적으로 관리하는 구조를 가져야 한다.

LangChain이나 유사 프레임워크에서는 이런 흐름을 구성하기 위해 AgentExecutor가 도구 호출 단계를 추적하고, 실행 상태를 메모리에 저장하거나 다음 명령을 프롬프트에 자동으로 연결하는 방식으로 처리한다. 또한, 도구 결과가 누락되거나 실패했을 때 재시도 로직을 추가하거나 불완전한 결과가 반환되었을 경우, 이를 검증하는 필터나 후처리 단계를 넣는 것도 안정성을 높이는 일반적인 설계 전략이다.

---

1) Fallback은 LLM이 도구 호출에 실패하거나 유효한 결과를 얻지 못했을 때, 미리 준비된 문장이나 기본 응답을 대신 제공하는 대체 응답 방식을 말한다.(예: "현재 정보를 가져올 수 없습니다. 잠시 후 다시 시도해 주세요.")

2) 예외 처리 흐름 (Error-handling Flow)은 도구 호출 실패, 지연, 잘못된 출력 등 비정상 상황이 발생했을 때, 시스템이 이를 감지하고 Fallback 문장 제공, 재시도, 기본 응답 전환 등 적절한 대응을 수행하도록 설계된 절차적 흐름을 의미한다.

마지막으로 사용자가 후속 질문을 던질 가능성도 고려해야 한다. 이때 시스템은 이전 도구 실행 이력과 상태를 기억하고, 이전 흐름의 맥락에 기반하여 적절한 후속 응답을 이어서 생성할 수 있어야 한다. 이를 위해 대화 흐름을 추적하는 ConversationMemory, BufferMemory, SummaryMemory 등 메모리 구성 요소를 함께 연계하면 단일 응답을 넘어서 지속적이고 연속성 있는 다단계 응답 생성 체계Multi-turn Response Generation를 구현할 수 있다.

지금까지 살펴본 구조는 사용자의 요구에 따라 외부 정보를 활용하고 직접 기능을 실행함으로써 단순히 알고 있는 내용을 답하는 데 그쳤던 기존 응답 생성 방식과 달리 필요한 정보를 스스로 찾아 활용하고 실행할 수 있다는 점에서 생성형 AI의 진화를 보여주는 중요한 전환점이 된다.

생성형 검색의 활용

지금까지 생성형 검색을 어떻게 구현할 것인지 살펴보았다. 지금부터는 실제 서비스 현장에서 생성형 검색을 어떻게 활용하고 있는지 살펴보도록 하자. 생성형 검색은 활용 목적에 따라 질문응답형, 요약형, 설명형, 정의형, 대화형으로 구분할 수 있다.

질문 응답형

생성형 검색에서 가장 대표적이면서도 실용적인 형태는 질문 응답형QA, Question Answering이다. 사용자가 검색창에 입력하는 문장 중 상당수는 특정 정보를 묻는 질문이다. "B사 캐리어의 무게는?", "슬림형 노트북 가방 있나요?", "이 제품은 방수가 되나요?" 같은 질의는 단순히 연관된 문서를 나열하는 것보다 간결하고 정확한 답변을 직접 제시하는 방식이 훨씬 효율적이다. 생성형 검색은 이러한 질문에 대해 문장을 생성하여 사용자가 원하는 정보를 빠르고 명확하게 전달할 수 있다.

질문 응답형 생성에서는 정보의 정확성이 핵심이기 때문에, 응답 생성 방식에 따라 품질 차이가 크게 벌어진다. 예를 들어, "이 캐리어는 몇 kg인가요?"라는 질문에 대해 제로샷 방식은 모델이 사전에 학습한 일반 지식이나 문장 패턴을 바탕으로 답을 생성한다. 이 방식은 빠르고 구현이 간단하다는 장점이 있지만, 정확한 정보를 요구하는 질문에는 취약할 수 있다.

예를 들어, 어떤 사용자가 "B사 슬림형 캐리어의 무게는 몇 kg인가요?"라고 물었을 때, 제로샷 방식은 "약 3kg 정도입니다"처럼 대략적인 답변을 생성할 수 있다. 그러나 실제 제품 설명에는 "무게: 2.35kg"이라고 명시되어 있을 수 있다.

이처럼 답변이 어긋나는 이유는 제로샷 방식이 모델이 과거에 학습한 평균적 정보나 일반적인 표현에 의존하기 때문이다. 즉, 문장을 자연스럽게 만드는 데는 능숙하지만, 실제 제품 스펙이나 최신 정보, 기업 내부 문서처럼 정답이 고정된 정보를 참조할 수는 없기 때문에 오답이 생성될 수 있는 구조적 한계가 있다.

이러한 한계를 보완하는 방식이 RAG이다. 사용자의 질문을 벡터로 변환한 후, 벡터 검색을 통해 관련 문서나 상품 설명을 찾아내어 이를 프롬프트에 포함하여 LLM이 문장을 생성하는 구조다. 같은 질문이라도, "B사 캐리어의 무게는?"이라는 질의가 들어오면 해당 브랜드의 상품 설명에서 "무게: 3.2kg"이라는 정보를 포함한 문서를 검색하여, 이를 근거로 "이 캐리어의 무게는 3.2kg입니다"처럼 사실 기반의 정제된 응답을 생성할 수 있다. 이처럼 RAG는 검색의 신뢰성과 생성의 유연성을 함께 제공하므로 정답이 명확히 존재하는 질의에 적합하다.

또한, 도구 기반 생성 방식을 활용하면 실시간 정보나 외부 데이터베이스에서 값을 직접 호출하여 응답하는 것도 가능하다. 예를 들어, 재고 수량이나 실시간 가격 정보를 API를 통해 받아오고, 이를 LLM이 자연어로 가공하여 응답하는 구조다. 사용자가 "이 제품 지금 살 수 있어?"라고 물으면, 시스템은 재고 조회 API를 호출하고, LLM은 "현재 해당 상품은 재고가 있습니다. 바로 구매 가능합니다."처럼 응답을 구성한다. 이 방식은 특히, 상태나 조건이 자주 변하는 정보를 다룰 때 유용하다.

이처럼 질문 응답형 생성은 사용자에게 가장 직관적이고 빠른 피드백을 제공할 수 있는 형식이다. 특히, FAQ 자동화, 고객센터 응답, 상품 정보 제공, 내부 문서 기반 Q&A 등 다양한 영역에 쉽게 적용할 수 있다.

생성형 검색을 처음 도입하거나 검색 경험의 만족도를 높이고자 할 때 유용하다. 시스템 설계 시에는 단순 질문을 얼마나 명확하게 식별하고, 신뢰할 수 있는 출처를 기반으로 정확한 응답을 생성할 수 있는지 여부가 이 유형의 핵심이 된다.

요약형

사용자가 항상 명확한 답변만을 원하는 것은 아니다. 때로는 복잡한 정보들을 빠르게 파악하고 싶어 하거나 여러 문서를 일일이 읽지 않고 핵심만 정리된 요약을 원할 때가 많다. 생성형 검색은 이런 요구를 위해 검색된 문서나 콘텐츠를 간결하고 이해하기 쉬운 문장으로 재구성해주는 요약형 생성을 제공할 수 있다.

예를 들어, 사용자가 "이번 달 주요 IT 업계 이슈 정리해줘"라고 질의할 경우, 기존의 검색 시스템은 관련 뉴스 기사 목록을 제공하는 데 그쳤다. 반면 생성형 검색은 관련 뉴스 기사 여러 개를 검색하고, 그 안에서 핵심 문장을 추출하거나 내용을 통합하여 하나의 요약 응답을 생성할 수 있다.

"애플의 XR 기기 출시, 삼성-TSMC의 반도체 경쟁, NVIDIA의 AI 칩 수요 급증이 이번 달 주요 이슈입니다"처럼 간결한 한 문장으로 정리된 응답은 사용자 입장에서 훨씬 더 만족스러운 정보다.

요약형 생성은 정보량이 많을수록 효과가 크지만, 그만큼 생성 과정도 복잡해질 수 있다. 문서를 요약하는 방식에는 대표적으로 두 가지가 있다. 첫째는 추출형 요약Extractive Summarization으로 원문에서 중요한 문장이나 단락을 그대로 가져오는 방식이다. 둘째는 추상형 요약Abstractive Summarization으로 원문을 읽고 이해한 뒤 새롭게 문장을 구성하는 방식이다. 생성형 검색은 보통 이 두 가지를 결합하거나 LLM을 활용하여 여러 개의 문서를 통합 요약 Abstractive Multi-document Summarization하는 방식을 사용한다.[1]

제로샷 방식만으로도 짧은 글이나 하나의 문서에 대한 요약은 어느 정도 가능하다. 하지만 다양한 출처의 내용을 통합하고, 정확한 정보에 기반하여 요약하려면 RAG 구조를 사용하는 것이 일반적이다. 사용자 질의에 따라 관련 문서를 벡터 검색으로 불러온 다음, 불러온 문서 기반으로 LLM이 요약 문장을 생성한다.

여기에 도구 기반 생성형 검색을 적용하면, 외부 뉴스 API에서 실시간 기사 데이터를 불러와 자동으로 요약해주는 서비스도 구현할 수 있다. 이런 서비스는 정보가 시시각각 바뀌는 뉴스, 투자, 리서치 분야 등에서 실시간 요약 기능으로 구현될 수 있다.

요약형 생성은 단순히 문장을 짧게 줄이는 작업이 아니라 정보를 조직화하고 정리해주는 능동적인 정보 재구성 과정이자 검색 결과를 소비하는 방식 자체를 바꾼다. 사용자 입장에서 시간을 절약할 수 있으며 정보에 대한 이해도도 높일 수 있다. 기업 입장에서는 뉴스레터, 브리핑, 리포트 생성 자동화 등 다양한 업무 자동화와 연결될 수 있다.

---

[1] 자세한 내용은 IBM의 "What is text summarization?"을 참조하길 바란다. (출처 : https://www.ibm.com/think/topics/text-summarization)

설명형

사용자는 어떤 개념을 깊이 이해하거나, 선택사항을 비교하거나, 또는 배경 맥락을 알고 싶어할 때가 많다. 예를 들어, "출장용 가방 고를 때 고려할 점 알려줘", "기내용 캐리어와 수하물 캐리어의 차이는?", "슬림 노트북 백팩은 어떤 사람이 쓰기에 좋을까?"처럼 정답이 명확하지 않은 경우가 바로 여기에 해당한다. 생성형 검색은 이러한 질문에 대해 풍부한 설명과 예시를 포함한 문장을 생성해주는 설명형 응답을 제공할 수 있다.

설명형 생성의 핵심은 사용자의 질문 의도에 맥락적으로 응답하는 것이다. 단순한 정답만으로는 부족하고, "왜 그런지", "무엇을 고려해야 하는지", "비슷한 경우엔 어떤 선택이 있었는지"와 같은 부가적인 정보가 필요하다. 이 때문에 설명형 응답은 보통 조금 더 길고, 구조화된 형태로 생성되며, 사용자가 그 주제를 넓게 이해할 수 있도록 돕는다.

이러한 유형은 제로샷 생성형 검색으로도 구현할 수 있다. 모델이 학습한 일반 지식을 활용하여 "출장용 가방을 고를 때는 무게, 내구성, 수납력 등을 고려해야 합니다" 같은 문장을 자연스럽게 구성할 수 있다.

하지만 사용자의 상황이 구체적이거나, 최신 제품 비교, 실사용 후기 등 실제 정보에 근거한 설명이 필요한 경우에는 RAG 방식이 더 적합하다. 예를 들어, "20대 직장인 여성에게 추천할 만한 노트북 백팩은?"과 같은 질문이 들어오면, 관련 상품 설명이나 리뷰 데이터를 검색하여 "이 가방은 슬림한 디자인에 노트북 수납이 가능하고, 가벼워서 출퇴근용으로 많이 선택됩니다"처럼 문서 기반의 응답을 구성하는 식이다.

또한 도구 기반 생성형 검색 방식이 결합되면, 사용자 질의에 따라 동적인 비교 데이터를 호출하거나 가격, 평점, 사용후기 요약 등 실시간 정보를 가져와 설명 안에 자연스럽게 포함시키는 것도 가능하다. 예를 들어, "브랜드 A

와 B의 캐리어 중 뭐가 나아요?"라는 질문에 대해 가격, 재질, 무게, 리뷰 점수 등을 비교한 설명형 응답을 생성할 수 있다.

설명형 생성은 사용자의 탐색적 질문에 유연하게 대응할 수 있는 구조다. 검색 시스템이 단순히 답만 알려주는 것이 아니라 사용자가 더 나은 결정을 내릴 수 있도록 정보를 정리하고 보여줄 수 있기 때문에 전문지식이 필요한 서비스, 쇼핑 비교, 컨설팅 영역 등에서 유용하다.

정의형

사용자가 어떤 개념이나 용어에 대한 명확한 정의를 원하는 경우도 많다. 예를 들어, "RAG가 뭐야?", "내적Dot Product이 뭐지?", "기내용 캐리어는 어떤 거야?"와 같이 특정 단어 또는 기술 개념이 낯설거나 생소할 때, 간단명료하게 해결해주는 응답이 필요한데, 이를 정의형 생성으로 부른다.

정의형 생성은 단순한 질문 응답처럼 보이지만, 본질적으로는 개념의 이해를 돕는 설명을 포함한다는 점에서 차이가 있다. "RAG는 Retrieval-Augmented Generation의 줄임말로 검색과 생성을 결합한 AI 응답 방식입니다"처럼 단어의 의미와 배경을 한두 문장 안에 명료하게 요약해주는 것이 이 유형의 특징이다.

이러한 정의형 생성은 제로샷 방식만으로도 만족할 만한 응답이 가능하다. LLM이 수많은 개념과 정의 문장을 학습했기 때문에 "TF-IDF란?" 같은 질의에 대해 "문서 내 특정 단어의 중요도를 수치화한 정보 검색 기법입니다"처럼 자연스럽고 정확한 응답을 생성할 수 있다.

하지만 정의해야 할 용어가 최신 기술, 특정 도메인의 전문용어, 기업의 내부 약어 등인 경우에는 제로샷만으로는 정확한 정의를 생성하기 어렵다. 그래서 RAG 구조를 활용하여 정의가 포함된 문서를 검색하고, 그 내용을 바탕으로 "B사의 S-플랜은 사내 프로젝트 추진 절차를 의미하며, 총 3단계로 구성됩니다"와 같은 맞춤화된 정의를 생성할 수 있다.

도구 기반 생성형 검색은 정의형에는 잘 사용하지 않지만 실시간으로 외부 백과사전, 용어사전 API를 호출하거나 내부 DB에서 정의 항목을 불러와 LLM이 자연어로 재구성하는데 도움을 줄 수 있다.

대화형

지금까지 살펴본 질문 응답형, 요약형, 설명형, 정의형 생성은 하나의 질의에 대해 하나의 응답을 하는 방식이었다. 사용자가 질문을 입력하면 시스템은 가능한 한 정확하고 간결한 문장을 생성하여 응답하지만, 실제 사용자와의 상호작용에서는 질의가 한 번에 끝나지 않는다.

예를 들어, "출장용 캐리어 추천해줘"라고 말한 뒤, "리모와는 어때?", "노트북 수납 가능한 것도 있어?"처럼 이전 질문에 이어 자연스럽게 대화가 진행된다. 이처럼 대화 흐름을 유지하면서 정보를 생성하고 전달하는 방식을 대화형 생성이라고 한다.

대화형 생성의 핵심은 문맥 유지 Context Retention다. 사용자의 여러 질의가 개별적으로 처리되는 것이 아니라 연결된 질문으로 인식되어 앞선 응답의 맥락을 고려하여 문장을 생성해야 한다. 따라서 이 유형에서는 단순히 정보를 찾아주는 능력뿐 아니라 "사용자가 무슨 말을 했고, 지금 어떤 답을 기대하고 있는가?"를 이해하고 응답을 조정하는 능력이 요구된다.

예를 들어, 사용자가 "출장용 가방 추천해줘"라고 질문하면, 시스템은 일반적인 조건을 바탕으로 몇 가지 추천 포인트를 생성할 수 있다. 그다음 이어지는 질문이 "리모와는 어때?"라면, 이 문장만으로는 무슨 의미인지 불분명하지만, 앞선 질문이 있었기 때문에 시스템은 "출장용 가방"이라는 주제를 그대로 이어받아 "리모와는 내구성이 좋고 고급 브랜드로 분류되며, 비즈니스용 캐리어로 자주 선택됩니다"와 같이 자연스럽고 연결된 문장을 생성할 수 있다.

이런 대화 흐름은 계속 이어질 수 있기 때문에 시스템은 지금까지 사용자가 어떤 질문을 했고, 어떤 답을 받았는지를 기억하고 그 맥락을 이어갈 수 있어야 한다. 이를 위해서는 대화 관리 기능을 포함하도록 대화 메모리[1]나 질문 이력 추적 기능Chat History Tracker[2]을 사용한다. 이 기능들은 사용자의 이전 질문과 시스템의 응답을 계속 기록하면서 새로운 질의가 들어올 때, 이전 내용들을 다시 LLM에게 함께 전달해주는 역할을 한다.

오픈소스 프레임워크인 LangChain이나 LlamaIndex 같은 도구를 사용하면, 대화형 흐름을 구현할 수 있도록 ConversationalRetrievalChain 기능을 제공하고 있다. 이 기능을 통해 자연스럽고 일관된 응답을 생성하는 일련의 과정을 자동으로 구현할 수 있기 때문에 생성형 검색이 단순히 한 번에 답하고 끝나는 것이 아니라 사용자와 계속 대화를 주고받는 방식으로 확장될 수 있다.

---

1) 대화 메모리(Conversational Memory)는 사용자의 이전 질문과 시스템 응답을 기억하여, 이후 질의에 해당 맥락을 반영할 수 있도록 도와주는 기능을 말한다. 대화 흐름의 일관성을 유지하는 데 필수적이다.

2) 질문 이력 추적 기능(Chat History Tracker)은 사용자가 어떤 질문을 했고, 시스템이 어떤 응답을 했는지에 대한 전체 대화 기록을 관리하여, 후속 질문 시 맥락을 자동으로 이어주는 기능을 말한다.

이미지 검색

이미지 검색은 사용자와 검색 시스템이 텍스트 대신 이미지를 중심으로 상호작용하는 방식이다. 사람들이 이미지 검색이라고 말할 때 떠올리는 모습은 다르다. 검색어를 입력하면 텍스트 대신 이미지가 결과로 제시되는 경우, 이미지 파일을 업로드해서 비슷한 이미지를 찾는 경우, 혹은 핀터레스트처럼 특정 이미지를 중심으로 관련 이미지들을 모아서 보여주는 방식 등 다양하다. 이처럼 이미지 검색은 '입력 방식'과 '결과 제공 방식'에 따라 서로 다른 기술 구조를 갖는다. 실제로 이미지 검색은 크게 두 가지 방식으로 구분할 수 있다.

텍스트 기반 이미지 검색

우선, 텍스트 기반 이미지 검색Text-to-Image Retrieval이다. 이는 사용자가 키워드나 문장을 입력하면, 그에 해당하는 이미지를 결과로 보여주는 방식이다. 예를 들어, '슬림 노트북 가방'이라는 키워드를 입력했을 때, 제품 이미지가 나열되는 형태가 이에 해당한다. 이 방식은 질의가 텍스트라는 점에서 기존의 키워드 검색과 유사하게 텍스트 검색에 기반하지만, 결과가 이미지 중심이라는 점에서 다르다.

겉보기에는 키워드 검색과 비슷해 보이지만, 단순 텍스트 필드 매칭을 넘어서 텍스트와 이미지 간 의미적 연결을 학습한 모델이 작동하는 경우가 많다. 이런 경우 이미지 데이터와 텍스트 데이터를 각각 임베딩하는 모델이 사용된다.

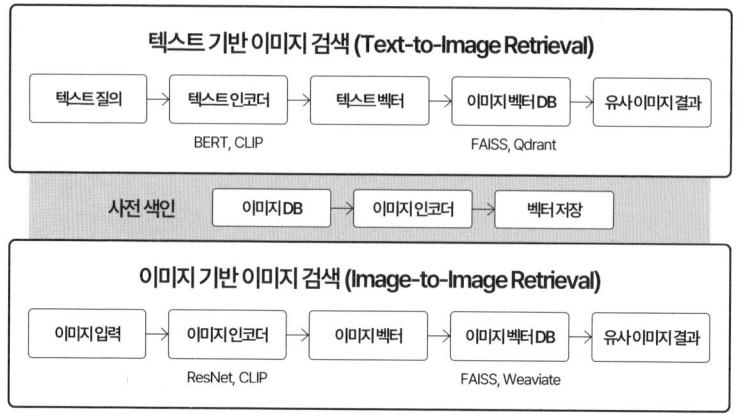

이미지 검색 프로세스

텍스트는 BERT, RoBERTa[1] 등 사전 학습된 언어 모델이나 CLIP[2]의 텍스트 인코더를 통해 벡터로 변환되고, 이미지는 CNN이나 Transformer 기반의 이미지 인코더를 통해 이미지 벡터로 변환된다. 이때 중요한 것은 텍스트와 이미지가 서로 비교 가능하도록 같은 기준으로 표현되는 벡터 공간에서 다뤄져야 한다는 점이다.

예를 들어, '슬림한 노트북 가방'이라는 문장이 하나의 벡터로 바뀌고, 수많은 이미지들도 같은 방식으로 벡터로 바뀐 다음, 그 벡터들끼리 얼마나 비슷한지를 계산하여 가장 가까운 이미지를 찾아내는 구조. 주로 CLIP을 사용하는데, 이는 이미지와 그에 어울리는 텍스트를 짝지어 학습한 다음 문장의 의미와 이미지의 느낌을 서로 연결할 수 있도록 훈련된 모델이다. 덕분에

---

1) RoBERTa(Robustly Optimized BERT Pretraining Approach)는 Facebook AI Research에서 개발한 언어 모델로 BERT를 최적화한 버전이다. 더 큰 데이터셋과 더 긴 훈련 시간, 최적화된 하이퍼파라미터를 적용하여 성능을 향상시켰으며, 자연어 처리 작업에서 BERT보다 우수한 성능을 보인다. (출처 : https://arxiv.org/abs/1907.11692)

2) CLIP(Contrastive Language-Image Pre-training)은 OpenAI에서 개발한 멀티모달 모델로 이미지와 텍스트 데이터를 동일한 벡터 공간에 임베딩하여 두 모달리티 간의 관계를 학습한다. 4억 개의 이미지-텍스트 쌍으로 사전 학습되어 텍스트 기반 이미지 검색, 이미지 분류 등에 활용된다. (출처 : https://arxiv.org/abs/2103.00020)

"이 문장에 가장 어울리는 이미지는 어떤 것일까?"라는 질문에 대해 벡터 간의 유사도를 계산하여 가장 잘 맞는 이미지를 찾아낼 수 있게 된다.

사용자가 입력한 텍스트 질의를 텍스트 인코더로 임베딩한 다음, 미리 저장된 이미지 벡터들과 비교하여 가장 유사한 항목들을 검색하게 된다. 이때 FAISS, Qdrant, Weaviate 등 벡터 검색 엔진이 사용되며, 검색 속도와 정확도는 HNSW, IVF 등 색인 방식이나 코사인 유사도, 내적 방식 등 유사도 계산 방법에 따라 달라진다.

이미지 기반 이미지 검색

다음은 이미지 기반 이미지 검색Image-to-Image Retrieval이다. 이 방식은 사용자가 텍스트가 아닌 이미지를 입력 수단으로 활용하는 구조다. 즉, 이미지 파일을 직접 업로드하거나 검색 중인 페이지에서 특정 이미지를 선택하면, 그와 시각적으로 유사한 이미지나 상품을 결과로 보여준다. 이 방식을 '콘텐츠 기반 이미지 검색'CBIR, Content-Based Image Retrieval이라고 부르기도 한다. 기술적으로는 이미지의 시각적 특징을 벡터로 변환한 뒤, 벡터 간의 유사도를 계산하여 가장 가까운 이미지를 찾아내는 흐름으로 작동한다.

먼저 검색 대상이 되는 모든 이미지를 사전에 분석하고, 각각의 시각적 특징을 벡터 형태로 변환하여 저장한다. 이 벡터는 이미지의 색상, 질감, 형태, 구도 등 시각적 요소를 수치화한 것으로 임베딩 모델이라고 불리는 딥러닝 기반 신경망이 이 역할을 수행한다. ResNet[1], EfficientNet[2] 같은 전통적인

---

1) ResNet(Residual Network)은 Microsoft Research에서 개발한 합성곱 신경망(CNN) 아키텍처로 잔차 학습(residual learning)을 통해 매우 깊은 네트워크 학습을 가능하게 한다. 이미지 분류, 객체 감지 등 컴퓨터 비전 작업에서 널리 사용된다. (출처 : https://openaccess.thecvf.com/content_cvpr_2016/html/He_Deep_Residual_Learning_CVPR_2016_paper.html)

2) EfficientNet은 Google Brain 팀에서 개발한 CNN 모델로 네트워크 폭, 깊이, 해상도를 균형 있게 확장하는 복합 스케일링 방법을 적용했다. 파라미터 수가 적으면서도 우수한 성능을 보이며, 모

CNN 기반 모델이나 CLIP, DINOv2[1]처럼 Transformer 계열의 멀티모달 모델이 널리 사용된다. CNN 기반 모델은 비교적 단순한 시각적 유사성 계산이나 정형화된 상품 이미지 비교에 적합하다. 모델 구조가 가볍고 학습 데이터의 제약이 적기 때문에 대규모 파인튜닝 없이도 실무 환경에 바로 적용하기 좋다는 장점이 있다.

반면, Transformer 계열의 멀티모달 모델은 텍스트-이미지 간의 의미 기반 매칭이나 복잡한 시각적 맥락까지 반영한 임베딩이 필요한 경우에 더 적합하다. 예를 들어, "이런 분위기의 가방"처럼 정량화하기 어려운 시각 정보를 반영해야 하거나 텍스트로 검색하고 이미지를 결과로 보여줘야 하는 경우에는 CLIP처럼 이미지와 텍스트를 함께 학습한 멀티모달 모델이 적합하다. 또한, DINOv2는 라벨이 없는 이미지 데이터에서도 강력한 표현력을 보이며, 의미 기반의 이미지 검색이나 다양한 시각적 스타일 비교에도 활용된다.

임베딩된 이미지 벡터는 벡터 검색 엔진에 저장할 때 주로 FAISS, Qdrant, Weaviate 등을 사용하는데, 고차원 벡터 간의 유사도를 빠르게 계산하고 가장 가까운 항목들을 실시간으로 찾는다. 그리고 검색 대상 이미지가 많아질수록 효율적인 색인 구조(HNSW, IVF 등)나 GPU 검색 환경이 중요해진다.

사용자가 업로드한 이미지로 검색을 시작할 때, 이 이미지도 동일한 임베딩 모델을 통해 벡터로 변환되어 앞서 저장된 벡터들과 비교하여 유사도 중심으로 이미지를 검색한다.

바일 환경에서도 효율적으로 작동한다. (출처 : https://ai.googleblog.com/2019/05/efficientnet-improving-accuracy-and.html)

1) DINOv2 (Self-Distillation with No Labels v2)은 Meta AI Research에서 개발한 자기지도학습(self-supervised learning) 기반 비전 모델이다. 라벨이 없는 데이터에서도 강력한 시각적 표현을 학습할 수 있으며, 이미지 분류, 객체 감지, 세그멘테이션 등 다양한 작업에 적용할 수 있다. (출처 : https://github.com/facebookresearch/dinov2)

두 방식 모두 사용자에게 이미지 중심의 탐색 경험을 제공하지만, 텍스트 기반 이미지 검색은 주로 키워드와 이미지 콘텐츠 간의 매칭에 집중하는 반면, 이미지 기반 이미지 검색은 시각적 유사성 자체를 중심으로 검색 결과를 구성한다는 점에서 차이가 있다.

색상 검색

색상 검색은 사용자가 찾고자 하는 색상을 중심으로 유사한 색상의 상품이나 이미지를 검색해주는 방식이다. 즉, 색상을 수치화하여 비교 가능한 형태로 변환한 다음, 색상 간 유사도를 기준으로 검색 결과를 정렬하는 것이다. 사용자는 텍스트로 "네이비 계열", "따뜻한 느낌의 파스텔 색상"이라고 입력할 수도 있고, 직접 색상을 선택하거나 이미지를 업로드하여 "이 색과 비슷한 상품"을 찾을 수도 있다.

사전 색인 과정

색상 검색을 구현하려면 이미지에서 주요 색상들을 자동으로 추출하고, 이를 벡터로 저장하여 유사 색상 검색에 활용한다. 주로 scikit-image와 scikit-learn의 KMeans 클러스터링 알고리즘의 조합을 사용한다.

먼저, 검색 대상이 되는 이미지 데이터를 불러온다. 이때 scikit-image의 io.imread() 함수를 사용하면 이미지 파일을 바로 다차원 배열, 즉 RGB 픽셀값으로 변환할 수 있다. 이후 이 픽셀 데이터를 전체 배열로 펼치면, 수천~수만 개의 색상 값이 RGB 형식으로 추출된다.

그러나 RGB는 사람의 시각적 인식과 정확히 일치하지 않기 때문에 Lab 또는 HSV 색 공간으로 변환하여 더 정교한 색상 인식을 반영하도록 한다. 이를 위해 skimage.color.rgb2lab() 같은 변환 함수를 사용할 수 있다. 색 공간 선택은 사용 목적에 따라 달라질 수 있는데, HSV는 색상, 채도, 명도로 구분되어 직관적인 색상 선택에 유용하고, Lab은 인간의 시각 인식에 더 가까운 거리 측정이 가능하여 정교한 색상 유사도 계산에 적합하다.

다음으로는 scikit-learn의 KMeans 알고리즘을 활용하여 색상 클러스터

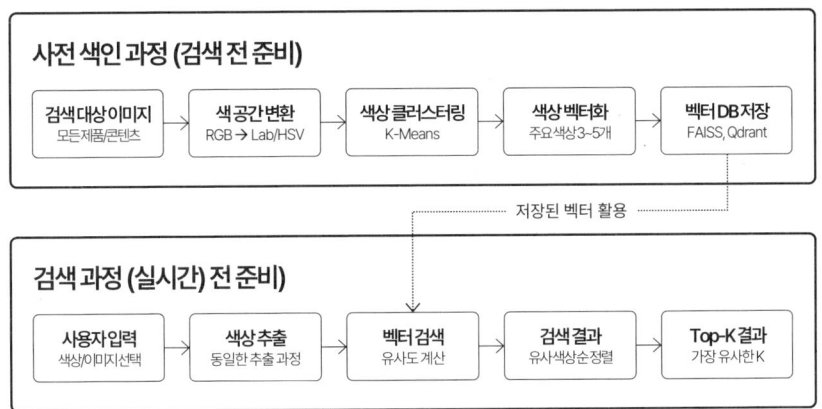

색상 검색 프로세스

링을 수행한다. 이 과정은 이미지 속 수많은 색상 중에서 시각적으로 중요한 색상 그룹을 대표값으로 추려내는 과정이라 할 수 있다. 보통 3~5개 정도의 클러스터 수를 지정하고, 각 클러스터의 중심값을 대표 색상으로 간주한다.

K값, 즉 클러스터 수의 선택은 결과에 큰 영향을 미치며, 이미지 특성에 따라 최적의 K값이 달라질 수 있다. 예를 들어, 단색 계열 제품 이미지에는 더 적은 K값이, 다양한 색상이 포함된 풍경 이미지에는 더 큰 K값이 적합할 수 있다.

이렇게 얻어진 주요 색상 값들은 이후, 검색을 위한 색상 벡터로 저장된다. 예를 들어, 하나의 이미지에 대해 '채도 높은 블루', '중간 밝기의 회색', '따뜻한 베이지' 같은 특징 색상들이 자동으로 추출되고, 이 색상 정보를 기준으로 다른 이미지와 비교할 수 있게 된다.

검색 과정

사용자의 질의도 동일한 방식으로 처리된다. 사용자가 이미지를 업로드하거나 특정 색상 코드를 선택하면, 해당 색상 역시 같은 방식으로 벡터화된다. 그 벡터를 기준으로 사전에 색인된 이미지 색상 벡터들과 유사도를 비교하여 검색이 이루어진다.

유사도 계산에는 보통 유클리드 거리가 사용되며, 경우에 따라 HSV 또는 Lab 공간에서 색상 간 거리 척도를 별도로 정의하여 적용할 수도 있다. 특히, Lab 색 공간에서는 L(밝기), a(초록-빨강 축), b(파랑-노랑 축) 채널에 서로 다른 가중치를 적용하여 인간의 시각적 인식에 더 가까운 색상 거리를 계산할 수 있다. 예를 들어, 명도 차이보다 색상 차이에 더 높은 가중치를 부여함으로써 색조는 비슷하지만 밝기만 다른 이미지들을 그룹화할 수 있다.

이 방식은 단순히 "빨간색만 보기", "노란색 필터 적용"처럼 색상 조건을 설정하는 기본적인 색상 필터와는 다르다. 색상 필터는 이미지 안에 특정 색상이 포함되어 있는지를 걸러주는 방식인데, 이 방식은 색상이 포함만 되어 있으면 전혀 다른 분위기의 이미지도 함께 검색되는 한계가 있다.

반면 scikit-image + KMeans를 활용한 방식은 이미지 전체를 분석하여, 그 이미지가 어떤 색상 조합과 분위기를 주로 담고 있는지를 자동으로 추출하고, 그 색상 정보를 벡터(숫자 배열) 형태로 정리해 둔다. 이 벡터는 하나의 이미지를 색상 관점에서 요약한 데이터라고 볼 수 있으며, 이후 사용자가 입력한 색상이나 업로드한 이미지와 수치적으로 비교할 수 있는 기준이 된다.

단순히 "같은 색이 들어 있는가?"를 넘어서 "이 이미지와 비슷한 색조, 채도, 분위기를 가진 이미지를 찾자"는 탐색이 가능하다. 예를 들어, 사용자가 민트색이 주조인 이미지로 검색을 시작하면, 정확히 같은 민트색이 아니더라도 비슷한 계열의 부드러운 녹색톤을 가진 이미지들을 함께 추천할 수 있는 것이다.

또한, 이런 색상 벡터는 FAISS나 Qdrant 같은 벡터 검색 시스템과 쉽게 통합할 수 있어 이미지 기반 검색, 콘텐츠 추천 시스템과의 구성이 용이하다. 특히, 색상 외에도 형태, 질감, 제품 유형 등의 벡터와 함께 다차원 비교를 수행할 수 있어, "이 이미지와 비슷하지만 색상만 다르게" 또는 "이 색상에 어울리는 다른 스타일의 상품" 같은 복합 검색도 구현할 수 있다.

멀티모달 검색

멀티모달 검색은 텍스트, 이미지, 음성 등 서로 다른 형태의 데이터를 결합해 검색하는 방식을 말한다. '모달'Modal은 사람의 감각처럼 입력의 종류를 의미하므로 멀티모달 검색은 말 그대로 다양한 입력 모달리티를 동시에 활용할 수 있는 검색 시스템을 의미한다.

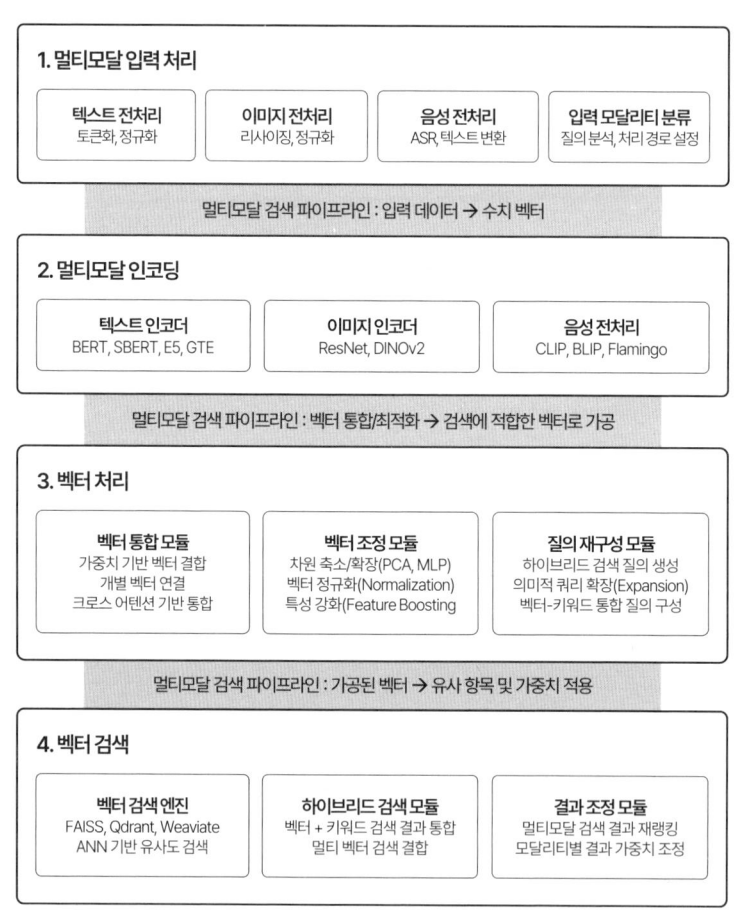

멀티모달 검색 프로세스

멀티모달 입력 처리

기존 검색은 텍스트만 입력하거나 이미지만 입력하는 단일모달 구조였다. 하지만 실제 사용자 행동은 더 복합적이다. 예를 들어, 사용자는 "이 사진처럼 밝은 톤의 가디건 찾아줘"라고 말하면서 이미지를 올리거나 "파란색 운동화인데 이런 느낌"이라며 사진과 텍스트를 함께 입력할 수 있다.

멀티모달 검색에서 입력 처리는 이러한 다양한 모달리티를 인식하고 적절하게 분류하는 과정부터 시작된다. 텍스트, 이미지, 음성 등 서로 다른 형태의 데이터가 동시에 입력될 때, 시스템은 각 모달리티의 특성을 고려하여 처리해야 한다.

텍스트 입력은 자연어 형태로 사용자의 의도와 선호도를 직접적으로 표현한다. "빈티지한", "캐주얼한", "오피스룩"과 같은 스타일 설명부터 "네이비 컬러", "면 소재"와 같은 구체적인 속성까지 다양한 정보를 담고 있다. 이러한 텍스트는 적절한 전처리 과정을 거쳐 검색 시스템이 이해할 수 있는 형태로 변환된다.

이미지 입력은 사용자가 원하는 제품이나 스타일을 참조할 수 있는 이미지를 업로드한다. 사용자가 "이런 스타일"이라며 이미지를 업로드하면, 시스템은 그 이미지에서 색상, 패턴, 스타일, 형태 등의 시각적 특징을 추출해야 한다. 이미지 입력은 사용자가 언어로 표현하기 어려운 미묘한 시각적 선호도를 파악하는 데 중요한 역할을 한다.

음성 입력은 대화형 검색 환경에서 자주 사용된다. 음성은 우선 자동 음성 인식ASR 기술을 통해 텍스트로 변환된 후, 텍스트 처리 과정을 거친다. 음성에는 텍스트 내용 외에도 말투나 강조점 같은 추가 정보가 포함될 수 있어 사용자의 의도를 더 정확히 파악할 수 있다.

멀티모달 입력의 핵심은 이러한 다양한 모달리티를 개별적으로 처리하면서도 전체적인 맥락에서 통합적으로 이해하는 데 있다. 예를 들어, "이 사진의 옷과 비슷한데 더 밝은 색상으로"라는 질의에서 시스템은 이미지에서 스타일과 디자인을 참조하면서도 색상은 사용자가 요청한 "더 밝은" 방향으로 변형해야 한다.

이를 위해 멀티모달 검색은 복합적인 사용자 입력을 분석하여 각 요소가 어떤 모달리티에 속하는지 판단하고, 적절한 처리 경로로 안내한다. 예를 들어, 텍스트 부분은 텍스트 인코더로, 이미지 부분은 이미지 인코더로 전달하는 식이다.

이러한 입력 처리 단계를 통해 다양한 형태의 사용자 입력은 다음 단계인 인코딩 및 임베딩 과정으로 준비된다. 각 모달리티별 전처리가 얼마나 정확하고 효율적으로 이루어지느냐에 따라 최종 검색 결과의 품질이 크게 달라질 수 있다.

멀티모달 인코딩

멀티모달 검색의 핵심 과제는 서로 다른 형식의 데이터를 하나의 공통 표현 공간Shared Embedding Space 안에서 비교할 수 있도록 만드는 것이다. 예를 들어, 사용자의 음성 질의를 텍스트로 변환하여 이미지 설명과 비교할 수도 있고, "따뜻한 느낌"이라는 문장이 어떤 색상과 이미지에 가까운지를 판단할 수도 있다.

이 과정에서 중요한 역할을 하는 것이 다양한 인코더들이다. BERT, SBERT 등 텍스트 인코더는 단어의 의미와 문맥을 고려하여 문장이나 키워드를, ResNet, DINOv2 등 이미지 인코더는 색상, 패턴, 객체 등 시각적 특징을 추출하여 이미지를 벡터로 변환한다.

그러나 각각 생성된 벡터는 서로 다른 임베딩 공간에 존재하기 때문에 직접 비교하기 어렵다. 이때 멀티모달 인코더의 역할이 중요해진다. 텍스트, 이미지, 음성 등 서로 다른 형태의 데이터를 공통된 벡터 공간에 임베딩할 수 있도록 도와주는 모델이 바로 멀티모달 인코더이며, CLIP, BLIP, GIT[1], Flamingo와 같은 모델들이 대표적으로 사용된다.

이 모델들은 대규모 이미지와 해당 설명 문장을 함께 학습하면서 "이 문장에 어울리는 이미지는 어떤 것인지" 또는 "이 이미지에 대한 설명은 어떤 문장이 적절한지"를 동시에 학습한다. 예를 들어, CLIP은 4억 개의 이미지-텍스트 쌍을 통해 이미지와 텍스트 간의 의미적 관계를 학습한다. 이 과정에서 모델은 "해변의 일몰 사진"이라는 텍스트와 실제 해변의 일몰을 담은 이미지가 의미적으로 가깝다는 것을 이해한다.

이 때문에 모델은 텍스트와 이미지를 서로 다른 형식이지만 같은 의미로 해석할 수 있게 된다. 예를 들어, BLIP은 이미지 캡셔닝이나 시각적 질의응답VQA과 같은 작업까지 수행할 수 있으며, Flamingo는 몇 가지 예시만으로도 새로운 질문 유형이나 이미지-텍스트 조합에 대응할 수 있다.

이런 구조가 잘 갖춰지면 사용자가 이미지를 업로드하고 "이런 느낌의 옷 뭐 있지?"라고 질문했을 때, 그 이미지를 벡터로 바꾸고 질의 문장도 같은 벡터 공간에서 처리하여 가장 의미적으로 가까운 결과를 빠르게 찾아낼 수 있다. 또한, "이 드레스와 비슷하지만 더 포멀한 스타일"이라는 복합적인 요청도 처리할 수 있게 된다. 이미지에서 추출한 스타일 정보를 유지하면서 "포멀한"이라는 텍스트 속성을 결합하여 검색할 수 있기 때문이다.

즉, 입력 방식은 달라도 결국은 하나의 공통 언어인 벡터로 비교하는 것이

---

1) GIT(Generative Image-to-text Transformer)는 마이크로소프트에서 개발한 이미지-텍스트 변환 모델로 이미지를 입력받아 관련 텍스트를 생성하는 트랜스포머 기반 구조다. 이미지 캡셔닝, 시각적 질의응답 등 다양한 비전-언어 작업에 활용된다. (출처 : https://www.microsoft.com/en-us/research/publication/git-a-generative-image-to-text-transformer-for-vision-and-language/)

멀티모달 검색의 핵심이다. 이러한 공통 표현 공간은 "내가 본 이 제품과 비슷한데 파란색인 것"처럼 일상 언어로는 정확히 표현하기 어려운 복합적인 사용자 의도를 이해하고 처리하는 데 필수적이다.

실제 구현에서는 이러한 멀티모달 인코더들이 생성한 임베딩을 검색에 바로 활용하거나 패션, 인테리어, 요리 등 특정 도메인에 맞게 파인튜닝하여 더 정확한 검색 결과를 제공하는 방식으로 활용된다. 이렇게 생성된 벡터들은 다음 단계인 벡터 처리 과정에서 통합되고 가공된다.

벡터 처리

인코딩으로 생성된 벡터들은 검색 전에 다양한 모달리티의 벡터들을 통합하고 검색 목적에 맞게 최적화하는 과정을 거친다. 멀티모달 검색에서는 텍스트, 이미지, 음성 등 서로 다른 모달리티에서 생성된 벡터들을 어떻게 처리하고 결합할지가 검색 성능에 큰 영향을 미친다. 사용자가 "이 이미지와 비슷하지만 빨간색인 드레스"라고 질의했을 때, 시스템은 이미지 벡터와 텍스트 벡터를 적절히 통합하여 사용자의 의도를 정확히 반영해야 한다.

벡터 통합

벡터 통합에는 여러 접근 방식이 있다. 가장 단순한 방법은 가중치 기반 벡터 결합으로 이미지 벡터와 텍스트 벡터에 각각 중요도에 따른 가중치를 부여하여 평균을 내는 방식이다. 예를 들어, "이 이미지처럼 캐주얼한 셔츠"라는 질의에서 이미지의 스타일이 더 중요하다면 이미지 벡터에 더 높은 가중치를 부여할 수 있다.

또 다른 방법은 벡터 연결Concatenation이다. 이미지 벡터와 텍스트 벡터를 그대로 이어붙여 하나의 긴 벡터로 만드는 방식으로 두 모달리티의 정보를 모두 유지할 수 있다는 장점이 있다. 다만, 이 경우 벡터 차원이 커져서 계산 복잡도가 증가하고 차원의 저주[1] 문제가 발생할 수 있다.

좀 더 정교하게 통합하려면 크로스 어텐션[2] 기반 통합이 있다. 이는 트랜스포머 모델의 어텐션 메커니즘을 활용하여 텍스트와 이미지 벡터 간의 관계를 동적으로 계산하고 반영하는 방식이다. "이 이미지의 스타일은 유지하되 색상은 텍스트 설명대로 변경"과 같은 복잡한 조건을 처리할 때 효과적이다.

벡터 조정

벡터가 통합된 후에는 일반적으로 벡터 조정 과정을 거친다. 고차원 벡터는 검색 속도를 저하시킬 수 있으므로, PCA[3]나 MLP[4]를 통한 차원 축소가 자주 활용된다. 또한 벡터의 크기가 검색 결과에 영향을 미치지 않도록 벡터 정규화[5]를 수행하여 모든 벡터의 길이를 1로 통일하는 과정도 중요하다.

특정 속성을 강조하기 위한 특성 강화 기법[6]도 자주 사용된다. 예를 들어, 패션 검색에서 색상 관련 특성을 강화하고 싶다면, 벡터의 색상 관련 차원에

---

1) 차원의 저주(Curse of Dimensionality)는 고차원 데이터 공간에서 발생하는 현상으로 차원이 증가할수록 데이터 포인트 간 거리가 희소해지고 유사도 측정이 어려워지는 문제를 말한다. 이로 인해 벡터 검색의 효율성과 정확도가 저하된다. (출처 : https://hastie.su.domains/ElemStatLearn/)

2) 크로스 어텐션(Cross-attention)은 트랜스포머 모델에서 서로 다른 입력 시퀀스 간의 관계를 계산하는 메커니즘으로 멀티모달 모델에서 텍스트와 이미지 같은 다른 모달리티 간의 관계를 모델링하는 데 사용된다. (출처 : tps://arxiv.org/abs/1706.03762)

3) PCA(Principal Component Analysis)는 고차원 데이터의 분산을 최대한 보존하면서 차원을 축소하는 통계적 기법으로 데이터의 주요 특성을 유지하면서 계산 효율성을 높인다.
(출처 : https://arxiv.org/abs/1404.1100)

4) MLP(Multi-Layer Perceptron)는 여러 층의 인공 뉴런으로 구성된 피드포워드 신경망으로 입력 데이터의 비선형 변환을 통해 복잡한 패턴을 학습할 수 있다음.
(출처 : https://www.deeplearningbook.org/)

5) 벡터 정규화(Normalization)는 벡터의 크기를 일정하게 만드는 과정으로 주로 벡터의 길이를 1로 만들어 방향만 고려하도록 함. 이를 통해 벡터 간 유사도 계산이 일관되게 이루어진다.

6) 특성 강화(Feature Boosting)는 특정 특성이나 차원에 가중치를 부여하여 그 중요도를 높이는 기법으로 검색이나 추천 시스템에서 특정 속성을 강조하는 데 사용된다.

가중치를 부여할 수 있다. 이는 "빨간색 드레스"라는 질의에서 다른 속성보다 색상 매칭을 우선시하도록 하는 효과가 있다.

질의 재구성

또한, 질의 재구성 모듈을 통해 원래의 사용자 질의를 확장하거나 변형할 수 있다. 의미적 쿼리 확장은 원래 질의와 의미적으로 유사한 개념들을 추가하여 검색 범위를 넓히는 기법이다. "캐주얼한 옷"이라는 질의를 "캐주얼, 일상복, 편안한, 데일리룩" 등으로 확장하는 방식이다.

이렇게 처리된 벡터는 하이브리드 검색 질의 생성에도 활용된다. 순수한 벡터 검색만으로는 한계가 있을 수 있으므로 벡터 검색과 키워드 검색을 결합한 하이브리드 접근법이 실무에서 많이 사용된다. 예를 들어, "빨간색 미니 드레스"라는 질의에서 "빨간색"과 "미니"는 필터 조건으로, 전체 질의의 의미는 벡터 검색 조건으로 활용할 수 있다.

벡터 처리 과정은 단순히 기술적인 절차를 넘어 사용자의 복잡한 의도를 정확히 포착하고 표현하는 중요한 과정이다. 언어와 이미지라는 서로 다른 세계를 하나의 공간에서 의미 있게 연결하고, 이를 통해 사용자가 말로 표현하기 어려운 미묘한 선호도까지 검색 결과에 반영할 수 있게 해준다.

적절한 벡터 처리 전략을 통해 멀티모달 검색 시스템은 "이 디자인은 좋은데 색상만 다른 제품", "이런 느낌이지만 좀 더 모던한 스타일"과 같은 미묘하고 주관적인 질의에도 효과적으로 대응할 수 있게 된다. 이런 과정을 거친 벡터는 최종적으로 검색 및 랭킹 단계로 넘어가 사용자에게 의미 있는 결과를 제공하게 된다.

벡터 검색

벡터 처리를 거친 벡터는 사용자의 복합적 질의를 반영하여 실제 검색 결과로 변환된다. FAISS, Qdrant, Weaviate와 같은 벡터 검색 엔진은 수백만 개의 고차원 벡터 중에서 질의 벡터와 가장 유사한 항목들을 빠르게 찾아낸다. 일반적인 데이터베이스와 달리, 이들 엔진은 근사 최근접 이웃ANN 알고리즘[1]을 활용하여 정확한 결과를 약간 희생하는 대신 검색 속도를 크게 향상시킨다.

예를 들어, 사용자가 "네이비 블루 니트 카디건"이라는 텍스트와 함께 참조 이미지를 업로드했다면, 시스템은 이 복합 질의를 처리한 통합 벡터를 기준으로 가장 유사한 상품들을 검색한다. 이때 HNSW나 IVF와 같은 색인 구조가 검색 효율성을 높인다.

단일 벡터 검색만으로는 복잡한 사용자 요구를 완벽히 충족시키기 어려울 수 있어 실제 상용 시스템에서는 벡터 검색과 키워드 검색의 장점을 결합하는 하이브리드 검색 모듈이 자주 활용된다. "2023년 출시된 방수 기능이 있는 가벼운 등산화"라는 질의에서 "2023년"과 "방수"는 메타데이터 필터로, "가벼운 등산화"의 의미적 표현은 벡터 검색으로 처리할 수 있다.

또한, 멀티 벡터 검색 결합 방식도 효과적이다. 텍스트 벡터, 이미지 벡터, 통합 벡터 등 여러 종류의 벡터로 검색한 결과를 통합하여 더 정확한 결과를 도출하는 방식이다. 이는 "무채색 슬림핏 정장"처럼 색상과 핏 두 가지 속성이 중요한 질의에서 각 속성에 최적화된 벡터를 활용할 수 있게 해준다.

검색 결과는 상품 인기도, 재고 상태, 판매 실적, 사용자 피드백 등 다양한 요소를 반영하여 조정된다. 모달리티별 결과 가중치 조정도 중요하다. 특히,

---

1) 근사 최근접 이웃(ANN, Approximate Nearest Neighbor)은 대규모 벡터 데이터베이스에서 정확한 최근접 이웃 검색 대신 근사적으로 가장 유사한 벡터를 빠르게 찾는 알고리즘이다.

패션 검색에서는 상황에 따라 색상, 패턴, 스타일 중 어떤 요소를 더 중시할지 달라질 수 있다. "여름용 프린트 원피스"라는 질의에서는 계절감과 패턴이 중요하므로, 이러한 속성과 관련된 벡터 차원에 더 높은 가중치를 부여할 수 있다.

검색 결과 자체도 멀티모달 형태로 제공할 수 있다. 유사 상품 이미지와 함께 그 상품의 특징을 설명하는 텍스트, 색상 팔레트, 스타일 태그 등을 함께 보여주는 방식이다. 이는 사용자가 "왜 이 결과가 나왔는지"를 이해하는 데 도움을 준다. 예를 들어, "미니멀한 거실 인테리어"를 검색했을 때, 검색 결과와 함께 "깔끔한 선, 중성 색상, 여백의 미"와 같은 설명이 제공되면 사용자는 시스템이 "미니멀함"을 어떻게 해석했는지 이해할 수 있다.

생성형 AI를 활용한 설명 생성도 주목할 만한 발전이다. 단순히 결과를 나열하는 것이 아니라 "이 상품은 귀하가 찾는 네이비 컬러에 클래식한 디자인을, 그러나 현대적 감성을 더한 카디건입니다"와 같이 사용자 질의와 검색 결과 간의 관계를 자연어로 설명해주는 접근법이다.

멀티모달 검색 파이프라인

멀티모달 검색은 복잡한 입력을 처리, 변환, 통합하여 의미 있는 결과로 도출하는 일련의 과정을 필요로 한다. 이러한 과정을 효율적으로 관리하고 구성하는 것이 파이프라인의 핵심 역할이다. 멀티모달 검색 파이프라인은 단순한 단계의 나열이 아니라 다양한 데이터 타입과 처리 모듈을 하나의 일관된 흐름으로 연결하는 아키텍처적 구조다.

파이프라인 구축에는 입력 처리, 인코딩, 벡터 통합, 검색 등 각 단계를 모듈화하고, 이들 간의 데이터 흐름을 정의하는 작업이 포함된다. 특히, 멀티모달 검색에서는 텍스트, 이미지, 음성 등 서로 다른 타입의 데이터가 별도의 경로로 처리되다가 특정 지점에서 통합되는 복잡한 구조가 필요하다.

이러한 복잡성을 관리하기 위해 다양한 파이프라인 통합 프레임워크가 개발되었다. "LangChain"은 LLM과 외부 데이터 소스를 연결하는 모듈식 프레임워크로 멀티모달 검색에서 텍스트 처리와 다양한 데이터 소스 연결에 특화되어 있다. LangChain은 "체인"이라는 개념을 통해 여러 처리 단계를 연결하고, 각 단계에서 텍스트, 이미지 등 다양한 입력을 처리할 수 있는 유연한 구조를 제공한다.

예를 들어, 사용자가 "이 사진과 비슷한 빈티지 스타일의 의자"라고 질의했을 때, LangChain으로 텍스트 분석을 통해 의도를 파악하고, 이미지 처리 모듈로 사진을 전달하며, 최종적으로 검색 결과를 생성하는 일련의 체인을 구성할 수 있다. 이러한 모듈식 접근법은 각 단계를 독립적으로 개발하고 테스트할 수 있게 해주며, 필요에 따라 새로운 기능을 쉽게 추가할 수 있다.

"LlamaIndex"는 LLM 기반 애플리케이션에서 외부 데이터 소스를 효율적으로 관리하고 색인화하는데 특화된 프레임워크다. 멀티모달 검색에서는 이미지 데이터베이스, 텍스트 코퍼스, 메타데이터 등 다양한 데이터 소스를 통합하고 색인화하는 과정이 중요한데, LlamaIndex는 이런 작업을 간소화한다. 특히, "멀티모달 인덱스"를 구성하여 텍스트와 이미지 데이터를 함께 저장하고 검색할 수 있는 구조를 제공한다.

실제 예로, 패션 제품 검색 시스템에서 LlamaIndex는 제품 이미지, 설명 텍스트, 메타데이터를 통합적으로 색인화하여, "카키색 코튼 소재의 후드 티셔츠"와 같은 복합 질의에 효과적으로 대응할 수 있게 한다. 이러한 통합 색인은 검색 속도와 정확도를 크게 향상시킨다.

멀티모달 검색 시스템에서는 데이터 처리와 파이프라인 실행을 관리하고 조율하는 도구가 필요하다. "Apache Airflow"는 이러한 목적으로 널리 사용되는 워크플로우 관리 플랫폼이다. Airflow는 "DAG"[1]라는 개념을 통해 복잡한 데이터 처리 흐름을 정의하고 스케줄링할 수 있게 해준다.

멀티모달 검색 시스템에서 Airflow는 정기적인 데이터 수집, 모델 재학습, 색인 갱신 등의 작업을 자동화하는 데 사용된다. 예를 들어, 매일 밤 새로운 제품 데이터를 수집하고, 이미지 인코더로 벡터화한 후, 검색 색인을 업데이트하는 일련의 과정을 Airflow DAG로 정의할 수 있다. 또한 오류 발생 시 대체 경로를 정의하거나, 처리 결과를 모니터링하는 기능도 제공한다.

파이프라인 구성 방식에는 여러 접근법이 있다. "병렬 처리" 방식에서는 텍스트, 이미지 등 각 모달리티를 동시에 독립적으로 처리하여 효율성을 높인다. "순차 처리" 방식은 각 단계의 결과가 다음 단계의 입력으로 이어지는 구조로 단계별 의존성이 높을 때 적합하다. 실제 시스템에서는 두 방식을 조합한 "하이브리드" 접근법이 많이 사용된다. 예를 들어, 텍스트와 이미지 처리는 병렬로 진행하되, 그 결과를 통합하는 과정은 순차적으로 수행하는 방식이다.

멀티모달 검색 파이프라인은 단순한 기술적 작업을 넘어 사용자 요구와 비즈니스 목표를 효과적으로 달성하기 위한 환경을 구축하는 것이다. 잘 설계된 파이프라인은 사용자의 다양한 입력을 원활하게 처리하고, 새로운 모델이나 데이터 소스를 쉽게 통합할 수 있는 유연성을 제공하여 시스템 전체의 성능과 확장성을 결정하는 핵심 요소가 된다.

---

1) DAG(Directed Acyclic Graph)는 방향이 있고 순환이 없는 그래프 구조로 노드 간 순서와 의존성을 명확히 표현한다. 워크플로우 관리 시스템에서 작업의 실행 순서와 의존 관계를 정의하는 데 사용되며, 병렬 처리가 가능한 작업을 식별하는 데 유용하다.
(출처 : https://www.maths.ed.ac.uk/~v1ranick/papers/bondyandmurty.pdf)

05 추천
Recommendation

인구 통계 기반 추천

규칙 기반 추천

온보딩 개인화

지식 기반 추천

맥락 기반 추천

콘텐츠 기반 추천

협업 필터링

하이브리드 추천

5. 추천

추천 시스템은 사용자와 정보 사이의 '탐색 비용'을 줄여주는 기술이다. 사용자가 일일이 선택하거나 검색하지 않아도, 취향과 맥락에 맞는 콘텐츠나 상품을 자동으로 제안하여 경험의 효율성과 만족도를 동시에 높인다. 대부분의 디지털 서비스에서 추천은 선택이 아닌 필수가 되었고, 그 배경에는 AI 기술의 발전이 있다.

초기의 추천 시스템은 사용자 또는 아이템 간의 단순한 유사성을 계산하는 협업 필터링에서 시작했다. 이후 아이템의 특성과 사용자 선호도를 매칭하는 콘텐츠 기반 추천, 그리고 두 방법을 결합한 하이브리드 방식으로 점점 정교해졌다. 여기에 사용자 피드백을 학습하는 강화학습 기반 추천, 사용자 맥락을 실시간 반영하는 생성 기반 추천까지 등장하며, 추천 시스템은 그 자체로 하나의 AI 기술 생태계를 이루고 있다.

이 장에서는 추천 시스템의 대표적인 접근 방식과 기술 구성 요소를 소개하고, 각각의 방식이 어떻게 진화해왔는지, 또 어떤 상황에서 효과적으로 활용될 수 있는지를 살펴본다. 추천은 사용자 경험의 핵심이며, 서비스 몰입도를 높이는 가장 강력한 무기다. 그만큼 기술적 깊이와 함께 기획적 감각이 요구되는 분야이기도 하다.

인구 통계 기반 추천

인구 통계 기반 추천은 사용자의 나이, 성별, 지역 등과 같은 인구 통계학적 정보를 활용하여 개인화된 상품을 제안하는 방식이다. 인구 통계 기반 추천에서는 상품 자체의 속성을 직접 분석하는 대신 해당 상품을 소비한 사용자들의 인구통계 정보를 바탕으로 간접적인 속성을 추정하는 방식이 일반적이다.

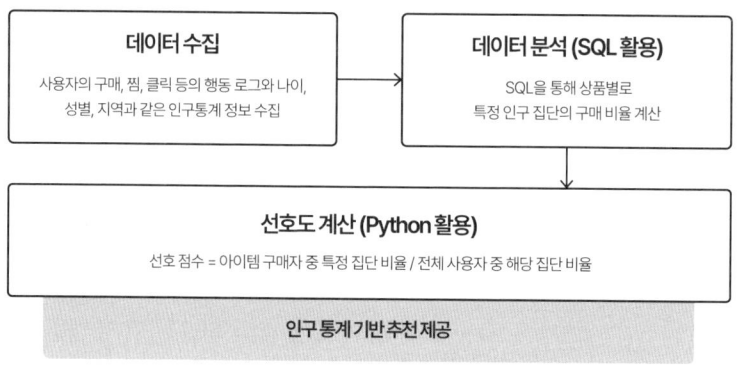

인구 통계 기반 추천 프로세스

데이터 수집 및 분석

상품에 인구통계학적 속성을 간접적으로 부여하기 위해서는, 단순히 "이 상품을 누가 구매했는가"를 보는 데서 한 걸음 더 나아가야 한다. 예를 들어, 어떤 상품의 구매자 중 20대 여성이 많다고 해서 무조건 '20대 여성 선호 아이템'이라고 부를 수는 없다. 실무에서는 이런 분류가 신뢰를 갖기 위해 일정한 기준과 근거를 필요로 한다.

가장 기본적인 방법은 전체 구매자 중 특정 인구 집단이 차지하는 비율을 계산하고, 일정 임계값 이상일 때 선호 집단으로 분류하는 방식이다. 예를 들어, '화이트 플로럴 블라우스'의 총 구매자 수가 100명이고, 이 중 20대 초반 여성이 66명이라면 66%에 해당한다.

공식적이거나 이론적 근거는 아니지만 실무에서는 보통 60% 이상이면 특정 집단의 선호 경향이 강하다고 간주하고, 40~60% 사이는 혼합적인 소비 패턴, 40% 미만이면 해당 집단의 특성이 뚜렷하지 않다고 본다.

인구 통계 기반 상품 선호도 평가 기준 예시

상품명	총 구매자 수	20대 초반 여성 구매자 수	비율	판단
화이트 플로럴 블라우스	100명	66명	66%	20대 초반 여성 선호 아이템

하지만 이런 절대 비율만으로 판단하기에는 부족한 경우도 있다. 만약 전체 쇼핑몰 이용자의 80%가 20대 여성이라면, 어떤 상품의 구매자 중 60%가 20대 여성이라는 사실만으로는 그다지 특별하다고 보기 어렵다. 따라서 실무에서는 이 비율을 전체 사용자 분포와 비교하여 상대적으로 높은지를 평가하는 방법도 함께 사용한다.

선호도 계산

이때는 다음과 같은 선호 점수Preference Score를 활용할 수 있다.

선호 점수 = 아이템 구매자 중 특정 집단 비율 / 전체 사용자 중 해당 집단 비율

예를 들어, '화이트 플로럴 블라우스'의 구매자 중 66%가 20대 초반 여성이고, 전체 사용자 중 20대 초반 여성의 비율이 30%라면, 선호 점수는 다음과 같다.

$$\frac{0.66}{0.30} = 2.2$$

이 수치는 해당 아이템이 평균보다 2.2배 더 많이 20대 초반 여성에게 소비되었다는 뜻이다. 선호 점수가 1.5 이상이면 해당 집단이 뚜렷하게 선호하는 아이템이라고 판단할 수 있으며, 2.0 이상일 경우 매우 강한 선호 경향으로 간주된다.

20대 초반 여성 선호도 분석 결과 예시

항목	값
전체 사용자 중 20대 초반 여성 비율	30%
구매자 중 20대 초반 여성 비율	66%
선호 점수	2.2
판단	강한 선호 경향 있음

이렇게 절대 비율 기준과 상대 선호 점수 기준을 함께 고려하면, 아이템에 인구통계학적 속성을 부여할 때 보다 신뢰도 있는 분류가 가능하다. 추천 시스템의 품질은 이러한 기준 설정의 정교함에서 시작된다고 해도 과언이 아니다. 특히, 여성 쇼핑몰처럼 연령대별, 성별별 소비 패턴이 뚜렷한 환경에서는 이 방식이 실제 추천 성과에 큰 영향을 미친다.

인구 통계 기반 추천은 복잡한 인공지능 모델이 없어도 구현할 수 있다. 실제로 실무에서는 대부분 SQL과 Python이라는 두 가지 도구를 조합해서 구현하고 있다. 먼저 SQL은 쇼핑몰에서 쌓인 구매, 찜, 클릭 등 사용자 행동 로그를 정리하고 분석한다.

예를 들어, "20대 여성들이 가장 많이 구매한 상품이 무엇인지"를 확인하려면, 쿼리 예시처럼 SQL을 통해 구매 기록 중 20대 여성에 해당하는 데이터를 먼저 추출하고, 거기서 자주 등장한 상품을 순서대로 나열한다.

PostgreSQL 쿼리 예시

```
SELECT item_id, COUNT(*) AS purchase_count
FROM purchases
WHERE age BETWEEN 20 AND 25 AND gender = 'F'
GROUP BY item_id
ORDER BY purchase_count DESC
LIMIT 10;
```

그런데 SQL만으로는 통계적 판단이나 조건 기반 필터링을 유연하게 처리하기 어렵기 때문에 Python이 함께 사용된다. Python은 데이터를 더 정밀하게 다루거나 계산식에 따라 점수를 매기는 데 활용된다. 예를 들어, 어떤 상품의 구매자 중 66%가 20대 여성이고, 전체 고객 중 해당 집단이 30%라면, Python으로 그 두 비율을 비교하여 '선호 점수'를 계산하여 해당 집단의 선호 상품을 태깅할 수 있다.

요약하자면, SQL은 데이터를 요약하고 정리하는 역할, Python은 그 데이터를 바탕으로 판단 기준을 적용하고 추천 결과를 생성하는 역할을 맡는다.

규칙 기반 추천

규칙 기반 추천은 사용자의 명시적인 행동 패턴이나 구매 이력에 기초하여 특정 조건에 따라 추천하는 방식이다. 복잡한 알고리즘이나 모델 학습 없이도 자동화된 규칙을 만들어 적용할 수 있어 가장 실천하기 좋다.

예를 들어, 여성 쇼핑몰에서 '라이트 블루 데님 자켓'을 구매한 고객 중 상당수가 '화이트 와이드 팬츠'도 함께 구매한 이력이 있다면, 이 두 상품 사이에는 의미 있는 연관성이 있다고 볼 수 있다. 단순히 한 번 우연히 같이 구매된 것이 아니라, 전체 구매자 중 일정 비율 이상이 이 두 아이템을 함께 구매했다면 이건 명확한 '패턴'이고, 추천에 적용할 수 있는 '규칙'이 된다.

이는 마치 우리가 자켓을 살 때, 어울리는 바지를 함께 구매하거나 찜해두는 행동과 유사하다. 쇼핑몰은 이런 행동을 관찰하고 분석하여 "이 상품을 구매한 고객이 함께 본 상품" 혹은 "이 상품과 함께 구매된 상품"으로 추천하면 된다.

다음 표에서 보듯, '라이트 블루 데님 쟈켓' 구매자의 약 절반이 '화이트 와이드 팬츠'도 함께 구매했다. 이 경우, 두 상품 사이에는 연관 규칙을 적용할 수 있다. 반면, '옐로우 셔링 원피스'와 '진주 헤어핀'처럼 함께 구매한 비율이 낮은 조합은 추천에서 제외시킨다.

상품 간 연관성 분석 및 추천 기준

기준 상품	연관 상품	함께 구매한 비율	추천 여부
라이트 블루 데님 쟈켓	화이트 와이드 팬츠	47%	포함
블랙 새틴 슬립 드레스	실버 스트랩 힐	22%	조건부 포함
옐로우 셔링 원피스	진주 헤어핀	10%	제외

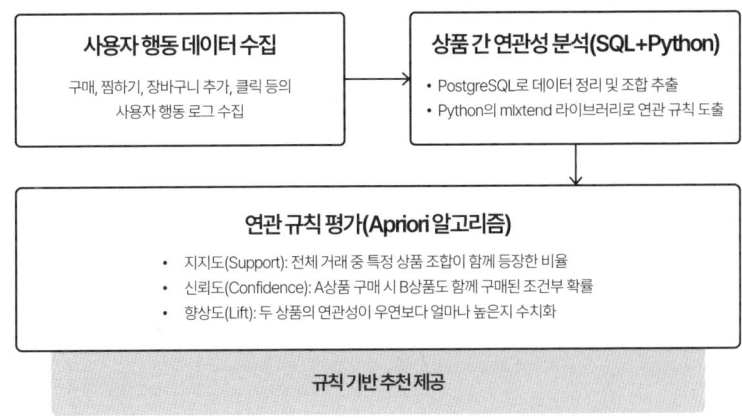

규칙 기반 추천 프로세스

이런 규칙은 단순히 구매에만 적용되는 것뿐만 아니라 찜하기, 장바구니 추가, 클릭 같은 다양한 사용자 행동 전체에 적용할 수 있다. 이 방식은 개별 사용자의 특성을 심층적으로 분석하지 않지만, 전체 사용자 행동 속에서 자주 발견되는 반복적인 패턴을 기반으로 한다. 특히, 패션 코디네이션처럼 자연스럽고 반복적인 행동일수록 추천의 신뢰도가 높아진다.

사용자 행동 데이터 수집

개발 측면에서 규칙 기반 추천은 복잡한 모델 학습 없이도 구현이 가능하다는 장점이 있다. 이 방식의 성능은 얼마나 많은 사용자 행동을 수집하고, 그 속에서 유의미한 패턴을 정확하게 추출하느냐에 달려 있다. 그래서 핵심은 사용자가 어떤 상품을 구매하거나 클릭하거나 장바구니에 담은 이후, 그 다음에 어떤 상품에 반응했는지를 관찰하는 것이다.

예를 들어, 많은 사용자가 '화이트 플로럴 블라우스'를 구매한 뒤 '라이트 블루 데님 자켓'을 장바구니에 함께 담았다면, 이 두 아이템 사이에는 일정한 연관성이 있다고 볼 수 있다. 이처럼 사용자 행동이 반복적으로 누적되는 경우, 그 데이터는 자연스럽게 추천을 위한 규칙으로 전환될 수 있다.

상품 간 연관성 분석

이런 분석은 주로 Python을 활용한다. pandas 라이브러리를 이용하면 사용자별 상품 반응 데이터를 손쉽게 집계하고, 특정 행동 조합이 얼마나 자주 발생했는지를 계산할 수 있다. 초기에 간단한 규칙을 구성할 때는 "A 상품을 구매한 사람 중 B 상품도 클릭한 사람의 비율이 일정 이상인지"를 판단하여 임계치를 설정해도 충분하다. 하지만 사용자의 행동 데이터가 많아지고, 조합이 다양해지면 수동으로 규칙을 만드는 것이 어렵기 때문에 자동화 구성이 필수적이다.

이때 Python 기반의 오픈소스 라이브러리인 mlxtend를 사용한다. 이 도구는 Apriori 알고리즘[1]을 이용하여 수많은 장바구니 데이터를 자동으로 분석하고, 상품 간의 연관 규칙을 도출해낸다.

연관 규칙 평가

Apriori 알고리즘은 단순히 개별 상품의 빈도수만 세는 것과 달리, 상품 조합의 지지도Support, 신뢰도Confidence, 향상도Lift를 종합적으로 평가한다. 지지도는 전체 거래 중 특정 상품 조합이 함께 등장한 비율을, 신뢰도는 A 상품이 구매됐을 때 B 상품도 함께 구매된 조건부 확률을, 향상도는 두 상품의 연관성이 우연보다 얼마나 높은지를 수치화한다.

예를 들어, '화이트 플로럴 블라우스를 구매한 사람 중 42%가 라이트 블

---

[1] Apriori 알고리즘은 연관 규칙 학습에서 널리 사용되는 알고리즘으로 "자주 발생하는 아이템셋의 모든 하위집합도 자주 발생한다"는 원리에 기반한다. 지지도(Support), 신뢰도(Confidence), 향상도(Lift) 세 가지 주요 지표를 활용하여 아이템 간 관계를 수치화한다. 이 알고리즘은 상품 추천, 마케팅 전략, 매장 진열 최적화 등에 활용되며, Python의 mlxtend 라이브러리로 쉽게 구현할 수 있다.

루 데님 자켓도 함께 담았다'는 식의 규칙이 생성되고, 이 규칙이 신뢰도나 향상도와 같은 기준을 충족할 경우, 추천 시스템에 자동으로 포함시킬 수 있다. 이 방식은 단순히 빈도수를 세는 것보다 훨씬 정교하게 작동하기 때문에 추천 품질을 높이는 데 큰 도움이 된다.

사용자 행동 로그에서 의미 있는 조합을 추출하기 위해서는 PostgreSQL 같은 관계형 데이터베이스가 필요하다. SQL에서는 JOIN, GROUP BY, COUNT, HAVING 절 등을 조합하여 "A 상품을 구매한 사용자 중 B 상품도 클릭한 비율이 30%를 초과하는 경우"를 질의할 수 있고, 이 조건을 기반으로 추천 후보군을 구성할 수 있다.

온보딩 개인화

온보딩 개인화Onboarding Personalization는 사용자가 선호하는 관심사를 선택하고, 이를 기반으로 맞춤형 콘텐츠나 개인화된 서비스를 제공하는 것을 말한다. 이를 통해 자신의 관심사, 행동 패턴, 환경에 맞춰 제공되는 경험을 제공받음으로써 서비스 이탈률을 줄이고 사용자 참여도를 높일 수 있다.

회원가입 시 관심사 선택을 요구하는 것은 역효과를 불러올 수 있다는 점에 유의해야 한다. 특히, 서비스 내용을 충분히 확인하지 않은 상태에서 관심사를 먼저 선택하도록 유도하면 사용자는 당황하거나 거부감을 느낄 수 있다. 더군다나, 가입 후 어떤 방식으로 관심사가 반영될지 알 수 없는 상황에

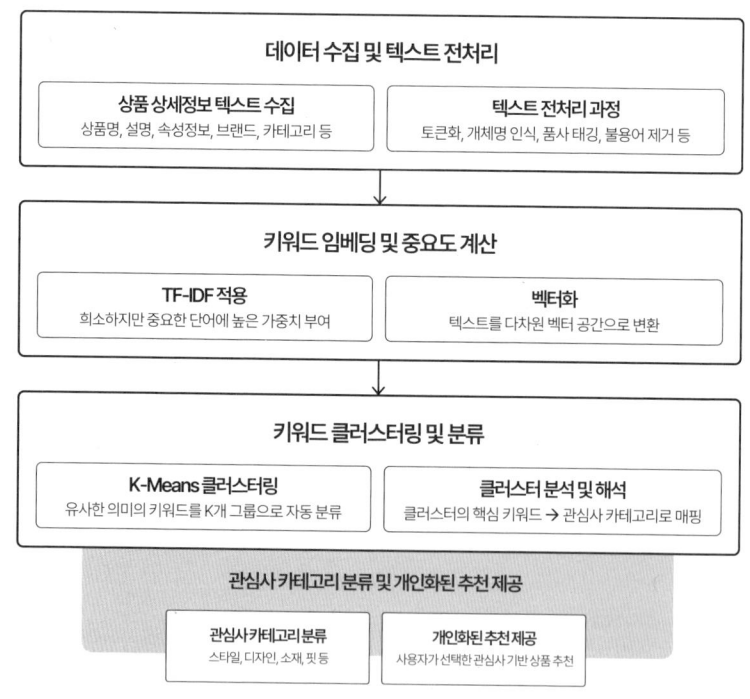

온보딩 개인화 프로세스

서는 신중할 수밖에 없으며, 이는 선택 과정에서 심리적 부담을 높이는 요인이 된다.

따라서 관심사 선택이 필수적으로 요구될 경우, 최소한의 맥락을 제공하거나 가입 이후에도 쉽게 수정할 수 있도록 유연한 방식으로 설계하는 것이 중요하다. 온보딩[1] 개인화는 관심사 키워드 추출, 관심사 선택, 관심사 기반 상품 추천 순으로 진행된다.

우선 관심사 키워드를 추출해야 하는데, 추출 방법은 다양하다. 예를 들어, 패션 쇼핑몰이라면 주로 카테고리 제목, 상품명, 패션 트렌드, 패션 스타일, 소셜 트렌드, 검색 로그 등을 통해 관심사 키워드를 추출한다.

여기서는 좀 더 개인화 효과를 높이기 위해 상품 상세정보를 통해 상품 속성을 추출하고, 이를 관심사 키워드로 사용하는 방법을 제시하고자 한다. 개인화는 상품 중심으로 구현하는 방식이 효과적이며, 관심사가 상품과 연관될 때 사용자의 구매 결정에 더 직접적인 영향을 미칠 수 있다.

예시는 macys.com의 여성복 상세정보이다. 이미 높은 수준으로 정제된 정보여서 텍스트 정제나 키워드 추출 없이 BERT와 같은 사전 훈련된 언어 모델로 관심사 키워드를 추출해도 되지만, 상품 수가 많고 데이터 량이 많다면 전처리 과정을 거치는 것이 효율적이다.

<예시>

Product Details

A pretty day look for every elevated-casual occasion, this dress from Sam Edelman features swirling embroidery for a playful finish.

---

[1] "Onboarding"은 단순히 어떤 곳에 탑승한다는 의미에서 확장되어 새로운 환경에 적응한다는 의미도 포함하고 있다. 회사에서 "직원 온보딩"은 새로운 직원이 조직과 업무에 적응하는 과정, 소프트웨어에서 "사용자 온보딩"은 새로운 사용자가 앱이나 서비스에 익숙해지는 과정을 의미한다.

Sign up for emails & get an extra 25% off! Exclusions apply. Sign Up   Order Tracking | Stores | Gift Registry | Shipping To

★macy's

Search

| Women | Men | Kids & Baby | Home | Shoes | Handbags & Accessories | Jewelry | Sale |

Women's Clothing, Shoes & Accessories / Dresses

Sam Edelman
Women's Rope-Embroidered Eyelet Dress

Limited-Time Special

KRW 142,300.00 (40% off) ~~KRW 237,166.00~~ Details

KRW 15,011.00 Star Money for KRW 150,105.00

Color: Blue/white

Size: Please select   Size Chart

| 2 | 4 | 6 | 8 | 10 | 12 | 14 |

Add To Bag

You may also like

julia jordan	Taylor	Taylor	Anne Klein
Women's Long-...	Women's Eyelet-...	Women's Lace-Tri...	Women's Floral-...
KRW 193,635.00	KRW 207,145.00	KRW 207,145.00	KRW 238,667.00
		★★★★★ (1)	

Product Details

Web ID: 20749214

A pretty day look for every elevated-casual occasion, this dress from Sam Edelman features swirling embroidery for a playful finish.

Product Features
- Imported
- V-neck; fold collar
- Button closures at top front
- Rope-motif eyelet embroidery throughout; tiered skirt
- Short sleeves
- Lined

Size & Fit
- Approx. 51" long from center back neck to hem. Length is based on size 6.
- Fit & Flare: Fitted through the chest and waist; flared and flowing skirt

Materials & Care
- 100% polyester
- Dry clean
- IMPORTANT NOTE: This item arrives with a return tag attached and instructions for removal. Once the tag is removed from the dress, this item cannot be returned.

Shipping & Returns
- Select items are excluded from international shipping exclusions & details
- Free shipping applies to domestic leg only, additional shipping fees and duties may apply at checkout.
- Dresses must be returned within 30 days of purchase. Dress must be in saleable condition with tags still attached. Items are not returnable if worn, altered or tags removed.
- California and Minnesota customers call 1-800-289-6229 for Free Shipping information.
- For complete details, see our Shipping and Returns policies.

Chat with a style expert

Our experts can answer any questions you have about this item, or help you find something new.

Chat Now

View Less

Shop similar styles

julia jordan	julia jordan	Vince Camuto	kensie	kensie	julia jord
NEW! Women's Printed Short-Bubble-Sleeve Midi Dress	Women's Floral-Print Button-Front Midi Dress	Women's Floral-Print Puffed-Sleeve Dress	NEW! Women's Embroidered Cotton Midi Dress	Women's Floral-Print A-Line Dress	NEW! Sleevel
KRW 208,646.00	KRW 193,635.00	KRW 222,155.00	KRW 222,155.00	KRW 192,134.00	KRW 19
KRW 15,011.00 Star Money for KRW 150,105.00	KRW 15,011.00 Star Money for KRW 150,105.00	KRW 15,011.00 Star Money for KRW 150,105.00	KRW 15,011.00 Star Money for KRW 150,105.00	KRW 15,011.00 Star Money for KRW 150,105.00	KRW 15, 150,105.
	★★★★★ (2)	★★★★☆ (3)		★★★★☆ (6)	

Product Features

- Imported
- V-neck; fold collar
- Button closures at top front
- Rope-motif eyelet embroidery throughout; tiered skirt
- Short sleeves
- Lined

Size & Fit

- Approx. 51" long from center back neck to hem. Length is based on size 6.
- Fit & Flare: Fitted through the chest and waist; flared and flowing skirt

텍스트 전처리

우선 상품 상세정보(원본 텍스트)를 spaCy를 사용하여 다음과 같이 텍스트 정제 과정을 거친다.

토큰화 Tokenization

원본 텍스트를 단어 단위(토큰)로 분리한다. 예시처럼 "A" 같은 불필요한 단어나 쉼표(,), 마침표(.) 등 특수문자도 개별 토큰으로 취급하여 분리한다. 이 과정에서 "Rope-motif"와 같은 단어는 하이픈(-)을 포함한 채 분리되며, 줄바꿈과 리스트 기호(•)는 제거된다.

<예시>

["A", "pretty", "day", "look", "for", "every", "elevated", "-", "casual", "occasion", ",", "this", "dress", "from", "Sam", "Edelman", "features", "swirling", "embroidery", "for", "a", "playful", "finish", ".", "Product", "Features", "Imported", "V-neck", "fold", "collar", "Button", "closures", "at", "top", "front", "Rope-motif", "eyelet", "embroidery", "throughout", "tiered", "skirt", "Short", "sleeves", "Lined", "Approx.", "51", "long", "from", "center", "back", "neck", "to", "hem", ".",

"Length", "is", "based", "on", "size", "6", ".", "Fit", "&",
"Flare", "Fitted", "through", "the", "chest", "and", "waist",
"flared", "and", "flowing", "skirt"]

개체명 인식 NER, Named Entity Recognition

토큰화된 데이터에서 브랜드, 상품, 소재 등을 자동으로 식별한다. 일반적으로 사전 훈련된 spaCy의 NER 모델은 "Sam Edelman"을 브랜드명(ORG)으로 인식할 수 있지만, 나머지 단어는 개체명으로 인식하지 못한다.

패션 쇼핑몰의 특성상 "skirt"를 포함한 패션 아이템도 개체명으로 정의하는 것이 적절하므로 NER 모델을 학습하거나 규칙 기반 처리 방식을 추가해야 하는데, 예시의 경우 규칙 기반 처리 방식이 더 효율적이기 때문에 사전에 정의된 키워드 목록을 사용하여 특정 단어를 "PRODUCT"로 태깅한다.

예를 들어 "Sam Edelman"(ORG), "dress"(PRODUCT)처럼 개체를 분류하면, 사용자가 "tiered skirt"(PRODUCT)를 검색했을 때 같은 "PRODUCT" 카테고리에 속하는 다른 관련 상품을 추천할 수 있다. 또한 "Sam Edelman"(ORG) 브랜드를 자주 검색한 이력이 있다면 해당 브랜드의 유사 상품을 우선 추천할 수 있다. 나아가 사용자가 관심을 보인 디자인 요소와 일치하는 상품을 추천하여 개인화 수준을 더욱 높일 수 있다.

상품 상세정보 텍스트에서 추출된 개체명 분류 예시

단어	개체명(엔터티)
Sam Edelman	ORG (조직, 브랜드)
dress	PRODUCT (상품)
embroidery	MATERIAL (소재/디자인)
tiered skirt	PRODUCT (상품)
V-neck	DESIGN (디자인 요소)

<예시>

Entities:[("Sam Edelman", ORG), ("dress", PRODUCT), ("embroidery", MATERIAL), ("tiered skirt", PRODUCT), ("V-neck", DESIGN)]

품사 태깅 POS Tagging

토큰화된 데이터의 단어가 명사, 동사, 형용사 등 어떤 품사에 해당하는지를 자동으로 판별한다. 이를 통해 각 단어가 문장에서 어떤 역할을 하는지 분석하여 문장 전체의 의미를 더 정확하게 이해할 수 있게 된다.

상품 상세정보 텍스트 품사 태깅 유형 예시

품사	예시
DET(Determiner)	"A", "this", "every" 같은 관사를 인식
ADJ(Adjective)	"pretty", "elevated", "casual" 같은 형용사를 식별
NOUN(Noun)	"dress", "embroidery", "occasion" 같은 명사를 식별
VERB(Verb)	"features" 같은 동사를 식별
PUNCT(Punctuation)	쉼표, 마침표 등 문장 부호를 식별

<예시>

[("A", DET), ("pretty", ADJ), ("day", NOUN), ("look", NOUN), ("for", ADP), ("every", DET), ("elevated", ADJ), ("-", PUNCT), ("casual", ADJ), ("occasion", NOUN), (",", PUNCT), ("this", DET), ("dress", NOUN), ("from", ADP), ("Sam", PROPN), ("Edelman", PROPN), ("features", VERB), ("swirling", ADJ), ("embroidery", NOUN), ("for", ADP), ("a", DET), ("playful", ADJ), ("finish", NOUN), (".", PUNCT), ("Product", NOUN), ("Features", NOUN), ("Imported", ADJ), ("V-neck", NOUN), ("fold", NOUN), ("collar", NOUN), ("Button", NOUN), ("closures", NOUN), ("at", ADP), ("top", NOUN), ("front", NOUN), ("Rope-motif", NOUN), ("eyelet", NOUN), ("embroidery", NOUN), ("throughout", ADP), ("tiered", ADJ), ("skirt", NOUN), ("Short", ADJ), ("sleeves", NOUN), ("Lined", ADJ), ("Approx.", ADJ), ("51", NUM), ("long", ADJ), ("from", ADP), ("center", NOUN), ("back", NOUN), ("neck", NOUN), ("to", PART), ("hem", NOUN), (".", PUNCT),

("Length", NOUN), ("is", AUX), ("based", VERB), ("on", ADP), ("size", NOUN), ("6", NUM), (".", PUNCT), ("Fit", NOUN), ("&", CCONJ), ("Flare", NOUN), ("Fitted", VERB), ("through", ADP), ("the", DET), ("chest", NOUN), ("and", CCONJ), ("waist", NOUN), ("flared", VERB), ("and", CCONJ), ("flowing", VERB), ("skirt", NOUN)]

특수문자 및 불용어 제거

쉼표, 마침표, 하이픈, 세미콜론 등 특수문자와 관사 같은 의미 없는 불용어를 제거한다.

<예시>

["pretty", "day", "look", "casual", "occasion", "dress", "Sam", "Edelman", "features", "swirling", "embroidery", "playful", "finish", "Product", "Features", "Imported", "V-neck", "fold", "collar", "Button", "closures", "top", "front", "Rope-motif", "eyelet", "embroidery", "tiered", "skirt", "Short", "sleeves", "Lined", "Approx", "long", "center", "back", "neck", "hem", "Length", "based", "size", "Fit", "Flare", "Fitted", "chest", "waist", "flared", "flowing", "skirt"]

소문자 변환 Lowercasing

모든 단어를 소문자로 변환한다. 자연어 처리NLP에서 같은 단어라도 대소문자 차이 때문에 서로 다른 단어로 인식될 수 있고, 대소문자를 구별하면 같은 단어도 여러 형태로 저장되므로 데이터베이스 용량이 증가하고 검색 속도가 느려질 수 있어 대소문자를 구별하지 않고 모든 단어를 소문자로 변환한다. 다만, 고유명사는 대문자를 유지한다.

<예시>

["pretty", "day", "look", "casual", "occasion", "dress", "Sam", "Edelman", "features", "swirling", "embroidery", "playful", "finish", "product", "features", "imported", "v-neck", "fold", "collar", "button", "closures", "top", "front", "rope-motif", "eyelet", "embroidery", "tiered", "skirt", "short", "sleeves", "lined", "approx", "long", "center", "back", "neck", "hem", "length", "based", "size", "fit", "flare", "fitted", "chest", "waist", "flared", "flowing", "skirt"]

위와 같은 정제 과정을 거쳐 다음과 같은 정제된 텍스트를 얻게 된다.

<예시> 정제된 텍스트

["pretty", "day", "look", "casual", "occasion", "dress", "Sam", "Edelman", "features", "swirling", "embroidery", "playful", "finish", "product", "features", "imported", "v-neck", "fold", "collar", "button", "closures", "top", "front", "rope-motif", "eyelet", "embroidery", "tiered", "skirt", "short", "sleeves", "lined", "approx", "long", "center", "back", "neck", "hem", "length", "based", "size", "fit", "flare", "fitted", "chest", "waist", "flared", "flowing", "skirt"]

TF-IDF 적용

이제 정제된 텍스트는 TF-IDF를 적용하여 키워드 임베딩을 수행한다. TF-IDF는 문서 내 단어의 중요도를 수치로 나타내는 방법이다. 쉽게 말해, "자주 등장하는 단어일수록 중요하다(단어 빈도, Term Frequency). 하지만 너무 흔한 단어는 덜 중요하다(역단어 빈도, Inverse Document Frequency)"는 가정 아래 빈도의 개념으로 단어의 중요도를 계산한다. TF-IDF는 앞으로 자주 언급될 개념이어서 여기서에서 좀 더 구체적으로 살펴본 후 다음 단계로 넘어가자.

예를 들어, 아래와 같은 문장이 있다고 해보자.

"This dress has a beautiful embroidery. This dress is elegant."

우선 위 문장에 등장한 각 단어 빈도[TF]는 다음 표와 같다. "dress"는 2번 등장했으므로 "embroidery"보다 더 중요할 가능성이 있다. 즉, 자주 나오는 단어일수록 해당 문서에서 중요한 단어일 가능성이 크다고 간주한다.

단어 빈도(TF) 분석 예시

단어	등장 횟수 (TF)
this	2
dress	2
has	1
a	1
beautiful	1
embroidery	1
is	1
elegant	1

하지만 "this", "a", "is" 같은 단어는 거의 모든 문서에 등장하는데, 이런 단어들이 의미를 구별하는 데 별로 중요하지 않다는 점이 문제다. 그래서 너무 흔한 단어의 중요도를 낮추는 방식IDF을 고안한 것이다.

"dress"가 100개 문서 중 40개 문서에 등장하고, "embroidery"는 100개 문서 중 5개 문서에 등장했을 때, IDF는 다음과 같은 수식으로 계산하여 "dress"의 IDF 값은 0.916, "embroidery"의 IDF 값은 2.996이다. "dress"는 많은 문서에서 등장하지만 IDF 값이 작다. 즉, 흔한 단어이므로 덜 중요하다는 의미다.

반면에 "embroidery"는 적은 문서에서 등장하지만 IDF 값이 크다는 것은, 희귀 단어일수록 더 중요하다는 뜻이다. 이처럼 IDF는 특정한 문서에서만 등장하는 희귀 단어를 더 중요한 단어로 간주하는 것이 핵심이다.

IDF 계산식 : IDF=log(총 문서 수/단어가 포함된 문서 수)

- dress의 IDF=log(100/40)=0.916
- embroidery의 IDF = log(100/5)=2.996

이제 문서에서 정말 중요한 단어를 찾기 위해 TF 값(단어 빈도)과 IDF(역단어 빈도) 값을 곱해서 최종적으로 단어 중요도를 계산하면 "embroidery"는 "dress"보다 TF-IDF 값이 높으므로 이 문서에서는 "embroidery"가 더 중요한 키워드로 선정된다.

TF-IDF 계산 예시

단어	TF	IDF	TF-IDF (TF × IDF)
dress	2	0.916	1.832
embroidery	1	2.996	2.996

이렇게 IDF를 적용하면, 검색 엔진, 추천 시스템, 문서 분류에서 불필요한 단어를 무시하고 중요한 단어를 강조할 수 있다. 예를 들어, 사용자가 쇼핑몰에서 "요즘 유행하는 드레스"라고 검색어를 입력할 때, "요즘", "유행하는", "드레스"를 각각 동등하게 검색하는 것이 아니라 "요즘", "유행하는" 같은 일반 단어는 IDF 값을 낮추고 "드레스"는 중요한 단어로 강조하여 IDF 값을 높인다. 그 결과, "드레스"와 연관된 검색 결과를 상위에 노출시킨다. 또한, 다음과 같은 사용자 구매 내역이 있다고 가정하자.

사용자 구매 내역

- 사용자 A의 구매 내역 : 화이트 드레스, 오프숄더 드레스, 랩 드레스
- 사용자 B의 구매 내역 : 화이트 정장, 오피스룩, 블라우스

만약 IDF를 적용하지 않았다면 추천 시스템은 단순한 키워드 빈도만 고려하여 상품을 추천할 가능성이 높다. 그래서 사용자 A는 물론이고, 정장을 선호하는 사용자 B에게도 드레스를 추천할 수 있다.

IDF 적용 전 추천 예시 : 사용자 추천 상품

A	B
화이트 드레스, 오프숄더 드레스, 랩 드레스	미디 드레스, 블라우스 원피스, 정장 원피스

이 경우 IDF를 적용하여 자주 등장하는 일반적인 단어의 중요도를 낮추고, 차별화된 단어를 강조하게 된다. 즉, "드레스"는 쇼핑몰 전체 상품 설명에서 자주 등장하는 단어이므로 IDF 값이 낮아지고 중요도가 감소된다.

반대로 "오프숄더", "랩"과 같은 구체적인 스타일 키워드는 자주 등장하는 단어는 아니지만 중요도가 상승하여 사용자 A는 유사한 스타일을 추천받을 수 있다. 사용자 B의 경우, "드레스"의 IDF 값이 낮아지고 중요도가 감소하여 정장과 관련된 상품을 추천받게 된다.

IDF 적용 후 추천 예시 : 사용자 추천 상품

카테고리	아이템
A	새틴 슬립 드레스, A라인 미디 드레스, 플레어 드레스
B	테일러드 블레이저, 포멀 슬랙스, 셔츠 블라우스

다시 관심사 키워드 추출로 돌아와서, 위와 같은 과정으로 정제된 텍스트에 TF-IDF를 적용하여 키워드 임베딩을 수행하면 다음과 같은 결과를 얻을 수 있고, 이렇게 키워드 임베딩에 의해 숫자로 변환되면 다양한 머신러닝 알고리즘을 적용할 수 있다. 이 작업은 주로 Python의 scikit-learn 라이브러리에 있는 TfidfVectorizer 모듈을 사용하여 쉽게 구현할 수 있다.

TF-IDF 임베딩 결과 예시(일부 차원만 표현)

단어	차원 1	차원 2	차원 3	차원 4	차원 5
pretty	0.23	0.10	0.04	0.00	0.12
dress	0.19	0.35	0.21	0.10	0.07
v-neck	0.00	0.00	0.30	0.40	0.18
embroidery	0.05	0.12	0.19	0.27	0.31

다음은 scikit-learn의 K-Means 클러스터링을 사용하여 비슷한 의미를 가진 단어를 K개의 그룹으로 자동 분류한다. K값은 미리 지정해야 하며, 적절한 K값을 찾는 별도의 과정이 필요하지만, 여기서는 생략한다. 실제 구현에서는 최소 수백 개 이상의 단어 데이터가 필요하며, 데이터 량이 적을 경우 계층적 클러스터링Hierarchical Clustering이나 DBSCAN과 같은 밀도 기반 알고리즘을 고려할 수 있다.

다음 예시는 설명을 위한 목적이며, 실제 적용 시에는 충분한 데이터를 확보하고 검증 과정을 거쳐야 한다. 위 예시의 단어 개수가 너무 적어 클러스터링으로는 유의미한 결과를 얻기 어렵지만, 예시적으로 단어를 4개의 그룹으로 클러스터링하면 다음과 같은 결과를 얻을 수 있다.

결과를 살펴보면, 'Cluster 0'는 핏Fit과 관련된 키워드, 'Cluster 1'은 의류 종류와 관련된 키워드, 'Cluster 2'는 브랜드나 일반적인 제품 설명과 관련된 키워드, 'Cluster 3'는 의류의 디자인 요소와 관련된 키워드로 묶인 것을 알 수 있다.

클러스터링 결과 예시

```
Cluster 0: ["fit", "flare", "fitted", "flowing"]
Cluster 1: ["dress", "skirt", "tiered", "short", "sleeves"]
Cluster 2: ["Sam", "Edelman", "features", "imported"]
Cluster 3: ["v-neck", "collar", "button", "closures"]
```

지금까지의 과정을 전체 상품으로 확대 적용하고, 반복적인 분석을 통해 더 많은 상품에 대해 키워드를 추출하여 분류하면 다음과 같은 도출된 관심사 키워드를 사용자가 선택하도록 만든다. 이런 과정을 거쳐 추천 서비스를 위한 초기 프로파일을 생성한다.

<예시> 관심사 키워드

스타일 유형(Fashion Style)

- **Casual**: day dress, relaxed fit, comfy wear, effortless style
- **Elegant**: satin finish, embroidery details, classic design
- **Chic**: minimalist, modern fit, trendy look, monochrome
- **Bohemian**: flowy silhouette, lace details, floral patterns
- **Vintage**: retro print, polka dots, 90s inspired, A-line cut
- **Streetwear**: oversized fit, urban style, graphic prints
- **Formal/Business**: tailored fit, structured design, blazer dress

디자인 요소(Design Elements)

- **Neckline**: V-neck, sweetheart, halter, off-shoulder, square-neck
- **Sleeve Type**: short sleeves, puff sleeves, sleeveless, bell sleeves
- **Skirt Style**: tiered skirt, pleated, high-slit, mermaid cut, wrap style
- **Closure Type**: button closures, zipper, hook & eye
- **Embroidery & Details**: lace trim, beadwork, ruffles, floral embroidery

소재 및 원단(Fabric & Material)

- **Lightweight Fabrics**: chiffon, organza, cotton blend, linen
- **Luxe Fabrics**: silk, satin, velvet, cashmere
- **Stretch Fabrics**: spandex, elastane, ribbed knit
- **Textured Fabrics**: corduroy, tweed, crochet, seersucker
- **Sustainable Fabrics**: organic cotton, recycled polyester, TENCEL™

핏 및 실루엣(Fit & Silhouette)

- **Fitted Styles**: bodycon, structured fit, tailored waist
- **Relaxed Styles**: oversized, flowy, loose-fit
- **Aesthetic Cuts**: A-line, empire waist, high-low, asymmetric hem

패턴 및 컬러(Patterns & Colors)

- **Solid Colors**: neutral tones, pastel shades, bold colors
- **Prints & Patterns**: floral, geometric, stripes, polka dots, tie-dye
- **Artistic & Abstract**: graphic prints, color-blocking, ombre effect

계절 및 착용 환경(Season & Occasion)

- **Spring/Summer**: lightweight fabrics, bright colors, floral prints
- **Fall/Winter**: layering pieces, wool blends, knitwear
- **Formal Events**: wedding guest dress, gala outfit, evening wear
- **Casual Daily Wear**: everyday essentials, brunch outfits
- **Resort & Beachwear**: breezy silhouettes, cover-ups, crochet dresses
- **Work & Business Attire**: structured dresses, blazer dress, midi skirts

지식 기반 추천

최소의 사용자 프로파일 데이터로 구현할 수 있는 지식 기반 추천부터 알아보자. 지식 기반 추천Knowledge-Based Filtering은 미리 정의된 규칙과 사용자가 선택한 조건에 따라 상품을 필터링하는 방법으로 다른 추천 방법과 달리, 사용자 데이터에 크게 의존하지 않기 때문에 초기 데이터 부족 현상인 콜드 스타트의 영향을 덜 받는다.

즉, 스타일, 색상, 브랜드, 사이즈, 가격대 등 사전 정의된 조건을 필터링 기능으로 제공하고, 사용자가 원하는 조건을 선택하면 해당 조건과 일치하는 상품을 추출하여 추천한다.

이 방법은 TF-IDF나 클러스터링 과정 없이 단순한 메타데이터만을 활용하여 구현할 수도 있다. 하지만 그 결과의 품질과 다양성 면에서는 큰 차이가 있다. 예를 들어, 사용자가 "oversized" 스타일을 선택했을 때를 비교해보자. 단순한 메타데이터 기반 필터링은 메타데이터에 명시적으로 "oversized"로 태그된 제품만 추천한다.

그러나 TF-IDF를 적용하면 상품 설명이나 리뷰에서 "oversized"와 함께 자주 등장하는 "flowy", "loose-fit", "relaxed" 같은 관련 용어의 중요도를 계산할 수 있다. 이를 통해 메타데이터에 직접 "oversized"가 태그되지 않았더라도 의미적으로 유사한 제품들을 발견하여 추천할 수 있다.

또한 K-Means 클러스터링을 적용하면, 제품 설명, 속성, 사용자 행동 패턴 등을 기반으로 비슷한 특성을 가진 상품들을 자동으로 그룹화한다. 이렇게 하면 "Relaxed Styles" 같은 의미적 클러스터가 형성되어 사용자가 "oversized" 제품에 관심을 보였을 때 같은 클러스터에 속한 "flowy", "loose-fit" 제품들도 함께 추천할 수 있어 추천의 다양성과 정확성이 더욱 높아진다.

이와 같이 지식 기반 추천은 복잡한 알고리즘 없이 필터링만으로 추천 서비스를 구현할 수 있고 사용자가 직접 설정한 조건을 반영하여 빠르게 추천할 수 있지만, 사용자가 선택 행위를 해야만 추천이 이루어지고 색상, 스타일 등 조건과 약간 다른 상품을 추천하지 못한다는 문제가 있다.

지식 기반 추천 프로세스

맥락 기반 추천

맥락 기반 추천은 단순히 "이 사용자가 무엇을 좋아하는가?"를 넘어서, "이 사용자가 지금 어떤 상황에 있는가?"를 함께 고려하는 방식이다. 기존의 추천 시스템이 사용자와 아이템 간의 관계가 중심이었다면, 맥락 기반 추천은 '시간', '장소', '기기', '날씨', '행동 패턴' 같은 외부 요인Context을 추가하여 더 정교한 추천을 구현한다.

예를 들어, 같은 사용자가 여름 낮에 모바일로 접속했을 때와 겨울 저녁에 PC로 접속했을 때는 전혀 다른 니즈를 가질 수 있는데, 이러한 상황 차이를 고려하여 상품을 추천하는 것이 바로 맥락 기반 추천이다.

이러한 접근은 사용자 취향이 일정하지 않거나 상황에 따라 소비 성향이 크게 달라지는 경우에 효과적이다. 예를 들어, 여성 쇼핑몰에서는 사용자가 평일 점심에 모바일로 둘러보는 상품과 주말 저녁에 천천히 쇼핑하는 상품이 다를 수 있기 때문에 날씨나 위치 정보도 중요한 변수다. 비가 오는 날에는 레인부츠나 트렌치코트가 더 자주 검색되거나 구매될 수 있듯이 맥락 정보는 개별 사용자를 더 입체적으로 이해하는 데 도움이 된다.

실제 구현에 있어 맥락 기반 추천은 크게 두 가지 방식으로 나뉜다. 하나는 추천 알고리즘에 맥락을 적용하는 방식이고, 다른 하나는 추천 결과를 생성한 후 후처리 단계에서 맥락을 적용하는 방식이다.

알고리즘+맥락

전자는 추천 알고리즘이 학습할 때부터 맥락 정보를 함께 고려한다. 예를 들어, 사용자의 구매 로그에 시간대 정보가 포함되어 있다면, 모델은 '이 사용자는 평일 저녁 8시에 여성스러운 원피스를 자주 구매한다'는 패턴을 학습

맥락 기반 추천 프로세스

할 수 있다. 이후 같은 사용자가 다시 저녁 시간에 접속하면, 알고리즘이 자동으로 그 시간대와 어울리는 상품을 상위에 배치하는 방식이다. 맥락이 데이터 자체에 포함되므로 추천의 정밀도가 높아지는 장점이 있다.

추천 결과+맥락

반면 후자의 방식은 기본 추천 결과를 먼저 생성한 뒤, 사용자의 현재 맥락에 맞춰 필터링하거나 재정렬하는 방식이다. 예를 들어, 콘텐츠 기반 추천을 통해 옐로우 셔링 원피스, 블랙 새틴 슬립 드레스, 라이트 블루 데님 자켓이 추천 목록에 포함되었을 때, 현재 사용자의 접속 시간이 평일 저녁 8시라면, 해당 시간대에 자주 클릭되거나 구매된 이력이 있는 옐로우 셔링 원피스를 우선적으로 보여주는 식이다. 추천 모델 자체는 맥락을 고려하지 않지만, 결과를 정제하면서 맥락을 반영할 수 있기 때문에 구현이 비교적 간단하고 유연하다.

맥락 기반 추천을 적용하기 위해 가장 먼저 해야 하는 일은 맥락 정보를 수집하는 것이다. 사용자가 쇼핑몰에 접속할 때, 단순히 어떤 상품을 클릭했는지만 저장하는 것이 아니라 그 시점의 접속 시간, 사용하는 기기, 위치 정보, 진입 경로 같은 다양한 맥락 정보도 함께 기록한다.

이때는 Fluentd[1]나 Logstash[2] 같은 오픈소스 로그 수집 도구가 활용된다. 클라우드 환경에서는 Google Analytics 4[GA4]나 Firebase Analytics 같은 도구도 널리 쓰인다. GA4는 기존의 Universal Analytics[3]에서 발전된 형태로서 이벤트 기반 측정 모델[4]을 사용하여 사용자 여정을 더 정확하게 추적할 수 있으며, Firebase Analytics는 모바일 앱에서의 사용자 행동을 자세히 추적하여 맥락 기반 추천에 필요한 풍부한 데이터를 제공한다. 이러한 시스

---

[1] Fluentd는 오픈 소스 데이터 수집기로 다양한 데이터 소스에서 로그와 이벤트 데이터를 통합하고 전달하는 데 사용되는 도구이다. (출처 : https://www.fluentd.org/architecture)

[2] Logstash는 Elastic Stack의 일부로 다양한 소스에서 데이터를 수집하고 변환한 후 Elasticsearch와 같은 '스태시'로 전송하는 서버 측 데이터 처리 파이프라인이다. (출처 : https://www.elastic.co/logstash)

[3] Universal Analytics는 구글 애널리틱스의 이전 버전으로 세션 기반 데이터 수집 모델을 사용하며 2023년 7월부터 표준 속성에 대한 데이터 처리가 중단되었다. (출처 : https://support.google.com/analytics/answer/11583528?hl=ko)

[4] 이벤트 기반 측정 모델은 GA4에서 도입된 접근 방식으로 페이지뷰, 클릭, 스크롤 등 사용자의 모든 상호작용을 개별 이벤트로 처리하여 웹사이트와 앱 전반에 걸친 사용자 여정을 더 정확하게 추적할 수 있게 해주는 모델이다. (출처 : https://support.google.com/analytics/answer/9964640?hl=ko)

템들은 사용자가 웹이나 앱에서 어떤 행동을 했는지를 실시간으로 기록하면서 동시에 그 행동이 발생한 상황도 함께 저장한다.

이어지는 단계는 수집된 맥락 데이터를 정제하여 저장하는 것이다. 수집된 로그는 정형 데이터가 아니기 때문에 분석에 활용하려면 정리 작업이 필요하다. 이 과정에서는 Python의 pandas 라이브러리와 PostgreSQL 데이터베이스를 주로 사용한다.

예를 들어, 사용자의 접속 시간이 "2025-03-25 18:23:12"라면, 이 데이터를 "평일 / 저녁 시간대"로 변환하는 식이다. PostgreSQL에서는 DATE_TRUNC, EXTRACT, CASE WHEN 같은 함수들을 활용하여 시간 정보를 원하는 단위로 나누거나 범주화할 수 있다. 또한, Python으로 이 데이터를 좀 더 유연하게 가공할 수 있다.

이어서, 사용자-맥락-아이템 간의 상관관계를 분석한다. 이 과정은 저장된 맥락 데이터를 통해 "어떤 맥락에서 어떤 상품이 자주 판매되는가"를 통계적으로 미리 분석한다. 이때는 주로 Python과 pandas를 사용하여 다양한 맥락 조건에 따라 사용자 반응 데이터를 나누고, 각 조건에서의 인기 아이템이나 클릭률을 계산한다. 이렇게 하면 '시간대별 선호도 프로파일', '날씨 조건별 인기 상품'과 같은 통계가 생성되며, 이것이 곧 추천 로직의 기반이 된다.

최종적으로 추천 리스트를 생성하고 맥락을 반영한다. 이전 과정에서 통계적으로 미리 분석해 두었기 때문에 추천 리스트가 생성되면 맥락에 맞는 상품을 우선적으로 추천할 수 있다. 이 과정에서는 Python의 조건문을 활용하거나 우선순위를 계산하여 맥락 기반 추천을 구현한다.

콘텐츠 기반 추천

콘텐츠 기반 추천Content-Based Filtering은 사용자가 과거에 관심을 보였거나 선호했던 상품과 유사한 상품을 추천하는 방법이다. 스타일, 색상, 소재 등 사용자의 선호도와 상품의 고유한 특징을 연결하여 개인화된 추천을 제공하는 방식이다. 콘텐츠 기반 추천은 크게 다음 세 단계로 진행된다.

1. **상품 속성 추출** : 상품의 특성을 나타내는 속성 데이터를 수집하고 정리하는 단계
   - **기본 속성** : 스타일, 색상, 사이즈, 소재, 카테고리 등 상품 자체의 특징을 나타내는 메타데이터
   - **사용자 정의 속성** : 인기상품, 친환경, 시즌별 상품, 신상, 특가 등 상품 관리나 판매를 위해 운영되는 데이터
2. **사용자 프로파일 생성** : 사용자의 행동 데이터를 분석해 선호도를 파악하는 단계
   - **명시적 데이터** : 사용자가 직접 입력한 선호도 정보
   - **암시적 데이터** : 검색, 조회, 장바구니, 구매 등의 행동 로그에서 추출한 정보
3. **유사도 계산** : 사용자 프로파일과 상품 속성 간의 유사성을 수치화하여 추천하는 단계
   - **속성 기반 벡터화** : 상품과 사용자 프로파일을 벡터로 변환
   - **코사인 유사도 등을 활용한 계산** : 수치화된 유사도에 따라 추천 목록 구성

각 단계별로 상세한 방법과 구현 기법을 살펴보자.

상품 속성 추출

상품 속성 중 기본 속성은 앞에서 살펴봤던 관심사 키워드 추출 과정과 같다. 여기서는 사용자 정의 속성에 대해 좀 더 자세하게 살펴보려고 한다. 이 속성은 자동 추출이 어려운 상품의 특징, 트렌드 반영, 판매 전략 등에 따라 주관적으로 설정되는데, 다음 사례처럼 주로 기획 의도를 반영하여 작성한

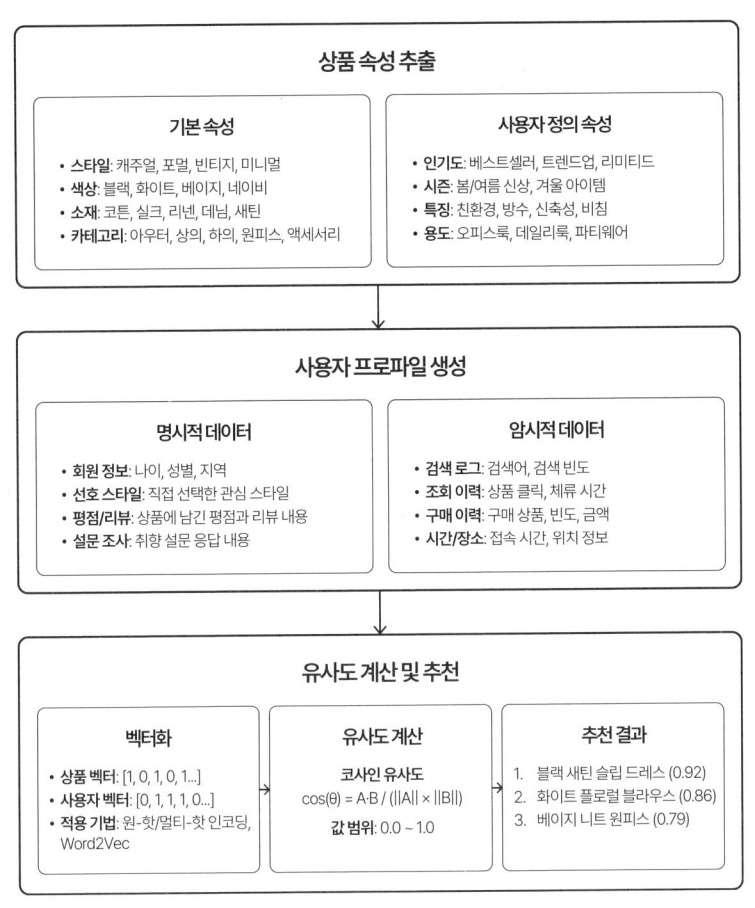

콘텐츠 기반 추천 프로세스

다. 따라서 기획자가 작성하며, 기획자의 배경, 역량, 그리고 노력에 따라 편차가 크다. 이런 편차를 줄이고 기획자의 역량에 의존하지 않고 사용자 정의 속성을 추출하기 위해서는 데이터 수집, 데이터 추출, 속성 태깅, 속성 저장 순으로 진행된다.

내부 데이터 수집

우선, 분석할 데이터를 수집한다. 데이터는 내부 시스템에서 수집하는 내부 데이터와 소셜 미디어, 검색엔진, 포털 등에서 수집하는 외부 데이터로 구분할 수 있다. 내부 데이터 중 고정된 구조, 관계형 데이터 등 정형 데이터는 RDBMS, 자주 바뀌는 데이터, 로그 데이터 등 비정형 데이터는 NoSQL에 저장되어 있다. 정형 데이터는 RDBMS에서 SQL 쿼리를 통해 데이터를 필터링하여 추출한 후 기존 테이블에 컬럼을 추가하여 저장한다.

데이터 추출

MySQL, PostgreSQL 같은 RDBMS는 기본적으로 SQL 기능을 제공한다. 이 기능으로 상품과 기간을 지정 및 조회하여 상품 및 기간별 판매량, 재고수량, 상품등록일, 사용자 평점 등 상품 속성 추출에 필요한 데이터를 수집하고, 이를 분석하여 자동 태깅 방식으로 상품 속성을 추출한다.

속성 태깅

여기서는 마케팅에 도움될 수 있는 정성적인 키워드가 필요하기 때문에 자연어 생성[1]이 가능한 GPT 계열 모델 Hugging Face Transformers 코드를 Python에서 실행하는 방법을 선택했다.

Hugging Face Transformers를 사용하면 판매량 증가율이 급증한 경우에는 "Trend Up", "Hot", 재고 수량이 적은 경우에는 "Limited Stock", "Almost Gone", 평점이 높은 경우에는 "Customer Favorite", "High Rated", SNS나 리뷰 언급 많은 경우에는 "Buzzing", "Influencer Pick", 출시 직후 판매량 높은 경우에는 "Fast Mover" 등과 같은 속성 태그를 자동으로 생성할 수 있다.

---

1) 자연어 생성(NLG, Natural Language Generation)은 인공지능과 자연어 처리(NLP)의 한 분야로써 컴퓨터가 인간이 이해할 수 있는 자연스러운 언어 텍스트를 생성하는 기술을 말하며, 데이터나 정형화된 정보를 인간이 읽을 수 있는 자연스러운 텍스트로 변환하는 과정을 포함합니다.

Hugging Face Transformers 코드 예시

```python
from transformers import pipeline

# Hugging Face pipeline 초기화 (GPT-2 기반 텍스트 생성기)
nlg_pipeline = pipeline("text-generation", model="gpt2")

# 상품 데이터 예시
product_data = {
    "상품명": "블랙 새틴 슬립 드레스",
    "판매량 증가율": "+130%",
    "재고 수량": "5개",
    "사용자 평점": "4.9"
}

# 프롬프트 생성
prompt = f"""
상품명: {product_data['상품명']}
판매량 증가율: {product_data['판매량 증가율']}
재고 수량: {product_data['재고 수량']}
사용자 평점: {product_data['사용자 평점']}

위 데이터를 바탕으로, 마케팅에 활용할 수 있는 속성 태그를 추천해줘:
"""

# 태그 생성
result = nlg_pipeline(prompt, max_length=150, num_return_sequences=1)

generated_text = result[0]['generated_text']

# 프롬프트를 제외하고 생성된 태그만 추출
tags_text = generated_text[len(prompt):].strip()

print("생성된 마케팅 태그:")
print(tags_text)
# 예상 출력: "Hot, Trend Up, Limited Stock, Re-Purchase"
```

속성 저장

지금까지 살펴봤던 과정을 매번 수작업으로 처리하는 것은 너무 번거로운 작업이다. 그래서 일련의 과정, 즉 워크플로우를 원하는 일정에 자동적으로 처리하도록 Apache Airflow[1]를 사용하여 데이터 파이프라인을 구축하면 DB에서 원하는 조건에 맞는 데이터를 추출할 수 있다. 그런 다음, 이 데이터를 Hugging Face Transformers에 전달하여 출력된 결과를 다시 DB에 저장하는 워크플로우를 자동화할 수 있다.

PostgreSQL 코드 예시

"최근 7일간 사용자 주문 데이터 수집"

```
SELECT user_id, product_id, purchase_date, amount
FROM orders
WHERE purchase_date >= NOW() - INTERVAL '7 days';
```

수집 데이터 예시

속성 기준 수집 데이터 계산 방식

항목	기준	설명
판매량 증가율	상품별 일/주간 판매량	판매량 변화율 = (이번주 - 지난주) / 지난주
평점 유지	사용자 평점	평균 평점 ≥ 4.5점, 리뷰 수 ≥ 20 이상 등
재고 부족	재고 수량 데이터	재고 ≤ 5개
신상품	상품 등록일	등록일 ≥ 오늘 기준 7일 이내
계절별 인기	판매량 + 계절 정보	봄 시즌 중 판매량 상위 10% 상품 등

---

1) Apache Airflow는 데이터 엔지니어링 파이프라인 구축을 위한 오픈 소스 워크플로우 관리 플랫폼이다. Python으로 작성된 워크플로우를 프로그래밍적으로 작성, 스케줄링 및 모니터링할 수 있으며, 복잡한 데이터 파이프라인을 시각적으로 표현하고 관리할 수 있다. Directed Acyclic Graph(DAG)를 사용하여 작업 간의 종속성을 정의하는 것이 특징이다.
(출처 : https://airflow.apache.org/docs/)

마케팅 속성 태그 자동 생성

상품명	판매량 증가율	재고 수량	사용자 평점	추출된 마케팅 속성 태그
블랙 새틴 슬립 드레스	+130%	5개	★★★★★ (4.9)	Hot, Trend Up, Limited Stock, Re-Purchase
루즈핏 데님 재킷	-2%	70개	★★★★☆ (4.3)	Best Seller, Wishlist Top
화이트 플로럴 블라우스	+65%	22개	★★★★☆ (4.5)	Trend Up, Buzzing
베이지 니트 원피스	+20%	88개	★★★★☆ (4.6)	Fast Mover (출시 2일 차)
민트 스트랩 샌들	+15%	3개	★★★★☆ (4.7)	Hot, Limited Stock
체크 패턴 롱스커트	+110%	15개	★★★★★ (4.8)	Trend Up, Seasonal Hit (봄 시즌 한정)
크롭 니트 가디건	+5%	90개	★★★☆☆ (3.8)	Buzzing (SNS 언급 다수)
새틴 셔링 블라우스	+250%	9개	★★★★★ (4.9)	Hot, Trend Up, Re-Purchase, Buzzing
시어서커 반팔 셔츠	+10%	300개	★★★★☆ (4.2)	Seasonal Hit, Customer Favorite
블랙 레더 슬립 온	-8%	2개	★★★★★ (4.8)	Limited Stock, Re-Purchase
트위드 자켓 (인플루언서 착용)	+40%	28개	★★★★☆ (4.6)	Influencer Pick, Wishlist Top

내부 데이터 예시

사용자 기본 데이터

- 개인 정보 : 계정 생성 및 사용자 식별에 사용(예 : 이름, 나이, 성별, 주소, 연락처, 직업, 이메일 주소 등)
- 계정 정보 : 미정(예 : 사용자 ID, 가입 날짜, 로그인 기록)
- 관심사 정보 : 사용자가 선택한 관심사 정보

콘텐츠 기반 추천

사용자 행동 데이터 User Behavior Data

- 검색 기록 : 사용자가 검색한 키워드(예 : 블랙 드레스, 슬랙스 추천)
- 조회 로그 : 사용자가 본 상품 페이지(예: "Nike 조거 팬츠", "Zara 크롭 가디건")
- 클릭 이벤트 : 사용자가 클릭한 배너, 광고, 버튼(예: "여름 신상 기획전 배너 클릭")
- 찜한 상품 : 사용자가 관심 상품으로 저장한 목록(예:"화이트 블라우스")
- 장바구니 내역 : 장바구니에 담은 상품(예: "트렌치코트 + 부츠")
- 리뷰 & 평점 : 상품 리뷰 및 평점 기록(예: "이 원피스 너무 예뻐요! ★★★★★")
- 스크롤 & 체류 시간 : 특정 상품 페이지에서 머문 시간(예: "이 상품 3분 동안 봄")

상품 데이터 Product Data

- 상품명 : 상품의 기본 이름(예: "H&M Oversized Blazer")
- 상품 상세정보 : 상세한 상품 정보(예: "캐주얼 & 포멀룩으로 활용 가능한 오버핏 블레이저")
- 카테고리 : 상품이 속한 카테고리(예: "아우터 > 블레이저")
- 브랜드 : 상품 브랜드(예: "Nike, Zara, H&M)
- 가격 : 상품 가격 정보(예: "₩89,000")
- 재고 상태 : 현재 재고 여부(예: "재고 있음 / 품절")
- 판매량 : 특정 기간 동안 판매된 개수(예: "7일간 500개 판매")
- 할인 정보 : 현재 적용된 할인 혜택(예: "20% 할인 진행 중")

거래 데이터 Transaction Data

- 구매 내역 : 사용자가 구매한 상품 정보(예: "블랙 슬랙스 + 화이트 셔츠")
- 결제 수단 : 사용자가 사용한 결제 방식(예: "신용카드, 카카오페이")
- 구매 날짜 : 결제 완료된 날짜(예: "2024-03-15")
- 배송 상태 : 배송 진행 상태(예: "배송 준비 중 / 배송 완료")
- 환불 / 교환 내역 : 반품 또는 교환 요청 기록(예: "화이트 블라우스 교환 신청")

마케팅 데이터 Marketing Data

- 이메일 반응 : 이메일 마케팅 오픈 여부(예: "할인 쿠폰 이메일 열람 완료")
- 푸시 알림 클릭 : 앱 푸시 알림 클릭 여부(예: "무료 배송 알림 클릭")

- 광고 클릭률 (CTR) : 사용자가 광고를 클릭한 비율(예: "10만 명 중 5천 명 클릭")
- A/B 테스트 결과 : 서로 다른 광고 / 프로모션 성과 비교(예: "A 배너 클릭율 15%, B 배너 클릭율 20%")

고객 지원 데이터 Customer Service Data

- 고객 문의 내용 : 사용자가 문의한 질문(예: "이 상품 사이즈가 크게 나오나요?")
- CS 처리 내역 : 고객 응대 기록(예: "상담원이 2시간 내 응답")
- FAQ 조회 로그 : 사용자가 본 자주 묻는 질문(예: "배송 기간은 얼마나 걸리나요?")
- 반품 사유 : 고객이 반품 요청한 이유(예: "사이즈가 너무 큼")
- 디바이스 정보 : 사용자가 접속한 기기(예: "iPhone 13 Pro, Windows 10")
- 운영체제/브라우저 : 사용자가 사용한 OS 및 브라우저(예: "Chrome, Safari")
- 방문 경로 : 사용자가 어떤 경로로 유입되었는지(예: "유튜브 광고 클릭")
- 위치 정보 : 사용자가 접속한 지역 또는 장소(예: IP 주소, GPS 좌표)
- 시간 정보 : 사용자가 접속한 시간과 접속을 유지한 시간(예: 활동 시간, 접속 시간)

보안 및 인증 데이터

- 인증 로그 : 시스템 접근 관련 기록(예 : 로그인 시도, 성공/실패 여부)
- 결제 정보 : 거래 관련 금융 데이터(카드 종류, 카드 번호, 결제 내역, 구독 상태)
- 토큰 정보 : 사용자 세션 인증 데이터(인증 토큰, 세션 ID)

시스템 데이터

- 로그 데이터 : 시스템 동작 기록(서버 요청, 응답 시간, 에러 기록)
- 성능 데이터 : 시스템 리소스 현황(CPU 사용량, 메모리 사용량, 네트워크 지연 시간, 응답 시간 등)
- 사용량 데이터 : 서비스 이용 지표(트래픽, 접속자 수, 데이터 사용량)
- 센서 데이터 : 환경 측정값(온도, 습도, 압력, 위치 정보 등)
- 장애 데이터 : 시스템 문제 정보(시스템 다운타임, 버그 보고)

외부 데이터 수집

다음은 외부 데이터를 수집한다. 외부 데이터는 공개 데이터와 비공개 데이터로 구분할 수 있다. 공개 데이터Open Data는 플랫폼이나 공공기관에서 공개적으로 제공하여 누구나 자유롭게 접근하고 사용할 수 있는 데이터이다.

구글의 검색 트렌드Google Trends, 인스타그램의 해시태그 게시물, 정부/공공기관의 통계 데이터, 뉴스나 블로그의 RSS 피드 등은 대표적인 공개 데이터이며, 주로 트렌드 분석, 관심사 키워드 추출, 시즌별 인기 요소 파악에 활용한다.

비공개 데이터Closed Data는 외부에 공개되지 않으며, 제한된 접근 권한을 가진 데이터다. 이런 데이터는 API 인증이나 파트너십 사전계약에 의해 공개되며, 유료로 제공되는 경우도 있다. 특히, 비공개 데이터는 공개나 판매에 대한 정책이 제공자마다 다르기 때문에 여기서는 공식적으로 공개된 외부 데이터에 대해서만 다루고자 한다.

이 장에서 쇼핑몰을 예시로 다루고 있고, 그 대상도 여성이기 때문에 스타일과 관련된 인스타그램의 해시태그 데이터나 구글 트렌드 데이터를 수집하는 것이 가장 좋다. 그런데 둘 다 크롤링을 허용하지 않고 공식 API를 제공하지 않는다. 구글 트렌드는 pytrend 등 비공식 라이브러리를 통해 데이터를 수집할 수 있지만, 자동화된 요청은 구글의 봇 탐지 시스템에 걸릴 수 있고, 요청이 낮으면 IP가 차단될 수도 있다.

그래서 법적 제약 없이 안정적이고 지속적으로 데이터를 수집하기 위해서는 공식 API 제공이나 크롤링 허용 여부를 사전 조사한 후 수집 채널을 선택해야 한다. 예시처럼 패션 관련 데이터를 수집할 곳을 사전 조사하여 법적 리스크와 크롤링 가능 여부를 따져보면 어떤 곳에서 진행해야 할지 바로 알 수 있다.

구글 트렌드가 비교적 안정적이고 실시간 트렌드를 확인할 수 있지만 약관 위반 이슈가 항상 존재하므로 좀 더 공식적이고 안정적인 데이터 수집을 위해 공식 API를 제공하고 사용자 콘텐츠를 공개 게시물로 간주하고 있는 레딧Reddit을 선택하였다.

레딧은 패션 관련 커뮤니티가 활발히 운영되고 있으며, 이곳에서는 패션 아이템에 대한 자연스러운 대화가 오가고 있어 소비자의 실제 언어를 기반으로 키워드를 추출하기에 적합하다. 서브레딧 중 여성 패션에 관심 있는 사람들이 모여서 패션 팁, 리뷰, 데일리룩, 추천 아이템 등을 나누는 커뮤니티 'r/femalefashionadvice'을 수집 채널로 선택하고, 수집 대상을 설정한다.

외부 데이터를 이용한 사용자 정의 속성 추출도 내부 데이터와 유사하게 데이터 수집, 데이터 전처리, 데이터 추출, 속성 태깅, 속성 저장 순으로 진행된다. 다만, 수집 대상이 외부 시스템에 있어 수집 방법은 다르며, 비정형 데이터가 포함되어 있어 텍스트 전처리가 필수 과정으로 포함되어야 한다.

우선 Python 라이브러리 중 Reddit API 'PRAW'를 사용해서 수집할 데이터 항목과 수집 범위를 설정한다. 수집 범위는 정확한 날짜 기준으로 범위를 설정할 수 없고, 인기 기준으로 설정한다. 이와 같은 설정으로 데이터를 가져오면 문장이 섞여 있어 텍스트 전처리를 거친다. 그 다음 내부 데이터처럼 Hugging Face Transformers를 사용하여 속성 태그를 추출하고 Airflow를 사용하여 데이터 파이프라인을 구축한다.

지금까지 살펴봤던 내/외부 데이터를 수집하여 속성 태그를 추출하는 과정을 다양한 수집 채널 대상으로 반복하면 예시와 같은 사용자 정의 속성을 얻을 수 있다.

데이터 항목 설정 예시

항목	설명	속성
제목	게시글 제목	post.title
본문	게시글 내용	post.selftext
작성자	게시글 작성자	post.author
업보트 수	좋아요 수	post.score
댓글 수	전체 댓글 수	post.num_comments
게시 시간	UTC timestamp	post.created_utc
URL	원본 링크	post.url
댓글	댓글 객체 (반복문 사용 가능)	post.comments

데이터 수집 범위 설정

메서드	설명
subreddit.hot(limit=100)	지금 핫한 글 (기본 정렬)
subreddit.new(limit=100)	최신 글
subreddit.top(limit=100, time_filter='week')	이번 주 동안 가장 인기 있었던 글
subreddit.top(time_filter='month')	이번 달 동안 가장 인기 있었던 글
subreddit.top(time_filter='all')	역대 최고의 글

패션 관련 플랫폼 사전 조사 결과 예시

플랫폼	법적 리스크	크롤링 가능성	이유 / 설명
Google Trends (pytrends)	낮음	가능 (비공식 라이브러리 사용)	데이터가 공개되어 있고 pytrends 사용도 일반적이지만, 과도한 요청은 차단될 수 있음
네이버 쇼핑 인사이트/데이터랩	낮음	크롤링은 제한, API도 없음	화면 기반 스크래핑은 리스크 있으나, 데이터를 참고용으로는 적합

플랫폼	법적 리스크	크롤링 가능성	이유 / 설명
WGSN	낮음 (유료 사용 시)	크롤링 불가	유료 서비스이므로 합법적으로 이용 가능
Reddit	낮음	가능 (공식 API 제공)	Reddit은 공식 API가 있고, 커뮤니티 오픈된 구조라 상대적으로 자유로움
Lookbook.nu / The Yes 등 패션 플랫폼	보통	일부 크롤링 가능	일부 데이터는 공개되어 있지만, 너무 많은 요청이나 상업적 활용은 리스크 있음
Pinterest Trends	보통	크롤링 어렵고 비공식 API 있음	비공식 API 외에는 크롤링 어려우며, 이미지 위주 플랫폼이라 제약 많음
Instagram / TikTok	높음	비추천	크롤링은 이용약관 위반에 해당하며, 자동화 탐지/차단 강함

사용자 정의 속성 사례

카테고리	속성 예시	설명
기본 정보	한정판(Limited Edition), 신상품(New Arrival), 베스트셀러(Best Seller)	특정한 상품군을 강조하기 위한 태깅
프로모션 관련	세일(Sale), 특가(Exclusive Offer), 사전예약(Pre-order)	마케팅 및 판촉 활동에 맞춰 적용
타겟 고객층	미혼 여성 추천(Single-Friendly), 임산부 추천(Maternity Wear)	특정 고객군을 위한 맞춤 태깅
스타일 및 트렌드	Y2K 스타일, K-패션, 미니멀룩, 스트릿웨어	시즌별 트렌드 반영
착용 상황	데일리룩(Daily Look), 출근룩(Office Wear), 파티룩(Party Outfit)	고객의 착용 목적에 맞는 추천
상품 특성	친환경 소재(Eco-Friendly), 비건(Animal-Free), 방수(Waterproof), 기모(Fleece-Lined)	제품의 차별점 강조
추천 시스템	#봄코디추천, #여름필수템, #겨울아우터추천	시즌성 키워드 기반 추천 적용
특별 기능	주름방지(Wrinkle-Free), 스트레치(Stretchy), 쿨링(Cooling Effect)	고객 편의성을 강조하는 태깅

콘텐츠 기반 추천

사용자 프로파일 생성

이제 수집된 데이터를 통해 사용자 프로파일을 생성한다. 사용자 프로파일User Profile은 개별 사용자의 특성에 관한 데이터로 명시적 데이터와 암시적 데이터로 구분된다.

- 명시적 데이터Explicit Data : 사용자가 직접 입력한 데이터(예, 나이, 관심사 선택 등)
- 암시적 데이터Implicit Data : 사용자 로그를 통해 추출한 데이터(예, 검색 로그, 페이지 조회, 장바구니 로그, 구매 로그, 상품 리뷰 등)

명시적 데이터는 회원 가입과 관심사 선택을 통해 수집된다. 회원 가입은 일반적인 내용이므로 이 책에서는 다루지 않고, 관심사 선택은 앞에서 다뤘으므로 지금부터는 암시적 데이터 중심으로 살펴보려고 한다.

검색 로그

콘텐츠 기반 추천에서 검색 로그는 단순히 사용자가 무엇을 입력했는지를 보여주는 것이 아니라 사용자의 관심사와 선호를 가장 직접적으로 드러내는 중요한 데이터다. 사용자가 검색창에 입력한 키워드는 그 순간 사용자가 무엇을 원하는지, 어떤 속성과 스타일에 관심이 있는지를 명확하게 보여준다. 예를 들어, 한 사용자가 "블랙 새틴 슬립 드레스"라는 키워드를 검색했다면, 그 안에는 색상(블랙), 소재(새틴), 스타일(슬립 드레스)이라는 세 가지 속성이 자연스럽게 포함되어 있다. 이처럼 검색어 하나만으로도 사용자의 취향을 파악할 수 있으며, 추천 시스템은 이를 기반으로 유사한 속성을 가진 상품을 보다 정확하게 추천할 수 있게 된다.

사용자는 보통 수많은 상품을 일일이 탐색하지 않고, 원하는 제품을 검색을 통해 좁혀가는 경향이 있다. 따라서 검색 로그를 분석하는 것은 사용자의 탐색 방향과 목적을 이해하고, 그에 맞춰 적절한 상품을 추천하기 위한 출발점이 된다. 이는 콘텐츠 기반 추천 시스템이 사용자 행동에 맞춘 개인화 서비스를 제공하는 데 매우 유용한 단서가 된다.

또한, 검색 로그는 사용자 프로파일을 풍부하게 구성하는 데 활용할 수 있다. 시간이 지남에 따라 사용자가 반복적으로 검색하는 스타일, 브랜드, 카테고리 등을 파악하면 해당 사용자의 고유한 선호 패턴을 추출할 수 있다. 이런 데이터는 계절, 이벤트, 트렌드와 맞물려 사용자 프로파일의 정확도를 더욱 높여준다. 특히, 검색어는 상품 속성과 매우 밀접한 관계를 가지기 때문에 이를 정제하고 분석하여 상품 속성과의 자동 매칭이 가능하다.

예를 들어, "루즈핏 데님 재킷"이라는 검색어는 스타일 속성(루즈핏), 소재 속성(데님), 카테고리 속성(재킷)으로 나뉘어 자동 태깅될 수 있으며, 이는 향후 추천 시스템이 콘텐츠를 중심으로 작동하는 기반이 된다.

신규 사용자에게는 클릭 이력이나 구매 로그 같은 행동 데이터가 없기 때문에 추천 시스템이 개인화된 추천을 제공하기 어려운 경우가 많다. 하지만 검색 로그는 사용자가 서비스를 처음 사용하는 시점부터 바로 남는 정보이기 때문에 초기 사용자에 대한 취향 예측이 가능하게 만들어 주기 때문에 콜드 스타트[1] 문제를 일부 완화시킬 수 있다.

검색 로그를 수집하는 방법은 다양하다. 상용 검색엔진을 사용하고 있다면 별도로 수집 도구를 구축하지 않아도 검색엔진에 포함되어 있는 로그 수집 및 분석 기능을 사용하면 된다. 여기서는 검색엔진 없이 DB 검색을 제공하고 있거나 상용 검색엔진 기능의 커스터마이징이 필요한 경우, 검색 로그를 수집하고 분석하는 방법을 알아보자.

---

1) 콜드 스타트(Cold Start)는 추천 시스템에서 새로운 사용자나 아이템에 대한 이력 데이터가 충분하지 않아 적절한 추천을 제공하기 어려운 문제를 의미한다. 신규 사용자의 경우 과거 행동 데이터가 없고, 신규 아이템의 경우 사용자 상호작용 데이터가 부족하여 협업 필터링 기반 추천이 어렵다. 이를 해결하기 위해 콘텐츠 기반 필터링, 하이브리드 접근법, 인구통계학적 정보 활용 등의 방법이 사용된다. (출처 : https://dl.acm.org/doi/10.1145/2709396)

가장 추천하고 싶은 방법은 Elasticsearch를 사용하는 것이다. "검색 로그"하면 아마 "Google Analytics"를 떠올릴텐데 Google Analytics는 간단하게 인기 검색어를 분석하거나 유입 경로, 트래픽 흐름, 이탈률, 전환율 등을 분석할 때 유용하지만, 개별 검색어 단위로 검색 로그를 분석할 수 없다. 반면에, Elasticsearch는 그 자체로 검색엔진이기도 하지만 검색 이벤트를 실시간으로 수집할 수 있고 거의 모든 기능을 자유롭게 구현할 수 있어 검색 로그를 원하는 방식대로 정밀하게 분석할 수도 있다.

사용자가 검색창에 키워드를 입력하면 검색 이벤트가 발생하여 해당 데이터를 이벤트 객체로 만들어서 검색어, 사용자 ID, 시간 등 검색 로그를 백엔드로 전송하여 Elasticsearch에 저장한다. Elasticsearch는 데이터를 JSON 형식으로 저장한다.

JSON은 key-value 쌍으로 명확하게 데이터가 정리돼 있어서, 검색어 하나하나에서 어떤 속성을 뽑아냈는지를 속성 단위로 저장할 수 있다. 이렇게 되면 나중에 "color"나 "fabric" 같은 속성을 기준으로 사용자 선호를 통계적으로 계산하거나 집계하기가 쉽다. 또한, JSON은 스키마리스[1] 구조여서 나중에 새로운 속성이 생겨도 기존 데이터를 깨뜨리지 않고 쉽게 추가할 수 있다는 장점이 있다.

예를 들어, mood, price_range, brand 같은 속성을 추출해서 추가해야 할때, 그냥 키 key 하나만 더 넣으면 되는 것이다. 무엇보다도 사용자 프로파일도 JSON 형태이기 때문에 같은 데이터 구조로 저장되면 그만큼 호환성이 높아진다.

---

1) 스키마리스(Schema-less)는 데이터베이스 시스템에서 미리 정의된 스키마 없이 데이터를 저장할 수 있는 특성이다. 주로 NoSQL 데이터베이스에서 활용되며, 문서마다 다른 필드와 구조를 가질 수 있어 유연한 데이터 모델링이 가능하다. 이러한 특성으로 인해 애플리케이션 개발 시 스키마 변경에 따른 마이그레이션 비용이 줄어들고, 다양한 형태의 데이터를 쉽게 통합할 수 있는 장점이 있다. (출처: https://www.mongodb.com/nosql-explained/data-modeling)

Elasticsearch에 저장된 JSON 형식의 검색 로그 예시

```
{
  "user_id": "user_1234",
  "search_term": "black satin slip dress",
  "timestamp": "2025-03-20T09:15:00",
  "device": "desktop",
  "location": "Seoul",
  "parsed_attributes": {
    "color": "black",
    "fabric": "satin",
    "style": "slip dress",
    "occasion": "elegant"
  }
}
```

이제 저장된 검색 로그에서 선호 속성을 추출하여 사용자 프로파일에 반영하는 일만 남았다. 먼저, 특정 사용자의 검색 로그에서 선호 속성과 최근 검색어를 추출하기 위해 Elasticsearch에 질의Query를 보낸다. 이때 사용하는 쿼리는 user_id를 기준으로 해당 사용자의 로그만 필터링하고, 그 안에서 색상Color, 스타일Style, 소재Fabric 같은 주요 속성들을 집계Aggregation 방식으로 추출한다. 예를 들어, 가장 자주 검색한 색상 상위 3개를 추출하거나 최근에 입력한 검색어 목록을 가져올 수 있다.

이렇게 Elasticsearch로부터 받은 응답 결과에는 각 속성별로 가장 많이 등장한 값들이 포함되어 있다. 이 데이터를 바탕으로 사용자의 선호 속성 리스트Preferred Attributes와 최근 검색어 목록Recent Search Terms을 구성한다. 예를 들어, preferred_colors에는 사용자가 자주 검색한 색상이, recent_search_terms에는 최근에 입력한 검색어들이 포함된다.

마지막으로 이 정보들을 정리하여 하나의 사용자 프로파일(JSON 형태)로

가공하게 되며, 이 프로파일은 이후 추천 시스템에서 사용자의 취향을 반영한 콘텐츠 기반 추천에 직접 활용된다.

페이지 조회 로그

사용자가 상품 페이지를 조회한 기록은 콘텐츠 기반 추천에서 중요한 신호로 작용한다. 단순히 검색창에 키워드를 입력한 것보다 한 단계 더 깊은 관심을 드러내는 행동이기 때문이다. 검색은 호기심일 수 있지만, 상품 페이지를 클릭하고 내용을 확인했다는 건 그 상품에 대해 어느 정도 매력을 느꼈다는 의미로 해석할 수 있다.

예를 들어, 한 사용자가 쇼핑몰에서 "베이지 니트 원피스" 상품 페이지를 여러 차례 방문하고, 체류 시간도 2분 이상이었다면, 이 사용자는 해당 상품 혹은 유사 스타일에 지속적으로 관심을 보이고 있다고 판단할 수 있다. 이때 콘텐츠 기반 추천 시스템은 해당 상품의 속성, 예를 들면 "베이지", "니트", "롱 원피스", "봄 시즌" 같은 기본 속성뿐만 아니라 "최근 인기 상품", "고평점 아이템" 같은 사용자 정의 속성까지 고려하여 유사 상품을 추천할 수 있다. 조회한 상품과 동일 브랜드나 동일 실루엣, 비슷한 가격대의 상품을 추천하는 것도 가능하다.

조회 로그는 단건보다 패턴이 중요하다. 단일 상품을 본 것보다 여러 유사 상품을 비교하면서 본 경우, 예를 들어, "랩 원피스", "셔링 원피스", "플레어 원피스"를 연속해서 클릭한 경우라면, 이 사용자는 단순히 '원피스'가 아니라 '실루엣'이나 '디테일'에 대한 명확한 선호를 가지고 있을 가능성이 크다. 콘텐츠 기반 추천은 이처럼 사용자가 조회한 상품 속성을 분석하고, 조회가 집중된 속성의 비중을 높게 반영하여 개인화된 추천을 제공한다.

조회 로그는 별도의 사용자 입력 없이 암묵적으로 수집할 수 있으며, 추천 정확도를 높이기 위한 핵심 데이터로 활용된다. 특히, 신규 사용자(콜드 스타트)의 경우에도 검색 로그와 함께 비교적 빠르게 선호도를 추론할 수 있는 중요한 단서가 되기 때문에 추천 시스템 초반 단계에서도 매우 유용하다.

사용자가 상품 상세 페이지에 들어가는 순간, 페이지 조회 이벤트가 발생한다. 이 이벤트는 자바스크립트를 통해 감지되며, user_id, product_id, timestamp, duration 등의 정보를 포함한 이벤트 객체로 구성된다. 이 객체는 실시간으로 백엔드에 전송되며, 백엔드는 이를 Elasticsearch에 JSON 형태로 저장한다.

Elasticsearch는 검색 로그와 마찬가지로 JSON 기반 구조를 사용하여 다양한 속성을 체계적으로 저장하고, 집계 및 분석 작업을 효율적으로 수행할 수 있다. 특히, 색상, 카테고리, 소재, 실루엣 등 사용자가 본 상품의 속성을 함께 저장해두면, 이후 사용자 선호도를 분석할 수 있는 중요한 기반이 된다.

다만, 검색 로그와는 다르게, 페이지 조회 로그에는 상품 속성이 직접 포함되어 있지 않다. 대신, 상품의 속성 정보는 PostgreSQL에 별도로 저장되어 있으며, 조회 로그의 product_id를 기준으로 상품 테이블과 연결하여 필요한 속성을 추출해야 한다는 점이 다르다.

이제 저장된 조회 로그를 기반으로 사용자 프로파일을 생성한다. 우선, Elasticsearch에 저장된 페이지 조회 로그 중 특정 사용자의 로그를 추출한다. 이때 user_id를 기준으로 필터링하며, 너무 오래된 로그는 제외하고 보통 최근 30일 이내의 조회 기록만 분석 대상으로 삼는다. 추출된 로그에서는 자주 본 상품이나 체류 시간이 긴 상품에 더 높은 가중치를 부여하여 사용자의 관심 정도를 파악한다.

다음으로는, 이 로그에 등장한 product_id 목록을 PostgreSQL에 저장된 상품 속성 테이블과 조인하여 해당 상품들의 색상, 소재, 카테고리, 스타일 등의 속성을 가져온다. 예를 들어, 다음과 같은 SQL 쿼리를 통해 속성 정보를 가져올 수 있다.

PostgreSQL 쿼리 예시

```
SELECT product_id, color, material, category, silhouette
FROM product_attributes
WHERE product_id IN ('item_5678', 'item_5679', 'item_8901');
```

이렇게 추출한 상품 속성을 바탕으로, 색상, 스타일, 소재 등 속성별로 빈도를 계산하여 사용자의 선호 속성을 집계한다. 이때 체류 시간이 긴 상품에 더 큰 가중치를 주면 보다 정확한 선호도 파악이 가능하다.

최종적으로 이렇게 집계된 데이터를 바탕으로 사용자 프로파일을 JSON 형태로 구성하고, PostgreSQL의 JSONB 컬럼에 저장하거나 기존 데이터를 업데이트한다. 여기에서 JSONB 방식을 선택한 것에 주목해야 한다. PostgreSQL에서는 JSON 데이터를 저장할 수 있는 두 가지 타입이 있다.

JSON과 JSONB. 이 두 타입은 모두 JSON 형식의 데이터를 처리할 수 있지만, 저장 방식과 성능 면에서 차이가 있다. JSON 타입은 말 그대로 순수한 JSON 문자열을 그대로 저장하는 방식이다. 입력된 JSON 데이터는 텍스트 그대로 저장되며, 키의 순서나 형식이 그대로 유지된다. 중복된 키가 있을 경우에도 허용되며, 데이터가 입력된 그대로 보존된다. 그러나 이러한 특성 때문에 쿼리 성능은 상대적으로 떨어지고, 인덱스를 적용하기도 어렵다.

반면 JSONB는 Binary JSON의 약자로, 저장 전에 JSON 데이터를 내부적으로 파싱하여 바이너리 형식으로 변환한 후 저장한다. 이로 인해 저장된 데이터는 키의 순서가 유지되지 않지만, 그 대신 검색이나 필터링과 같은 쿼리 성능이 크게 향상된다. 특히, 고급 인덱스 기능을 사용할 수 있어, 조건 기반 검색 시 훨씬 빠른 응답이 가능하다. 또 하나의 차이점은 JSONB는 중복 키를 허용하지 않는다는 점이다. 동일한 키가 여러 번 등장하면, 마지막에 입력된 값으로 덮어쓰기 처리된다.

결과적으로 데이터 구조의 유연함을 유지하면서도 검색 성능과 쿼리 효율성을 확보하려면 JSONB를 사용하는 것이 일반적으로 더 적합하다. 특히, 사용자 프로파일처럼 구조가 다양하고 조건 검색이 자주 필요한 데이터를 저장할 경우, JSONB는 매우 유용한 선택이 된다.

PostgreSQL의 JSONB 컬럼에 저장된 사용자 프로파일 예시

```
{
  "preferred_colors": ["beige", "black"],
  "preferred_styles": ["slip dress", "wrap"],
  "preferred_materials": ["knit", "satin"],
   "recently_viewed_products": ["item_5678", "item_9101", "item_1234"]
}
```

장바구니 로그

사용자가 장바구니에 담은 이력은 그 자체로 매우 강력한 구매 의사 표현이며, 콘텐츠 기반 추천 시스템에 있어 높은 신뢰도의 신호로 해석된다. 검색이나 조회는 비교적 가벼운 관심에서 비롯될 수 있지만, 장바구니에 상품을 담는 행위는 '조만간 구매할지도 모른다'는 행동 기반 의도를 나타낸다. 그만큼 이 데이터는 추천 알고리즘이 상품 속성 우선순위를 판단할 때 매우 유용하게 작용한다.

예를 들어, 어떤 사용자가 "화이트 퍼프소매 블라우스"와 "베이지 슬랙스"를 장바구니에 담았다면, 추천 시스템은 이 사용자가 선호하는 스타일 요소 "화이트", "퍼프소매", "미니멀", "심플 오피스룩" 등의 속성을 중심으로 유사 아이템을 추천하게 된다. 특히, 두 상품이 "봄 신상", "친환경 소재", "오피스웨어" 같은 사용자 정의 속성 태그를 공유하고 있다면, 향후 추천에

는 이러한 속성 태그의 우선도가 더 높게 반영된다.

장바구니 로그는 상품 간의 조합을 분석할 수 있다는 점에서도 의미가 크다. 여러 상품이 함께 담긴 경우, 추천 시스템은 이 조합 자체를 하나의 스타일 세트로 간주할 수 있다. 예를 들어, "오버핏 블레이저 + 와이드 슬랙스 + 로퍼"가 함께 장바구니에 담긴 경우, 이 사용자에게는 다른 '포멀 캐주얼 세트'를 제안하거나, '로퍼'와 어울리는 하의 옵션을 확장 추천할 수 있다. 또한, 특정 카테고리만 장바구니에 지속적으로 담는 사용자는 해당 카테고리에 대한 높은 관심을 가지고 있다고 분석하여 비슷한 유형의 상품을 지속적으로 추천할 수 있다.

장바구니 로그는 실제 구매 전단계에 해당하므로 구매 로그보다 한 발 앞선 '의도' 데이터를 포착하는 데에 효과적이다. 장기간 담긴 채 구매되지 않은 상품을 분석하여, 가격 할인이나 리마인드 알림 등 마케팅 전략에도 활용할 수 있어 추천 시스템 외에도 다양한 분야에서 매우 가치 있는 데이터다.

장바구니에 상품을 담는 순간, 그 행동은 자바스크립트를 통해 이벤트로 감지되며, user_id, product_id, timestamp, quantity 등의 정보를 포함한 이벤트 객체로 생성된다. 이 이벤트는 백엔드로 전송되며, 백엔드는 이를 실시간으로 수신하여 Elasticsearch에 JSON 형식으로 저장한다. 이때 저장되는 데이터는 단순히 장바구니에 담긴 상품의 식별자뿐만 아니라 향후 분석에 활용할 수 있도록 사용자의 디바이스 정보, 접속 위치, 담은 수량 등 부가 정보도 함께 포함될 수 있다.

Elasticsearch는 JSON 기반의 데이터 구조를 사용하기 때문에 장바구니 이벤트 역시 검색 로그나 페이지 조회 로그와 동일한 방식으로 구조화하여 저장하고, 집계 분석에 활용할 수 있다. 특히, 사용자가 장바구니에 담은 상품의 속성은 구매 의도를 직접 반영하는 고신뢰 신호이기 때문에 추천 시스템은 이 상품의 속성을 기반으로 사용자 프로파일을 더욱 정밀하게 구축할 수 있다.

장바구니 로그에는 상품 속성이 직접 포함되어 있지 않기 때문에 product_id를 기준으로 PostgreSQL에 저장된 상품 속성 테이블과 조인을 수행해야 한다. 이때 색상, 소재, 스타일, 시즌, 태그 등 다양한 상품 속성들을 함께 추출하여, 사용자가 어떤 속성의 상품을 장바구니에 반복적으로 담고 있는지를 분석할 수 있다. 다음과 같은 SQL 쿼리를 통해 필요한 속성을 가져올 수 있다.

PostgreSQL 쿼리 예시

```
SELECT product_id, color, material, category, silhouette, tags
FROM product_attributes
WHERE product_id IN ('item_1122', 'item_3344', 'item_5566');
```

Python에서는 이 쿼리를 다음과 같이 실행하여 장바구니에 담긴 상품의 속성 데이터를 가져올 수 있다:

```
import psycopg2
import pandas as pd
from psycopg2.extras import RealDictCursor

# 데이터베이스 연결 설정
conn = psycopg2.connect(
    dbname="recommender_db",
    user="recommender_user",
    password="password",
    host="localhost"
)

# 사용자 ID
user_id = 'user_1234'

# 먼저 사용자의 장바구니 상품 ID 가져오기
with conn.cursor() as cursor:
```

```
    cursor.execute("""
        SELECT product_id FROM cart_items
        WHERE user_id = %s AND is_active = true
    """, (user_id,))
    cart_items = [row[0] for row in cursor.fetchall()]

# 장바구니에 상품이 있는 경우, 상품 속성 가져오기
if cart_items:
    # 상품 ID 목록을 문자열로 변환 (SQL 쿼리용)
    product_ids = "', '".join(cart_items)

    # 상품 속성 쿼리 실행
    with conn.cursor(cursor_factory=RealDictCursor) as cursor:
        cursor.execute(f"""
            SELECT product_id, color, material, category, silhouette, tags
            FROM product_attributes
            WHERE product_id IN ('{product_ids}')
        """)

    # 결과를 pandas DataFrame으로 변환
    product_attributes = pd.DataFrame(cursor.fetchall())

    # 이제 이 DataFrame을 사용하여 속성별 빈도 분석 가능
    color_preferences = product_attributes['color'].value_counts()
    material_preferences = product_attributes['material'].value_counts()

    print("색상 선호도:", color_preferences)
    print("소재 선호도:", material_preferences)
```

이렇게 조인된 상품 속성 정보를 바탕으로, 사용자가 장바구니에 담은 상품들의 속성을 분석하고, 속성별로 빈도나 조합을 기반으로 선호 경향을 추출할 수 있다. 예를 들어, 특정 스타일이나 태그가 여러 상품에서 반복적으로 등장하거나 카테고리 내에서 특정 색상에 대한 집중도가 높다면, 이는 명확한 취향의 신호로 간주할 수 있다. 더 나아가 상품 간의 조합 관계까지 분석하여 사용자만의 스타일 세트를 정의하는 데에도 활용할 수 있다.

이러한 분석 결과는 사용자 프로파일로 통합되어 PostgreSQL의 JSONB 컬럼에 저장된다. 장바구니 로그를 기반으로 갱신된 사용자 프로파일에는 장바구니 기반 선호 색상, 스타일, 카테고리 등의 정보가 포함되며, 최근 장바구니에 담긴 상품 목록 또한 함께 저장된다.

PostgreSQL의 JSONB 컬럼에 저장된 사용자 프로파일 예시

```
{
  "preferred_colors": ["white", "beige"],
  "preferred_styles": ["puff sleeves", "minimal"],
  "preferred_categories": ["blouse", "slacks"],
  "preferred_tags": ["spring", "eco-friendly", "office look"],
  "recently_carted_products": ["item_1122", "item_3344"]
}
```

구매 로그

구매 로그는 콘텐츠 기반 추천 시스템에서 가장 신뢰할 수 있는 행동 데이터로써 사용자 선호를 판단하는 데 가장 직접적인 근거가 된다. 검색은 관심의 표현이고, 페이지 조회는 매력의 표현이라면, 구매는 명확한 선택의 결과다. 그렇기 때문에 콘텐츠 기반 추천 시스템에서는 구매 로그를 핵심 피드백 데이터로 간주하고, 구매된 상품의 속성을 기반으로 한 개인화 추천을 구성한다.

예를 들어, 사용자가 "슬림핏 블랙 슬랙스"와 "화이트 새틴 블라우스"를 여러 차례 구매했다면 단일 상품이 아닌 여러 상품을 함께 구매했으므로 이 조합을 스타일 셋으로 간주하거나 묶음 추천, 관련 상품 추천 등에 활용할 수 있다. 또한 반복 구매된 속성이나 브랜드, 특정 시간대의 구매 경향은 사용자

행동 패턴을 추론하는 데 유용한 단서가 된다.

이때 추출되는 주요 속성은 "slim fit", "black", "white", "satin", "formal", "minimal"과 같은 기본 속성들이다. 이러한 키워드를 중심으로 비슷한 디자인과 소재를 가진 아이템을 추천할 수 있고, 시즌별 트렌드나 베스트셀러와 교차하여 추천의 품질을 높일 수 있다.

구매 로그는 PostgreSQL에 저장하며, orders 또는 purchases와 같은 테이블에 기록된다. 각 레코드에는 user_id, product_id, purchase_date, amount, price, payment_method 등 구매에 관련된 다양한 정보가 포함된다. 이 데이터는 사용자별로 집계 분석되며, 상품의 product_id를 기준으로 PostgreSQL에 존재하는 상품 속성 테이블과 조인하여 각 상품의 색상, 소재, 카테고리, 스타일 등의 정보와 연결된다.

상품 속성 추출을 위한 PostgreSQL 조인 쿼리 예시

```
SELECT o.user_id, o.product_id, p.color, p.material, p.category, p.silhouette
FROM orders o
JOIN product_attributes p ON o.product_id = p.product_id
WHERE o.purchase_date >= CURRENT_DATE - INTERVAL '90 days';
```

이 쿼리는 최근 90일간의 구매 데이터를 기준으로 각 사용자가 구매한 상품과 그 상품의 속성들을 결합해준다. 이렇게 조인된 결과는 사용자 프로파일을 업데이트하는 데 사용된다. 구매된 상품의 속성별 빈도를 계산하거나 금액 기준 가중치를 부여하여 사용자의 선호 속성을 정량적으로 추출할 수 있다. 예를 들어, 여러 번 구매된 색상이나 특정 소재에 반복적으로 비용을 지불한 기록이 있다면, 해당 속성은 높은 선호도로 간주된다.

집계된 결과는 JSON 형태의 사용자 프로파일로 구성되며, PostgreSQL

의 JSONB 컬럼에 저장된다. 이 프로파일에는 사용자가 가장 많이 구매한 색상, 자주 선택한 스타일, 선호하는 소재, 그리고 최근에 구매한 상품 목록 등이 포함된다. 다음은 구매 기반 사용자 프로파일의 예시다:

PostgreSQL의 JSONB 컬럼에 저장된 사용자 프로파일 예시

```
{
  "preferred_colors": ["navy", "white"],
  "preferred_styles": ["classic", "minimal"],
  "preferred_materials": ["cotton", "linen"],
   "recently_purchased_products": ["item_2023", "item_4455", "item_6789"]
}
```

상품 리뷰

상품 리뷰는 사용자의 감성적 만족도와 실사용 피드백을 동시에 담고 있는 데이터로써 추천 시스템에서 '정성적 선호'를 파악하는 데 효과적이다. 평점 숫자 자체도 중요하지만, 리뷰 본문에 나타나는 표현들, 예를 들어 "핏이 예뻐요", "소재가 부드러워요", "컬러가 고급스러워요"는 자연어 기반 속성 추출의 훌륭한 소스가 된다. 이러한 리뷰 텍스트를 자연어 처리NLP 기술로 분석하면 "핏", "소재", "컬러" 같은 핵심 속성뿐 아니라 사용자들이 중요하게 여기는 요소가 무엇인지도 알 수 있다.

특히, 같은 상품에 대한 리뷰가 "신축성 좋아요", "비침 있어요" 같이 속성을 일관성 있게 언급할 경우, 해당 상품에 자동으로 "Stretchy", "Sheer" 같은 사용자 정의 속성을 태깅하는 데에도 활용할 수 있다. 리뷰는 기획자의 주관이 아닌 사용자 집단의 언어로 상품을 해석하게 해 주는 통로이기도 하며, 그만큼 콘텐츠 기반 추천에서 개인화된 추천 문맥을 제공하는 데 꼭 필요한 역할을 한다.

이처럼 상품 리뷰는 단순한 평가를 넘어, 사용자 경험 그 자체를 담고 있는 매우 가치 있는 데이터다. 문제는 이러한 리뷰 데이터를 어디에 저장하고 분석할지에 대한 결정이다. 리뷰는 구조적으로 평점과 리뷰 본문, 작성자 정보, 작성일, 관련 상품 ID 등을 포함하므로, 정형 데이터와 비정형 데이터의 성격을 모두 가진다.

따라서 리뷰 데이터를 수집하고 저장하는 방식은 시스템의 목적에 따라 달라질 수 있다. 일반적으로 리뷰는 사용자 ID, 상품 ID, 작성 일시, 평점, 본문 텍스트 등의 정보로 구성된다. 문제는 이 데이터를 어디에 저장할 것인가인데, 추천 시스템과의 연계를 고려하면 두 가지 주요 선택지가 존재한다.

우선 PostgreSQL과 같은 관계형 데이터베이스는 리뷰 데이터를 안정적으로 관리하고, 기존 사용자 및 상품 테이블과 쉽게 연동할 수 있다는 점에서 강점이 있다. 예를 들어, 리뷰를 작성하거나 수정할 수 있는 마이페이지 기능, 관리자 페이지에서 리뷰 목록을 조회하고 필터링하는 기능 등은 PostgreSQL을 기반으로 구현하기에 적합하다.

정형화된 테이블 구조 안에서 리뷰 메타데이터를 관리하고, 본문은 TEXT나 VARCHAR 컬럼으로 저장하면 된다. 이 방식은 관리나 서비스 연동에 유리하지만, 텍스트 기반 검색이나 자연어 분석, 속성 태깅 등의 기능은 별도의 처리 단계가 필요하다.

반면에 Elasticsearch를 리뷰 저장소로 선택하면, 리뷰 텍스트에 대한 검색, 필터링, 키워드 집계 등 콘텐츠 중심의 활용이 매우 수월하다. 사용자가 남긴 리뷰 중 "핏이 예쁘다"는 표현이 포함된 문장만 빠르게 조회하거나 특정 키워드가 자주 언급된 상품을 찾는 등의 분석이 가능하다. 특히, 자연어 처리 결과를 함께 색인해두면, 추천 시스템이 실시간으로 해당 사용자에게 적합한 상품을 빠르게 찾아줄 수 있다. Elasticsearch는 JSON 기반 구조를 사용하기 때문에 다양한 속성을 체계적으로 저장하고 집계 분석을 수행하는 데 매우 유리하다.

이러한 장점을 모두 살리고자 실무에서는 두 저장소를 혼합하여 사용하는 경우도 많다. 예를 들어, 원본 리뷰 데이터는 PostgreSQL에 저장해두고, Elasticsearch에는 본문 내용과 분석 결과만 색인하여 추천 시스템이나 검색 기능에서 빠르게 활용할 수 있도록 하는 식이다. 이 구조는 관리성과 실시간 분석 성능을 모두 확보할 수 있는 전략이며, 이 책에서는 이 구조를 채택했다는 가정 아래 기술할 예정이다.

어떤 저장소를 선택하든, 리뷰 데이터를 기반으로 한 추천을 위해서는 텍스트 본문에 대한 자연어 처리 전처리가 핵심이다. 예를 들어, 한 사용자가 다음과 같은 리뷰를 남겼다고 해보자.

"핏이 정말 예쁘고, 소재도 부드러워서 봄에 입기 딱 좋아요!"

사용자 리뷰의 JSON 표현 예시

```
{
  "user_id": "user_5678",
  "product_id": "item_1122",
  "rating": 5,
  "review_text": "핏이 정말 예쁘고, 소재도 부드러워서 봄에 입기 딱 좋아요!"
}
```

이 문장은 단순한 칭찬이 아니라, 사용자가 중요하게 느낀 요소들이 그대로 드러난다. 자연어 처리 기술을 활용하면 이 리뷰에서 '핏', '소재', '시즌'과 같은 핵심 속성들을 추출하여 ES에 저장된다.

상품 속성 추출 예시

```
  {
    "fit": "good",
    "material": "soft",
    "season": "spring",
```

```
    "style_vibe": "lovely"
}
```

SNS 유입 키워드

마지막으로 SNS 유입 키워드는 외부에서 사용자가 어떤 검색어를 통해 유입되었는지를 추적하는 데이터로써 사용자 관심사를 매우 직관적으로 보여주는 지표다. 예를 들어, 사용자가 인스타그램 광고나 블로그 링크를 통해 "봄 데일리룩 추천"이라는 키워드로 사이트에 유입되었다면, 해당 사용자에게는 "봄 시즌", "캐주얼", "레이어드 가능한 아이템"과 같은 시즌성 속성이 우선 반영된 추천이 효과적이다.

또 다른 예로, "Y2K 데님 자켓" 키워드를 통해 유입된 사용자는 트렌디하고 감각적인 스타일에 관심이 있는 것으로 판단하여 "Y2K", "Cropped", "Vintage Wash" 등의 속성을 중심으로 추천을 구성할 수 있다. SNS 유입 키워드는 사용자 행동 데이터 중에서도 외부 관심 기반으로 작동하므로 아직 사이트 내에서 명확한 행동 로그가 쌓이지 않은 신규 사용자(콜드 스타트)에게도 유용하게 활용될 수 있다는 점에서 중요한 역할을 한다.

SNS 유입 키워드는 일반적인 검색 로그나 행동 로그와는 다르게, 사용자가 사이트에 들어오기 전에 무엇에 관심을 가졌는지를 보여주는 외부 신호다. 이 데이터는 보통 URL 파라미터[1] 또는 리퍼러[2] 정보를 통해 수집된다.

---

[1] 파라미터(Parameter)는 URL이나 함수에 전달되는 변수로 웹 요청에서는 키-값 쌍 형태로 정보를 전달하는 데 사용된다. URL에서는 물음표(?) 뒤에 위치하며, 여러 파라미터는 앰퍼샌드(&)로 구분된다. 웹 분석, 검색 필터링, 설정 전달 등 다양한 용도로 활용된다. (출처 : https://developer.mozilla.org/en-US/docs/Web/API/URL/searchParams)

[2] 리퍼러(Referrer)는 웹 브라우저가 현재 방문 중인 웹페이지의 이전 출처(URL)를 나타내는 HTTP 헤더 정보이다. 사용자가 어떤 경로를 통해 현재 페이지에 도달했는지 알려주며, 웹 트래픽 분석, 마케팅 캠페인 효과 측정, 보안 검증 등에 활용된다. (출처 : https://developer.mozilla.org/en-US/docs/Web/HTTP/Headers/Referer)

예를 들어, 사용자가 인스타그램 스토리 광고를 클릭하고 사이트에 유입되었을 때, URL에 다음과 같은 쿼리 파라미터가 포함될 수 있다.

유입 URL 예시

https://www.fashionmall.com?utm_source=instagram&utm_term=봄+데일리룩+추천

백엔드는 이 URL에서 utm_term 값을 추출하여 유입 키워드로 저장한다. 이때 저장되는 정보는 user_id(또는 세션 ID), 유입 경로(utm_source), 유입 키워드(utm_term), 유입 시간 등의 데이터로 구성되며, 다음과 같은 JSON 형식으로 저장할 수 있다.

유입 URL의 JSON 표현 예시

```
{
  "user_id": "user_3456",
  "source": "instagram",
  "utm_term": "봄 데일리룩 추천",
  "timestamp": "2025-03-24T11:40:00"
}
```

이 유입 데이터를 저장할 때는 Logstash 등 로그 수집 시스템을 사용하여 분석 가능한 형태로 구조화해두는 것이 일반적이다. 이후, 이 utm_term 값을 분석하여 사용자가 어떤 스타일, 시즌, 키워드에 관심을 가졌는지를 파악할 수 있다. 예를 들어, "봄 데일리룩 추천"이라는 키워드는 다음과 같은 속성으로 변환될 수 있다.

키워드 속성의 JSON 표현 예시

```
  {
    "season": "spring",
    "style": "casual",
```

```
  "intent": "daily outfit inspiration"
}
```

이렇게 정제된 키워드 속성은 사용자 프로파일에 반영되어, 향후 콘텐츠 기반 추천에서 봄 시즌의 캐주얼한 일상복 스타일을 우선적으로 추천하는 데 사용된다. 이 정보는 아직 사이트 내부에서 충분한 검색이나 조회 이력이 없는 신규 사용자에게 특히, 유용하게 작용한다. 정리된 속성은 다음과 같이 PostgreSQL의 사용자 프로파일 테이블(JSONB 컬럼)에 저장되거나 업데이트될 수 있다:

PostgreSQL의 JSONB 컬럼에 저장된 사용자 프로파일 예시

```
{
  "inferred_from_sns": {
    "season": "spring",
    "style": "casual",
    "intent_keyword": "봄 데일리룩 추천"
  },
  "preferred_styles": ["casual", "layered"],
  "preferred_season": ["spring"]
}
```

사용자 프로파일 관리

다양한 로그 데이터에서 추출한 사용자 선호 속성들을 단순히 흩어져 보관하는 것이 아니라, 하나의 사용자 단위로 모아서 유지하고, 검색하고, 추천에 활용할 수 있도록 사용자 프로파일을 관리하는 것이 중요하다. 가장 추천하는 관리 방식은 PostgreSQL의 JSONB 컬럼을 활용하는 구조다.

이미 앞에서 살펴본 것처럼 JSONB는 JSON 형식을 그대로 저장하면서도 내부적으로 파싱된 형태로 관리되기 때문에 단순 저장뿐만 아니라 조건 기반 검색이나 부분 업데이트 같은 쿼리에도 성능상 유리하다. 아래는 이러한 구

조를 사용한 사용자 프로파일 테이블 예시다.

PostgreSQL의 JSONB 컬럼을 활용한 사용자 프로파일 테이블 예시

```sql
CREATE TABLE user_profiles (
  user_id TEXT PRIMARY KEY,
  profile_data JSONB,
  updated_at TIMESTAMP DEFAULT NOW()
);
```

이 테이블은 사용자 ID를 기준으로 각 사용자에 대한 전체 프로파일을 JSON 형식으로 저장하고, 마지막 업데이트 시간을 기록하여 변경까지 추적할 수 있으며, 다음과 같이 사용자 프로파일 구조를 설계할 수 있다.

PostgreSQL의 JSONB 컬럼을 활용한 사용자 프로파일 데이터 예시

```json
{
  "preferred_colors": ["black", "white"],
  "preferred_styles": ["minimal", "elegant"],
  "preferred_materials": ["satin", "cotton"],
  "preferred_categories": ["blouse", "slacks"],
  "preferred_seasons": ["spring"],
  "recent_search_terms": ["black satin slip dress", "v-neck blouse"],
  "recently_viewed_products": ["item_1234", "item_5678"],
  "recently_carted_products": ["item_9101"],
  "recently_purchased_products": ["item_4455"],
  "inferred_from_reviews": {
    "fit": "good",
    "material": "soft",
    "season": "spring"
  },
  "inferred_from_sns": {
    "intent_keyword": "봄 데일리룩 추천",
```

```
        "season": "spring",
        "style": "casual"
    }
}
```

예시처럼 데이터의 출처를 명확히 구분해서 저장하면, 나중에 사용자 선호를 분석할 때 어떤 채널에서 유입된 정보인지 쉽게 파악할 수 있다. 또한, 각각의 정보에 가중치나 신뢰도를 다르게 적용하여 정교한 개인화 추천을 설계하는 데에도 유용하다.

이제 이렇게 다양한 경로에서 생성된 데이터를 어떻게 병합하고 갱신할 것인지에 대한 통합 관리 로직이 필요하다. 먼저 로그 데이터를 수집한 후, 사용자 ID를 기준으로 해당 사용자의 기존 프로파일을 조회한다. 그다음 새롭게 추출된 속성과 비교하여 중복되는 항목은 병합하고, 새로운 항목은 추가한다. 마지막으로 업데이트된 데이터를 다시 저장하거나 갱신하여 다음과 같은 Python 코드로 병합 로직을 구현할 수 있다.

사용자 프로파일 데이터 병합을 위한 Python 코드 예시

```python
def merge_profiles(existing_profile, new_data):
    for key, value in new_data.items():
        if isinstance(value, list):
            existing_profile[key] = list(set(existing_profile.get(key, []) + value))
        elif isinstance(value, dict):
            existing_profile[key] = {**existing_profile.get(key, {}), **value}
        else:
            existing_profile[key] = value
    return existing_profile
```

사용자 프로파일을 업데이트할 때는 새로운 데이터를 기존 프로파일에 그

대로 덮어쓰는 것이 아니라, 데이터의 형태에 따라 다르게 병합하는 방식을 사용하는 것이 좋다. 이때 가장 중요한 기준은 그 데이터가 리스트형, 딕셔너리형, 또는 단일 값인지에 따라 병합 방식이 달라진다는 점이다.

예를 들어, preferred_colors와 같은 항목은 값이 여러 개인 리스트형 속성이다. 한 사용자가 기존에 ["black", "white"]라는 색상을 선호했는데, 새롭게 "beige"라는 색상을 선호하는 로그가 들어온 경우, 이 리스트는 중복을 제거하면서 병합하여 ["black", "white", "beige"]로 업데이트된다. 이미 있는 값은 그대로 두고, 새로운 값만 추가하는 방식이다.

반면에 inferred_from_reviews와 같이 특정 출처에서 온 속성을 모은 데이터는 딕셔너리형 속성이다. 이 속성에는 예를 들어, "fit": "good", "material": "soft"와 같은 키-값 쌍이 들어간다. 만약 새로운 데이터에서 "season": "spring"이라는 속성이 추가되면, 기존 딕셔너리에 이 항목을 추가하거나, 이미 "fit" 키가 있다면 새로운 값으로 덮어쓴다. 이처럼 딕셔너리형은 키 단위로 세부 내용을 업데이트하는 구조다.

마지막으로, 단일 숫자나 문자열처럼 단일 값으로 저장된 항목도 있을 수 있다. 예를 들어, "last_login": "2025-03-24T13:00:00"처럼 하나의 시간 값이 저장된 경우는, 가장 최근의 값으로 단순히 덮어쓰는 방식을 사용한다. 이 항목은 중복이 있을 수 없기 때문에 언제나 최신값으로 유지하는 것이 정확하다. 이처럼 데이터의 구조에 따라 병합 방식을 구분하면, 중복된 값은 피하고, 필요한 정보는 빠짐없이 유지하면서, 프로파일 전체의 신뢰도와 정확성을 높일 수 있다.

결과적으로 이런 방식은 사용자 한 명당 수십 개의 로그가 누적되는 상황에서도 데이터의 일관성과 해석력을 유지할 수 있는 강력한 전략이 된다. 업데이트 시에는 몇 가지 중요한 고려사항이 있다. 예를 들어, 데이터 출처별 신뢰도를 구분하여 반영하는 것이 중요하다. 검색 로그보다는 구매 로그가 훨씬 강력한 신호이기 때문에, 같은 속성이라도 구매 기반 정보가 우선 적용되어야 한다.

또한 사용자 선호가 시간이 지남에 따라 변할 수 있기 때문에 갱신 시점을 함께 저장하고, 일정 시간이 지난 데이터에는 가중치를 낮게 주는 시간 가중치 감소 로직[1]을 적용하는 것도 효과적이다. 이를 위해 updated_at 필드를 함께 관리하면, 언제 마지막으로 프로파일이 갱신되었는지 쉽게 추적할 수 있고, 추천 시스템에서도 최신성을 기준으로 필터링하거나 우선순위를 조정할 수 있다.

이러한 방식으로 통합된 사용자 프로파일은 단순히 한 번의 분석 결과가 아니라 시간에 따라 축적되고 진화하는 데이터로서 콘텐츠 기반 추천 시스템의 핵심적인 자산이 된다.

유사도 계산

앞에서 상품 속성을 추출하고, 사용자 프로파일을 생성했다. 상품 속성은 색상, 소재, 스타일, 시즌 등과 같이 각 상품의 고유한 특성을 나타내는 정보이며, 사용자 프로파일은 검색, 조회, 장바구니, 구매, 리뷰와 같은 다양한 행동 로그를 기반으로 사용자가 어떤 속성을 선호하는지를 축적한 데이터다. 이처럼 콘텐츠와 사용자에 대한 데이터를 구조화하여 저장해 두었다. 이제는 두 정보를 서로 연결하기 위해 유사도 계산이 필요하다.

유사도 계산Similarity Calculation은 사용자가 선호하는 속성과 얼마나 유사

---

[1] 시간 가중치 감소 로직(Decay Logic)은 추천 시스템에서 시간이 지남에 따라 과거 데이터의 중요도나 가중치를 점진적으로 줄이는 알고리즘적 접근 방식이다. 최신 행동이나 선호도에 더 높은 가중치를 부여하고 오래된 데이터의 영향력을 감소시켜, 사용자의 현재 관심사를 더 정확하게 반영한 추천이 가능하도록 한다. 주로 지수 감쇠 함수나 선형 감쇠 함수를 사용하여 시간에 따른 관련성 감소를 모델링한다. (출처 : https://dl.acm.org/doi/10.1145/2362394.2362395)

한 상품인지를 수치로 판단하는 과정이다. 콘텐츠 기반 추천은 사용자가 좋아할 만한 상품을 유사성을 기준으로 추천하기 때문에 사용자 프로파일과 상품 간의 거리를 좁히는 작업이 핵심이 된다. 다시 말해, 사용자의 프로파일이 '미니멀하고, 블랙 컬러를 좋아하며, 봄 시즌 아이템에 관심이 있다'고 알려주면, 그런 속성을 공유한 상품이 얼마나 많은지를 계산하여 순위를 매기고, 그중 가장 유사한 상품을 추천 리스트로 제공하는 것이다.

이때 유사도를 계산하는 방식은 단순히 눈으로 하나하나 비교하는 것이 아니라 속성들을 정량화하고 벡터로 표현한 다음, 벡터 간의 유사도를 수학적으로 계산하는 방식으로 진행된다. 이를 통해 시스템은 수백, 수천 개의 상품 중에서도 사용자의 취향과 가장 가까운 상품을 자동으로 찾아낼 수 있다.

이것이 콘텐츠 기반 추천의 진짜 힘이다. 즉, 사용자가 명시적으로 요청하지 않아도 취향을 이해하고 비슷한 콘텐츠를 먼저 제안해주는 능력은 바로 유사도 계산에서 발휘된다. 유사도 계산은 추천 대상 상품 선정, 상품 속성 벡터화, 사용자 프로파일 벡터화, 유사도 계산 순으로 진행된다.

추천 대상 상품 선정

유사도 계산을 위해 가장 먼저 해야 할 일은 추천 대상이 될 상품 후보를 선정하는 일이다. 아무리 정확한 유사도 분석을 하더라도 이미 품절된 상품이나 오래전에 등록된 비인기 상품이 추천된다면 추천 서비스의 신뢰성을 얻기 어렵기 때문에 일정 기준에 따라 필터링된 상품만을 대상으로 유사도 계산을 수행해야 한다.

예를 들어, 사용자가 최근 "블랙 새틴 슬립 드레스"를 검색하고, "화이트 플로럴 블라우스"를 장바구니에 담았다고 해보자. 이때 추천 서비스는 사용자의 선호 속성과 유사한 상품들을 찾되, 다음과 같은 기준으로 추천 대상 상품을 선별하고, 이를 위해 예시처럼 SQL 쿼리를 적용한다.

- 현재 판매 중인 상품이어야 하고(`status = 'on_sale'`)
- 최신 트렌드를 반영하고 있어야 하며(예: 최근 30일 이내 등록)
- 사용자가 이미 본 상품, 장바구니에 담은 상품, 구매한 상품은 제외해야 한다

PostgreSQL 쿼리 예시

```
SELECT * FROM products
WHERE status = 'on_sale'
AND registered_at >= CURRENT_DATE - INTERVAL '30 days'
AND product_id NOT IN (
    -- 사용자가 이미 본 상품 제외
    SELECT product_id FROM view_logs
    WHERE user_id = 'user_1234'
    AND viewed_at >= CURRENT_DATE - INTERVAL '30 days'

    UNION

    -- 장바구니에 담은 상품 제외
    SELECT product_id FROM cart_items
    WHERE user_id = 'user_1234'
    AND is_active = true

    UNION

    -- 이미 구매한 상품 제외
    SELECT product_id FROM orders
    WHERE user_id = 'user_1234'
    AND purchase_date >= CURRENT_DATE - INTERVAL '90 days'
);
```

이처럼 추천 대상 상품을 미리 선별하는 단계는 유사도 계산만큼이나 중요한 준비이라 할 수 있다.

상품 속성 벡터화

추천 대상 상품을 선별했다면, 이제 각 상품이 가진 속성을 벡터 형태로 변환해야 할 차례다. 유사도 계산은 결국 수학적인 거리 계산을 통해 이루어

지기 때문에 사람이 이해하기 쉬운 속성 정보를 컴퓨터가 비교할 수 있는 숫자 배열, 즉 벡터로 표현하는 과정이 필요하다.

예를 들어, 상품 A가 "색상: 블랙", "스타일: 미니멀", "소재: 코튼"이라는 속성을 가지고 있다면, 이 정보는 다음과 같은 벡터로 바뀔 수 있다.

$$[1, 0, 0, 1, 0, 0, …]$$

이 벡터는 각각의 자리(차원)가 하나의 속성값을 의미하며, 해당 속성이 상품에 포함되어 있으면 1, 아니면 0으로 표시된다. 이처럼 각 상품이 어떤 속성을 갖고 있는지를 벡터로 정리하면 서로 다른 상품 간 유사도를 수치로 계산할 수 있는데, 속성의 유형에 따라 벡터화 방식도 달라진다.

범주형 속성의 벡터화

색상Color, 스타일Style, 소재Material과 같은 범주형 속성Categorical Attribute은 머신러닝 모델이 인식할 수 있도록 원-핫 인코딩[1] 방식으로 벡터화한다. 이 방식은 각 속성이 가질 수 있는 모든 값을 기준으로 자리를 만들고, 해당 값의 위치에만 1을 표시하는 이진 벡터를 생성한다.

예를 들어, 색상 속성의 가능한 값이 ["black", "white", "beige"]라고 가정할 때, 사용자가 선택한 값이 "white"라면 벡터는 [0, 1, 0]으로 표현된다. 이처럼 원-핫 인코딩은 값 사이의 순서나 우열 관계를 만들지 않기 때문에, 머신러닝 모델이 데이터의 의미를 왜곡하지 않고 학습할 수 있도록 도와준다. 단, 범주의 수가 많아질수록 벡터의 차원이 커진다는 단점도 있다.

---

[1] 원-핫 인코딩(One-Hot Encoding)은 범주형 변수를 머신러닝 알고리즘이 처리할 수 있는 숫자 형태로 변환하는 기법이다. 각 범주를 벡터의 한 차원으로 표현하고, 해당 범주에 속하면 1, 그렇지 않으면 0의 값을 부여한다. 예를 들어, 색상(빨강, 파랑, 녹색)이라는 변수가 있을 때, '빨강'은 [1, 0, 0], '파랑'은 [0, 1, 0], '녹색'은 [0, 0, 1]로 변환된다. 이 방식은 범주 간에 순서나 크기 관계가 없음을 보장하지만, 범주 수가 많을 경우 차원이 커지는 단점이 있다. (출처 : https://scikit-learn.org/stable/modules/generated/sklearn.preprocessing.OneHotEncoder.html)

이런 벡터화 과정은 Python의 scikit-learn 라이브러리를 활용하면 간단하게 구현할 수 있다. 이 과정은 보통 전체 상품 데이터를 불러온 후, 상품별 속성을 추출하고, 각각을 벡터로 변환하는 데이터 파이프라인 안에서 처리된다. 예를 들어, pandas로 상품 테이블을 불러오고, 원-핫 인코딩 방식으로 스타일과 소재를 인코딩한 후, 이 결과를 하나의 벡터로 합치는 식이다.

실제 시스템에서는 이 벡터들이 수천 개의 상품마다 생성되고, 나중에 사용자 프로파일 벡터와 비교하여 유사도를 계산하는 데 사용된다. 따라서 이 벡터화 과정은 추천 시스템의 핵심적인 기반이라고 할 수 있다.

다중 선택 속성의 벡터화

다중 선택 속성 Multi-label Attribute은 하나의 항목이 여러 개의 값을 동시에 가질 수 있는 속성을 말한다. 예를 들어, 어떤 상품이 "minimal"하면서도 동시에 "casual"한 스타일을 지닌다면, 이 상품은 하나의 스타일 값이 아니라 두 개의 스타일 속성을 함께 가진 것이다. 이처럼 복합적인 특성을 반영하려면 단일 선택만 가능한 원-핫 인코딩 대신 멀티-핫 인코딩[1]을 사용해야 한다.

멀티-핫 인코딩을 적용하면 각 속성 값들이 고정된 순서대로 정렬되고, 해당 항목이 있는 자리에만 1이 표시된다. 예를 들어, 스타일 속성에서 가능한 값이 "minimal", "casual", "elegant"라고 하면, 이 순서에 따라 벡터가 구성되고, 상품이 "minimal"과 "casual" 두 가지 스타일을 갖고 있다면, 해당 벡터는 [1, 1, 0]과 같은 식으로 표현된다. 이때 벡터의 자리는 항상 일정한 순서로 정해져 있기 때문에, 이후 유사도 계산이나 벡터 간 비교를 할 때 매우

---

[1] 멀티-핫 인코딩(Multi-Hot Encoding)은 한 항목이 여러 범주에 동시에 속할 수 있는 다중 레이블 데이터를 벡터로 변환하는 기법이다. 원-핫 인코딩이 하나의 범주만 표현하는 것과 달리, 멀티-핫 인코딩은 여러 범주가 활성화된 상태를 나타낼 수 있다. 예를 들어, 영화 장르(액션, 로맨스, 코미디)에서 '액션+로맨스' 영화는 [1, 1, 0]으로 표현된다. 이 방식은 텍스트 분류, 추천 시스템, 이미지 태깅 등 다중 레이블 분류 문제에서 널리 사용된다. (출처 : https://www.tensorflow.org/api_docs/python/tf/keras/utils/to_categorical)

일관된 기준을 유지할 수 있다.

실무에서는 이런 인코딩 과정을 수작업으로 처리하지 않는다. 보통은 pandas의 DataFrame 구조에 상품 데이터를 넣고, 이를 일괄적으로 인코딩해주는 방식으로 처리한다. 수백 개, 수천 개의 상품이 있을 경우에도 각 상품에 대한 속성 벡터가 자동으로 생성되며, 이 결과는 사용자 프로파일 벡터와 나란히 비교하거나 유사도 계산의 입력으로 바로 활용할 수 있게 된다.

즉, 멀티-핫 인코딩은 단순한 데이터 정리가 아니라, 사용자와 상품 사이의 정확한 매칭을 가능하게 해주는 데이터 표현 방식으로 작동하며, 유사도 기반 추천 시스템의 핵심 입력 데이터로 사용된다.

수치형 속성의 벡터화

수치형 속성Numerical Attribute은 평점(4.5점), 가격(₩89,000), 할인율(20%) 처럼 숫자로 표현되는 정량적인 정보를 담고 있는 항목이다. 이 속성들은 사용자의 구매 결정이나 선호도를 좌우하는 핵심 요소지만, 머신러닝이나 추천 시스템에서 그대로 사용할 수는 없다.

예를 들어, 가격은 수천 원에서 수십만 원까지 천차만별인데, 이런 값들을 그대로 벡터에 넣으면 특정 속성만 지나치게 영향력이 커지고, 다른 속성들과의 균형이 무너질 수 있기 때문이다.

그래서 실무에서는 이 수치형 속성들을 정규화Normalization 과정을 거쳐 벡터화하게 된다. 가장 일반적인 방식은 최소-최대 정규화Min-max Scaling이며, 전체 값 중 최소값과 최대값을 기준으로 해당 값의 상대적인 위치를 0과 1 사이로 조정하는 방식이다. 계산식은 다음과 같다.

정규화된 값 = (원본 값 - 최소값) / (최대값 - 최소값)

예를 들어, 평점의 범위가 1.0점부터 5.0점까지라고 할 때, 어떤 상품의 평점이 4.0점이라면 정규화된 값은 다음과 같이 계산된다.

정규화된 값 = (4.0 - 1.0) / (5.0 - 1.0) = 3.0 / 4.0 = 0.75

이런 정규화 작업은 scikit-learn 같은 머신러닝 라이브러리를 사용하면 매우 간단하게 처리할 수 있다. MinMaxScaler 클래스를 활용하면 다수의 상품에 대해 일괄적으로 정규화를 수행할 수 있고, 이후 결과는 pandas의 DataFrame과 함께 관리하면서 다른 범주형 속성, 다중 선택 속성과 연결하여 하나의 벡터로 구성하게 된다.

예를 들어, 수백 개의 상품에 대해 평점, 가격, 할인율 정보를 DataFrame에 정리한 뒤, 각각의 컬럼을 정규화하여 동일한 스케일로 조정한 다음, 범주형 속성과 결합하여 하나의 복합 벡터Hybrid Vector로 만드는 식이다. 이 복합 벡터는 상품이나 사용자의 특성을 보다 정밀하게 표현할 수 있어, 유사도 계산이나 추천 정확도를 높이는 데에 중요한 역할을 한다. 결국 수치형 속성은 그 자체로도 중요한 의미를 가지지만, 벡터로 활용되기 위해선 사전 정제와 조율이 필요하다는 점에서, 다른 속성들과는 또 다른 처리 방식이 요구되는 속성이라 할 수 있다.

텍스트 기반 속성의 벡터화

텍스트 기반 속성Text-based Attribute은 상품 설명, 리뷰, 마케팅 태그, SNS 유입 키워드처럼 문장 또는 단어 형태로 구성된 비정형 데이터다. 숫자처럼 정형화된 값이 아니라, 사용자의 감성, 의도, 취향을 드러내는 자연어로 표현되기 때문에 이를 벡터로 변환하기 위해선 전통적인 데이터 전처리 방식과는 다른 접근이 필요하다. 여기서 핵심 역할을 하는 것이 바로 자연어 처리 임베딩 기법이고, 이를 구현하는 실무 도구로는 Hugging Face Transformers, scikit-learn, spaCy, Gensim 같은 라이브러리들이 주로 사용된다.

예를 들어, 상품 설명에 "우아한 실루엣의 새틴 블라우스"라는 문장이 있다면, 이 텍스트는 단순히 "blouse"라는 범주보다 훨씬 더 풍부한 의미를 담고 있다. 이처럼 문장의 의미 전체를 반영하기 위해 실무에서는 Sentence Transformers 같은 사전 학습된 모델을 활용한다. sentence-transformers 라이브러리를 통해 불과 몇 줄의 코드만으로 이 문장을 768차원의 의미 벡터로 변환할 수 있으며, 이 벡터는 유사 문장 간의 거리 비교에 그대로 활용된다. 특히, 사용자 리뷰나 SNS 문구처럼 문맥이 중요한 경우, 이 방식이 가장 정확한 의미 파악을 가능하게 해준다.

텍스트가 비교적 짧거나 단어 수준으로 분석하고 싶을 때는 TF-IDF를 사용할 수 있다. scikit-learn의 TfidfVectorizer는 여러 상품 설명에서 자주 등장하지만 다른 문서에는 드문 단어를 높게 평가하여 벡터로 변환해준다. 예를 들어, "linen blouse"라는 단어가 특정 상품군에만 자주 등장한다면, "linen"이라는 단어의 중요도는 더 높게 반영된다. 이 방식은 단순하고 빠르기 때문에, 수천 개의 상품을 일괄 분석하거나 마케팅 태그처럼 단어 중심의 데이터에 효과적이다.

단어 사이의 의미적 관계, 즉 "뜻이 비슷한 단어들끼리 가까운 느낌"을 반영하고 싶다면 Word2Vec이 적합하다. 예를 들어, "elegant"과 "graceful"은 표현은 다르지만 비슷한 분위기를 가지고 있다. Word2Vec은 단어들을 숫자 벡터로 변환하는데, 이 과정에서 서로 비슷한 뜻을 가진 단어끼리는 숫자 공간에서도 가까운 위치에 놓이도록 만든다.

이걸 가능하게 해주는 도구가 'Gensim'이라는 파이썬 라이브러리다. 이 라이브러리를 통해 상품 설명이나 리뷰 데이터를 학습시키면 자주 함께 등장하거나 비슷한 문맥에서 사용된 단어들끼리 의미적으로 연결된 벡터를 만들 수 있다. 이 방식 "이 단어가 딱 무슨 속성이다!"하고 나누기 어려운 경우에도, 전체적인 분위기나 스타일을 느낌적으로 반영한 벡터를 만들어 준다. 예를 들어, "빈티지한", "아날로그 감성", "옛날 느낌" 등과 같은 표현들이 모두 서로 비슷한 스타일로 인식될 수 있도록 해준다.

이처럼 벡터화된 텍스트 정보를 실무에서는 pandas의 DataFrame에 상품 단위로 저장한 다음 다른 범주형 속성이나 수치형 속성과 결합하여 하나의 통합 벡터를 구성한다. 예를 들어, 상품마다 "color", "material", "category"는 원-핫 인코딩으로, "평점"은 정규화로, "설명 문장"은 Sentence Transformer로 변환한 벡터를 병합해서 하나의 복합 상품 벡터를 만든다. 이 벡터는 이후 사용자 프로파일 벡터와의 유사도 계산에 직접 활용되므로 텍스트 기반 속성은 단순히 부가 설명이 아니라 사용자의 취향과 상품의 느낌을 고차원 의미로 표현해주는 핵심 단서로 볼 수 있다.

사용자 프로파일 벡터화

사용자에게 맞춤형 상품을 추천하기 위해서는, 단순히 상품만 분석해서는 충분하지 않다. 사용자가 어떤 속성을 선호하고, 어떤 스타일이나 소재에 관심을 가지는지를 정량적으로 표현해야 한다. 이때 필요한 것이 바로 사용자 프로파일User Profile이다.

사용자 프로파일은 각 사용자별로 축적된 행동 로그와 관심 데이터를 바탕으로 구성된다. 앞서 살펴본 것처럼, 검색 로그, 조회 이력, 장바구니 내역, 구매 기록, 리뷰, SNS 유입 키워드 등 다양한 데이터가 수집되어 이 프로파일을 구성하게 된다. 이 모든 정보는 PostgreSQL의 JSONB 컬럼 형태로 저장되며, 예를 들어, 다음과 같은 구조를 갖는다.

PostgreSQL JSONB 형식의 사용자 프로파일 예시

```
{
    "preferred_colors": ["black", "white"],
    "preferred_styles": ["minimal", "elegant"],
```

```
  "preferred_materials": ["satin", "cotton"],
  "preferred_categories": ["blouse", "slacks"],
  "preferred_seasons": ["spring"],
  "recent_search_terms": ["black satin slip dress"],
  "recently_viewed_products": ["item_1234"],
  "inferred_from_reviews": {
    "fit": "good",
    "material": "soft"
  },
  "inferred_from_sns": {
    "style": "casual",
    "intent_keyword": "봄 데일리룩 추천"
  }
}
```

이처럼 사용자 프로파일은 단순한 데이터 저장소가 아니라, 개인의 취향을 구조화된 형태로 정리한 일종의 '관심사 지도'라고 할 수 있다. 하지만 이 데이터를 바로 추천에 사용할 수는 없다. 상품과 비교하려면 벡터로 변환해야 한다. 사용자 프로파일 벡터화는 상품 속성 벡터화와 동일한 방식으로 진행된다.

이렇게 변환된 사용자 프로파일 벡터는 상품 속성 벡터와 동일한 차원과 구조를 가지므로, 두 벡터 간의 유사도를 직접 계산할 수 있다. 즉, 사용자와 상품을 같은 공간 안에 배치하고, 가장 가까운 상품을 찾아내는 방식으로 맞춤 추천이 이루어진다.

상품 속성과 사용자 프로파일 간 유사도 계산

상품 속성과 사용자 프로파일을 모두 벡터 형태로 변환하였다. 이제 이 두 벡터가 서로 얼마나 유사한지를 계산하는 단계가 필요한데, 이 과정이 바로 유사도 계산이며, 이 유사도 점수에 따라 사용자 프로파일과 가장 유사한 상품을 골라 추천하게 된다.

　예를 들어, 사용자 A의 스타일 선호 벡터가 [1, 0, 1, 1, 0]이고, 상품 B의 스타일 속성 벡터가 [1, 1, 1, 0, 0]이라면, 이 두 벡터는 몇 가지 항목에서는 일치하고, 몇 가지는 다르다는 것을 알 수 있다. 이 차이를 수치로 표현하기 위해 가장 많이 사용하는 방식이 바로 코사인 유사도Cosine Similarity다. 이 방식은 두 벡터가 이루는 각도를 기준으로 얼마나 비슷한 방향을 가지고 있는지를 측정한다. 두 벡터가 완전히 같은 방향이라면 유사도는 1, 전혀 다른 방향이라면 0에 가까운 값을 갖는다. 코사인 유사도는 벡터의 크기보다는 방향에 초점을 맞추기 때문에 사용자의 취향과 상품 속성이 비슷한 '패턴'을 가지는지를 잘 파악할 수 있다.

　예를 들어, Python에서는 다음과 같은 코드로 유사도를 계산할 수 있는데, 이렇게 계산된 유사도 점수Score는 사용자 프로파일 속성 벡터와 상품 속성 벡터가 얼마나 비슷한지를 수치로 보여주는 지표가 된다. 일반적으로 이 점수는 0과 1 사이의 값을 가지며, 1에 가까울수록 두 벡터는 매우 유사하다는 의미다.

　예를 들어, 사용자 프로파일 속성 벡터가 [1, 0, 1, 1, 0]이라고 해보자. 이 벡터는 예를 들어, 색상, 스타일, 소재 같은 속성에 대한 사용자의 취향을 수치로 표현한 것이다. 이제 추천 후보에 오른 3개의 상품 속성이 다음과 같은 벡터를 갖는다고 가정해보자.

- 사용자 프로파일 속성 : [1, 0, 1, 1, 0]
- 상품 속성 A : [1, 1, 1, 0, 0]
- 상품 속성 B : [0, 0, 1, 0, 1]
- 상품 속성 C : [1, 0, 1, 1, 0]

　이제 어떤 상품이 사용자와 얼마나 비슷한지 확인하려면 상품과 사용자 프로파일 속성 벡터 간의 코사인 유사도를 계산하면 된다. 두 벡터 간의 유사도를 각각 계산하면 다음과 같이 결과값이 나온다. 상품 속성 C는 유사도가 1.0에 가장 가깝게 나온다. 즉, 사용자의 취향을 거의 그대로 반영한 상품이라는 뜻이다. 반면, 상품 A와 B는 일부 속성만 겹치기 때문에 유사도 점수가 상대적으로 낮게 나온다.

- 상품 속성 A : 0.667
- 상품 속성 B : 0.408
- 상품 속성 C : 1.0

이렇게 계산된 유사도 점수를 기준으로 추천 시스템은 상품을 정렬한다. 가장 유사도가 높은 상품 C를 가장 먼저 보여주고, 그 다음으로 상품 A, 그리고 마지막으로 상품 B를 추천 목록에 배치하게 된다. 유사도 점수의 계산 과정을 살펴보면 다음과 같다.

1. 상품 속성 C의 경우

- 사용자 프로파일 속성: [1, 0, 1, 1, 0]
- 상품 속성 C: [1, 0, 1, 1, 0]
- 두 벡터가 완전히 일치하므로 코사인 유사도는 1.0이 된다.

2. 상품 속성 A의 경우

- 사용자 프로파일 속성: [1, 0, 1, 1, 0]
- 상품 속성 A: [1, 1, 1, 0, 0]
- 코사인 유사도 계산: $\cos(\theta) = (1 \times 1 + 0 \times 1 + 1 \times 1 + 1 \times 0 + 0 \times 0) / (\sqrt{1^2+0^2+1^2+1^2+0^2} \times \sqrt{1^2+0^2+1^2+1^2+0^2+0^2}) = (1 + 0 + 1 + 0 + 0) / (\sqrt{3} \times \sqrt{3}) = 2 / 3 = 0.667$

3. 상품 속성 B의 경우

- 사용자 프로파일 속성: [1, 0, 1, 1, 0]

- 상품 속성 B: [0, 0, 1, 0, 1]
- 코사인 유사도 계산: $\cos(\theta)$ = (1×0 + 0×0 + 1×1 + 1×0 + 0×1) / ($\sqrt{(1^2+0^2+1^2+1^2+0^2)}$ × $\sqrt{(0^2+0^2+1^2+0^2+1^2)}$) = (0 + 0 + 1 + 0 + 0) / ($\sqrt{3}$ × $\sqrt{2}$) = 1 / $\sqrt{6}$ = 0.408

이와 같이 코사인 유사도를 통해 각 상품이 사용자의 프로파일과 얼마나 일치하는지를 수치화할 수 있으며, 이 점수에 따라 추천 시스템은 가장 적합한 상품부터 차례로 사용자에게 제시하게 된다.

협업 필터링

지금까지 살펴본 콘텐츠 기반 추천이 사용자와 상품의 특성을 벡터로 표현하고, 그 유사도를 바탕으로 추천하는 방식이라면, 협업 필터링Collaborative Filtering은 상품 자체보다는 사용자 간의 관계를 중심으로 추천한다는 점에서 차이가 있다. 다시 말해, 콘텐츠 기반 추천이 개별 사용자의 선호 속성을 기준으로 유사한 상품을 찾는 데 초점을 맞춘다면, 협업 필터링은 사용자 간 또는 상품 간의 상호작용 패턴을 분석하여 추천의 단서를 확보한다.

예를 들어, 어떤 사용자가 "블랙 새틴 슬립 드레스"와 "화이트 플로럴 블라우스"를 찜하거나 구매했다면, 유사한 행동을 보인 다른 사용자들이 이후 선택한 상품들을 바탕으로 새로운 상품을 추천하는 방식이다. 이때 추천의 근거는 상품의 속성 자체가 아니라, 사용자 선호도 간의 유사성에 있다.

이 방식은 상품 속성을 추출하거나 사용자 프로파일을 생성할 필요 없이 평점, 클릭, 장바구니, 구매 이력 등 사용자가 남긴 행동 데이터만으로도 추천 서비스를 구현할 수 있어 상품에 대한 메타데이터가 부족하거나 속성 추출이 어려운 경우에도 협업 필터링은 충분히 효과적으로 작동할 수 있다.

물론 한계도 존재한다. 협업 필터링은 일정량 이상의 사용자 행동 데이터가 누적되어야 제대로 작동하는 구조여서 신규 사용자나 신규 상품에는 추천 품질이 급격히 떨어지는 콜드 스타트 문제가 발생할 수 있다. 특히, 초기 단계에서는 유사도를 계산할 수 있을 만큼 충분한 상호작용 데이터가 쌓이지 않아 추천이 거의 불가능한 경우도 생긴다. 또한 다수의 사용자가 같은 상품에 집중할 경우, 인기 상품 위주의 추천으로 쏠림 현상이 생기기도 한다.

반면, 사용자가 많아지고 데이터가 축적될수록 추천 품질도 높아지는 특징도 있다. 특정 상품을 여러 사용자가 반복적으로 선택하면 그 상품에 대한

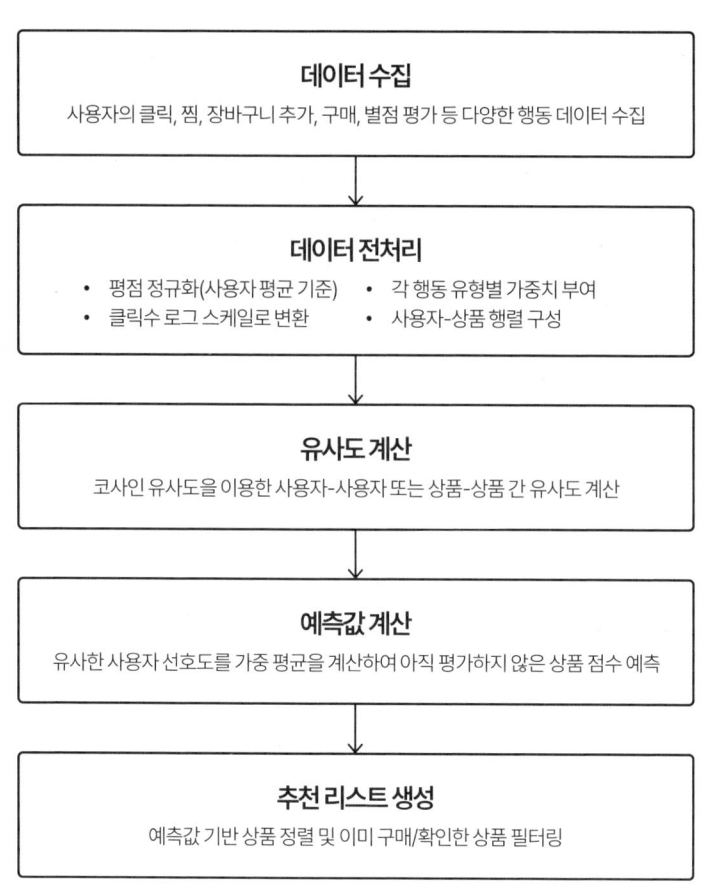

협업 필터링 프로세스

신뢰도는 높아지고, 이를 기반으로 한 추천도 점점 정밀해지기 때문이다.

협업 필터링은 사용자와 상품 간의 상호작용을 행렬 형태로 표현하고, 이 안에서 유사한 사용자나 유사한 상품을 찾아낸다. 이때 사용자는 행, 상품은 열, 그리고 각 셀에는 평점, 클릭 여부, 구매 횟수 등 상호작용의 정도가 입력된다. 협업 필터링의 핵심은 이 사용자-상품 행렬에서 비어 있는 셀, 즉 아직 사용자가 경험하지 않은 상품에 대한 값을 예측하는 것이다. 어떤 사용자가 아직 구매하지 않았지만 높은 확률로 선호할 만한 상품을 계산하고, 이를 추천 목록으로 제시하는 방식이다.

이러한 방식은 많은 사용자의 선택 패턴에서 추출하기 때문에 데이터가 많을수록 유사도 계산은 정밀해지고, 추천의 정확도 역시 향상된다. 실제로 넷플릭스, 아마존, 유튜브처럼 대규모 사용자 기반을 가진 서비스에서는 협업 필터링이 핵심 추천 엔진으로 활용되고 있다.

그렇다면 현실적으로 협업 필터링으로 추천하려면 어느 정도의 사용자와 데이터가 필요할까? 물론 정해진 숫자는 없지만, 실무와 연구에서 제시되는 기준은 존재한다. 일반적으로 협업 필터링은 사용자-아이템 행렬이 지나치게 희소할 경우 유사도 계산이 어렵기 때문에 일정 수준 이상의 상호작용 데이터를 확보해야 한다.

예를 들어, 상품이 1,000개 있는데 어떤 사용자가 그중 10개만 구매하거나 평가했다고 하면, 나머지 990개는 아무런 정보가 없는 상태다. 이런 경우를 데이터가 '희소하다'고 표현한다. 이렇게 빈칸이 많아도 협업 필터링 모델은 작동하지만, 추천 정확도는 낮아질 수밖에 없다.

반면, 한 사용자가 50개 이상 상품에 대해 구매나 평가를 남겼다면, 유사한 취향을 가진 다른 사용자들과 비교할 수 있는 기반이 더 풍부해지기 때문에 훨씬 정교한 추천이 가능해진다. 데이터의 빈칸이 줄어들수록, 즉 희소성이 낮을수록 추천 품질은 눈에 띄게 좋아진다.

데이터 수집

협업 필터링을 위해 가장 먼저 할 일은 사용자와 상품 사이의 상호작용 데이터를 수집하는 것이다. 여기서 '상호작용'이란 사용자가 특정 상품을 얼마나 선호하는지를 추론할 수 있는 모든 행동을 의미한다. 예를 들어, 쇼핑몰에서 "블랙 새틴 슬립 드레스"를 클릭하거나, "화이트 플로럴 블라우스"를 장바구니에 담고, 이후 실제로 구매한 행위 모두가 상호작용 데이터가 된다. 때로는 별점 평가처럼 수치화된 데이터도 포함될 수 있다. 이런 행동 하나하나가 사용자 선호도를 나타내는 단서이며, 협업 필터링은 이 단서를 수집하여 서로 비슷한 사용자나 상품을 연결하는 데 활용한다.

수집된 데이터는 '사용자-아이템 행렬'User-Item Matrix이라는 표 형태로 정리된다. 여기서 행은 사용자, 열은 상품을 의미하고, 각 칸(셀)에는 해당 사용자가 해당 상품에 대해 남긴 행동 정보가 들어간다.

예를 들어, 상품이 4개 있고, 사용자 3명이 다음과 같은 행동을 했다고 가정해보자. 이 표는 평점 기반 행렬로 사용자가 상품에 남긴 별점(1~5점)이 기록된 형태인데 비어 있는 셀은 아직 평가하지 않은 상품이라는 의미다.

사용자별 상품 평점 데이터 예시

구분	상품 A (드레스)	상품 B (블라우스)	상품 C (재킷)	상품 D (팬츠)
사용자 1	5	3		
사용자 2		4	2	5
사용자 3	4			3

만약 클릭, 장바구니 담기, 구매 같은 행동 데이터를 사용할 경우, 1(있음), 0(없음) 형태로 기록한다. 예를 들어, 사용자 1이 상품 A와 B를 클릭했고, 상품 C는 보지 않았다면 예시 표처럼 표현한다.

상품별 사용자 관심도 데이터예시

구분	상품 A	상품 B	상품 C	상품 D
사용자 1	1	1	0	0
사용자 2	0	1	1	1
사용자 3	1	0	0	1

이처럼 사용자-아이템 행렬은 사용자가 어떤 상품을 얼마나 선호했는지를 요약한 지도Map 역할을 하며, 협업 필터링에서는 이 지도 안에서 비슷한 사용자 벡터를 가진 사용자나 비슷한 상품 벡터를 가진 상품을 찾아 추천의 단서를 얻는다. 이러한 행렬은 Pandas의 DataFrame 구조로 생성하는 것이 일반적이며, 추후 유사도 계산이나 모델 학습을 위해 SciPy의 희소 행렬[1] 형식으로 변환되기도 한다.

이 데이터를 수집하기 위해서는 사용자 이벤트를 백엔드 시스템에서 감지하여 사용자의 행동 로그를 실시간으로 저장한다. 사용자가 상품 상세 페이지에 들어가거나 찜 버튼을 누르거나 결제를 완료하면, 이 이벤트는 자바스크립트를 통해 실시간으로 감지하여 백엔드로 전달된다. 이렇게 전달된 이벤트는 JSON 객체 형태로 구성되어, 사용자 ID, 상품 ID, 시간 정보, 상호작용 유형(예: 클릭, 찜, 구매) 등이 함께 저장된다.

예를 들어, 사용자가 쇼핑몰에서 "화이트 플로럴 블라우스" 상품을 보고 찜 버튼을 선택하면 다음과 같은 흐름을 거쳐 사용자의 행동 로그에 저장된다.

1. **이벤트 발생** : 사용자가 상품 상세 페이지에 들어가거나 찜 버튼을 선택하면, 그 순간 특정 이벤트가 발생한다.
2. **이벤트 감지** : 자바스크립트가 사용자 이벤트를 실시간으로 감지하여 "누가, 무엇을 클릭했는지"를 바로 알아챈다.
3. **데이터 전송** : 감지된 이벤트는 다음 예시처럼 JSON 형식으로 구성되어 백엔드 서버로 전송된다.

---

1) 희소 행렬(sparse matrix)은 대부분의 원소가 0인 행렬을 의미하며, 메모리와 계산 효율성을 위해 0이 아닌 원소만 저장하는 특수한 자료구조다. 대규모 데이터셋에서 공간 복잡도를 줄이고 연산 속도를 향상시키는 데 유용하게 활용된다. (출처 : https://en.wikipedia.org/wiki/Sparse_matrix)

찜하기 이벤트의 JSON 표현 예시

```
{
  "user_id": "user_1234",
  "product_id": "item_5678",
  "action": "wishlist",
  "timestamp": "2025-03-25T14:20:00"
}
```

4. 로그 저장 : 백엔드로 전송된 데이터는 실시간으로 저장소에 기록된다.

이처럼 실시간으로 수집된 사용자 이벤트 데이터는 목적에 따라 적절한 저장소에 나누어 저장된다. 클릭, 찜, 구매 같은 행동 로그는 대부분 시간순으로 발생하고 양도 많기 때문에 빠른 처리와 집계가 가능한 Elasticsearch에 저장해 두었다가 핵심 데이터만 정제하여 PostgreSQL 같은 관계형 데이터베이스로 이관하는 방식으로 운영할 수 있다.

예를 들어, 사용자가 특정 상품을 클릭할 때마다 발생하는 이벤트는 일단 빠르게 저장한 다음 "최근 일주일 동안 가장 많이 본 상품"처럼 집계가 필요하거나 "특정 사용자 기준으로 정리된 상호작용 정보"가 필요할 때 정제해서 데이터베이스에 반영하는 식이다. 이처럼 로그 데이터를 실시간 수집 시스템과 정형 데이터베이스로 분리하여 관리하면, 추천 품질을 높이는 데 필요한 핵심 데이터만 선별적으로 가공할 수 있어 불필요한 부하를 줄일 수 있다.

중요한 것은 어떤 이벤트가 추천에 의미 있는 단서인지 판단하여 저장소와 처리 방식을 선택하는 일이다. 예를 들어, 단순 클릭은 수천 건이 쌓이더라도 사용자 선호를 명확하게 말해주지 않지만, 장바구니 담기나 구매처럼 강한 의도가 포함된 이벤트는 바로 프로파일에 반영될 수 있도록 별도로 관리하는 것이 좋다.

협업 필터링은 이런 반복적인 상호작용을 통해 사용자 간의 유사성을 계산하기 때문에 어떤 데이터를 얼마나 정교하게 정리하느냐가 추천 품질을 좌우하게 된다. 이처럼 사용자 행동 로그를 실시간으로 수집하고, 이를 정형화된 행렬 구조로 가공하여 저장하는 일이 협업 필터링의 첫 단계이다.

데이터 전처리

사용자 행동 로그를 유사도 계산에 활용하려면 각 행동이 가진 의미를 숫자로 정리해야 한다. 그런데 사용자의 행동은 단순한 수치가 아니라 맥락이 있고, 기준도 사람마다 다르기 때문에 이를 비교 가능한 형태로 바꿔주는 전처리 과정이 필요하다.

예를 들어, 예시처럼 한 사용자가 상품 A에 4점을 주고, 상품 B를 한 번 클릭하고, 상품 D는 한 번 구매했다고 하자. 또 다른 사용자는 상품 A에 2점을 주고 상품 B를 25번 클릭했으며, 상품 C를 두 번 장바구니에 담았다. 마지막 사용자도 같은 방식으로, 상품 A에 5점을 주고 상품 B를 무려 300번 클릭했으며 상품 C를 다섯 번 장바구니에 담고, 상품 D를 세 번 구매했다.

사용자 행동 로그 원본 예시

사용자 ID	상품 A 평점	상품 B 클릭 수	상품 C 장바구니 담기	상품 D 구매 수
user_01	4점	1회	0회	1회
user_02	2점	25회	2회	0회
user_03	5점	300회	5회	3회

이 데이터를 그대로 유사도 계산에 활용하면, 클릭 수가 1회인 상품과 300회인 상품이 동일한 기준으로 비교되는 문제가 생긴다. 또한 평점 역시 어떤 사람에게 4점은 매우 좋은 평가일 수 있지만, 어떤 사람에게는 그저 평균이라는 의미일 수도 있다. 그래서 이 데이터를 정제하고 조정하는 전처리 과정

이 필요하다.

먼저 평점의 경우, 각 사용자가 주로 어떤 점수를 주는지를 기준으로 정규화한다. 예를 들어, 한 사용자가 보통 3.5점을 주는데 특정 상품에 4점을 줬다면, 해당 평점은 +0.5로 변환된다. 반면 평소에 2.5점을 주는 사용자가 2점을 줬다면, -0.5로 정리된다. 이처럼 평점은 '이 사용자의 기준에서 얼마나 선호도가 높은지'를 상대적인 수치로 환산한다.

클릭 수는 편차가 워낙 크기 때문에 로그 스케일을 사용하여 조정한다. 실제로 어떤 사용자는 상품을 한 번 클릭했지만, 또 다른 사용자는 무려 300번을 클릭하기도 한다. 이 수치를 그대로 사용하면 클릭 수가 많은 상품이 지나치게 영향력을 가지게 되기 되므로 클릭 수에 log 함수를 적용하여 분포를 조정한다. 예를 들어, 클릭 수가 1이면 log(1+1)로 0.69가 되고, 25회 클릭은 3.26, 300회는 5.71로 변환된다. 이렇게 하면 수치 간의 격차가 완만해져 유사도 계산에 더 적합한 형태가 된다.

장바구니와 구매처럼 선호도가 뚜렷하게 드러나는 행동은 가중치를 부여하여 점수화한다. 예를 들어, 장바구니에 담은 행동에는 1회당 1.5점, 구매는 1회당 5점으로 계산하는 식이다. 사용자가 상품을 2번 장바구니에 담았다면 3점(2 × 1.5), 5번 담았다면 7.5점이 된다. 구매도 마찬가지로 3번 구매하면 15점(3 × 5)으로 계산된다.

이렇게 변환된 수치들은 사용자-상품 행렬을 채운다. 앞에서 언급했지만, 행렬의 행은 사용자, 열이 상품으로 구성된 숫자 표이며, 이 표 안에 들어간 각 숫자는 "누가 어떤 상품을 얼마나 좋아했는지"를 나타내어 나중에 추천 알고리즘의 기반을 제공한다.

사용자 행동 로그의 전처리 예시

사용자 ID	상품 A (평점 정규화)	상품 B (log 스케일)	상품 C (가중치 적용)	상품 D (가중치 적용)
user_01	+0.5 (평균 3.5 기준)	log(1+1)=0.69	0점	5점 (구매=5점)
user_02	-0.5 (평균 2.5 기준)	log(25+1)=3.26	3점 (2회 × 1.5점)	0점
user_03	+1.0 (평균 4.0 기준)	log(300+1)=5.71	7.5점 (5회 × 1.5점)	15점 (3회 × 5점)

전처리 후 사용자-상품 행렬 예시

사용자 ID	상품 A (평점)	상품 B (클릭)	상품 C (장바구니)	상품 D (구매)
user_01	+0.5	0.69	0.0	5.0
user_02	-0.5	3.26	3.0	0.0
user_03	+1.0	5.71	7.5	15.0

이처럼 평점, 클릭, 장바구니, 구매라는 서로 다른 유형의 행동은 각각의 방식으로 정제되어 숫자로 표현된다. 이 과정이 없으면 사용자 간 비교가 불가능하고, 추천 알고리즘도 정확한 예측을 하기 어렵다. 결국 전처리는 사용자의 행동을 단순한 숫자가 아니라 '선호의 강도'로 환산하는 과정이라고 볼 수 있다.

실제 추천 서비스를 구현할 때는 이렇게 전처리된 수치들을 다루기 위해 파이썬에서 데이터 분석 도구들을 활용한다. 가장 기본적으로는 pandas를 사용하여 원본 로그 데이터를 표 형태로 정리하고, 각 행동별로 점수를 계산한다. 예를 들어, 사용자별 평점 평균을 구해서 정규화하거나 클릭 횟수를 기준으로 점수를 만들고, 장바구니나 구매에는 가중치를 곱하여 계산하는 작업을 진행하는 식이다.

협업 필터링

이렇게 만든 데이터는 숫자 값이 너무 들쭉날쭉하지 않도록 정리해주는 과정이 필요한데, 이때 scikit-learn 라이브러리를 많이 사용한다. 여기에는 MinMaxScaler나 StandardScaler 같은 도구가 있어서, 데이터의 크기를 일정한 범위 안으로 맞춰주는 작업을 간단하게 처리할 수 있다. 예를 들어, 어떤 상품은 클릭이 3번, 다른 상품은 300번이라면, 이 차이를 줄이기 위해 클릭 수에 로그 함수를 적용하는데, 이럴 땐 numpy를 사용하여 log(클릭수 +1) 같은 계산을 해준다.

유사도 계산

이제 전처리한 데이터에 대한 유사도를 계산해야 하는데 가장 많이 사용하는 코사인 유사도 를 추천한다. 이 방법은 두 사용자의 행동 벡터가 얼마나 같은 방향을 향하고 있는지를 계산한다. 즉, 점수의 크기보다는 선호도의 분포 패턴에 더 주목한다.

예를 들어, 사용자 A가 "블랙 새틴 슬립 드레스"에 5점을 주고 "화이트 플로럴 블라우스"에 3점을 줬고, 사용자 B가 같은 상품에 각각 4점과 2점을 줬다면, 절대 점수는 다르지만 두 사람의 선호도 흐름은 비슷하다고 볼 수 있다. 코사인 유사도는 이런 선호도의 유사성을 벡터 간의 각도로 계산하고, 그 결과를 0과 1 사이의 값으로 나타낸다. 1에 가까울수록 두 사람은 매우 유사한 선호도를 가진 사용자로 간주된다.

이런 방식은 단순히 동일한 상품을 좋아했는지가 아니라, 어떤 상품을 더 선호하고 어떤 상품을 덜 선호했는지를 비교하는 데 초점을 둔다. 가령, 사용자 C는 "블랙 새틴 슬립 드레스"와 "화이트 플로럴 블라우스"에 각각 2점과 5점을 줬다고 해보자. 이 경우, 사용자 A, B와는 선호 방향이 반대다. A와 B는 "드레스"를 더 선호했고 "블라우스"는 상대적으로 낮게 평가했지만, C는 블라우스를 더 선호한 것이다.

예시를 보면 A와 B는 점수 차이는 있지만 상품에 대한 선호도 경향이 비슷하고, C는 완전히 반대되는 선호 방향을 보인다는 것을 쉽게 이해할 수 있다. 코사인 유사도는 이처럼 선호의 방향성까지 반영하기 때문에 단순한 점수 일치보다 더 정교한 유사도 판단이 가능하다.

사용자 평점 예시

사용자 ID	블랙 새틴 슬립 드레스	화이트 플로럴 블라우스
A	5점	3점
B	4점	2점
C	2점	5점

실무에서는 Python의 scikit-learn에 포함된 cosine_similarity 함수를 활용하면 유사도 계산이 매우 간단하게 이루어진다. 예를 들어, 사용자-상품 행렬을 희소 행렬로 구성한 뒤, 이 행렬을 입력값으로 넘기기만 하면 사용자 간 혹은 상품 간 유사도를 일괄적으로 계산해 준다. 이때 scipy.sparse 라이브러리[1]를 활용하면 대용량 행렬도 메모리 효율적으로 처리할 수 있고, 코사인 유사도는 각 사용자 벡터의 방향만 비교하기 때문에 연산 속도도 빠른 편이다.

예측값 계산

협업 필터링은 사용자-상품 행렬에서 아직 사용자가 평가하지 않은 상품에 대한 선호도를 예측하여 일종의 "빈칸 채우기"를 하는 것이다. 즉, 아직

---

1) scipy.sparse 라이브러리는 파이썬 과학 컴퓨팅 패키지인 SciPy의 하위 모듈로써 희소 행렬(대부분의 값이 0인 행렬)을 효율적으로 표현하고 처리하기 위한 다양한 데이터 구조와 알고리즘을 제공한다. 대규모 데이터셋에서 메모리 사용량을 최소화하고 계산 효율성을 높이는 데 적합하며, 특히, 추천 시스템의 사용자-아이템 행렬과 같은 희소 데이터 처리에 널리 활용된다. (출처 : https://docs.scipy.org/doc/scipy/reference/sparse.html)

상호작용하지 않아 정보가 없는 빈칸을 유사한 사용자들의 행동 로그를 참조하여 채워 넣는다.

예를 들어, 아래는 세 명의 사용자(user_01, user_02, user_03)가 네 가지 상품에 대해 남긴 평점 일부다. "베이지 니트 원피스"에 대한 user_02의 평점이 비어 있는 것을 볼 수 있다.

사용자-상품 행렬 원본 데이터 예시

사용자 ID	블랙 새틴 슬립 드레스	화이트 플로럴 블라우스	베이지 니트 원피스	블랙 스웨이드 부츠
user_01	5	3	4	2
user_02	5	3	비어 있음	1
user_03	4	2	5	2

이제 이 빈칸을 채워야 한다. user_02는 베이지 니트 원피스를 평가하지 않았지만, 이 상품에 대해 user_01은 4점을, user_03은 5점을 준 상태다. 만약 user_02가 user_01, user_03과 상당히 유사한 선호도를 가지고 있다면, 이 두 사용자가 높게 평가한 상품 역시 user_02도 좋아할 가능성이 크다고 판단할 수 있다.

이때 사용하는 것이 코사인 유사도다. 코사인 유사도는 두 사용자의 평점 벡터가 얼마나 같은 방향을 향하고 있는지를 측정하며, 유사도가 1에 가까울수록 매우 비슷한 선호도를 가진 것으로 해석된다. 예를 들어, user_02와 user_01의 유사도가 0.95, user_02와 user_03의 유사도가 0.85라면, 두 사용자 모두 user_02와 매우 비슷한 취향을 가진 셈이다. 이 유사도를 가중치 삼아 각 사용자의 평점을 계산에 반영하면, 다음과 같은 예측이 가능해진다.

$$\hat{r}_{user\_02, 베이지니트원피스} = \frac{(0.95 \times 4) + (0.85 \times 5)}{0.95 + 0.85} \approx 4.2$$

즉, user_02는 아직 이 상품을 구매하거나 평가하지 않았지만, 유사한 사용자들이 높은 점수를 줬기 때문에 높은 선호도를 가질 것으로 예측한 것이다. 이렇게 계산된 예측값은 원래의 사용자-상품 행렬에 있는 빈칸에 채워져 추천 순위의 기준이 된다.

예측값이 채워진 사용자-상품 행렬 데이터 예시

사용자 ID	블랙 새틴 슬립 드레스	화이트 플로럴 블라우스	베이지 니트 원피스	블랙 스웨이드 부츠
user_01	5	3	4	2
user_02	5	3	4.2 (예측값)	1
user_03	4	2	5	2

이런 계산은 간단한 수학 공식으로 구현할 수 있지만, 대규모 사용자와 상품을 다루는 시스템에서는 자동화된 라이브러리를 활용하는 것이 효율적이다. 주로 Python의 surprise 라이브러리를 사용한다. 이 라이브러리는 협업 필터링 전용으로 설계되어 추천 서비스를 손쉽게 구현하도록 돕는 일종의 '종합 도구'이다. 모델 학습, 예측, 교차 검증 등 다양한 기능을 제공하며, KNNBasic, KNNWithMeans, SVD, NMF 같은 알고리즘을 포함하고 있다.

그래서 KNNBasic 모델을 선택하면, 시스템이 자동으로 "누가 누구와 비슷한지", 혹은 "어떤 상품끼리 비슷한지"를 계산하여 추천을 만든다. 여기서 KNN은 '가장 가까운 이웃'K Nearest Neighbors을 뜻하는데, 나와 가장 취향이 비슷한 사용자들을 찾아주는 방식이라고 생각하면 된다.

실제로는 단 두 줄 정도의 코드로 예측이 가능하다. .fit() 함수로 데이터를 학습시키고, .predict() 함수로 특정 사용자에게 어떤 상품을 추천할지 계산하면 된다. 이 과정에서 유사도를 어떤 기준으로 계산할지도 설정할 수 있는데, 가장 일반적으로는 코사인 유사도가 사용된다. 앞에서 봤던 것처럼 선호의 방향이 비슷한지를 보는 방식이다.

그리고 협업 필터링에서 다루는 데이터는 대부분 엄청나게 크고 대부분 비어 있는 구조(희소 행렬)이기 때문에 데이터를 효과적으로 다루려면 pandas로 데이터를 정리하고, scipy.sparse라는 라이브러리를 사용하여 메모리를 절약하고 빠르게 계산하는 구조로 만드는 것이 좋다. 이렇게 하면 수천 명 이상의 사용자 데이터를 다루더라도 시스템이 느려지지 않고, 안정적으로 추천 결과를 제공할 수 있다.

추천 리스트 생성

추천 시스템의 마지막 단계는 예측된 선호도 점수들을 정렬하고, 그중에서 가장 높은 상품들을 추려 사용자에게 추천 리스트로 제공하는 과정이다. 이때 단순히 예측 점수가 높은 순서대로 보여 주는 것이 아니라, 사용자가 이미 본 상품이나 구매한 상품을 제외하는 필터링 작업도 함께 이루어진다. 아무리 예측 점수가 높더라도 이미 알고 있는 상품을 다시 추천받는 것은 사용자 입장에서는 흥미롭지 않기 때문이다.

예를 들어, 어떤 사용자의 예측 점수가 다음과 같다고 가정해보자. "블랙 새틴 슬립 드레스"는 4.8점으로 가장 높지만, 이미 구매한 이력이 있다면 추천 리스트에서는 제외된다. "화이트 플로럴 블라우스"는 4.5점이지만 이미 찜해 둔 상품이라면 역시 리스트에서 제외되는 경우가 많다.

반면, "옐로우 셔링 원피스"와 "라이트 블루 데님 자켓"은 예측 점수가 각각 4.3점, 4.1점으로 다소 낮더라도, 사용자가 한 번도 본 적 없는 상품이라면 추천 리스트에 포함될 가능성이 높다. "레드 체크 미니 스커트"처럼 과거에 한 번 클릭한 적은 있지만 구매로 이어지지 않았던 상품은 경우에 따라 포함되기도 한다.

예측된 사용자 평점에 대한 필터링 예시

상품명	예측 평점	사용자의 이전 상호작용	추천 포함 여부
블랙 새틴 슬립 드레스	4.8	이미 구매함	제외
화이트 플로럴 블라우스	4.5	찜 목록에 있음	제외
옐로우 셔링 원피스	4.3	아직 본 적 없음	포함
라이트 블루 데님 자켓	4.1	아직 본 적 없음	포함
레드 체크 미니 스커트	3.9	클릭했지만 구매 안 함	조건부 포함 가능

이러한 방식으로 추천 리스트는 단순히 점수 순위에만 의존하지 않고, 실제 사용자의 행동 로그와 함께 고려하여 구성된다. 실무에서는 이 필터링 조건을 어떻게 설계하느냐에 따라 추천 품질이 달라지기 때문에 추천 전략과 사용자 경험 설계가 유기적으로 맞물려야 한다. 이 과정을 통해 최종적으로 사용자에게는 상위 N개의 추천 상품이 제시되며, 이 리스트는 서비스의 첫 화면, 이메일, 푸시 알림 등 다양한 채널을 통해 전달된다.

하이브리드 추천

서비스가 점점 정교해지고, 적용 범위가 넓어질수록 한 가지 방식의 추천으로는 충분한 효과를 얻기 어려워진다. 콘텐츠 기반 추천은 유사한 상품이 반복적으로 추천될 수 있고, 협업 필터링은 데이터가 쌓일수록 추천 품질이 높아지지만 신규 사용자나 신상품은 데이터가 없거나 적어 추천할 수 없다.

지식 기반 추천은 사용자가 직접 선택한 조건을 기준으로 명확한 추천을 제공하지만, 그만큼 사용자의 참여가 필요하고, 맥락 기반 추천은 접속 시간, 기기, 위치, 날씨 등은 끊임없이 변하는 맥락 정보를 감지하고 처리해야 하는 어려움이 있다. 규칙 기반 추천은 반복되는 행동 패턴에 잘 대응하지만, 패턴이 명확하지 않거나 너무 많아지면 관리가 어려워진다.

이처럼 각 추천 방식은 강점과 한계를 함께 지니기 때문에 실무에서는 여러 방식의 장점을 조합하여 추천 품질을 높이는 하이브리드 추천Hybrid Recommendation을 채택하는 곳이 많다.

동적 가중치 기반 하이브리드 추천

하이브리드 추천은 단순히 두 가지 추천 방식을 번갈아 사용하는 것이 아니라, 각 방식의 강점을 하나의 추천 구조 안에서 녹여내어 새로운 추천 결과를 만들어내는 방식이다. 예를 들어, 콘텐츠 기반 추천만 사용하면 추천의 정확도는 높지만 너무 비슷한 상품만 반복될 수 있고, 협업 필터링만 사용하면 추천의 다양성은 확보되지만 사용자 수나 상품 반응이 충분하지 않으면 추천 자체가 어렵다.

하지만 이 두 방식을 동시에 활용하면, 하나의 기준만으로는 놓칠 수 있었던 아이템들을 더 폭넓게 포착할 수 있다. 특히, 콘텐츠 기반 추천은 신상품

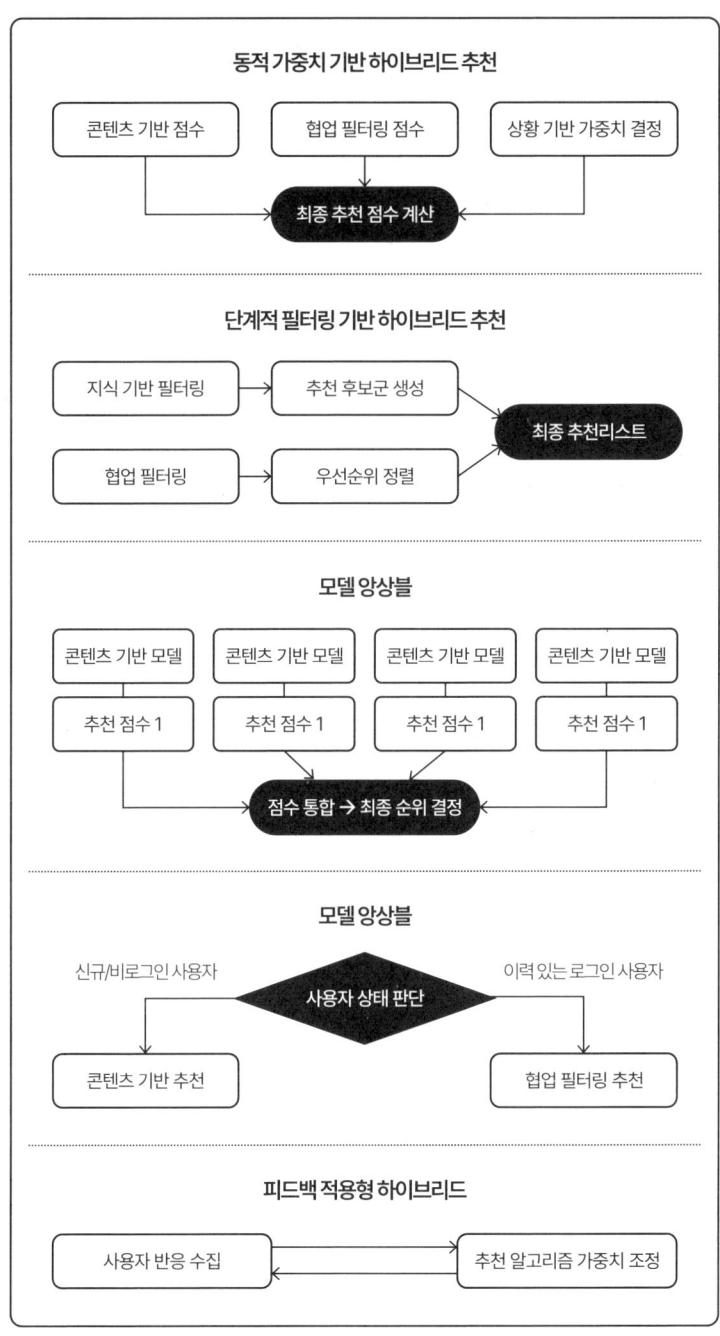

하이브리드 추천 프로세스

이나 신규 사용자에게 유리하고, 협업 필터링은 데이터가 충분히 축적된 상황에서 더욱 정교하게 작동하므로 두 방식을 결합하면 상황에 관계없이 안정적이고 균형 잡힌 추천이 가능해진다.

이 결합은 '상황에 따라 하나를 선택하는' 방식이 아니라 각 추천 알고리즘이 생성한 점수나 순위를 함께 반영하여 하나의 새로운 추천 결과를 만드는 방식으로 구현된다. 예를 들어, 한 사용자가 '화이트 플로럴 블라우스'를 자주 클릭하고, 밝고 여성스러운 스타일의 상품을 선호하는 행동을 보여왔다고 하자. 이 사용자는 협업 필터링 관점에서도 '옐로우 셔링 원피스'를 구매한 고객들과 상당히 유사한 구매 패턴을 보이는 것으로 분석된다.

콘텐츠 기반 추천에서는 이 상품이 사용자의 선호 스타일과 높은 유사도를 보이며 4.5점을 얻고, 협업 필터링에서는 유사 사용자 그룹의 반응 데이터를 바탕으로 4.0점을 얻었다고 가정하자. 일반적인 하이브리드 추천에서는 이 두 점수를 고정된 가중치로 결합하지만, 더 정교하게 추천하려면 상황에 따라 두 방식의 신뢰도를 계산하여 가중치를 동적으로 조정한다.

만약 사용자 수는 많지만 상품 수는 적고 신상품의 비중이 높다면 협업 필터링보다는 콘텐츠 기반 추천이 더 효과적일 수 있다. 반대로 사용자 수와 행동 로그가 풍부하게 쌓여 있는 상황에서는 협업 필터링이 더 효과적일 수 있다. 이때 회원 수, 상품 수, 행동 로그의 누적 정도, 신상품 등을 분석하여 협업 필터링과 콘텐츠 기반에 대한 가중치를 부여한다. 예를 들어, 아래와 같은 방식으로 협업 필터링의 가중치를 계산할 수 있다.

$$\text{협업 가중치} = \frac{\text{행동 로그 수}}{\text{회원 수} \times \text{상품 수}} \times (1 - \text{신상품 비율})$$

이렇게 협업 필터링의 가중치가 결정되면 콘텐츠 기반 추천 가중치는 다음과 같이 결정된다.

$$콘텐츠\ 가중치 = 1 - 협업\ 가중치$$

이 계산에 따라 협업 필터링의 가중치가 0.35, 콘텐츠 기반의 가중치가 0.65일 경우, 최종 추천 점수는 4.275가 된다.

$$최종\ 추천\ 점수 = (4.5 \times 0.65) + (4.0 \times 0.35) = 4.275$$

반대로 '레드 체크 미니 스커트'는 콘텐츠 기반 추천 점수가 4.0으로 비교적 높은 반면, 협업 필터링 점수가 2.8로 낮다. 이 경우 추천 시스템은 사용자 행동 로그가 충분한 상황이라면 협업 필터링에 더 높은 비중을 두고, 해당 아이템의 순위를 자연스럽게 낮추게 된다.

동적 가중치 기반 하이브리드 추천 예시

상품명	콘텐츠 기반 추천 점수	협업 필터링 추천 점수	가중치 (콘텐츠:협업)	최종 추천 점수	순위 변화 예시
옐로우 셔링 원피스	4.5	4.0	0.65 : 0.35	4.275	상위로 유지/상승
레드 체크 미니 스커트	4.0	2.8	0.45 : 0.55	3.41	순위 하락 가능
라이트 블루 데님 자켓	3.8	4.2	0.45 : 0.55	4.02	순위 상승 가능
블랙 새틴 슬립 드레스	3.5	3.5	0.50 : 0.50	3.5	중간 순위 유지

단계적 필터링 기반 하이브리드 추천

단계적 필터링Cascade Hybrid은 복잡한 추천 로직을 여러 단계로 나누어 구성한 후 각 단계에서 서로 다른 방식의 추천을 순차적으로 적용하는 방식이다. 첫 번째 단계에서는 사용자의 조건이나 상황에 맞는 상품들을 선별하고, 두 번째 단계에서는 그 후보군 안에서 개인화된 추천을 적용하여 우선순위를 정한다. 추천의 흐름을 단계적으로 분리하여 단계별로 잘 맞는 추천 알고리즘을 적용함으로써 더 정교하고 유연한 추천 결과를 얻을 수 있다는 장점이 있다.

예를 들어, '봄에 입을 수 있는 밝은 톤의 상의'를 찾는 사용자가 있다고 가정해보자. 추천 시스템은 먼저 지식 기반 추천을 활용하여 사용자 조건에 맞는 상품만을 필터링한다. 이 단계에서는 주로 상품 속성에 따라 추천한다.

이렇게 후보군이 정해지면, 그다음 단계에서는 협업 필터링이 작동한다. 첫 번째 단계의 지식 기반 추천을 통해 '화이트 크롭 셔츠', '라이트 핑크 블라우스', '민트 린넨 셔츠'가 추천되었다면, 협업 필터링은 이 후보군 안에서 나와 유사한 사용자들이 어떤 상품을 더 많이 클릭하거나 구매했는지를 기준으로 정렬한다.

예를 들어, 나와 비슷한 사용자 집단이 '화이트 크롭 셔츠'를 가장 자주 구매했고, 그 다음으로 '민트 린넨 셔츠'를 선호했다면, 이 순서대로 최종 추천 리스트가 만들어진다. 반대로 '라이트 핑크 블라우스'는 조건에는 부합하지만 유사 사용자 그룹에서 반응이 적었다면, 추천 리스트의 하단에 위치하게 된다.

이 방식의 장점은 명확하다. 전체 상품 중에서 사용자와 관련 없는 아이템을 걸러낸 후에 협업 필터링을 적용하기 때문에 추천 결과의 정확도는 높이고, 계산 비용은 줄일 수 있다. 특히, 패션처럼 카테고리, 시즌, 스타일 등의 선별 기준이 명확한 분야에서는 더 유용하다.

단계적 필터링은 지식 기반과 협업 필터링의 구성뿐만 아니라 다양한 조합으로 구현할 수 있다. 규칙 기반으로 자주 함께 구매된 상품을 먼저 추출한 뒤, 콘텐츠 기반 추천으로 해당 상품과 스타일이 유사한 아이템을 정렬하거나 또는 맥락 기반 필터로 사용자의 현재 접속 시간, 기기 유형, 위치 정보를 활용하여 추천 조건을 필터링한 후 협업 필터링을 적용할 수도 있다.

모델 앙상블

모델 앙상블Model Ensemble은 여러 추천 모델을 독립적으로 실행한 뒤, 그 결과를 통합하여 최종 추천 리스트를 만드는 방식이다. "앙상블"이라는 단어처럼 서로 다른 모델들이 개별적으로 판단한 결과를 모아 하나의 결과를 만드는데, 이 방식은 마치 여러 전문가가 각자의 관점에서 추천을 제안하고, 그 제안을 종합하여 최종 리스트를 정리하는 것과 비슷하다.

모델 앙상블은 일반적으로 콘텐츠 기반 추천, 협업 필터링, 규칙 기반 추천, 지식 기반 추천 등 서로 다른 알고리즘들이 별도로 추천을 수행하고, 그 결과를 합산하거나 정렬하여 하나의 추천 리스트를 도출하는 방식으로 작동한다. 예를 들어, 콘텐츠 기반 추천은 사용자의 스타일 선호를 반영하여 유사한 상품을 추천하고, 협업 필터링은 유사한 고객이 선호한 상품을 추천하며, 규칙 기반 추천은 자주 함께 구매된 상품을 기준으로 리스트를 생성한다.

이렇게 각각의 방식이 독립적으로 계산한 추천 결과를 수집한 후, 추천 점수를 평균 내거나 특정 방식에 더 높은 가중치를 부여하여 종합 점수를 계산할 수 있다. 예를 들어, 한 사용자가 쇼핑몰에 접속했을 때, 콘텐츠 기반 모델은 사용자의 과거 스타일 선호를 반영하여 '옐로우 셔링 원피스', '라이트 핑크 블라우스'를 추천했고, 협업 필터링은 유사 고객의 행동을 반영하여 '라이트 블루 데님 자켓', '화이트 플로럴 블라우스'를 추천했다.

여기에 규칙 기반 추천 모델이 최근 '옐로우 셔링 원피스'를 구매한 고객들이 함께 구매한 '레드 체크 미니 스커트'를 추천하여 예시와 같은 추천 점수가 매겨졌다고 가정하자.

다양한 모델의 추천 점수 예시

상품명	콘텐츠 기반 추천 점수	협업 필터링 점수	규칙 기반 추천 점수	가중치 없음 평균	가중치 적용 평균*	순위 변화 예시
옐로우 셔링 원피스	4.5	4.0	4.3	4.27	4.35	전체 순위 1위 유지
라이트 블루 데님 자켓	3.8	4.2	3.5	3.83	3.86	중위권→상승 가능
화이트 플로럴 블라우스	3.9	4.1	3.2	4.07	3.97	상승 유지 가능
라이트 핑크 블라우스	4.2	3.5	3.0	3.57	3.67	약간 하락 가능
레드 체크 미니 스커트	3.6	2.8	4.5	3.63	3.79	순위 유지

* 가중치 적용 평균 예시 : 콘텐츠 기반 × 0.4 + 협업 필터링 × 0.4 + 규칙 기반 × 0.2

이 경우 모델 앙상블 방식으로 콘텐츠 기반 추천, 협업 필터링, 규칙 기반 추천 세 가지 모델을 각각 독립적으로 실행한 뒤, 그 결과를 점수 형태로 받아온다. 이때 각 모델이 동일한 상품에 대해 부여한 점수는 서로 다를 수 있으며, 이 점수들을 단순 평균하거나, 사전에 설정된 가중치를 반영하여 종합 점수를 계산하게 된다.

'옐로우 셔링 원피스'는 세 모델 모두에서 높은 점수를 받았다. 콘텐츠 기반에서는 사용자의 스타일과 유사하고, 협업 필터링에서는 유사한 고객들이 자주 클릭했으며, 규칙 기반 추천에서도 함께 구매된 빈도가 높았기 때문이다. 이처럼 모든 모델이 동일하게 높은 평가를 내린 경우, 추천 순위의 상단에 위치하는 것이 자연스럽고 설득력도 높다.

반대로 '레드 체크 미니 스커트'는 콘텐츠 기반과 협업 필터링에서는 상대적으로 낮은 점수를 받았지만, 규칙 기반 추천에서는 아주 높은 점수를 받았다. 최근 '옐로우 셔링 원피스'를 구매한 고객들이 이 아이템을 함께 구매한 비율이 높았기 때문이다. 만약 규칙 기반 추천이 빠져 있었다면 이 상품은 추천 리스트에 포함되지 않았을 수도 있지만, 다양한 모델이 함께 작동한 덕분에 특정 조건에서 강하게 드러나는 상품을 포착할 수 있었다.

또한 '라이트 블루 데님 자켓'처럼 콘텐츠 기반 점수는 낮지만, 협업 필터링에서 높은 점수를 받아 전체 순위가 상승하는 경우도 존재한다. 이 상품은 스타일 상으로는 추천 우선순위가 낮을 수 있지만, 유사한 사용자 그룹이 실제로 높은 반응을 보였다면, 개인화된 추천 관점에서는 충분히 높은 점수를 받을 수 있다.

이처럼 모델 앙상블 방식은 서로 다른 알고리즘이 각자 다른 강점과 기준으로 추천을 수행하기 때문에 단일 모델만 사용할 경우 놓치기 쉬운 상품까지 추천 리스트에 포함시킬 수 있다는 장점이 있다. 특히, 추천 대상이 많거나, 사용자 행동 패턴이 다양할수록 다양한 관점을 균형 있게 반영할 수 있는 이 방식은 추천 품질을 더욱 풍부하게 만드는 데 효과적이다.

조건부 선택형 하이브리드

추천 시스템은 한 가지 추천 방식을 고정적으로 사용하는 대신 각각의 추천 모델이 어떤 조건에서 가장 잘 작동하는지 미리 정의해 두고 사용자의 상황이나 데이터의 조건에 따라 가장 적합한 추천 알고리즘을 선택적으로 적용하기도 하는데, 이런 방식을 조건부 선택형 하이브리드Conditional Switching Hybrid라고 한다.

예를 들어, 사용자의 행동 이력이 충분히 쌓여 있고, 현재 접속 시간이나 기기 정보 같은 맥락 정보도 함께 수집되고 있다면, 협업 필터링이나 맥락 기반 추천이 더 효과적일 수 있다. 반대로, 사용자가 신규 가입자이거나 접속 이력이 거의 없고, 맥락 정보도 감지되지 않는다면, 콘텐츠 기반 추천이 훨씬 더 안정적인 선택이 된다. 시스템은 이러한 상황을 실시간으로 판단하여, 조건에 맞는 추천 방식을 선택해서 적용하게 된다.

실제로 여성 쇼핑몰에서도 이런 방식이 유용하다. 예를 들어, 한 사용자가 로그인하지 않은 상태로 접속한 경우, 추천 시스템은 사용자의 과거 행동을 알 수 없기 때문에 협업 필터링으로 추천할 수 없다. 이때는 상품의 스타일, 카테고리, 색상 등 아이템 자체의 정보만으로 유사도를 판단하는 콘텐츠 기반 추천이 작동하게 된다.

반대로, 로그인한 사용자가 과거 클릭, 찜, 구매 이력은 물론 최근 접속 시간이나 사용하는 기기 등 사용자의 상태 정보가 충분하다면, 시스템은 유사 사용자 기반의 협업 필터링이나 맥락 기반 추천 알고리즘을 선택하여 더욱 정밀하게 추천할 수 있다.

이처럼 조건부 선택형 하이브리드는 각 알고리즘이 가장 잘 작동할 수 있는 조건에서만 작동하도록 하여, 추천의 실패 가능성을 최소화하고 전체적인 품질을 일정 수준 이상으로 유지할 수 있다. 특히, 사용자나 상품의 콜드 스타트 상황이 자주 발생하는 환경에서는 추천 방식 간의 유연한 전환이 가능하다는 점에서 실용적이다. 또한 기술적으로는 각 추천 모델을 분리하여 운영할 수 있어 구조적으로 관리하기 편하다. 복잡하지 않지만 상황 대응력이 뛰어나고 추천 실패를 회피하는 데 효과적이어서 다음과 같은 유동적인 사용자 환경을 가진 서비스에서 자주 활용된다.

유동적인 사용자 환경 예시

- 비로그인 사용자의 비율이 높은 서비스 : 로그인하지 않고 접속하는 방문자가 많으면, 협업 필터링처럼 사용자 기반 모델은 작동하기 어려우므로 콘텐츠 기반으로 전환 필요
- 신규 사용자가 계속 유입되는 서비스 : 신규 가입자 수가 많으면 행동 이력이 부족

해 콜드 스타트 상황 자주 발생하므로 콘텐츠 기반이나 지식 기반을 우선 적용

- 추천 대상이 자주 바뀌는 쇼핑몰 : 계절/이벤트/재고 상황에 따라 판매 상품 구성이 자주 변경되므로 추천 방식도 상황에 맞춰 전환

피드백 적용형 하이브리드

피드백 적용형 하이브리드Feedback-Adaptive Hybrid는 클릭, 찜, 장바구니 담기, 구매 등 사용자의 실시간 반응을 모니터링하고, 그 피드백 결과에 따라 추천 알고리즘의 가중치를 조정하거나 추천 방법을 업데이트하는 추천 방식이다.

일반적으로 여러 추천 방식을 결합할 때 각 방식의 중요도(가중치)를 미리 설정하거나 조건에 따라 분기하는 방식을 주로 사용하는데, 이 방식은 가중치를 미리 설정하지 않고 사용자의 실제 반응에 따라 스스로 조정하는 동적 구조라는 점에서 다른 방식과 다르다.

예를 들어, 여성 쇼핑몰에서 추천 시스템이 콘텐츠 기반 추천과 협업 필터링을 병렬로 실행한 후, 각 추천 방식에서 제안된 상품 리스트를 사용자에게 보여준다고 해보자. 그 결과, 콘텐츠 기반 추천으로 제안된 상품들은 클릭률이 높고 실제 구매 전환도 많이 발생한 반면, 협업 필터링 기반의 추천은 반응이 낮았다면, 시스템은 이를 학습하여 다음 추천 시 콘텐츠 기반 추천의 가중치를 더 높이고, 협업 필터링의 영향력을 낮추는 방향으로 자동 조정하게 된다.

반대로 다른 사용자에게는 협업 필터링의 반응이 더 좋았다면, 그 사용자에 대해서는 협업 필터링 가중치를 더 높이는 방식으로 작동한다. 즉, 사용자마다 반응 패턴에 따라 추천 방식의 비중이 달라지는 개인화된 하이브리드 구조를 만들 수 있는 것이다.

이 방식의 장점은 명확하다. 추천 시스템은 시간이 지날수록 사용자들의 클릭, 찜, 장바구니 담기, 구매 같은 실제 반응 데이터를 축적하게 되고, 이 데이터를 학습하면서 추천 알고리즘 간의 가중치를 점점 더 정밀하게 조정할 수 있게 된다. 또한 사용자의 반응에 따라 실시간 또는 주기적으로 유연하게 진화한다는 점에서 실용적이다. 예를 들어, 평소에는 콘텐츠 기반 추천에 잘 반응하던 사용자가 어느 순간부터 다른 사용자와 유사한 행동을 보이기 시작하면, 시스템은 자연스럽게 협업 필터링의 비중을 높이게 된다.

이러한 구조는 계절이나 이벤트, 유입 채널의 변화에 따라 사용자 반응 패턴이 자주 바뀌는 온라인 쇼핑몰 환경에서 더욱 강력한 효과를 발휘한다. 예를 들어, 겨울 시즌에는 '유행 스타일' 중심의 협업 필터링 반응이 증가할 수 있고, SNS 광고를 통해 유입된 신규 사용자 집단은 스타일 기반 콘텐츠 추천에 더 많이 반응할 수 있다. 이처럼 반응의 양상과 흐름이 일정하지 않은 상황에서는 고정된 가중치보다는 실제 반응을 반영하여 전략을 자동 조정하는 방식이 훨씬 더 유연하고 정확한 추천을 가능하게 한다.

기술적으로는 이 구조가 반드시 복잡할 필요는 없다. 단순한 조건문을 통해 클릭률이나 구매율이 일정 기준 이상인 추천 방식의 가중치를 소폭 상향 조정하는 방식도 가능하고, 로그 데이터를 누적하여 일정 기간 동안의 성과를 분석하고, 주기적으로 반영하는 방식도 활용할 수 있다.

더 나아가 어떤 상황에서 어떤 추천 방식을 선택하고 어떤 비중으로 조합해야 성과가 좋은지를 스스로 학습하는 방식으로 진화할 수도 있다. 대표적인 것이 강화 학습Reinforcement Learning과 메타 모델Meta Model 기반 구조다.

강화 학습은 추천 시스템을 마치 하나의 '에이전트'처럼 설정하고, 추천 후 사용자로부터 받은 반응을 보상으로 간주하고, 가장 높은 보상을 얻을 수 있는 추천 전략을 반복적으로 학습하는 방식이다. 예를 들어, 콘텐츠 기반 추천으로 상품을 추천했을 때 사용자가 구매하면 시스템은 '보상'을 받고, 그렇지 않으면 '패널티'를 받는 식이다. 이렇게 반복되면서 시스템은 어떤 상황에서 어떤 방식이 가장 효과적인지를 스스로 탐색하고 최적화하게 된다.

메타 모델은 직접 추천 점수를 만들어 내지 않고 콘텐츠 기반 추천, 협업 필터링, 규칙 기반 추천처럼 여러 알고리즘이 계산한 점수를 받아서, 그중 어떤 결과를 더 믿을 만한지 판단하고 최종 점수를 결정하는 방식이다. 예를 들어, 어떤 상품이 콘텐츠 기반 추천에선 4.5점, 협업 필터링에선 3.8점이 나왔다면, 메타 모델은 "이 사용자에게는 콘텐츠 기반 추천이 더 잘 맞는다"는 과거 데이터를 참고하여 콘텐츠 기반의 점수를 더 반영하여 최종 추천 순위를 정하는 방식이다. 즉, 과거에도 콘텐츠 기반의 추천 상품을 더 많이 구매했으니 이번에도 콘텐츠 기반 추천 점수에 더 높은 가중치를 주는 것이 적절하다는 판단을 돕는다.

메타 모델은 추천 점수를 직접 생성하는 모델이 아니라 여러 추천 알고리즘의 결과를 받아들여 그중 어떤 방식의 점수를 더 신뢰할지를 판단하는 상위 구조를 의미한다. 예를 들어, 콘텐츠 기반 추천과 협업 필터링의 점수를 모두 입력값으로 넣고, 과거의 사용자 반응 데이터를 학습한 메타 모델이 최종 점수를 계산하거나 추천 순서를 결정하는 방식이다. 이 방식은 단순한 가중 평균보다 훨씬 더 유연하고 정밀하게 작동하며, 사용자나 상품의 상태에 따라 비선형적으로 가중치를 조절할 수 있는 장점이 있다.

이처럼 피드백 적용형 하이브리드는 추천 결과에 대한 사용자의 반응을 일회성으로 끝내지 않고, 그 반응을 다음 추천에 반영하는 방식이다. 추천 시스템이 마치 사람처럼 사용자의 반응을 민감하게 인식하고, 이를 바탕으로 다음 추천의 품질을 지속적으로 개선해 나가는 구조인 것이다. 사용자의 반응이 곧 추천 품질의 피드백 루프가 된다는 점에서 매우 이상적인 구조라고 할 수 있다.

06 챗봇
Chatbot

FAQ 챗봇

시나리오 챗봇

RAG 기반 챗봇

멀티모달 챗봇

6. 챗봇

챗봇은 더 이상 단순한 문의 응답 도구가 아니다. 사용자가 자연어로 서비스를 탐색하고, 정보를 요청하고, 필요한 기능을 실행하는 필수 도구로 자리 잡고 있다. 특히, AI 기술의 발전으로 챗봇은 점점 더 정교하고 똑똑해지고 있으며, 고객 응대 자동화뿐만 아니라 검색, 추천, 문서 응답, 업무 처리 등 다양한 영역에서 활용되고 있다.

초기에는 정해진 질문-답변 쌍을 기반으로 동작하는 FAQ 챗봇이 주로 사용되었고, 이후 대화 흐름을 설계하여 상호작용을 유도하는 시나리오 챗봇이 등장했다. 최근에는 검색 기반의 RAG 챗봇과 멀티모달 입력까지 지원하는 고도화된 챗봇이 빠르게 확산되면서, 챗봇의 활용 범위도 더욱 넓어지고 있다. 사용자 질문에 정답만 제공하는 단계를 넘어, 대화를 통해 필요한 정보를 찾아주고, 맥락에 맞는 경험을 제공하는 대화형 UX의 중심 기술로 진화하고 있는 것이다.

이 장에서는 챗봇의 발전 흐름을 따라 각 유형의 특징, 구현 방식, 기술 요소들을 소개한다. 각 방식이 어떤 상황에서 적합한지, 어떤 기술 도구와 구성 방식이 사용되는지, 그리고 어떤 한계와 설계상의 고려사항이 있는지를 살펴본다.

FAQ 챗봇

FAQ 챗봇은 챗봇 기술 중 가장 단순한 형태로 사용자가 입력한 질문에 대해 미리 등록된 질문-답변 쌍 중에서 가장 유사한 것을 찾아 응답하는 방식이다. 이 방식은 챗봇을 처음 도입할 때 주로 선택되는데, 복잡한 대화 흐름이나 상황 인식 없이도 빠르게 구축할 수 있다는 장점이 있다. 많은 기업들이 챗봇 도입 초기 단계에서 이 방식을 선택하는 이유는 명확하다. 제품 사용법, 정책 안내, 배송 관련 문의 등 반복 질문이 많을 때 간단한 인터페이스만으로도 응대 부담을 크게 줄일 수 있기 때문이다.

임베딩 처리

FAQ 챗봇은 대개 "질문 유사도"를 판단하는 과정에서 성능 차이가 발생한다. 질문이 데이터베이스에 등록된 질문과 완전히 일치하는 경우는 거의 없기 때문에 챗봇은 입력된 문장을 벡터 형태로 변환한 뒤, 기존의 질문들과 비교하여 가장 유사한 항목을 찾아야 한다. 이때 텍스트 임베딩과 유사도 검색을 활용한다. 콘텐츠 기반 추천처럼 문장을 의미 기반 벡터로 변환하여 벡터 공간에서 비교하는 방식이 채택된다. 예를 들어, sentence-transformers 라이브러리를 활용하면 간단하게 문장을 임베딩할 수 있으며, 추천 시스템에서 사용한 FAISS를 FAQ 챗봇에도 그대로 사용할 수 있다. 이 두 조합은 빠르고 안정적인 성능을 제공하면서도 구축이 쉬워 가장 널리 사용되는 구성 중 하나다.

FAQ 데이터베이스

FAQ 챗봇의 데이터베이스는 질문과 답변 쌍으로 구성되며, 각 질문은 임

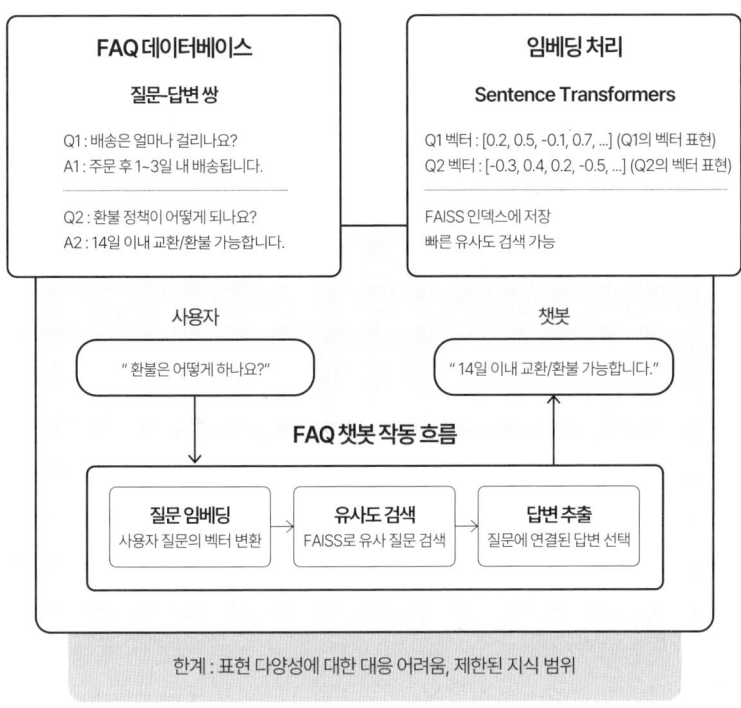

FAQ 챗봇 프로세스

베딩 처리되어 벡터 검색 인덱스에 저장된다. 사용자가 입력한 질문도 임베딩 과정을 거친 다음, 벡터 검색을 통해 가장 유사한 질문을 찾아내고, 이에 연결된 답변을 그대로 출력하거나 미리 정해둔 형식에 맞게 출력한다. 이때 정확한 매칭이 어려운 경우를 대비하여 유사도 임계값을 설정해두고 기준을 넘지 못할 경우 "질문을 이해하지 못했습니다" 또는 "다음 중에 선택해 주세요"와 같은 폴백Fallback 메시지를 제공하는 것도 중요하다.

FAQ 챗봇은 개발보다는 데이터 구성과 튜닝에 더 많은 노력이 요구된다. 잘 정제된 질문-답변 쌍을 충분히 확보하고, 중복되거나 애매한 표현을 제거하며, 유사 질문을 그룹화하는 작업이 전체 품질에 직결된다. 또한 실제 서비스에서는 단순한 텍스트 응답뿐만 아니라 링크 제공, 이미지 출력, 다음 질문을 유도하는 UI도 제공해야 하므로 기술과 UX를 고려한 통합적인 접근이 필요하다.

하지만 실제 FAQ 챗봇에 대한 만족도는 낮은 경우가 많다. 사용자가 "환불은 어떻게 하나요?"라고 질문했을 때 챗봇이 "결제 수단 안내"나 "배송 조회 방법" 같은 엉뚱한 답변을 내놓는 일이 자주 발생하여 오히려 불편함을 가중시키고 신뢰도를 떨어뜨린다. 질문 표현이 다양한 반면, 챗봇이 참조할 수 있는 질문-답변 쌍은 제한적이기 때문이다.

무엇보다 자주 묻는 질문조차 사용자마다 표현 방식이 달라서 단순한 유사도 기반 검색만으로는 정확한 매칭이 어렵다. 이런 상황에서 질문-답변 쌍을 무작정 늘리는 것은 리소스 측면에서 비효율적일 뿐만 아니라 유지 관리도 쉽지 않다. 결국 FAQ 챗봇은 역할의 한계를 명확히 파악하고, 그 사실을 사용자에게도 미리 알리는 게 중요하다. 더 넓은 질문 범위와 유연한 응답을 요구하는 서비스 환경에서는 RAG 기반이나 LLM 기반 등 진화된 챗봇 기술로 전환할 필요가 있다.

시나리오 챗봇

시나리오 챗봇은 사전 설계된 대화 흐름을 따라 사용자의 입력에 반응하며 단계적으로 응답을 제공하는 구조다. 챗봇이 사용자의 질문에 대응하기보다는 정해진 시나리오에 따라 대화를 유도하는 방식이기 때문에 복잡한 자연어 처리를 거치지 않고도 비교적 오류나 예외 상황을 줄이면서 대화 흐름을 만들 수 있다.

주로 예약, 신청, 상담 접수, 설문, 회원 인증, 제품 추천 등에서 자주 활용하고 있으며, 열린 질문 방식이 아니라 "원하시는 서비스가 무엇인가요?"처럼 선택지를 먼저 제시한 뒤, 다음 질문을 이어가는 방식이다.

이런 챗봇은 사용자의 입력을 '이해'하려 하기보다는 입력값을 유도하고 관리하여 오류 가능성을 줄이는 데 중점을 둔다. 즉, 사용자에게 명확한 선택지를 제공하거나 입력 가능한 항목을 제한하여 챗봇이 예측할 수 없는 상황에 빠지는 것을 방지하는 것이다. 실제로 많은 기업들이 고객센터 자동화나 내부 업무 프로세스 자동화에 이 방식을 활용하고 있다. 자유도는 낮지만 챗봇의 역할이 명확하고, 흐름을 관리할 수 있어 일관된 UX를 제공할 수 있다.

시나리오 챗봇 설계 시 가장 먼저 할 일은 대화 흐름을 트리 형태로 그려보는 것이다. 흔히 '시나리오 트리'라고 부르는데, 마치 메뉴판을 단계적으로 나열하는 것과 비슷하다. 사용자가 어떤 선택을 하느냐에 따라 챗봇이 어떻게 반응하고, 대화가 어디로 이어지는지를 하나하나 정의하는 과정이다. 챗봇은 이 시나리오 트리를 따라가며 응답하고, 흐름을 관리하게 된다.

예를 들어, 피트니스 센터의 챗봇을 만든다고 가정해보자. 사용자가 챗봇에게 말을 걸면 가장 먼저 나오는 질문은 다음과 같을 수 있다.

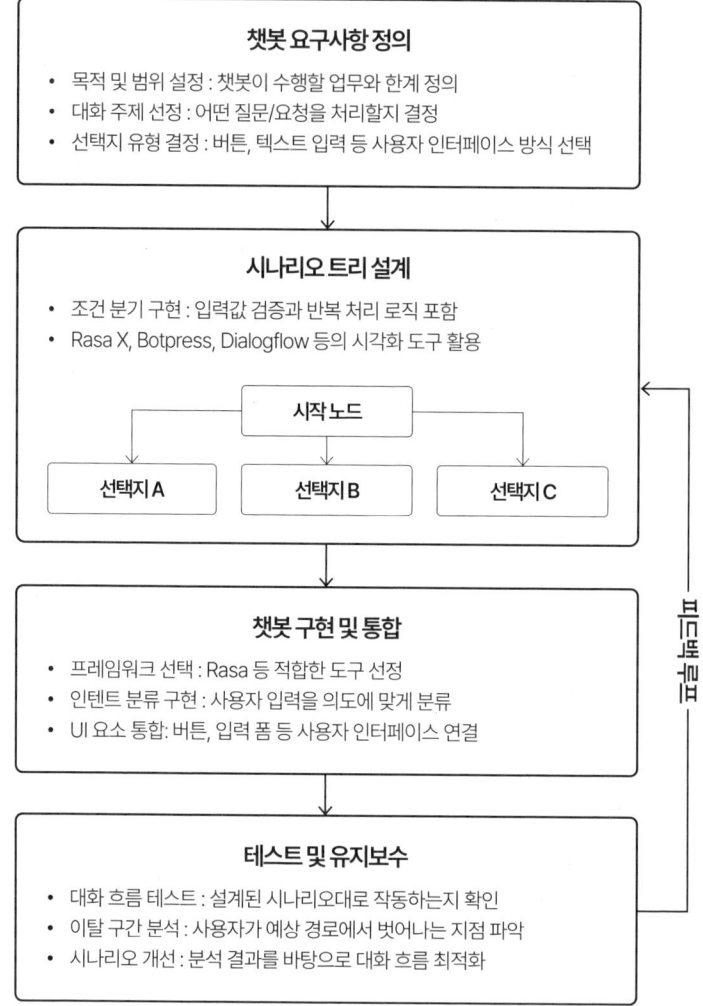

시나리오 챗봇 프로세스

"어떤 서비스가 필요하신가요?"

그리고 버튼이나 텍스트 입력을 통해 다음과 같은 선택지를 제시한다.

- 수업 일정 확인
- 등록 상담
- 위치 및 운영시간

이때 사용자가 "수업 일정 확인"을 선택하면, 챗봇은 다시 다음 질문을 던진다.

"어떤 요일의 일정을 보고 싶으신가요?"

여기서 "월요일"을 선택하면, 챗봇은 해당 요일의 수업 목록을 보여주고 대화를 종료하거나, 다시 다른 요일을 선택할 수 있게 한다.

이 구조를 트리로 표현하면 다음과 같이 펼쳐진다.

시작

■ **수업 일정 확인**
　□ 요일 선택
　　○ 월요일 → 수업 정보 응답
　　○ 화요일 → 수업 정보 응답

■ **등록 상담**
　□ 이름 입력
　□ 희망 등록일 선택
　□ 담당자 연결 안내

■ **위치 및 운영시간**
　□ 센터 주소 응답
　□ 운영시간 응답

이처럼 각 선택지마다 다음 흐름이 분기되기 때문에 시나리오 트리는 실제 나무처럼 계속 가지가 갈라지는 형태가 된다. 챗봇은 사용자의 선택에 따라 이 가지 중 하나를 따라가면서 대화를 이어간다. 이 과정에서 조건 분기와 반복 구조도 필요하다.

예를 들어, "희망 등록일을 입력해주세요" 단계에서 날짜 형식이 잘못되었을 경우, 다시 입력을 요청하고 같은 질문을 반복해야 한다. 또는 상담 가능 시간이 부족하면 "다음 주로 예약하시겠습니까?"와 같이 대체 흐름으로 전환하기도 한다. 때로는 사용자가 처음 질문으로 돌아가고 싶어 하기도 하므로 "처음으로 돌아가기" 옵션도 종종 포함된다. 이런 것들이 시나리오 챗봇의 트리를 복잡하게 만드는 요인이다.

이러한 트리를 수기로 그리거나 머릿속으로 정리하는 것은 금방 한계에 다다른다. 그래서 많은 챗봇 플랫폼이나 오픈소스 프레임워크는 시각화 도구를 제공한다. 예를 들어, Rasa[1]의 Rasa X, Botpress, Dialogflow, Microsoft Bot Framework 같은 도구에서는 각 노드를 시각적으로 배치하고 선으로 연결하면서 흐름을 설계할 수 있다.

마치 파워포인트에서 도형을 연결하듯이 드래그 앤 드롭 방식으로 시나리오를 구성할 수 있어, 기술자가 아니더라도 대화 흐름을 이해하고 유지보수하는 데 큰 도움이 된다. 또한 이러한 도구는 대화 로그를 실시간으로 확인하고, 예상치 못한 흐름 이탈이 발생한 지점을 시각적으로 확인하여 개선할 수 있도록 도와준다.

이렇듯 시나리오 챗봇은 대화 흐름을 얼마나 치밀하고 유연하게 설계하느

---

1) Rasa는 오픈 소스 기반의 대화형 AI 및 챗봇 개발 프레임워크로 기업들이 맞춤형 자연어 처리 모델을 구축하여 자동화된 대화 시스템을 개발할 수 있게 해준다. Rasa NLU와 Rasa Core 두 가지 주요 구성 요소를 통해 사용자 의도 식별, 엔티티 추출, 대화 관리를 처리하며, 다양한 메시징 플랫폼과 통합이 가능하다. Python으로 개발되었으며 텍스트 기반과 음성 기반 인터페이스를 모두 지원한다. (출처 : https://rasa.com/docs/)

냐에 따라 전체 품질이 좌우된다. 기술적으로 복잡한 인공지능보다는 사용자의 실제 행위와 경로를 하나하나 구체화하는 설계 감각이 중요하다. 그래서 기능보다 흐름, 알고리즘보다 맥락이 중요하다.

기술적으로는 자연어 처리 없이 구현이 가능하며, 오픈소스 챗봇 프레임워크 중에서는 Rasa를 가장 많이 사용한다. Rasa에서는 'story' 또는 'rule' 형태로 시나리오를 구성할 수 있고, 사용자 입력은 정해진 인텐트^{Intent}로 분류되며, 이에 따라 액션이 실행된다. 이전에 콘텐츠 기반 추천에서 사용한 sentence-transformers를 인텐트 분류에 함께 활용할 수 있고, 사용자 표현이 다양할 경우 spaCy나 FastText를 활용한 인텐트 학습도 가능하다.

그러나 시나리오 챗봇에서는 정확한 문장 해석보다 사전 정의된 흐름에 사용자를 자연스럽게 유도하는 대화 설계가 더 중요하므로 지나치게 복잡한 텍스트 분류보다는 설계된 흐름 자체의 완성도에 집중하는 것이 효과적이다.

구현 이후에는 시나리오 흐름에서 이탈한 사용자 행동 로그를 분석하고, 자주 이탈하는 구간이나 혼동되는 문장을 찾아 개선하는 방식으로 유지보수한다. 버튼 선택, 입력 형식 제한, 경고 메시지 같은 UX 요소도 제공해야만 혼란을 줄이고 올바른 경로로 안내할 수 있다. 시나리오 챗봇은 그 자체로 완전한 지능형 시스템은 아니지만, 목적이 명확하고 대화 흐름이 반복적으로 사용되는 상황이라면 잘 설계된 흐름 하나만으로도 복잡한 업무를 자동화할 수 있는 실용적인 수단이 될 수 있다.

RAG 기반 챗봇

RAG 기반 챗봇은 단순히 사용자 질문에 응답하는 수준을 넘어, 지식 기반을 검색하고 요약하여 답변하는 챗봇이다. 앞에서 살펴본 대로 RAG(Retrieval-Augmented Generation)은 말 그대로 "검색을 통해 정보를 찾아온 뒤 생성하는" 방식이다. 이 방식의 가장 큰 특징은 챗봇이 사전 학습된 모델에만 의존하지 않고, 외부 문서나 데이터에서 정보를 실시간으로 가져와 응답을 생성한다는 점이다. 그래서 고정된 질문-답변 쌍이나 대화 시나리오가 없어도 아주 유연하고 풍부한 응답이 가능하다.

특히, 사내 문서, 기술 자료, 고객 가이드, 정책 정보처럼 정형화되기 어려운 정보를 다룰 때 유용하다. 예를 들어, "휴가 신청은 어떻게 하나요?" 같은 질문이 들어왔을 때, 챗봇은 사내 인사 매뉴얼에서 관련 정보를 검색하고, 그 내용을 요약하거나 인용해서 답변을 생성한다. 이때 모델이 생성하는 답변은 단순한 복사 붙여넣기가 아니라 검색 결과를 기반으로 적절히 요약하고, 문맥에 맞게 재구성한 문장이다.

Retrieval(정보 검색)

기술적으로는 크게 두 단계로 구성된다. 첫 번째는 Retrieval 단계, 즉 정보 검색이다. 사용자의 질문을 임베딩하여 벡터로 변환하고, 같은 방식으로 미리 임베딩해 둔 문서들과 비교하여 가장 유사한 문서를 찾아낸다. 이때 문장 임베딩에는 sentence-transformers 라이브러리가 널리 사용되며, 문서 전체가 아닌 문단 단위로 잘게 나누어 벡터로 변환해둔다.

이렇게 생성된 임베딩은 FAISS 같은 벡터 검색 엔진에 저장되며, 사용자가 "보안 정책 요약 알려줘"라고 입력하면, 챗봇은 sentence-transformers

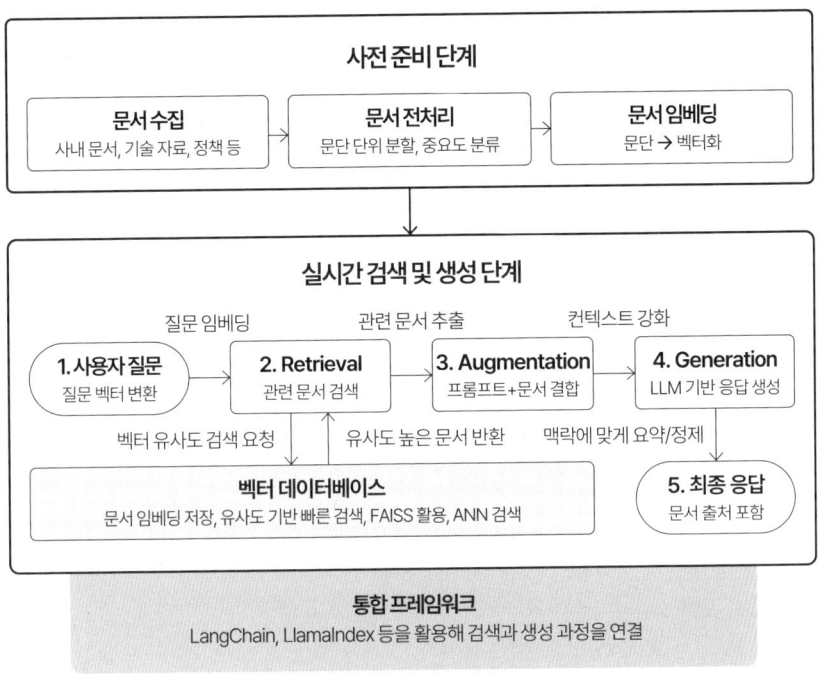

RAG 기반 챗봇 프로세스

를 통해 벡터로 바꾸고, FAISS 인덱스에 저장된 수많은 문서 중에서 유사도가 높은 항목 몇 개를 실시간으로 찾아낸다.

Generation 생성

두 번째는 Generation 단계, 즉 생성이다. 이 단계에서는 검색된 문서 일부를 LLM에 넘겨주고, 해당 정보를 바탕으로 자연스러운 답변을 생성하게 된다. 이때 가장 중요한 것이 프롬프트 설계이다. 모델이 참조할 문서의 내용을 어떻게 전달하고, 어떤 역할로 응답해야 하는지를 명확하게 지정해줘야만 정확한 답변을 얻을 수 있다.

예를 들어, "너는 인사 매뉴얼을 참조하여 직원의 질문에 답하는 헬프데스크 챗봇이다"라는 식의 시스템 프롬프트를 포함시키고, 검색된 문서 내용을 함께 전달하면, LLM은 그 범위 안에서만 답변을 생성하게 된다. 이 방식은 모델이 불필요한 상상을 하거나 틀린 정보를 말하는 것을 방지하는 데 효과적이다.

통합 프레임워크

RAG 기반 챗봇을 실제로 구현할 때, 검색과 생성 과정 사이를 자연스럽게 연결해주는 중간 프레임워크가 필요하다. 이 역할을 담당하는 오픈소스 도구들도 최근 빠르게 발전하고 있다. 그중에서 LangChain과 LlamaIndex가 가장 널리 사용된다.

LangChain은 말 그대로 검색Retrieval과 생성Generation이라는 두 단계를 하나의 흐름으로 묶어주는 역할을 한다. 사용자의 질문을 받아 문서를 검색하고, 그 검색 결과를 어떻게 LLM에게 전달할지, 어떤 방식으로 답변을 받는지를 하나의 체인처럼 연결해준다. 덕분에 개발자는 이 과정을 일일이 직접 짤 필요 없이 LangChain에서 제공하는 구성 요소들을 조합해서 전체 흐름을 빠르게 만들 수 있다. 예를 들어, 질문을 벡터화해서 FAISS로 검색하고, 상위 3개 문서를 GPT 모델로 전달하여 답변을 생성하는 구조를 몇 줄 코드로 구현할 수 있게 된다.

LlamaIndex는 문서를 챗봇이 이해할 수 있는 구조로 바꾸는 데 초점이 맞춘 도구다. 문서가 길거나 복잡할 경우, 챗봇이 한 번에 처리하기가 어렵기 때문에 적절한 크기로 나누고, 각 부분에 어떤 정보가 담겨 있는지를 표시하는 작업이 필요하다. 이 과정을 자동으로 처리해주는 게 LlamaIndex다.

예를 들어, 하나의 사내 정책 문서를 여러 문단으로 나눈 다음, "이건 인사 정책", "이건 보안 관련 내용"처럼 태그를 붙여 저장하면, 나중에 검색할 때 더 정확하고 빠르게 원하는 내용을 찾을 수 있다. 또한, 사용자 질문에 따라 어떤 문단이 더 중요한지 판단하는 데도 이 메타 정보가 도움을 준다.

이 두 도구는 단순히 기술적인 연결만 돕는 게 아니라, 문서를 어떻게 쪼갤지, 어떤 정보를 검색 기준으로 삼을지, 어떤 순서로 답변을 만들지 같은 구조적인 문제를 함께 해결해 준다. 그래서 챗봇을 기획하는 단계에서도 어떤 문서를 어떻게 준비하고 구성해야 할지 고민할 수 있도록 도와주는 역할을 한다. 특히, RAG 기반 챗봇은 문서의 품질과 구조가 성능에 큰 영향을 주기 때문에 이런 도구를 활용하여 미리 체계를 잡아두는 것이 매우 중요하다.

기술적 한계

물론 RAG 기반 챗봇도 완벽한 건 아니다. 특히, 검색한 문서가 정확하지 않거나 질문과 관계 없는 내용을 포함하고 있을 경우, 챗봇이 잘못된 정보를 답변에 포함시킬 수 있다. 예를 들어, "출퇴근 시간 정책 알려줘"라는 질문에 대해 챗봇이 엉뚱하게 재택근무 가이드를 인용할 수도 있는 것이다. 이런 상황은 주로 검색 단계의 정확도 부족이나 문서 내용이 제대로 나뉘지 않았을 때 발생한다.

또 하나의 기술적인 이슈는 LLM의 입력 길이에 한계가 있다는 점이다. 챗봇이 참고할 수 있는 문서량에는 분명한 한계가 있어, 아무 문서나 모두 넣을 수는 없다. 검색된 결과가 너무 많거나 문단 하나가 너무 길면 모델이 일부 내용을 잘라내거나 생략할 수밖에 없어 핵심 정보가 누락되거나 문맥이 어긋날 가능성이 생긴다.

그래서 챗봇의 성능을 높이기 위해선 문서를 미리 잘 정리해두는 작업, 즉 '전처리'가 매우 중요하다. 예를 들어, 너무 긴 문서는 적절한 크기의 문단으로 나누고, 각 문단에 어떤 내용이 들어 있는지를 간략히 정리해두면 검색 정확도가 훨씬 높아진다.

또한, 문서가 너무 많을 경우에는 중요도 기준을 정하여 불필요한 부분은 제외하는 것도 필요하다. 예를 들어, "버전 히스토리"나 "법적 고지"처럼 답변에 쓸 일이 거의 없는 내용은 인덱스에서 제외할 수 있다.

출처 표시

그리고 챗봇이 어디서 정보를 가져왔는지를 사용자에게 알려주는 기능, 즉 '출처 표시'도 중요하다. 사용자가 챗봇 답변을 믿고 행동하려면, 그 정보가 어디서 나왔는지를 명확히 보여줘야 한다. 예를 들어, 답변 마지막에 "이 내용은 인사 규정 문서 2024년 개정판에서 가져왔습니다"라고 표시하면, 사용자 신뢰도가 높아지고 내부 관리자들도 챗봇의 답변 근거를 쉽게 확인할 수 있다. 만약 틀린 정보를 줬을 경우에도 어느 문서를 바꿔야 하는지 빠르게 파악할 수 있기 때문에 운영 효율성도 함께 향상된다.

멀티모달 챗봇

멀티모달 챗봇은 텍스트뿐만 아니라 이미지, 음성, 동영상, 위치 정보 등 다양한 입력 수단으로 질문을 입력하여 응답을 제공하는 챗봇을 말한다. 기존의 챗봇이 텍스트 기반 대화에 국한되어 있었다면, 멀티모달 챗봇은 사진을 올리거나 음성으로 질문을 해도 그 의미를 해석하여 적절하게 대응하기 때문에 더 다양하고 자연스러운 상호작용을 구현한다.

예를 들어, 고객이 상품 사진을 보내면 챗봇이 해당 상품의 모델명을 추출하고, 재고 현황이나 매장 정보를 안내한다. 이렇듯 챗봇은 이커머스, 헬스케어, 여행 등 시각적 정보가 중요한 분야에서 큰 효과를 발휘한다.

모달별 처리 파이프라인

멀티모달 챗봇은 입력 형식별로 별도의 처리 파이프라인을 가져야 한다. 예를 들어, 음성 입력은 음성을 텍스트로, 이미지는 이미지 분류, 객체 탐지, OCR(문자 인식) 과정을 거쳐 의미 있는 텍스트 정보를 추출하고, 이 정보를 기반으로 챗봇이 응답을 생성한다. 즉, 멀티모달 챗봇은 여러 형식의 입력을 다양한 모델이 순차적으로 또는 병렬로 처리한다는 특징이 있다.

이 때문에 입력 형식마다 적절한 기술과 처리 도구를 갖추는 것이 중요하다. 사용자가 텍스트가 아닌 이미지나 음성, 위치 정보, 심지어 동영상을 전달할 수 있기 때문에 챗봇은 이 입력을 이해 가능한 형태로 바꾸고 기존의 대화 흐름과 자연스럽게 연결해야 한다.

텍스트 처리

텍스트 입력은 기존 챗봇의 기본 입력 형태다. 이미 자주 언급했던 것처럼 의미 파악과 유사도 판단을 위해 sentence-transformers와 같은 임베딩 모

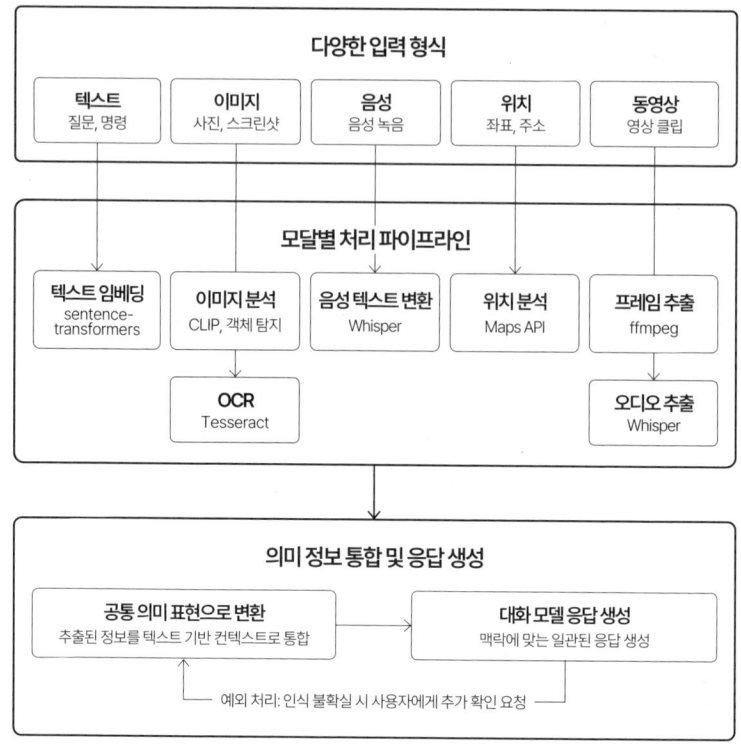

멀티모달 챗봇 프로세스

델을 사용한다. 이 임베딩 결과는 FAISS와 같은 벡터 검색 엔진에 연결하여 질문과 가장 유사한 정보를 찾는 방식으로 작동한다.

이미지 처리

이미지 입력은 그 자체로 의미를 파악하기 위해 별도의 처리 과정이 필요하다. 가장 많이 쓰이는 방식은 이미지와 텍스트를 같은 임베딩 공간에 매핑해주는 CLIP 모델을 사용하는 것이다. 예를 들어, 사용자가 음식 사진을 올리면, CLIP은 해당 이미지를 벡터로 바꾸고 "이 요리의 칼로리를 알려줘" 같은 질문과 연관된 정보에 연결해준다. 이렇게 하면 이미지와 텍스트 질의를 같은 방식으로 다룰 수 있어 챗봇의 응답 흐름이 통합된다. 이미지 내 텍스트를 읽어야 하는 경우에는 OCR 기술을 함께 사용하며, Tesseract와 같은 오픈소스 도구가 널리 활용된다.

음성 처리

음성 입력은 우선 음성을 텍스트로 변환하는 음성 인식 단계가 필요하다. 이를 위해 많이 쓰이는 도구가 Whisper다. 이 모델은 짧은 문장부터 긴 설명까지 비교적 정확하게 텍스트로 변환할 수 있으며, 다양한 언어를 지원한다. Whisper로 변환된 텍스트는 기존 텍스트 입력과 동일한 방식으로 처리되기 때문에 음성 입력이라도 챗봇은 텍스트 기반의 질의로 받아들여 일관된 응답 흐름을 유지할 수 있다.

위치 정보 처리

위치 정보는 좌표나 주소 형태로 수신되며, 외부 지도 API 또는 위치 기반 데이터베이스와의 연동이 필요하다. 주로 Google Maps API나 OpenStreetMap을 활용하여 위치 기반으로 매장 안내, 길찾기, 지역 맞춤형 정보 제공 기능을 연결하면, 챗봇은 사용자의 위치 좌표를 해석하여 그에 맞는 컨텍스트를 붙여 응답을 구성하게 된다.

동영상 처리

동영상 입력은 실시간 분석보다는 프레임 단위의 이미지 처리로 접근하는 경우가 많다. 예를 들어, 사용자가 제품 동영상을 올렸을 때, 챗봇이 영상 전체를 해석하기보다는 특정 장면을 추출하여 이미지처럼 다루거나 영상 내 음성을 추출하여 텍스트로 변환하는 방식으로 부분 분석을 수행한다. 이때는 ffmpeg 같은 오픈소스를 사용하여 영상에서 오디오 또는 프레임을 분리하고, 앞서 설명한 Whisper나 CLIP 등의 모델로 처리한다.

의미 정보 통합 및 응답 생성

이처럼 멀티모달 챗봇은 단일 모델로 모든 입력을 처리하지 않고, 입력 유형에 따라 서로 다른 모델을 거쳐 공통된 대화 흐름으로 통합하는 구조다. 그래서 각 입력을 텍스트와 유사한 의미 정보로 변환하고, 이를 토대로 챗봇이 일관된 응답을 만들 수 있게 하는 게 중요하다.

실제 서비스에 적용할 때는 입력의 다양성에 따른 예외 처리가 중요한 과제다. 사용자가 올린 이미지의 품질이 낮거나 음성 인식이 부정확한 경우를 대비한 별도의 보완적인 흐름이 반드시 필요하다. 예를 들어, 인식 결과가 확실하지 않을 때는 추가 질문을 유도하거나 선택지를 제시하여 사용자의 입력을 검증받는 방식으로 안정성을 높일 수 있다. 특히, 모바일 환경에서 멀티모달 입력이 더 많이 발생하기 때문에 카메라 접근 권한, 마이크 사용, 업로드 속도 등 실사용 환경도 충분히 고려해야 한다.

07 번역
Translation

신경망 기계 번역

LLM 기반 번역

하이브리드 번역

7. 번역

언어는 커뮤니케이션의 핵심이지만, 경계이기도 하다. 사용자와 콘텐츠 사이, 기업과 글로벌 고객 사이에 언어 장벽이 존재한다면, 서비스의 확장성과 접근성은 제한될 수밖에 없다. 그래서 번역은 단지 '다른 언어로 옮기는 일'이 아니라 정보의 의미를 왜곡 없이 전달하고, 사용자와의 거리감을 줄이는 기술적 설계이기도 하다.

최근 AI 기술의 발전은 번역 시스템을 완전히 다른 수준으로 끌어올렸다. 단어 단위로 조합하던 통계 기반 방식에서 벗어나, 문맥과 뉘앙스를 반영하는 신경망 기계 번역NMT, 사용자 요청에 따라 자연스러운 표현을 생성하는 LLM 기반 번역, 상황에 따라 적절한 방식을 자동 분기하는 하이브리드 번역까지 등장하며, 번역 기술은 표현력, 정확성, 유연성, 속도 사이에서 최적의 균형을 찾는 방향으로 진화하고 있다.

이 장에서는 다양한 번역 기술의 동작 원리와 실무 활용 방식을 소개한다. 각 기술이 어떤 구조로 이루어져 있고, 어떤 상황에서 효과적인지, 그리고 어떤 도구와 구성 방식으로 구현되는지를 다룬다. 또한, 전문 용어 번역이나 고객 응대 자동화처럼 도메인 특화 번역이 필요한 환경에서 어떤 전략이 효과적인지도 함께 살펴본다.

신경망 기계 번역

신경망 기계 번역NMT, Neural Machine Translation은 기존 통계 기반 번역 방식보다 더 자연스럽고 정확하게 번역하는 기술이다. 기존에는 단어나 구 단위로 문장을 분해 및 조합하여 가장 가능성 높은 문장을 조립하는 방식이었기 때문에 문맥을 반영하기 어려웠고, 결과물도 어색할 때가 많았다.

반면, 신경망 기계 번역은 문장을 구성하는 단어들을 독립적으로 처리하는 대신 문장 전체를 하나의 연속된 의미 단위로 인식하고 번역을 수행한다. 그 결과, 문맥 흐름을 이해하고 표현의 뉘앙스를 살릴 수 있는 번역이 가능해졌고, 실제로도 사용자들이 체감하는 번역 품질은 큰 폭으로 개선되었다.

어텐션 메커니즘

신경망 기계 번역은 딥러닝 기반의 인코더-디코더 구조를 사용한다. 인코더는 원문 문장의 각 단어(또는 토큰)를 입력받아 문맥을 고려한 표현으로 변환하고, 디코더는 이 문맥화된 표현을 바탕으로 목적어 문장을 한 단어씩 생성하는 구조다. 이 과정에서 번역 모델이 문장의 문맥을 더 잘 이해할 수 있도록 돕는 기술이 바로 어텐션Attention 메커니즘이다.

어텐션은 번역할 때 문장의 모든 단어를 고르게 보는 것이 아니라 중요한 단어에 더 집중하는 방식이라고 이해하면 된다. 예를 들어, "그녀는 책을 읽고 있다"라는 문장을 번역할 때, "책을"이라는 단어를 처리하는 순간에는 "읽고 있다"라는 동사에 더 주의를 기울여야 더 자연스러운 번역이 된다. 이처럼 단어 간의 관계와 맥락에 따라 어느 부분을 더 중요하게 볼지 스스로 판단하게 만드는 것이 어텐션의 역할이다.

그런데 어텐션을 더 정교하고 효율적으로 활용하는 Transformer가 등장

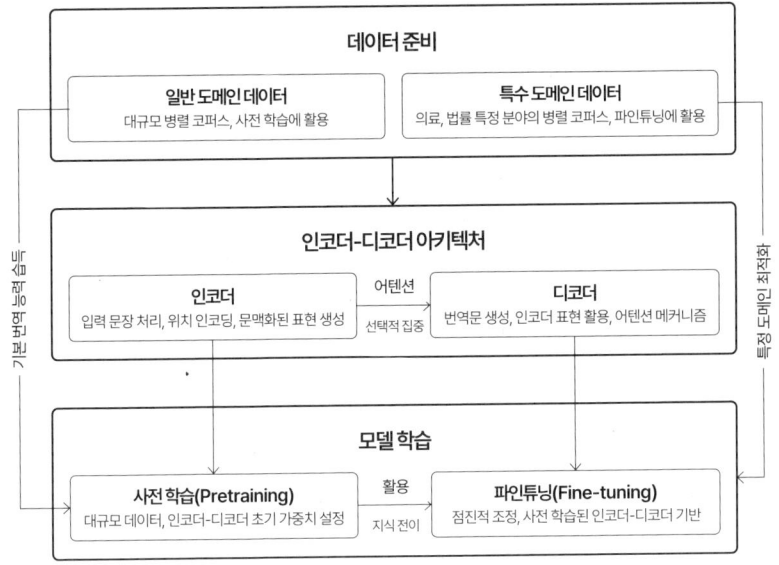

신경망 기계 번역 프로세스

했는데, 이 Transformer는 위치 인코딩[1]을 통해 문장의 순서 정보를 유지하면서도 문장 전체를 한꺼번에 보고 병렬로 처리할 수 있는 구조다. 기존에는 문장을 한 단어씩 차례로 처리해야 했기 때문에 번역 속도가 느리고 문맥 반영도 어려웠지만, Transformer는 전체 문장의 구조와 의미를 동시에 고려할 수 있어서 더 빠르고 자연스러운 번역 결과를 만들어낼 수 있다.

Google Translate, DeepL, Papago 등 번역 서비스와 기업 내부의 번역 시스템 대부분은 이 방식을 채택하고 있다. 오픈소스 도구로는 Facebook AI에서 공개한 Fairseq[2], Microsoft의 Marian NMT, Hugging Face

---

1) 위치 인코딩(Positional Encoding)은 Transformer 모델에서 단어의 순서 정보를 보존하기 위해 사용하는 기법으로 입력 임베딩에 위치에 따른 값을 더하여 모델이 토큰의 상대적 또는 절대적 위치를 인식할 수 있게 하며, 사인과 코사인 함수를 사용한 수식으로 구현되는 것이 일반적이다. (출처 : https://www.tensorflow.org/text/tutorials/transformer#positional_encoding)

2) Fairseq는 페이스북 AI 리서치팀이 개발한 오픈소스 시퀀스 모델링 툴킷으로 신경망 기계 번역(NMT) 및 다양한 시퀀스 태스크를 위한 모델을 학습할 수 있는 PyTorch 기반 프레임워크다. (출처 :

Transformers 라이브러리 등이 널리 사용된다. 특히, Marian NMT는 다국어 환경에 적합하게 최적화되어 있고, 경량화된 구조 덕분에 자체 서버에 올려 사용하는 데도 적합하다. Hugging Face는 다양한 사전 학습된 번역 모델을 제공하고 있어, 빠르게 테스트하거나 커스터마이징된 번역 시스템을 구축할 때 매우 유용하다.

모델 학습

신경망 기계 번역 시스템을 구축하거나 활용하는 일반적인 흐름을 알아보자. 먼저, 모델이 학습할 수 있도록 원문과 번역문이 쌍으로 구성된 데이터 (병렬 코퍼스)를 대량으로 준비한다. 이 데이터는 모델이 "어떤 문장이 어떤 식으로 번역되는지"를 직접 학습하는 데 필요한 기반이 된다.

준비된 데이터로 딥러닝 모델을 훈련시키면, 모델은 하나의 문장을 입력받아 그 의미를 이해하고, 그 의미에 맞는 번역 문장을 다른 언어로 생성할 수 있게 된다. 이 과정에서 입력 문장은 숫자 형태(벡터)로 바뀌어 내부적으로 처리되며, 이 벡터를 바탕으로 번역 결과가 단어 하나씩 순서대로 생성되는 구조다.

사전 학습

학습된 모델을 완전히 새로 만들 수도 있지만, 보통 이미 공개된 사전 학습 모델Pretrained Model을 활용한다. 예를 들어, Hugging Face에서는 인터넷 뉴스, 위키 문서, 기술 블로그 등에서 수집한 방대한 데이터로 다양한 언어쌍을 중심으로 학습되어 있기 때문에 기본적인 번역 품질은 상당히 높은 수준이다.

---

https://github.com/facebookresearch/fairseq

하지만 실무에서는 항상 일반적인 문장만 다루지는 않는다. 예를 들어, 병원에서 사용하는 문서는 의학 용어나 검사 수치가 자주 등장하고, 법률 문서는 문장 구조가 복잡하며 전문적인 표현이 많다. 이럴 때는 일반 번역 모델만으로는 문맥을 제대로 해석하지 못하거나 중요한 단어를 잘못 번역하는 경우가 생긴다.

파인튜닝

이 문제를 해결하기 위해 사용하는 방식이 바로 파인튜닝Fine-tuning이다. 파인튜닝은 기존에 잘 훈련된 번역 모델을 완전히 새로 만드는 것이 아니라 특정한 분야에 맞는 문서나 말뭉치를 추가로 학습시켜 모델을 조금 더 조정하는 작업을 말한다. 예를 들어, 병원에서 수천 개의 진료 기록과 그 번역문을 준비해서 기존 모델에 학습시키면 모델은 그 안에 자주 나오는 의학 용어, 문장 패턴, 표현 스타일 등을 학습하게 되어 훨씬 정확하고 일관성 있는 의료 문서 번역이 가능해진다.

이 과정은 기존 모델이 이미 '언어를 이해하고 번역하는 능력'을 갖추고 있기 때문에 상대적으로 짧은 시간과 적은 데이터로도 효과적인 결과를 얻을 수 있다는 장점이 있다. 또한, 모델 전체를 다시 학습시키지 않아도 되므로 비용과 리소스를 줄이면서도 원하는 분야에 특화된 번역 시스템을 만들 수 있다.

실제 운영 환경에서는 사전 학습 모델을 API 형태로 외부 시스템과 연결해서 사용한다. 예를 들어, 웹사이트나 고객센터 챗봇, 사내 문서 관리 시스템에서 텍스트가 입력되면 API를 통해 모델이 자동으로 번역을 수행하고, 결과를 바로 반환하는데, 이런 구조는 사내 번역 시스템 구축, 다국어 사용자 대응, 고객 문의 자동 응답 등 다양한 업무에 널리 활용되고 있다.

신경망 기계 번역은 현재까지 가장 안정적이고 효율적인 기계 번역 기술로 평가받고 있으며, 대규모 웹사이트, 상품 설명, 다국어 사용자 대응 등 다양한 실무 현장에서 사용하고 있다. 최근에는 LLM 기반 번역이 새로운 대안으로 떠오르고 있지만, 여전히 신경망 기계 번역은 빠른 응답 속도와 일관된 번역 품질이 필요한 환경에서 가장 실용적인 기술이다.

LLM 기반 번역

LLM 기반 번역은 거대 언어 모델LLM, Large Language Model이 문장의 의미와 문맥을 이해한 뒤, 그에 맞는 자연스러운 표현을 생성하는 방식의 번역 기술이다. 기존 기계 번역은 주로 사전에 정의된 언어쌍을 대상으로 학습된 모델을 사용하여 문장을 한 언어에서 다른 언어로 옮긴다. 반면, LLM 기반 번역은 사용자의 요청을 프롬프트 형태로 전달하고, 모델이 문장의 의도, 상황, 문체 등을 고려하여 자연어 생성 방식으로 문맥에 맞는 표현을 만들어낸다.

문맥 이해

예를 들어, "이 내용 영어로 정리해서 메일에 쓸 수 있게 만들어줘"라는 요청이 들어왔을 때, 기존 번역 시스템은 문장을 하나하나 번역하는 데 그치지만, LLM은 인간처럼 문장을 이해하고 그 의미를 파악한 다음, 새로운 언어로 상황에 맞게 다시 표현해내는 과정을 거친다. 우선 문장이 입력되면 번역 모델은 이를 하나의 벡터 시퀀스로 변환한다.

토큰화

이 벡터는 단순한 단어들의 나열이 아니라, 각 단어가 주변 단어들과 어떤 관계를 맺고 있는지, 문장 전체에서 어떤 역할을 하는지를 모두 반영하여 만들어진다. Transformer 기반의 구조에서는 어텐션 메커니즘을 통해 문장 전체의 흐름을 읽고, 어떤 단어가 중요한지, 어떤 부분이 핵심 내용인지 파악한다. 즉, 번역 모델은 문장을 파편화하지 않고 전체 의미를 통합적으로 이해하려고 한다.

신경망 기계 번역NMT에서도 어텐션 메커니즘을 사용하지만, 구조적인 한

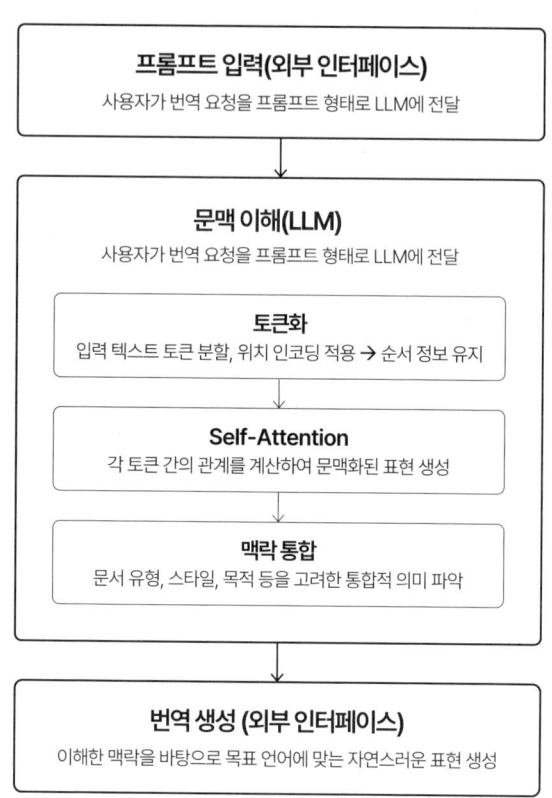

LLM 기반 번역 프로세스

계가 있다. Transformer 기반 NMT에서는 문장 전체를 병렬로 처리하지만, 인코더와 디코더가 분리되어 있는 구조를 사용한다. 디코더는 번역문을 생성할 때 인코더의 출력을 참조하면서 교차 어텐션[1]을 통해 원문의 관련 부분에 집중한다. 이 방식은 번역 정확도를 높이는 데 효과적이었지만, 인코더-디코더 구조의 분리로 인해 LLM에 비해 더 제한된 문맥 이해 능력을 갖는다.

---

1) 교차 어텐션(Cross-attention)은 인코더-디코더 구조에서 디코더가 출력을 생성할 때 인코더의 숨겨진 상태(hidden states)를 참조하는 메커니즘으로 디코더의 현재 상태와 인코더의 모든 상태 간의 관련성을 계산하여 번역이나 요약 같은 시퀀스 변환 작업에서 입력 정보를 효과적으로 활용할 수 있게 한다. (출처 : https://huggingface.co/docs/transformers/model_doc/encoder-decoder)

셀프 어텐션 및 맥락 통합

신경망 기계 번역과 LLM 모두 Transformer 아키텍처의 핵심 요소인 셀프 어텐션Self-Attention 구조를 사용한다. 그러나 LLM은 훨씬 더 큰 규모의 모델과 방대한 데이터로 사전 학습되어 있어, 셀프 어텐션을 통해 더욱 깊고 복잡한 문맥을 이해할 수 있다. 셀프 어텐션에서는 문장의 각 단어가 다른 모든 단어와의 관계를 동시에 계산하며, 이를 통해 문장 전체의 의미적 구조를 파악할 수 있다.

예를 들어, "그는 가방을 들고 공항으로 갔다"라는 문장에서 "그는"이 지칭하는 대상을 파악하려면 "가방", "공항", "갔다" 같은 뒤에 나오는 단어까지 함께 고려해야 자연스러운 해석이 가능하다. 셀프 어텐션은 위치 인코딩 Positional Encoding을 통해 단어의 순서 정보를 유지하면서도 문장 전체를 한꺼번에 파악하여 어떤 단어에 더 주목할지를 결정하는 가중치Attention Score를 계산한다. 이 덕분에 번역 모델은 단어 하나하나를 따로 처리하는 것이 아니라, 문장의 전체 구조와 맥락을 통합적으로 이해하면서도 단어의 위치적 맥락도 고려할 수 있게 된다.

번역 생성

다음 단계는 생성이다. 번역 모델은 번역 결과를 생성하기 위해 이미 학습한 수많은 문장 예제를 활용하여 지금 상황에 어울리는 표현을 확률적으로 선택하면서 한 단어씩 문장을 만들어낸다. 예를 들어, "이메일용으로 정리해 줘" 같은 프롬프트라면, LLM은 학습 시 함께 보았던 다양한 이메일 문장 예시들을 참조하여 격식 있는 표현, 문장 길이, 전형적인 서두와 맺음 표현 등을 반영하여 문장을 구성한다.

자연스러운 생성

또한 번역 모델이 학습한 데이터 안에는 같은 뜻을 여러 방식으로 표현한 수많은 예시가 있기 때문에, 그중에서 문맥상 가장 자연스럽고 자주 사용되는 표현을 선택하려는 경향이 있다. 이게 바로 자연스러운 문장을 생성할 수 있는 배경이다. 예를 들어, "회의 일정 다시 알려줘"라는 문장은 "Could you please resend the meeting schedule?"처럼 격식 있는 문장으로 재구성되는데, 이는 모델이 "이런 상황에서는 이렇게 표현하는 것이 자연스럽다"는 것을 통계적으로 학습했기 때문이다.

요약 생성

번역 모델은 요약에도 우수한 능력을 가지고 있다. 즉, 문장의 핵심 의미만 남기고 불필요한 부연 설명은 제거하는 방식으로 내용을 정리해준다. 이는 학습 과정에서 수많은 요약문, 제목, 광고 문구 등의 데이터를 접하면서 "핵심 정보를 추려서 재구성하는 방식"을 스스로 학습했기 때문이다. 그래서 "이 내용 이메일용으로 간결하게 정리해줘" 같은 요청이 들어오면, 번역 모델은 내용 전체를 파악한 다음, 가장 중요한 정보만 남겨 짧고 명확한 구조로 표현한다.

프롬프트 엔지니어링 기반 번역

LLM 기반 번역에는 GPT-4, Claude, PaLM, LLaMA2, Mistral, Gemma 등 다양한 모델이 활용된다. 이들은 주로 영어를 중심으로 대규모 다국어 말뭉치로 학습되어, 중간 이상의 번역 품질을 제공한다. Hugging Face Transformers 라이브러리를 활용하면, 모델을 직접 불러와 테스트하거나 특정 프롬프트 구조를 통해 번역 기능을 구현할 수 있다. 이 방식은 번역 모델을 따로 구성하는 대신 프롬프트를 구성하여 LLM에게 번역 요청을 전달하는 구조다.

프롬프트 엔지니어링을 활용한 LLM 기반 번역 접근 방식은 신속하게 다국어 번역 환경을 구축해야 하거나 자연스럽게 번역해야 하는 서비스 환경에서 효과적이다. 이는 별도의 번역 모델을 개발하지 않고도 적절한 프롬프트 설계만으로 기존 LLM의 번역 능력을 활용할 수 있기 때문이다.

다만 모든 작업에 LLM을 사용하는 것이 항상 최선은 아니다. 번역 품질이 문장마다 조금씩 달라질 수 있고, 특정 용어의 일관성 유지나 도메인 특화 번역이 필요한 경우에는 NMT 방식이나 파인튜닝된 번역 모델이 더 적합한 선택일 수 있다. 특히, LLM은 상대적으로 연산 자원이 많이 들고 응답 속도도 느려 사용 목적과 시스템 환경에 따라 적절한 균형을 설계하는 것이 중요하다.

하이브리드 번역

앞에서 살펴본 것처럼 LLM 기반 번역은 유연하고 자연스러운 생성 능력을 갖추고 있지만, 다양한 번역 요구사항을 한 가지 방식으로 처리하는 것은 현실적으로 어려운 일이다. 그래서 실제 번역 시스템을 구축할 때는 LLM과 기존 번역 모델을 조합한 하이브리드 방식을 채택하기도 한다.

하이브리드 번역은 각 방식의 장단점을 조율하여 정확성, 속도, 표현력, 비용 측면에서 균형 잡힌 번역 환경을 제공하는 방식이다. 예를 들어, 제품 설명서처럼 용어가 반복되고 표현이 고정되어야 하는 문장에는 NMT나 파인튜닝된 번역 모델을 적용하고, 광고 문안이나 고객 응대용 이메일처럼 상황에 따라 표현이 달라져야 하는 문장에는 LLM을 활용하여 보다 자연스럽고 유연한 표현을 생성하도록 분기할 수 있다.

경로 분기

어떤 문장을 어떤 방식으로 번역할지 결정하는 과정은 하이브리드 번역에서 매우 중요하다. 이 작업은 일종의 분류 로직이다. 번역 대상 문장을 분석하여 "이 문장은 LLM으로 번역하는 게 좋겠다" 또는 "이 문장은 기존 번역 모델로 처리하는 게 더 안정적이겠다"는 식으로 알맞은 경로를 자동으로 선택해준다.

규칙 기반 처리

가장 간단한 방식은 규칙 기반 처리Rule-based Routing다. 예를 들어, "닫기", "결제 완료"처럼 문장 길이가 너무 짧거나 기술 용어, 제품명처럼 특정 키워드가 포함된 경우에는 정확성과 용어 일관성이 중요한 문장이라고 판단하여 기존 NMT 방식으로 번역하도록 설정할 수 있다. 반면 문장이 비교적 길고 구어체이거나 "이메일 작성", "요약해서 번역" 같은 요청이 들어오면 LLM을 통해 유연하게 생성하도록 분기할 수 있다.

텍스트 분류 모델

이런 규칙은 비교적 구현이 간단하고 빠르게 적용할 수 있다는 장점이 있다. 조금 더 정교하게 분기하려면, 텍스트 분류 모델Text Classification을 활용할 수도 있다. 이 방식은 설명문, 안내문, 광고문, FAQ 등 다양한 문장 유형을 먼저 학습한 분류 모델을 만들고, 번역할 문장을 이 모델에 입력하여 문장 유형을 자동으로 판별한다. 그 결과에 따라 해당 유형에 최적인 번역 방식을 선택하게 된다. 예를 들어, 분류 결과가 "고객 서비스용 응답"이라면 LLM을 "제품 사양 설명"이라면 NMT 기반 모델을 자동으로 적용하는 식이다.

이런 분기 전략은 하나의 문서 안에서도 문장마다 다른 방식의 번역을 적용할 수 있게 해주며, 결과적으로 전체 번역 품질을 향상시킨다. 또한 시스템 확장 시에도 문장 유형이나 처리 방식만 추가하면 되기 때문에 유연성 면에서도 유리하다.

판단 로직

하이브리드 번역은 입력된 텍스트를 하나의 번역기로 바로 넘기는 대신 먼저 문장의 특성을 분석하고 가장 적절한 번역 방식을 선택하여 해당 경로를 통해 번역을 수행하는 흐름으로 구성된다. 이를 위해 파이프라인은 전처리, 방식 분기, 번역 실행, 후처리 단계로 설계한다.

이때 핵심은 중간에서 판단을 내려주는 구성 요소다. 어떤 문장은 기존의 번역 모델로 처리하는 것이 효율적이고, 또 어떤 문장은 LLM으로 자연스럽게 생성해주는 편이 더 적절하다는 판단이 필요하다. 이 때문에 판단 로직을

전처리(Preprocessor)
문장 분리, 특수문자 제거 등 기본 정제 작업 및 문장 길이, 키워드, 문체 등 분석 정보 추출

경로 분기(Router)

규칙 기반 처리
명시적인 규칙에 따라 분기 처리

텍스트 분류 모델
학습된 분류 모델 적용

분기 기준

구분	NMT	LLM
문장 길이	짧은 문장 (2-3단어, 명령형 문장 등)	긴 문장 (복잡한 구조의 문장, 여러 절의 문장)
문체	정형화된 표현, 매뉴얼 스타일, 기술 문서 등	구어체, 비격식 표현, 감정이 담긴 표현 등
용어	제품명, 기술 용어, 고유명사가 많은 문장	관용구, 은유, 속담이 포함된 문장
지시어	단순 번역 요청 ("번역해줘")	특수한 처리가 필요한 지시어 ("요약해서", "비즈니스 스타일로")

번역 경로 결정

NMT 경로
- 짧거나 정형화된 문장 처리
- 용어 일관성이 중요한 문장(제품명 등)
- OpenNMT 등 전통적 번역 모델 활용

LLM 경로
- 길거나 문맥 이해가 필요한 문장
- 유연한 표현이 필요한 문장(광고 등)
- 프롬프트 형태로 번역 요청 구성

NMT 번역 실행
OpenNMT, MarianMT, T2T 등

LLM 번역 실행
GPT-4, Claude 등

하이브리드 번역 프로세스

얼마나 잘 설계하느냐에 따라 전체 번역 품질과 처리 효율이 결정된다.

프리프로세서

프리프로세서는 입력된 텍스트를 문장 단위로 분리하거나, 특수문자를 제거하고, 문장 길이, 키워드, 문체 같은 분석 정보를 추출한다. 단순 정제 작업에 그치지 않고, 어떤 번역 방식이 적합할지를 판단하기 위한 데이터를 수집하는 전처리 과정을 거친다. 이 과정에서 "요약", "정중하게", "광고용으로" 같은 프롬프트 신호가 발견되면, 그 문장은 보다 유연한 표현이 가능한 LLM으로 보내야 한다는 단서가 된다.

라우터

그다음 라우터는 수집된 정보를 활용하여 각 문장을 어느 방식으로 번역할지를 판단한다. 예를 들어, 문장이 너무 짧거나 고정된 용어가 포함되어 있으면 NMT로, 구어체 표현이거나 문맥 해석이 필요한 문장은 LLM으로 보내도록 설정할 수 있다. 이 판단은 if-else와 같은 규칙 기반 조건으로도 가능하고, 더 정교하게 구성할 경우 문장 유형을 분류하는 텍스트 분류 모델을 활용할 수도 있다.

오케스트레이터

마지막으로 오케스트레이터는 모델에 대한 판단뿐만 아니라 문장 순서 유지, 번역된 결과 정렬 및 후처리, 번역 결과 비교 및 병합까지 전체 흐름을 관리한다. 시스템 규모가 작다면 라우터가 이 역할을 맡을 수도 있지만, 대규모 시스템이나 복잡한 후처리가 필요하다면 오케스트레이터를 별도로 구성하는 것이 확장성과 안정성 측면에서 훨씬 유리하다.

결국 하이브리드 번역은 단순히 번역 모델을 여러 개 두는 것이 아니라, 어떤 문장을 어떤 방식으로 처리할지를 누가 어떻게 판단하고 연결할 것인지를 구성하는 것이 핵심이다. 이 때문에 프리프로세서, 라우터, 오케스트레이터로 구성된 이 판단 로직을 얼마나 잘 설계하느냐에 따라 전체 번역 품질과 처리 효율이 결정된다.

번역 실행

분기 판단이 끝나면 번역 실행 단계로 넘어간다. 이 시점에서는 각 문장이 어떤 방식으로 번역될지를 이미 결정한 상태여서 적절한 번역 경로로 문장을 보낸다. NMT 경로로 분기된 문장은 OpenNMT, MarianMT, T2T 같은 기계 번역 엔진으로 보내 처리한다. 이 엔진들은 REST API나 gRPC API 형태로 제공되며, 시스템이 문장을 HTTP 요청으로 전송하면 번역된 텍스트를 응답으로 받는다. 처리 속도가 빠르고 용어 일관성이 높아, 실무에서 널리 활용된다. 특히, 같은 분야의 문장이 반복적으로 등장하는 경우나 기술적 문서처럼 정해진 표현이 중요한 문장에 적합하다.

반면, LLM 경로로 분기된 문장은 조금 다르게 처리된다. 단순히 "번역해줘"라고 문장을 넘기는 것이 아니라 먼저 이 문장을 하나의 프롬프트로 구성해야 한다. 예를 들어, "다음 문장을 영어로 자연스럽고 정중하게 번역해줘: '배송이 조금 늦어질 수 있습니다. 양해 부탁드립니다.'"처럼 명시적인 요청문으로 만든다. 이렇게 프롬프트가 만들어지면, 이 프롬프트를 OpenAI의 GPT-4 API, Anthropic의 Claude API, Mistral 같은 LLM 모델 서버에 요청하게 된다.

이 과정은 겉보기엔 복잡해 보여도 내부적으로는 API 호출이라는 동일한 방식으로 통신이 이루어진다. 즉, NMT든 LLM이든 시스템 입장에서는 각각의 번역 엔진에 HTTP 요청을 보내고, 그 결과를 받는 구조가 동일하기 때문에 코드 구조나 호출 방식이 일관되게 관리될 수 있다.

또한, 시스템 아키텍처에 따라 이 두 방식은 병렬로 실행하거나 순차적으로 연결할 수 있다. 예를 들어, 빠른 응답이 필요한 문장은 먼저 NMT로 처리하고, LLM은 백그라운드에서 보조 번역을 생성해 비교하거나 보완하는 식으로 구성할 수 있다. 하나의 문서에서 NMT와 LLM 번역 결과를 섞어 조합할 수도 있는데, 이러한 유연성이 가능한 이유는 시스템이 API 호출 단위로 모듈화되어 있기 때문이다.

중요한 것은 두 방식이 서로 다른 내부 구조를 가지고 있지만 외부에서 보기에는 동일한 API 인터페이스를 통해 쉽게 연결되고 조합된다는 점이다. 이 때문에 하이브리드 번역은 실제 구현에서도 복잡한 로직을 최소화하면서도 높은 유연성과 품질을 확보할 수 있다.

번역이 완료되면 결과를 사용자에게 보여주기 전에 후처리 단계를 거친다. 여기에서는 문장 순서 복원, 대소문자 및 문장 부호 정리 같은 작업이 이루어진다. 두 번역 방식에서 나온 결과는 이 단계에서 하나로 통합되므로 사용자는 마치 하나의 번역 모델에서 이용한다고 생각할 것이다.

정리하면, 하이브리드 번역은 다음과 같은 상황에서 유용하다.

- LLM 번역의 자연스러움을 활용하되, 속도나 비용이 제한적인 서비스에서 최적화된 자원 활용이 필요할 때
- 다국어 문서 내 일부 문장만 복잡하거나 맥락 해석이 필요한 경우처럼 구간별로 번역 난이도가 다른 콘텐츠를 처리할 때
- 고객 서비스나 내부 지식 검색 등 정확성과 표현력을 모두 요구하는 환경에서 균형 있는 대응이 필요할 때다

궁극적으로 하이브리드 번역은 번역 품질, 비용, 처리 시간, 표현 스타일을 모두 고려한 실용적인 번역 방식이며, 하나의 기술로 모든 문제를 해결하기보다 상황에 맞는 조합을 설계하는 것이 현실적으로 합리적일 수 있다.

08 음성 인터페이스
Voice Interface

지능형 콜센터
··
지능형 회의
··
오디오 내레이션

8. 음성 인터페이스

음성은 가장 인간적인 입력 방식이자 가장 빠른 커뮤니케이션 수단이다. 키보드나 터치보다 자연스럽고 직관적이며, 손을 쓸 수 없는 환경에서도 유용하다. 이러한 음성의 장점을 활용한 음성 인터페이스는 최근 AI 기술과 결합되면서 더 실용적이고 똑똑한 입력 형식으로 진화하고 있다. 음성은 더 이상 선택적 입력 수단이 아니라 서비스의 접근성과 몰입도를 높여주는 핵심 인터페이스로 자리 잡고 있다.

지능형 콜센터는 음성 인식STT, 음성 합성TTS, 자연어 이해NLU, 추천 시스템 등 다양한 기술이 결합되어, 사용자의 음성을 실시간으로 인식하고 이해하며, 상황에 맞는 응답을 음성으로 되돌려준다. 더 나아가 상담사를 지원하거나 반복 응대를 자동화하여 사용자 만족도와 운영 효율을 동시에 높이고 있다.

또한, 회의 녹음과 정리를 자동화하는 지능형 회의 시스템과 텍스트 콘텐츠를 음성으로 변환하는 오디오 내레이션 기술도 빠르게 확산되고 있다. 단순한 음성 인식이나 합성을 넘어, 화자 분리, 발언 분석, 주제 흐름 추적, 행동 항목 추출까지 가능해지면서, 음성 데이터는 이제 중요한 분석 자원이자 서비스 자산으로 활용되고 있다.

이 장에서는 음성 인터페이스를 구성하는 핵심 기술과 그것이 지능형 콜센터, 회의 자동화, 오디오 내레이션 등 실제 서비스에 어떻게 적용되고 있는지 살펴본다.

지능형 콜센터

지능형 콜센터는 음성 인식STT, 음성 합성TTS, 자연어 이해NLU, 추천 시스템 등 다양한 AI 기술을 활용하여 고객 응대의 품질과 운영 효율을 동시에 향상시키는 시스템이다. 단순히 자동화 수준을 넘어, 고객 요청을 더 정확히 이해하고 빠르게 대응하여 일관된 수준의 서비스를 구현한다.

콜센터는 오랫동안 반복적인 작업이 끊임없이 이어지는 공간이다. 사용자는 상담을 받기까지 매번 대기해야 한다. 사용자는 번호를 눌러 메뉴를 따라가야 하는데 원하는 서비스를 찾기까지 여러 단계를 거쳐야 했고, 대부분 마지막 선택 항목까지 모두 들어야만 자신에게 맞는 옵션이 나온다. 어떤 경우에는 듣던 메뉴가 아닌 항목으로 잘못 들어가기도 하고, 다시 처음으로 돌아가려면 샵(#)이나 별표(*) 버튼을 눌러야 하는 등 불필요한 절차가 반복된다.

이런 사용 환경은 단순한 문의조차 번거롭게 만들었고, 사용자에게는 콜센터 접속 자체가 스트레스인 경우가 많다. 상담사도 하루에 수십 번씩 비슷한 질문에 답하고, 감정이 실린 고객의 불만을 감내해야 하는 고된 업무 환경에 놓여 있었다.

하지만 최근 음성 기반 AI 기술이 도입되면서, 이런 문제가 조금씩 해결되고 있다. 이제 사용자는 정해진 명령어나 숫자를 입력하는 방식 대신, 평소 일상에서 쓰는 말투로 자신의 요청을 말할 수 있게 되었다. 숫자 키를 여러 번 눌러야 하는 기존 방식과 달리, 이제는 "카드를 잃어버렸는데 어떻게 해야 하죠?"처럼 자연스럽게 말하면 시스템이 그 의미를 이해한다.

이처럼 시스템이 사용자 음성을 실시간으로 감지하여 응답할 수 있는 것은 STT Speech-to-Text 기술 덕분이다. 여기에 TTS 기술까지 더해지면 시스템은 단순한 텍스트 출력이 아니라, 실제 사람처럼 음성으로 응답할 수 있어 자

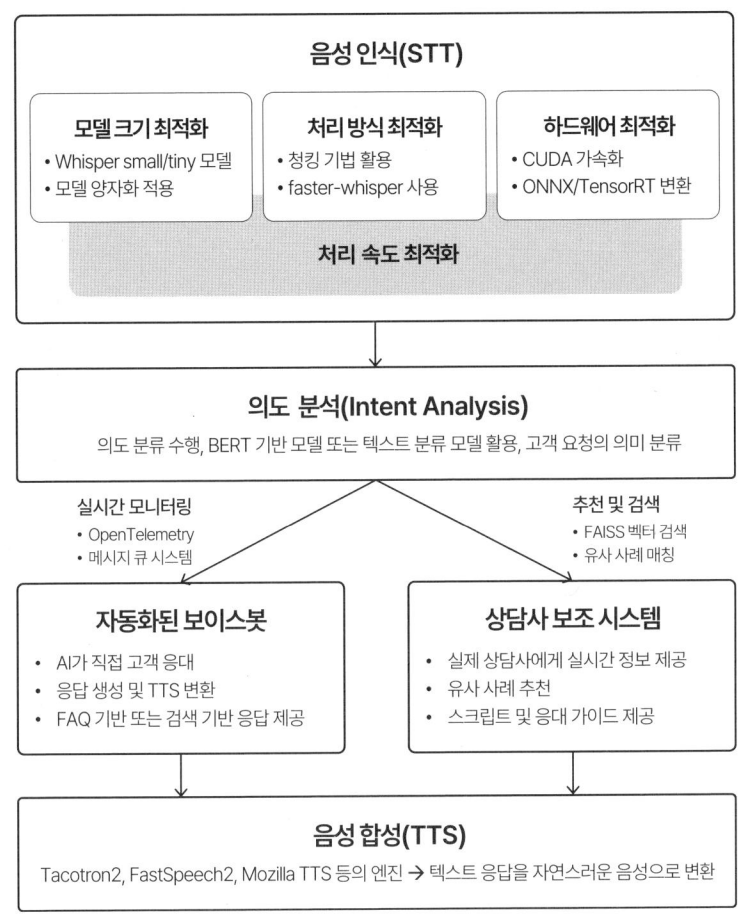

지능형 콜센터 프로세스

연스러운 대화가 이루어진다.

 지능형 콜센터는 크게 두 가지 방식으로 나눠볼 수 있다. 하나는 사람 없이 AI가 전화를 받아 고객과 대화를 나누는 자동화된 보이스봇, 다른 하나는 상담사가 통화를 진행하되 AI가 실시간으로 옆에서 돕는 상담보조 시스템이다. 이 두 방식은 사용하는 기술은 유사하지만, 구성 방식과 활용 목적에는 차이가 있다.

자동화된 보이스봇

자동화된 보이스봇을 구축할 때는 먼저 고객 음성을 인식하는 음성 인식 엔진STT이 필요하다. 대표적인 오픈소스 도구는 OpenAI의 Whisper다. Whisper는 다양한 언어를 지원하며, 잡음이 있는 환경에서도 비교적 정확하게 음성을 인식할 수 있다.

다만, Whisper는 원래 배치 처리에 최적화되어 있어, 실시간 스트리밍에 적용하려면 추가적인 최적화 작업이 필요하다. Whisper를 실시간 콜센터에 적용하기 위해서는 여러 방법으로 모델을 더 빠르게 만들어야 하며, 다음과 같은 방법들이 주로 사용된다.

처리 속도 최적화

모델 크기 줄이기
큰 모델large 대신 작은 모델tiny, small을 사용한다. 이는 마치 무거운 SUV 대신 경차를 선택하는 것과 비슷하다. 크기가 작을수록 속도는 빠르지만, 정확도는 조금 떨어질 수 있다. 예를 들어, Whisper large는 약 1.5GB 크기이지만, Whisper tiny는 불과 39MB에 불과해 처리 속도가 훨씬 빠르다. (출처 : https://github.com/openai/whisper)

모델 양자화(Quantization)
컴퓨터가 숫자를 저장하는 방식을 변경하여 모델 크기를 줄인다. 32비트 소수점 대신 8비트 정수를 사용하는 것과 같다. 이는 고화질 사진을 압축해서 용량을 줄이는 것과 유사한데, 약간의 품질 손실이 있지만 크기는 크게 줄어든다. 예를 들어, 양자화를 통해 모델 크기를 최대 4배까지 줄이고 처리 속도를 2-3배 빠르게 할 수 있다.(출처 : https://pytorch.org/docs/stable/quantization.html)

청킹(Chunking) 기법
긴 음성을 작은 조각으로 나누어 순차적으로 처리한다. 이는 긴 책을 한 번에 읽는 대신, 한 장씩 읽어나가는 것과 비슷하다. 사람이 말하는 동안 이미 앞부분을 처리하기 시작하여 전체적인 응답 시간을 단축한다.보통 1-3초 길이의 청크로 나누어 처리하며, 고객이 말하는 도중에도 텍스트 변환이 진행된다.(출처 : https://github.com/guillaumekln/faster-whisper)

최적화된 라이브러리 사용

WhisperX[1]나 faster-whisper[2] 같은 도구는 원래 Whisper를 더 빠르게 개선한 버전이다. 이들은 그래픽 카드GPU의 성능을 최대한 활용하기 위해 CUDA[3] 기술을 적용하고, 여러 처리를 동시에 진행하는 병렬 처리 기법을 사용한다. 예를 들어, faster-whisper는 원본 Whisper보다 최대 4배까지 빠른 처리 속도를 보여준다.(출처 : https://github.com/guillaumekln/faster-whisper)

지식 증류(Knowledge Distillation)

큰 모델(교사 모델)이 가진 지식을 작은 모델(학생 모델)에게 전달하는 방식이다. 이는 마치 경험 많은 선생님이 복잡한 내용을 간결하게 요약하여 학생에게 가르치는 것과 비슷하다. 이렇게 만들어진 작은 모델은 원래 작은 모델보다 더 정확하면서도 빠르게 동작한다.(출처 : https://arxiv.org/abs/1503.02531)

특수 추론 엔진으로 변환

ONNX Runtime이나 TensorRT[4] 같은 도구는 모델을 특별한 형식으로 변환하여 더 빠르게 실행되도록 한다. 이는 일반 자동차 엔진을 레이싱용 엔진으로 교체하는 것과 비슷한 효과를 낸다. 이런 변환을 통해 추론 속도가 2-5배까지 향상될 수 있다.(출처 : https://developer.nvidia.com/tensorrt)

---

1) WhisperX는 OpenAI의 Whisper를 기반으로 개선된 음성 인식 모델이다. 더 빠른 처리 속도와 단어 수준의 타임스탬프를 제공하여 음성 인식의 정확도와 유용성을 높인다.
(출처 : https://github.com/m-bain/whisperX)

2) faster-whisper는 OpenAI Whisper 모델의 더 빠른 구현체로 CTranslate2를 활용하여 성능을 최적화한 버전이다. 원본 Whisper보다 더 적은 메모리를 사용하면서 더 빠른 추론을 제공한다.
(출처 : https://github.com/guillaumekln/faster-whisper)

3) CUDA는 NVIDIA에서 개발한 병렬 컴퓨팅 플랫폼 및 API 모델이다. GPU를 활용한 고성능 컴퓨팅을 가능하게 하여 딥러닝 모델 학습 및 추론 속도를 크게 향상시킨다.(출처 : https://developer.nvidia.com/cuda-toolkit)

4) TensorRT는 NVIDIA에서 개발한 딥러닝 추론 최적화 SDK이다. 모델 양자화, 커널 융합 등을 통해 딥러닝 모델의 추론 속도를 크게 향상시키고 지연 시간을 줄인다.(출처 : https://developer.nvidia.com/tensorrt)

이러한 다양한 최적화 방법들은 모두 적용해야 하는 것이 아니라, 상황에 맞게 선택하거나 조합하여 사용할 수 있으므로 가장 간단한 방법부터 시도해 보는 것이 좋다. 예를 들어, Whisper tiny나 small 같은 작은 모델을 사용하거나 양자화를 적용하는 것만으로도 상당한 속도 향상을 얻을 수 있다.

만약 이러한 기본 최적화로도 충분한 성능이 나오지 않는다면, 추가적인 방법들을 조합하게 된다. 실무에서는 작은 모델과 양자화, 그리고 청킹 기법을 함께 사용하는 조합이 효과적이다. 또한 하드웨어 환경도 중요한 고려사항이다. GPU 서버를 활용할 수 있다면 CUDA 가속화 기능이 포함된 faster-whisper 같은 라이브러리가 큰 성능 향상을 가져오지만, GPU가 없는 환경이라면 CPU에 최적화된 ONNX Runtime[1] 변환이 더 적합할 수 있다.

최적화를 많이 적용할수록 처리 속도는 빨라지지만, 음성 인식의 정확도가 떨어질 수 있다는 점도 염두에 두어야 한다. 콜센터에서는 고객의 말을 정확히 이해하는 것이 중요하므로, 속도와 정확도 사이의 적절한 균형점을 찾는 것이 관건이다. 실제 콜센터 환경에서는 보통 2-3가지 최적화 방법을 조합하여 사용하며, "Whisper small 모델 + 양자화 + faster-whisper 구현체" 정도의 조합이면 대부분의 실시간 응대 요구사항을 충족할 수 있다.

콜센터 같은 실시간 환경에서는 이와 같은 최적화 외에도 음성 버퍼링과 스트리밍 처리를 위한 아키텍처 설계가 필수적이다. 음성 데이터를 실시간으로 수집하면서 일정 크기의 버퍼에 담아 병렬로 처리하거나 발화 감지[2]를 통

---

1) ONNX Runtime은 다양한 딥러닝 프레임워크 간의 모델 교환을 위한 오픈 포맷인 ONNX를 실행하기 위한 고성능 추론 엔진으로 여러 하드웨어 및 플랫폼에서 최적화된 모델 실행을 지원한다. (출처 : https://onnxruntime.ai/)

2) 발화 감지(VAD, Voice Activity Detection)는 음성 신호에서 사람의 음성이 있는 부분과 없는 부분을 구분하는 기술이다. 잡음이나 침묵 구간을 제거하고 실제 발화 구간만 추출함으로써 음성 인식 시스템의 효율성과 정확도를 높인다.(출처 : Google Cloud, https://cloud.google.com/speech-to-text/docs/basics)

해 실제 말하는 부분만 선별적으로 처리하는 방식으로 시스템 효율을 높일 수 있다.

이처럼 다양한 최적화 기법을 적용해야만 고객이 말하는 즉시 텍스트로 변환되어 다음 처리 단계로 넘어갈 수 있는 실시간성을 확보할 수 있다. 예를 들어, 고객이 "배송이 아직 안 왔는데요"라고 말하면, Whisper가 이 음성을 텍스트로 전환한다.

의도 분석

이 텍스트는 다음 단계로 전달되어, 고객 의도를 분석하게 된다. 여기서는 고객이 배송 문의를 하고 있다는 것을 파악해야 하는데, 이를 위해 의도 분류 모델[1]이 사용된다. 보통은 상담 데이터를 미리 수집하고, 각 문장에 "배송 문의", "환불 요청", "계좌 변경" 같은 라벨을 붙여 학습 데이터를 만든다.

그런 다음 Scikit-learn이나 PyTorch를 활용하여 분류 모델을 구성하거나 HuggingFace에서 제공하는 사전 학습된 BERT 모델을 가져와 이 데이터에 맞춰 파인튜닝할 수 있다. 이 과정을 통해 보이스봇은 고객 요청을 빠르게 이해하여 사전 준비된 응답을 음성 합성TTS 기술로 전달할 수 있다. 예를 들어, "배송 조회를 도와드릴게요. 주문 번호를 말씀해 주세요"와 같은 응답을 자연스러운 음성으로 들려주는 것이다.

상담보조 시스템

반면, 상담보조 시스템은 상담사가 실제로 고객과 통화를 하고 있는 상황에서 AI가 실시간으로 도와주는 방식이다. 이 경우에도 Whisper 같은 STT

---

[1] 의도 분류(Intent Classification) 모델은 사용자의 발화나 텍스트 입력을 분석하여 그 의도를 파악하고 분류하는 자연어 처리 모델이다. 챗봇이나 가상 비서와 같은 대화형 인터페이스에서 사용자가 원하는 바를 이해하고 적절한 응답을 제공하는 데 필수적이다.(출처 : IBM Watson, https://www.ibm.com/cloud/watson-assistant/docs)

기술로 고객 음성을 실시간으로 텍스트로 변환한다. 변환된 텍스트는 의도 분석 또는 키워드 추출을 통해 고객 요청을 파악하는 데 사용된다.

예를 들어, 고객이 "지난달 카드 내역 좀 확인하고 싶어요"라고 말하면, 시스템은 이를 "카드 사용 내역 조회"라는 의도로 분류하고, 상담사 화면에 관련 메뉴나 스크립트를 자동으로 띄워줄 수 있다. 또한, 고객이 민감한 표현을 사용했을 경우 "불만 고객"으로 인식하고, 사후 대응을 위한 플래그를 걸어두는 것도 가능하다. 실무에서는 이처럼 실시간 분석을 통해 상담 품질을 높이고, 상담사의 업무 부담을 줄이는 방향으로 활용된다.

검색 및 추천 시스템 연계

의도 분석 결과에 따라 사용자 요청이 명확히 파악되면, 이에 대한 응답을 구성하는 단계로 넘어간다. 고객 질문에 대한 정답이 사전에 정해진 FAQ라면 규칙 기반 응답 생성이 가능하지만, 상담 기록이나 제품 정보, 고객 이력 등 여러 정보를 조합해야 하는 경우에는 검색 기반 응답 시스템이나 추천 시스템을 연계해야 한다.

콘텐츠 기반 추천을 구현할 때처럼 먼저 BERT나 Universal Sentence Encoder[1] 같은 임베딩 모델을 사용하여 과거 상담 기록이나 유사 사례를 벡터화한 뒤, FAISS를 이용하여 현재 고객 음성의 임베딩과 가장 유사한 응답을 빠르게 검색하는 방식으로 구성할 수 있다. FAISS는 대용량 벡터 데이터에서 효율적인 유사도 검색을 지원하는 라이브러리로, 이 방식은 특히, 비정형적 질의가 많거나 FAQ로 커버되지 않는 상담 상황에 효과적이다.

---

[1] Universal Sentence Encoder는 텍스트를 고차원 벡터로 인코딩하여 문장 수준의 의미를 포착하는 딥러닝 모델이다. 문서 분류, 의미적 유사성, 클러스터링 등 다양한 자연어 처리 작업에 활용된다.(출처 : TensorFlow Hub, https://tfhub.dev/google/universal-sentence-encoder/4)

음성 합성

고객 요청을 이해하고 응답 내용을 결정한 뒤에는 그 결과를 음성으로 전달해주는 TTS^{Text-to-Speech} 시스템이 작동한다. 이 단계는 단순히 텍스트를 소리로 바꾸는 것 이상의 역할이 필요하다. 고객이 듣기에 부드럽고 자연스러운 음성이어야 하고, 상황에 따라 감정 표현도 어느 정도 담겨야 하기 때문이다.

예를 들어, 고객이 "배송이 안 왔어요"라고 말했을 때, 시스템이 "불편을 드려 죄송합니다. 배송 상태를 확인해드릴게요"라고 응답한다고 해보자. 이 문장을 로봇처럼 단조롭게 읽으면 고객 입장에서는 성의 없다고 느낄 수 있다. 반대로, 사람처럼 따뜻하고 부드러운 목소리로 전달되면 고객 경험이 훨씬 좋아진다. 그래서 TTS 시스템에서는 단지 음성을 생성하는 것을 넘어, 자연스러움과 감정 표현, 목소리의 톤과 스타일이 중요한 요소가 된다.

이런 TTS 기능은 Tacotron2 또는 FastSpeech2를 사용하여 구현할 수 있다. Tacotron2[1]는 음성의 높낮이, 길이, 억양 등을 자연스럽게 살릴 수 있고, FastSpeech2[2]는 속도가 빠르면서도 품질이 안정적이어서 실시간 서비스에 적합하다. 이 모델들은 기본적으로 텍스트 문장을 입력하면, 먼저 그 문장을 어떻게 말해야 할지에 대한 음성의 윤곽을 만들어준다.

이 윤곽은 음성의 높낮이, 길이, 강약 같은 정보를 담고 있는 스펙트로그

---

1) Tacotron2는 텍스트를 스펙트로그램으로 변환하는 딥러닝 기반 텍스트 음성 변환(TTS) 모델이다. 자연스럽고 사람과 유사한 음성을 생성할 수 있어 음성 합성 시스템에 널리 사용된다.(출처 : https://developer.nvidia.com/blog/training-your-own-voice-for-text-to-speech-with-tacotron2-and-waveglow/)

2) FastSpeech2는 Tacotron2보다 빠른 속도로 작동하는 비자기회귀 텍스트 음성 변환 모델이다. 음성 길이, 피치, 에너지 등을 더 정교하게 제어할 수 있는 기능을 제공한다.(출처 : https://www.microsoft.com/en-us/research/publication/fastspeech-2-fast-and-high-quality-end-to-end-text-to-speech/)

램Spectrogram이라는 형태로 표현된다. 스펙트로그램은 소리를 시각적으로 표현한 이미지 같은 것인데, 여기서 시스템은 어떤 음을 얼마나 길게, 어떤 억양으로 낼지를 결정한다. 이렇게 생성된 스펙트로그램을 다시 실제 소리로 바꿔주는 과정을 거쳐서 우리가 듣는 자연스러운 음성이 만들어진다.

실무에 활용할 수 있는 오픈소스가 많다. Mozilla TTS[1]는 비교적 설정이 쉬우면서도 자연스러운 음성을 만들 수 있고, 다양한 목소리를 훈련시킬 수 있는 유연한 구조를 제공한다. ESPnet[2]은 연구자들이 선호하는 고급 프레임워크로, Tacotron2나 FastSpeech2를 비롯하여 최신 모델들이 잘 구현돼 있어 실험이나 커스터마이징에 적합하다.

실시간 스트리밍 구현

지능형 콜센터 시스템은 실시간으로 고객과 대화를 주고받아야 하기 때문에 전체 흐름이 지연 없이 빠르게 처리되는 스트리밍 구조로 설계되어야 한다. 사용자가 전화를 걸어 말을 시작하면, 그 음성이 시스템으로 실시간 전달되고, 이어서 일련의 AI 처리 과정이 순차적으로 진행되어야 하기 때문이다.

실시간 처리

고객이 "카드를 분실했어요"라고 말하면, 이 음성은 웹소켓[3] 같은 실시

---

1) Mozilla TTS는 Mozilla에서 개발한 오픈 소스 텍스트 음성 변환 시스템이다. 다양한 음성 모델과 보코더를 지원하며, 여러 언어에 대한 음성 합성 기능을 제공한다.(출처 : https://github.com/mozilla/TTS)

2) ESPnet은 음성 처리를 위한 종단간 오픈 소스 툴킷으로 음성 인식, 텍스트 음성 변환, 음성 번역 등 다양한 음성 관련 작업을 위한 모델과 알고리즘을 제공한다.(출처 : https://github.com/espnet/espnet)

3) 웹 소켓(WebSocket)은 기존 HTTP 통신의 한계를 극복하여 웹 브라우저와 서버 간의 양방향 실시간 통신을 가능하게 하는 통신 프로토콜이다. 단일 TCP 연결을 통해 지속적인 연결을 유지하며, 서버와 클라이언트가 언제든지 데이터를 주고받을 수 있어 채팅, 게임, 실시간 데이터 시각화

간 통신 기술을 통해 서버로 전송된다. 서버에서는 이 음성을 Whisper 같은 STT 모델에 전달하여 텍스트로 변환한다. Whisper는 이 음성을 빠르게 인식하여 "카드를 분실했어요"라는 문장으로 바꿔주고, 이 텍스트는 바로 다음 단계인 NLU^{Natural Language Understanding} 파이프라인으로 전달된다. 여기서는 고객이 어떤 요청을 하고 있는지, 즉 '카드 분실 신고'라는 의도^{Intent}를 파악하게 된다.

음성 입력부터 텍스트 처리, 응답 생성, 음성 출력까지의 전체 흐름은 단계별로 연결된 파이프라인으로 구성되고, 모든 처리가 실시간으로 진행되어야 한다. 그래서 시스템이 중간에 멈추거나 지연되지 않도록 안정적으로 흐름을 관리하는 도구가 필요하다.

실시간 음성 처리 파이프라인에는 Apache Kafka나 RabbitMQ[1] 같은 메시지 큐 시스템이 적합하며, 이를 통해 각 처리 단계 간 데이터 흐름을 관리할 수 있다. 배치 작업이나 정기적인 처리가 필요한 경우에는 Prefect 같은 워크플로우 관리 도구를 사용하여 작업 상태를 추적하고, 문제가 생겼을 때 자동으로 재시도하거나 오류 알림을 보낼 수 있다.

실시간 모니터링

또한, 시스템 운영 중 발생하는 모든 이벤트나 데이터를 기록하고 확인하도록 OpenTelemetry[2] 같은 모니터링 도구를 함께 사용한다. 사용자 요청이

등의 애플리케이션에 적합하다.(출처 : https://developer.mozilla.org/en-US/docs/Web/API/WebSockets_API

1) RabbitMQ는 메시지 큐잉 프로토콜을 구현한 오픈 소스 메시지 브로커 소프트웨어이다. 분산 시스템 간의 통신을 위한 메시지 큐를 제공하여 서비스 간 비동기 통신을 가능하게 한다.(출처 : https://www.rabbitmq.com/)

2) OpenTelemetry는 분산 추적, 메트릭, 로깅을 위한 개방형 표준과 API를 제공하는 관찰 가능성 프레임워크이다. 클라우드 네이티브 애플리케이션의 모니터링과 문제 해결을 위한 통합된 도구를 제공한다.(출처 : https://opentelemetry.io/)

어디에서 지연되었는지, 어떤 단계에서 오류가 발생했는지를 실시간으로 추적할 수 있어 문제를 빠르게 찾아낼 수 있다.

이처럼 지능형 콜센터는 단순히 음성을 인식하고 응답하는 수준을 넘어, 실시간 데이터 처리, AI 분석, 운영 효율성 확보까지 고려한 구조로 설계되어야 하는데, 이때 전 과정을 하나의 유기적인 흐름으로 이어주는 파이프라인이 핵심 역할을 한다.

지능형 콜센터는 단순히 상담 인력을 줄이기 위한 도구가 아니라 사용자에게는 더 빠르고 정확한 응답을, 상담사에게는 더 스마트한 지원을 제공하는 시스템이다. 그리고 그 중심에는 음성 인식STT, 음성 합성TTS, 자연어 이해NLU, 추천 시스템이 유기적으로 결합된 복합적인 기술 스택이 있는데, 이 기술들을 조화롭게 구현해야만 지능형 콜센터를 구현할 수 있다.

지능형 회의

회의는 의사결정이 이뤄지고 동시에 많은 시간이 소비되는 활동이다. 하지만 회의가 끝나고 나면 중요한 논의가 기억에서 사라지거나 정리되지 않은 채 흩어지는 경우가 많다. 회의록은 요약된 형태로 정리되거나 전담인력에 의해 많은 리소스를 투입하여 기록된다. 이처럼 회의는 의사결정을 위해 꼭 필요한 과정이지만, 반복되는 리소스 투입에 비해 결과물은 체계적으로 축적되지 않고, 오히려 비효율적으로 소모되는 경우가 많아 생산성을 기대하기 어려운 상황이 자주 발생한다.

지능형 회의는 이런 비효율을 AI 기술로 해결하려는 시도다. 음성 인식 STT, Speech-to-Text를 통해 회의 내용을 실시간으로 기록하고, 이를 기반으로 요약, 키워드 추출, 행동 항목Action Item 정리까지 자동화하여 회의 진행 및 정리의 효율성을 극대화한다.

지능형 회의는 단순히 회의 내용을 문서로 기록하는 데 그치지 않고, 그 안에 담긴 의미와 맥락을 파악하여 더 나은 회의가 되도록 실시간으로 AI가 돕는다. 이렇게 회의 전반이 자동화 및 지능화 되면 회의 자체의 질이 높아지고, 시간과 인력의 부담도 줄어들어 더 자주, 더 효과적인 회의를 무리 없이 운영할 수 있게 된다.

음성 처리

음성 인식

회의 시 참석자의 음성을 실시간으로 수집하여 텍스트로 변환하고, 이 내용을 자동으로 기록하는데, 이때 음성 인식STT을 위해 OpenAI의 Whisper 같은 모델이 많이 사용된다. Whisper는 다양한 언어와 억양을 인식할 수 있

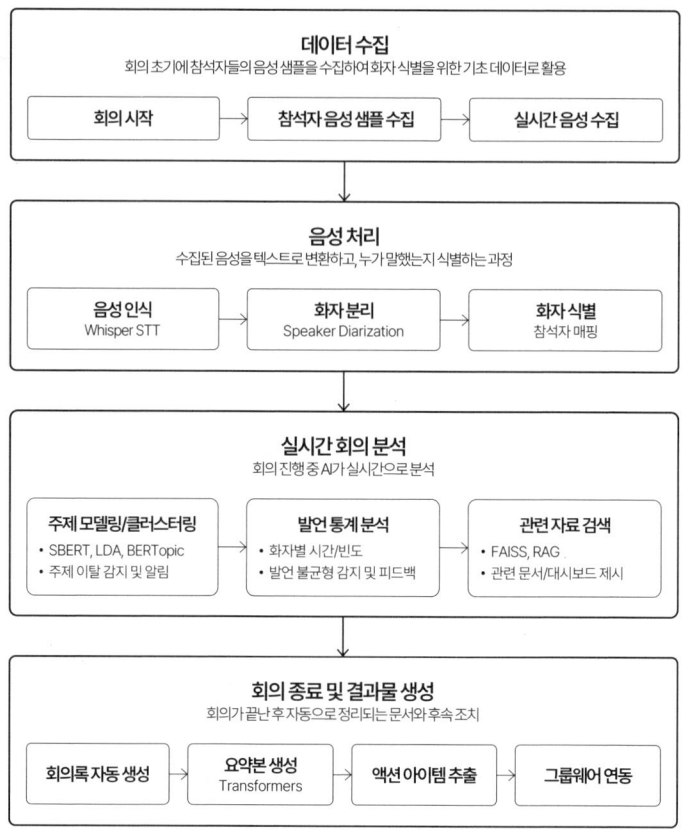

지능형 회의 프로세스

을 뿐만 아니라 잡음이 있는 환경이나 여러 사람이 말하는 회의 상황에서도 안정적인 인식 성능을 보여준다.

화자 분리

회의록을 제대로 정리하려면 단순히 누가 무슨 말을 했는지만 기록하는 것이 아니라, "누가" 어떤 말을 했는지를 명확히 구분하도록 화자 분리 Speaker Diarization가 적용되어야 한다. 화자 분리는 회의 중에 나온 목소리를 분석하여 서로 다른 사람의 음성을 구분해주는 기능이다. 예를 들어, 회의에서 다음과 같은 대화가 오갔다고 해보자.

- "일정은 조정 가능할 것 같아요."
- "그럼 다음 주 수요일로 가죠."

일반적인 음성 인식에서는 두 문장이 텍스트로만 나열되며, 누가 어떤 말을 했는지는 알 수 없지만, 화자 분리 기능이 작동되면 다음과 같이 정리할 수 있다.

- **화자 1** : 일정은 조정 가능할 것 같아요.
- **화자 2** : 그럼 다음 주 수요일로 가죠.

화자 식별

실제 회의록에서 "화자 1", "화자 2"로만 표기되면 실제 사람이 누군지 알 수 없기 때문에 참석자 정보와 연결하여 이름을 매핑하는 작업이 필요하다. 이 작업은 주로 사전 등록된 참석자의 음성 샘플이나 회의 시작 전에 참가자가 음성으로 자기소개를 하도록 유도하는 방식으로 이뤄진다. 예를 들어, 회의 시작 시 "안녕하세요, 김대리입니다", "박 팀장입니다"처럼 짧은 음성 샘플을 수집하여 어떤 화자가 누구인지 자동으로 식별한다.

이런 기능은 pyannote-audio[1] 같은 오픈소스 화자 분리 도구에서 제공하는 화자 식별 Speaker Identification 기능을 통해 구현할 수 있으며, 그 결과 회의록에는 다음과 같이 이름과 발언 내용이 함께 기록된다.

- **김대리** : 일정은 조정 가능할 것 같아요.
- **박팀장** : 그럼 다음 주 수요일로 가죠.

---

1) Hervé Bredin이 개발한 오픈 소스 툴킷으로, 화자 분할(Diarization), 화자 식별, 음성 활동 감지 등 오디오 분석을 위한 신경망 기반 구성 요소를 제공한다. 특히, 화자 분리(누가 언제 말했는지 식별)에 강점이 있어 회의 녹음, 인터뷰, 팟캐스트 등의 분석에 널리 사용된다. (출처 : https://github.com/pyannote/pyannote-audio)

실시간 회의 분석

요약 생성

이처럼 음성 인식, 화자 분리, 화자 식별 기능이 작동되면, 회의 후 참석자들이 별도로 정리할 필요 없이 참석자별로 발언이 구분된 회의록이 자동 생성된다. 회의록의 대화 내용을 실시간으로 요약하고 주요 키워드나 논의 주제를 추출할 때 HuggingFace Transformers나 Pegasus[1] 같은 요약 특화 모델을 활용하면, 대화의 흐름을 따라가며 "이번 회의에서는 일정 조정과 기능 범위 축소에 대한 논의가 이뤄졌고, 다음 회의 전까지 프로토타입 공유가 필요한 것으로 정리됨" 같은 간결한 회의 요지를 생성할 수 있다.

액션 아이템 추출

여기에 발언 내용을 분석하여 자동으로 액션 아이템을 도출할 수 있다. "그건 제가 준비해볼게요", "고객사 피드백은 다음 회의 전까지 받아보겠습니다" 같은 문장은 시스템에 의해 자동으로 과제로 인식되어, 담당자와 기한까지 함께 정리될 수 있다. 이 리스트는 회의 종료 후 Slack, Notion, Jira 등 그룹웨어와 연동되어 바로 공유될 수 있다.

관련 자료 검색

회의 중에 언급된 내용이 외부 자료나 기존 문서와 연결되는 경우도 있다. 예를 들어, "지난달 고객 이탈률이 3% 올랐더라"는 발언이 나오면, 시스템은 관련 리포트나 대시보드를 실시간으로 탐색하여 참석자 화면에 띄울 수

---

1) Pegasus는 Google AI에서 개발한 자연어 처리 모델로 텍스트 요약 작업에 특화된 트랜스포머 기반 생성 모델이다. 사전 학습 과정에서 중요한 문장을 추출하여 마스킹하고 이를 재구성하는 방식(Gap Sentence Generation)을 활용하여 요약 작업에 최적화되었으며, 뉴스 기사, 과학 논문 등 다양한 도메인에서 우수한 요약 성능을 보인다. (출처 : https://ai.googleblog.com/2020/06/pegasus-state-of-art-model-for.html)

있다. 문서 내 유사 내용을 찾는 것은 FAISS 기반 벡터 검색으로, 보완 설명이나 심층 조사는 GPT 계열의 RAG 모델로 구현할 수 있다.

발언 통계 분석

이외에도 회의 참여의 형평성이나 집중도를 분석할 수도 있다. 이 기능은 단순한 음성 인식이나 기록을 넘어서 회의의 질을 실시간으로 진단하여 개선할 수 있다. 회의 시 수집된 참석자별 음성 데이터, 발언 빈도, 발언 시간, 주제 흐름 등 다양한 메타 정보를 실시간으로 추출하고 분석한다.

먼저, 음성 인식STT과 화자 분리 기능을 통해 회의 참석자의 발언 구간, 길이, 횟수를 분석한다. pyannote-audio로 실시간 화자 분리를 수행하고, Whisper로 발화를 텍스트로 변환하면, "김대리는 총 5회 발언, 총 3분 40초", "박팀장은 12회 발언, 총 11분 20초" 같은 정량적인 발언 통계를 계산할 수 있다.

이 데이터는 회의 도중 실시간으로 누적되며, "특정 화자가 전체 시간의 70% 이상 발언 시" 같은 설정된 기준에 도달하면 시스템이 "현재 회의는 특정 화자 중심으로 진행되고 있습니다"와 같은 메시지를 조용히 관리자 또는 참석자에게 전달할 수 있다. 이 메시지는 반드시 경고용은 아니며, 회의 분위기나 진행 방식의 편향을 중립적으로 알려주는 피드백의 역할을 한다.

주제 모델링/클러스터링

또한, 발화 내용이 텍스트로 정리되기 때문에 자연어 처리 기술로 회의 주제의 흐름을 분석할 수 있다. 회의 시 엉뚱한 이야기로 빠지거나 논의 흐름이 불필요하게 전환되기도 한다. 이런 흐름을 실시간으로 감지하기 위해 주제 모델링이나 문장 임베딩 기반의 클러스터링 기법을 활용하여 회의가 원래 논의하려던 주제에서 얼마나 일관되게 유지되고 있는지를 판단할 수 있다.

우선 참석자들이 말한 내용을 음성 인식STT을 통해 텍스트로 변환하여 문장 단위로 나누어 분석한다. 그런 다음, SBERT, MiniLM, OpenAI의 Embedding API 등을 통해 각 문장의 의미를 숫자로 표현하도록 문장 임베딩Sentence Embedding을 진행한다.

이 임베딩 후 각 문장은 벡터로 표현되는데, 비슷한 주제의 문장은 비슷한 벡터 값을 갖게 된다. 이를 활용하여 비슷한 문장들끼리 모으는 K-means, HDBSCAN[1] 같은 클러스터링 알고리즘을 적용하면, 회의 때 어떤 주제들이 등장했고, 얼마나 길게, 얼마나 자주 다뤄졌는지 알 수 있다.

또는 LDA[2]나 BERTopic[3] 같은 주제 모델링 알고리즘을 사용할 수도 있다. 이 모델들은 문서 안에 어떤 주제들이 숨어 있는지를 자동으로 찾아내고, 각 문장이 어떤 주제에 얼마나 관련되어 있는지를 확률적으로 계산해준다. 예를 들어, "고객 불만 증가"라는 주제를 다루는 문장들에는 '불만', '클레임', '리뷰', '대응' 같은 단어들이 자주 등장할 테고, 이런 단어들의 조합이 해당 주제를 암시하는 것이다.

이 분석 결과를 시간 순서에 따라 정렬하면, 회의가 처음에는 '기능 일정'

---

1) HDBSCAN는 계층적 밀도 기반 공간 클러스터링 애플리케이션과 노이즈(Hierarchical Density-Based Spatial Clustering of Applications with Noise)의 약자이며, 다양한 밀도의 클러스터를 식별할 수 있는 클러스터링 알고리즘이다. 전통적인 K-means와 달리 클러스터 수를 미리 지정할 필요가 없고, 불규칙한 형태의 클러스터도 발견할 수 있어 텍스트 분석 등 다양한 분야에서 활용된다. (출처 : https://hdbscan.readthedocs.io/en/latest/)

2) LDA(Latent Dirichlet Allocation)는 텍스트 데이터에서 주제를 발견하기 위한 확률적 토픽 모델링 기법이다. 문서 모음이 특정 주제들의 혼합으로 구성되어 있고, 각 주제는 단어 분포로 특징지어 진다고 가정하여 문서의 숨겨진 의미 구조를 파악한다. 대량의 문서 분석, 콘텐츠 추천, 정보 검색 등 다양한 분야에서 활용된다.(출처 : https://www.jmlr.org/papers/volume3/blei03a/blei03a.pdf)

3) BERTopic는 최신 트랜스포머 기반 언어 모델을 활용한 토픽 모델링 기법으로 BERT의 문장 임베딩, UMAP 차원 축소, HDBSCAN 클러스터링을 결합하여 문서 집합에서 주제를 추출한다. 전통적인 LDA보다 더 일관성 있고 해석 가능한 토픽을 생성하는 장점이 있으며, 동적 토픽 모델링도 지원한다.(출처 : https://github.com/MaartenGr/BERTopic)

관련 내용을 이야기하다가 중간에 '인력 배정' 쪽으로 넘어갔고, 다시 '고객 대응'으로 전환되는 흐름을 시각적으로 추적할 수 있다. 만약 주제가 너무 자주 바뀌거나, 논의가 갑자기 완전히 다른 방향으로 튀는 경우, 시스템은 이를 감지해서 다음과 같은 피드백을 줄 수 있다.

- "논의가 설정된 아젠다에서 벗어나고 있습니다."
- "현재 새로운 주제가 등장했습니다: 고객 불만 처리"

이렇게 논의 주제의 변화나 일탈을 자동으로 감지해주는 기능은 회의 집중도를 유지시키며, 회의 진행자가 회의 흐름을 효과적으로 조율하도록 돕는다. 또한, 의견 수렴 분석도 가능하다. 특정 주제에 대해 다양한 관점이 나왔는지를 분석하거나 주요 안건에 대해 소수 의견만으로 결론이 난 경우, "의견 수렴 없이 결정이 내려졌습니다"라는 메시지를 통해 회의 문화 개선을 유도할 수 있다. 이때 키워드 다양성, 의견 제시자 수, 긍정/부정 발화 비율 등을 지표로 활용할 수 있다.

다국어 번역

특히, 다국어 회의에서 AI 기술은 아주 효과적이다. 참가자별로 실시간 번역 자막을 제공하거나 회의 후 각자의 언어로 번역된 요약본을 받아 볼 수 있도록 구성할 수 있다. 이때 Whisper의 멀티랭귀지 STT[1] 기능이나 MarianMT[2] 같은 번역 모델을 활용하면 자동화 구현도 가능하다.

---

1) 멀티랭귀지 STT는 여러 언어를 인식하고 처리할 수 있는 음성-텍스트 변환(Speech-to-Text) 시스템이다. OpenAI의 Whisper와 같은 멀티랭귀지 STT 모델은 수십 개 언어의 음성을 인식하고 텍스트로 변환할 수 있어, 다국어 회의 기록, 번역, 국제 콘텐츠 처리 등에 활용된다.
(출처 : OpenAI https://github.com/openai/whisper)

2) MarianMT는 Microsoft Research의 Neural Machine Translation(NMT) 시스템인 Marian NMT를 기반으로 학습된 번역 모델을 Hugging Face에서 제공하는 이름이다. Marian NMT는 번역 시스템 전체를 가리키고, MarianMT는 이를 통해 만들어진 다국어 번역 모델을 뜻한다.
(출처: https://huggingface.co/docs/transformers/model_doc/marian)

오디오 내레이션

오디오 내레이션은 텍스트 콘텐츠를 음성으로 변환하여 사용자에게 전달하는 기능으로 최근 뉴스 포털, 블로그, 오디오북 서비스 등 다양한 플랫폼에서 많이 채택하고 있다. 사용자는 더 이상 기사를 눈으로 읽지 않아도 되고, 이동 중이거나 눈이 자유롭지 않은 상황에서 귀로 들을 수 있게 되었다.

기술적으로 오디오 내레이션은 텍스트 음성 변환TTS, Text-to-Speech 기술이 핵심이다. 텍스트 입력을 받아 자연스러운 음성으로 바꾸는 이 기술은 과거의 기계음에서 벗어나 사람처럼 감정이 담긴 목소리로 정보를 전달할 수 있을 만큼 진화했다.

예를 들어, 뉴스 콘텐츠를 오디오 내레이션으로 전환할 경우, "기계가 읽어주는 뉴스"가 아니라 "전문 성우가 낭독한 것 같은 뉴스"로 느껴지는 수준까지 도달해 있다. 이를 가능하게 하는 것이 바로 Tacotron2, FastSpeech2 같은 최신 음성 합성 모델들이다.

실제 서비스에서는 TTS 모델을 직접 개발하지 않고, 오픈소스나 상용 API를 활용하여 빠르고 안정적으로 오디오 내레이션 기능을 구축하는 경우가 많다. 대표적인 오픈소스 프로젝트로는 Mozilla TTS와 ESPnet이 있다.

Mozilla TTS는 Tacotron2, FastSpeech2 등 최신 TTS 모델들을 손쉽게 서비스에 적용하도록 구현한 오픈소스 프레임워크다. 학습된 음성 데이터셋을 이용하여 특정 화자의 목소리를 그대로 합성할 수 있고, 감정이나 말투 조절 기능도 일부 지원된다. 설정이 간편하고 커뮤니티도 활성화되어 있어 초기 프로토타입을 만들거나 커스터마이징이 필요한 서비스에 자주 활용된다.

ESPnet은 좀 더 고급 연구나 실험에 적합한 음성 인식 및 합성 통합 프레

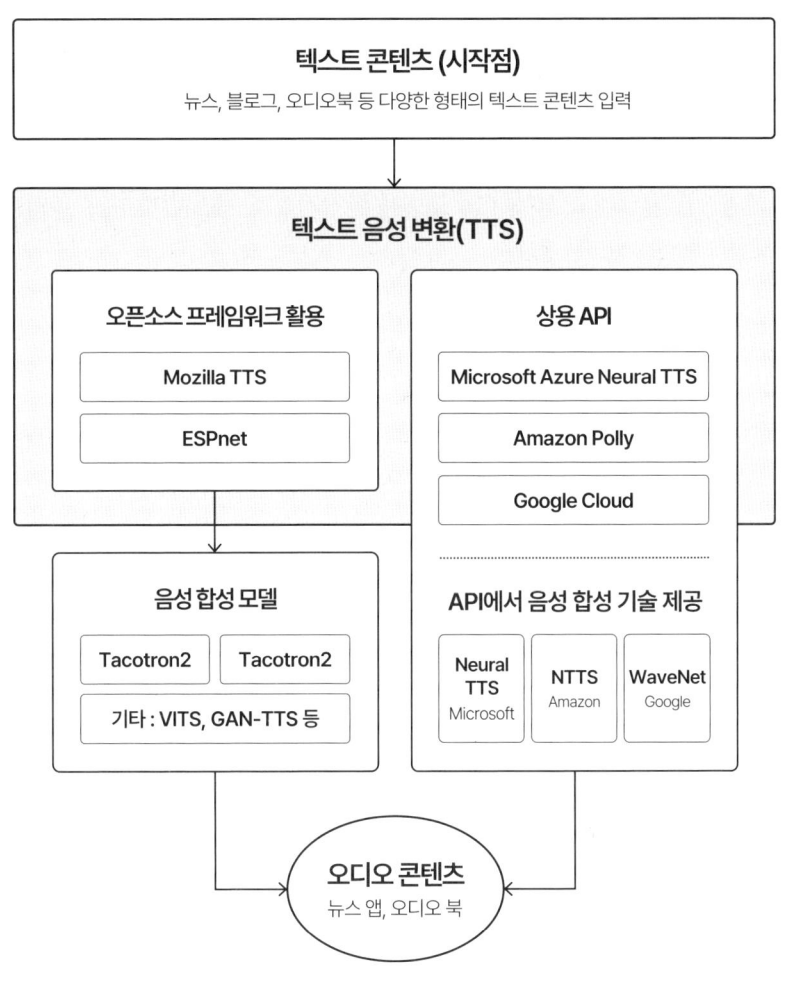

오디오 내레이션 프로세스

임워크다. Tacotron2, FastSpeech2 외에도 최신의 VITS[1], GAN-TTS[2] 같은 고도화된 모델들도 포함하고 있어 음질과 자연스러움을 최우선으로 하는 프로젝트에 적합하다. 다만 설정이 복잡하고 학습 자원이 많이 필요하므로 리소스 여유가 있는 팀이나 연구 개발 목적에 잘 맞는다.

상용 API에는 Microsoft Azure Cognitive Services의 Neural TTS, Amazon Polly, Google Cloud Text-to-Speech 등이 있다. 이 API는 딥러닝 기반으로 훈련된 고성능 TTS 모델을 안정적으로 제공하며, 수십 종의 언어와 목소리 옵션을 지원한다.

특히, Neural TTS는 말투, 속도, 감정, 억양까지 세밀하게 조절할 수 있어 오디오북이나 내레이션처럼 몰입감을 요구하는 서비스에 적합하다. API 형태로 제공되기 때문에 서버에 별도 모델을 구축할 필요 없이 텍스트만 보내면 고품질 음성이 바로 반환되어 빠르게 서비스에 적용할 수 있다.

예를 들어, 뉴스 앱에서는 기사 본문을 Neural TTS API로 전달하여 음성을 생성하고, 곧바로 오디오 플레이어로 재생할 때, 개발에서는 REST API 호출만으로 음성을 얻을 수 있기 때문에 유지 보수도 용이하고 확장성도 뛰어나다.

---

1) VITS(Variational Inference TTS)는 텍스트에서 직접 파형을 생성하는 종단간(end-to-end) 음성 합성 모델로 변분 추론(Variational Inference)과 적대적 학습(Adversarial Learning)을 결합한 방식이다. 중간 단계 없이 텍스트에서 바로 오디오 파형을 생성할 수 있어 추론 속도가 빠르고, 사람과 유사한 자연스러운 음성을 생성하는 강점이 있다.(출처 : https://arxiv.org/abs/2106.06103)

2) GAN-TTS는 생성적 적대 신경망(Generative Adversarial Network, GAN)을 활용한 텍스트 음성 변환 기술로 생성기와 판별기의 경쟁을 통해 고품질 음성을 합성한다. 판별기가 실제 음성과 합성 음성을 구분하도록 훈련되는 동안 생성기는 판별기를 속일 수 있는 더 자연스러운 음성을 생성하도록 최적화된다.(출처 : https://arxiv.org/abs/1909.11646)

09 위치 및 공간
Location & Space

POI 분석

혼잡도 분석

주변 장소 추천

지오펜싱

경로 추천

여정 플래너

9. 위치 및 공간

위치는 단순한 좌표가 아니다. 사용자가 '어디에 있는가'는 그 자체로 맥락이고, 의도이자 행동의 단서다. 공간은 이제 단순한 배경이 아니라, 사용자와 서비스 사이의 상호작용이 일어나는 주요 접점이다.

그래서 공간 정보는 검색, 추천, 자동화, 마케팅 등 다양한 서비스의 기반이 되는 중요한 자원이다. AI 기술이 발전하면서 위치와 공간에 대한 이해도 단순한 지도 표시를 넘어 의미 있는 장소인지 아닌지를 자동으로 판단하고, 그 공간에서 일어나는 활동을 실시간으로 분석하여 사용자에게 더 유의미한 경험을 제공할 수 있게 되었다.

이 장에서는 공간 데이터를 어떻게 인식하고 가공하며, 실제 서비스에 활용할 수 있는지를 다양한 사례를 통해 살펴본다. POI 분석을 통해 장소의 의미를 자동으로 파악하고, 혼잡도 분석으로 공간의 밀도를 예측하며, 지오펜싱을 활용하여 실시간 마케팅 자동화를 구현하고, 위치 기반 추천, 경로 탐색, 여정 플래너까지 연결되는 흐름을 다룬다.

POI 분석

장소를 좀 더 잘 이해하고 체계적으로 분류하기 위해 관심 지점POI, Point of Interest 데이터를 AI 기술을 통해 분석하고 가공할 필요가 있다. 이는 단순한 분류 작업이 아니라, 우리가 살아가는 공간을 디지털 공간에서 어떻게 의미 있게 표현할 것인지에 대한 작업이다.

POI 식별

우선 지도 위에 표시된 지점이 모두 실제로 의미 있는 장소는 아니므로 POI인지 아닌지를 파악하는 것이 중요하다. 예를 들어, 한 건물에 있는 여러 출입구가 각각 POI처럼 보일 수도 있고, 임시로 표시된 공사장이나 비어 있는 공간이 POI처럼 표시되기도 한다. 이러한 위치들이 실제로 사람들의 관심 대상 여부를 판단하는 것이다.

이 작업은 지도상의 좌표 정보와 함께 수집된 사용자 활동 데이터를 기반으로 한다. 머신러닝 모델을 활용하여 의미 있는 장소를 자동으로 식별하는데, Random Forest, XGBoost, 심층 신경망 같은 분류 모델이 주로 사용된다. 이 과정에서 특징 공학[1]이 중요하며, 다음과 같은 특징들이 활용된다.

- 공간 특징: 건물 유형, 도로와의 거리, 주변 POI 밀도, 출입구 수
- 시간 특징: 방문 빈도, 체류 시간, 시간대별 활동 패턴
- 텍스트 특징: 리뷰 키워드, 장소 설명 텍스트 임베딩(Word2Vec, BERT)
- 사용자 행동 특징: 체크인 수, 리뷰 수, 사진 업로드 수

---

1) 특징 공학(Feature Engineering)은 머신러닝 알고리즘의 성능 향상을 위해 원시 데이터에서 문제에 적합한 특징을 선택하거나 변환하는 과정이다. 효과적인 특징 공학은 모델의 예측력을 높이고 학습 속도를 개선하며, 과적합을 줄이는 데 중요한 역할을 한다.

```
┌─────────────────────────────────────────────────────────────┐
│                        POI 식별                              │
│  • 데이터 수집 : 지도 벡터 데이터, 사용자 방문 기록, 체크인, 리뷰, 사진 업로드 │
│  • 특징 공학 : 공간 특징(건물 유형, 도로 근접성), 시간 특징(방문 패턴, 체류 시간) │
│  • 텍스트 특징 : Word2Vec, BERT로 리뷰/설명 임베딩, 사용자 행동 데이터 분석  │
│  • 머신러닝 모델 : Random Forest, XGBoost, 클래스 불균형 처리(SMOTE)    │
└─────────────────────────────────────────────────────────────┘
                              ↓
┌─────────────────────────────────────────────────────────────┐
│                        POI 분류                              │
│  • 계층적 분류 : 대분류(식당, 교통시설) → 세부 카테고리(프랜차이즈 카페, 전통시장 음식점) │
│  • 언어 모델 : BERT, RoBERTa로 장소 이름, 설명, 리뷰 분석 및 미세한 카테고리 구분 │
│  • 준지도 학습 : 레이블된 소량 데이터로 레이블 없는 유사 POI 분류, Label Propagation 활용 │
│  • 성능 평가 : F1 점수, 정밀도, 재현율, 중요 카테고리 가중치 적용             │
└─────────────────────────────────────────────────────────────┘
                              ↓
┌─────────────────────────────────────────────────────────────┐
│                      추가 정보 추출                            │
│  • 명명 개체 인식(NER) : 영업시간, 전화번호, 가격대 등 구조화된 정보 자동 추출  │
│  • 관계 추출 : 장소-속성 관계 파악 (예: 카페-테이크아웃-가능, 식당-주차장-있음) │
│  • 하이브리드 접근 : 정규표현식(패턴이 명확한 정보) + 기계학습(주관적 정보)     │
│  • 다중 모달 통합 : 텍스트, 이미지, 위치 데이터 결합 분석 및 지식 그래프(Neo4j) 구축 │
└─────────────────────────────────────────────────────────────┘
                              ↓
┌─────────────────────────────────────────────────────────────┐
│                   변화 감지 및 자동 업데이트                      │
│  • 시계열 모델 : ARIMA, Prophet, LSTM으로 방문/리뷰 패턴 변화 탐지, 폐업/신규 예측 │
│  • 텍스트 변화 감지 : 자카드/코사인 유사도로 영업시간, 메뉴 변경 등 자동 감지   │
│  • 실시간 처리 : Kafka, Kinesis로 스트리밍 데이터 처리 및 변화 즉시 반영    │
│  • 시스템 아키텍처 : 분산 처리(Spark, Flink), 마이크로서비스, 다중 데이터베이스 활용 │
└─────────────────────────────────────────────────────────────┘
```

POI 분석 프로세스

이 과정에서 데이터 과학자들은 모델이 '보게 될' 특징들을 신중하게 설계한다. 공간적, 시간적, 텍스트 등 다양한 각도에서 장소를 바라볼 수 있는 관점을 만드는 것이다. Word2Vec, BERT 같은 텍스트 임베딩 기술은 "아늑한 분위기", "테이크아웃 가능" 같은 표현들을 모델이 이해할 수 있는 숫자 벡터로 변환해준다.

하지만 이 과정에는 함정이 있다. 의미 있는 POI보다 그렇지 않은 지점이 훨씬 많기 때문에 SMOTE[1], 가중치 조정[2] 등의 방법이 적용된다. 예를 들어, A라는 지점에 건물 입구가 있고, 1주일에 300명 이상이 방문하며 "커피 맛집", "테이크아웃 가능" 같은 리뷰가 자주 올라온다면, 이 지점은 단순한 출입구가 아니라 실제 카페일 가능성이 높다. 모델은 이러한 다양한 신호를 종합적으로 판단하여 0.9 이상의 확률로 POI임을 판단할 수 있다.

POI 분류

POI를 찾아냈다면, 이제 그것이 어떤 종류의 장소인지 분류해야 한다. 단순히 '카페'인지 '레스토랑'인지를 구분하는 것을 넘어, '24시간 프랜차이즈 카페', '가정식 한식당', '현대미술 갤러리' 같은 세밀한 카테고리로 분류할 필요가 있다. 이는 마치 도서관에서 책을 분류하는 것과 같은데, 잘 분류된 POI는 사용자가 원하는 장소를 정확히 찾아갈 수 있게 해준다.

이 분류 작업은 단계적으로 접근하는 것이 효과적이다. 마치 동물을 분류할 때 '척추동물→포유류→고양이과→호랑이'처럼 구체화하는 것과 같이, POI도 '식음료→레스토랑→한식→고깃집'과 같은 계층 구조로 분류한다. 이런 계층적 접근은 각 단계에서 더 정확한 판단을 가능하게 한다.

BERT, RoBERTa 같은 최신 언어 모델은 이 과정에서 핵심적인 역할을 한다. 이 모델들은 수십억 개의 문장을 학습하여 "아늑한 분위기의 로스팅 전

---

1) SMOTE(Synthetic Minority Over-sampling Technique)는 불균형 데이터셋에서 소수 클래스의 샘플을 증가시키는 과대표집 기법으로 기존 소수 클래스 샘플 사이에 새로운 합성 샘플을 생성하여 클래스 불균형 문제를 해결한다(출처 : https://www.jair.org/index.php/jair/article/view/10302)

2) 가중치 조정 방법: 머신러닝 모델에서 데이터의 중요도나 클래스 불균형을 조정하기 위해 특정 샘플이나 클래스에 가중치를 부여하는 기법으로 모델이 소수 클래스에 더 많은 주의를 기울이도록 한다(출처 : https://dl.acm.org/doi/10.5555/645531.656022)

문점"이라는 설명에서 이곳이 단순한 카페가 아닌 '스페셜티 커피숍'임을 파악할 수 있다. 장소 이름, 설명, 메뉴, 리뷰 등 다양한 텍스트를 분석하여 미묘한 카테고리 차이를 구분해내는 것이다.

하지만 현실에서는 모든 POI에 정확한 레이블이 있는 경우가 드물다. 수천만 개의 장소를 사람이 일일이 분류하는 것은 불가능하기 때문이다. 이런 상황에서 준지도 학습 방식이 효과적인 해결책이 된다. 일부 확실한 레이블을 시작점으로, 레이블이 없는 유사한 POI들에 분류 정보를 확장하는 방식이다. 준지도 학습은 소량의 레이블된 데이터와 대량의 레이블되지 않은 데이터를 함께 활용하여 분류 모델의 성능을 향상시킨다.

분류 모델의 성능은 단순히 정확도만으로 평가하지 않는다. 중요한 카테고리는 절대 잘못 분류되어서는 안 되므로 카테고리별로 가중치를 다르게 적용하여 평가한다. F1 점수, 정밀도, 재현율 등의 지표를 종합적으로 고려하여 모델을 최적화해야 한다. POI 분류 모델을 최적화하는 과정은 단순한 수치 게임이 아니라, 사용자의 실생활에 직접적인 영향을 미치는 중요한 작업이다. 병원을 찾는 응급 환자가 카페로 안내받는다면? 약국이 필요한 밤중에 편의점으로 길을 안내받는다면? 이런 오류는 단순한 불편함을 넘어 심각한, 때로는 생명과 관련된 문제가 될 수 있다.

그래서 POI 분류 시스템을 설계하는 데이터 과학자들은 '정확도'라는 단일 지표 너머를 바라본다. 그들은 마치 의사가 환자의 여러 생체 신호를 종합적으로 판단하듯, 다양한 성능 지표를 세심하게 살피며 모델을 조율한다.

우선, 모든 장소가 동등하게 중요하지는 않다는 사실을 시스템에 가르친다. 응급실, 병원, 약국과 같은 필수 시설에는 더 높은 가중치를 부여하여, 이런 장소들을 잘못 분류하면 전체 평가에 큰 타격을 입도록 설계한다. 이는 마치 학교에서 기말고사에 더 높은 점수 비중을 두는 것과 비슷한 원리다.

더 나아가 "오분류 비용 매트릭스"라는 세밀한 체계를 통해, 어떤 카테고리가 다른 어떤 카테고리로 잘못 분류될 때의 심각성을 수치화한다. 병원을 카페로 잘못 안내하는 오류는 카페를 레스토랑으로 혼동하는 것보다 훨씬 더 큰 페널티를 받게 된다.

평가 지표도 다각화한다. 정밀도는 "이곳이 병원이라고 말했을 때, 얼마나 자주 맞는가?"를 측정한다. 재현율은 "실제 존재하는 모든 병원 중에서 얼마나 많이 찾아냈는가?"를 알려준다. F1 점수[1]는 이 두 가지를 균형 있게 결합한다. 데이터 과학자들은 이러한 지표들을 카테고리별로 세분화하여 분석하며, 특히, 중요 카테고리의 성능이 떨어지지 않도록 주의를 기울인다.

단일 모델의 한계를 극복하기 위해 여러 모델의 지혜를 모으는 앙상블 접근법도 활용한다. 마치 중요한 의사결정을 여러 전문가의 의견을 종합하여 내리는 것처럼, 다양한 모델의 예측을 결합한다. 이때도 중요 카테고리에 대해서는 더 신중한 투표 메커니즘을 적용한다. 더 나아가 의료 시설, 교통 시설 같은 특정 주요 카테고리에 대해서는 별도의 전문화된 분류 시스템을 구축하기도 한다.

모델 개선은 끊임없는 순환 과정이다. 카페와 레스토랑, 약국과 편의점처럼 시스템이 자주 혼동하는 카테고리들을 식별하고, 이를 더 잘 구분할 수 있는 새로운 특징을 찾아 추가한다. 모델이 불확실하게 예측한 POI들은 운영자의 검토를 거쳐 데이터셋을 지속적으로 개선한다. 실제 사용자 환경에서의 A/B 테스팅을 통해 기술적 지표를 넘어선 실제 사용성 측면에서의 성능도 평가한다.

---

1) F1 점수는 분류 모델의 성능을 평가하는 지표로 정밀도(Precision)와 재현율(Recall)의 조화평균으로 계산된다. 두 지표 간의 균형을 측정하여 한쪽으로 치우친 모델을 방지하며, 특히, 불균형한 클래스 분포를 가진 데이터셋에서 유용하다. 값은 0에서 1 사이이며, 1에 가까울수록 모델 성능이 우수하다(https://www.sciencedirect.com/topics/computer-science/f-measure)

추가 정보 추출

POI를 찾고 분류했다면, 이제 그 장소에 관한 풍부한 정보를 채워 넣어야 한다. 사용자는 단순히 '여기가 카페구나'를 넘어, '이 카페는 평일 오전엔 한산하고, 와이파이가 빠르며, 콘센트가 많고, 아메리카노가 4,500원이구나'와 같은 실용적인 정보를 원한다.

이런 세부 정보들은 대부분 정형화된 데이터베이스에 저장되어 있지 않다. 웹사이트, 블로그 리뷰, SNS 게시물, 사진 등 곳곳에 파편화되어 있다. 이 비정형 데이터에서 의미 있는 정보를 추출하는 것은 마치 수많은 대화 속에서 중요한 말만 골라 내는 능력과 같다.

개체명 인식^{NER} 기술은 텍스트 속에서 영업시간, 전화번호, 메뉴명, 가격 등의 구체적 정보를 찾아낸다. "평일 10시부터 22시까지, 주말에는 11시부터 20시까지 영업해요"라는 문장에서 구조화된 영업시간 정보를 추출하는 것이다. 이는 단순한 패턴 매칭을 넘어, 문맥을 이해하는 능력이 필요하다.

관계 추출 기술은 여기서 한 걸음 더 나아가, 정보 간의 연결고리를 파악한다. "아메리카노는 싸지만 티라미수는 비싼 편이에요"라는 리뷰에서 '아메리카노-가격-저렴', '티라미수-가격-비싼' 같은 관계를 추출해내는 것이다. 이렇게 추출된 정보는 장소와 속성, 속성과 값 사이의 관계로 구조화된다.

실제로는 정규 표현식과 같은 규칙 기반 방식과 딥러닝 기반 접근법을 결합하는 경우가 많다. 영업시간처럼 비교적 패턴이 명확한 정보는 규칙으로, '분위기가 아늑하다'와 같은 주관적 정보는 기계 학습으로 추출하는 식이다. 이는 효율성과 정확성의 균형을 맞추는 실용적인 선택이다.

또한 텍스트만으로는 알기 어려운 정보도 있다. 이럴 때는 다중 모달 접근이 필요하다. 예를 들어, '주차장이 넓다'는 리뷰와 장소의 위성 사진을 함께 분석하면 주차 공간에 대한 더 정확한 정보를 얻을 수 있다. 텍스트, 이미지,

구조화된 데이터를 함께 분석하는 것이다.

이렇게 수집된 정보는 Neo4j[1] 같은 그래프 데이터베이스에 저장되어 복잡한 관계를 효율적으로 표현한다. 이는 단순한 데이터 목록이 아닌, 장소와 속성, 그리고 그들 간의 관계가 유기적으로 연결된 지식 그래프다. 덕분에 "와이파이가 빠르고 콘센트가 있는, 저녁 9시 이후에도 여는 조용한 카페"와 같은 복합적인 쿼리에도 쉽게 응답할 수 있다.

변화 감지 및 자동 업데이트

POI 정보는 시간에 따라 변하므로, 이러한 변화를 자동으로 감지하고 업데이트하는 시스템이 필요하다. 시계열 분석 모델은 POI의 생명 주기를 추적한다. ARIMA[2], Prophet[3], LSTM 같은 알고리즘은 장소의 방문 패턴, 리뷰 빈도, 검색량 등의 지표를 시간에 따라 분석한다. 예를 들어, 평소 주말에 100명 이상이 방문하던 식당에 최근 3주 연속 20명 미만이 방문했다면, 이는 일시적 침체가 아닌 폐업 신호일 수 있으므로 이런 비정상적 패턴을 감지하여 자동으로 알림을 생성한다.

텍스트 변화 감지 기술은 웹사이트나 리뷰의 변화를 추적한다. 자카드 유사도나 코사인 유사도 같은 지표로 이전 데이터와 현재 데이터의 차이를 수

---

1) Neo4j는 속성 그래프 모델을 기반으로 한 오픈소스 그래프 데이터베이스로 노드와 관계를 중심으로 복잡한 연결 데이터를 저장하고 쿼리하는 데 최적화되어 있다(출처 : https://neo4j.com/product/neo4j-graph-database/)

2) ARIMA(AutoRegressive Integrated Moving Average)는 시계열 데이터를 분석하고 예측하기 위한 통계 모델로 과거 데이터의 자기상관 특성, 추세, 계절성을 고려하여 미래 값을 예측한다(출처 : https://otexts.com/fpp2/arima.html)

3) Prophet는 Facebook에서 개발한 시계열 예측 라이브러리로 계절성과 휴일 효과를 자동으로 고려하여 비전문가도 효과적인 예측 모델을 구축할 수 있도록 설계되었다(출처 : https://facebook.github.io/prophet/)

치화한다. "영업시간: 10:00~22:00"이라는 텍스트가 어느 날 갑자기 "영업시간: 12:00~21:00"으로 바뀌었다면, 이는 분명 확인이 필요한 변화다. 또한 "새로 오픈했어요", "폐업했네요"와 같은 표현이 리뷰에 반복적으로 등장한다면, 이 역시 중요한 변화 신호다.

체인지 포인트 탐지 기술은 다양한 신호 속에서 의미 있는 변화 시점을 찾아낸다. 특히, 여러 지표가 동시에 변하는 순간은 장소의 상태가 근본적으로 바뀌었음을 의미할 가능성이 높다. 예를 들어, 방문자 수 감소, 부정적 리뷰 증가, 영업시간 변경이 모두 같은 시기에 일어났다면, 이는 분명 주목해야 할 변화다.

이런 변화 감지 시스템은 실시간으로 작동한다. Apache Kafka, Amazon Kinesis[1] 같은 스트리밍 데이터 처리 플랫폼을 통해 끊임없이 들어오는 데이터를 분석하고, 변화가 감지되면 즉시 조치를 취한다. 경우에 따라 자동으로 업데이트하거나 확신이 낮은 경우 검증 담당자에게 알림을 보내는 방식이다.

이렇게 변화를 지속적으로 추적하고 업데이트하는 시스템 덕분에 사용자는 항상 최신의 정확한 정보를 제공받을 수 있다. 누군가 가보지 않은 식당에 길을 헤매며 가보니 폐업했다는 실망스러운 경험을 줄이는 것이다.

시스템 아키텍처

데이터 수집 레이어는 다양한 원천에서 정보를 모은다. 지도 API, 사용자 로그, 웹 크롤링, 파트너 데이터 등 여러 경로로 들어오는 데이터는 일관된 형식으로 변환되어 저장된다.

---

1) Amazon Kinesis는 AWS에서 제공하는 실시간 스트리밍 데이터 처리 서비스로, 비디오, 오디오, 애플리케이션 로그, 웹사이트 클릭스트림 등 대용량 데이터를 실시간으로 수집, 처리, 분석할 수 있다.(출처 : https://aws.amazon.com/kinesis/)

데이터 저장 레이어는 데이터 특성에 맞는 다양한 데이터베이스를 활용한다. 공간 데이터는 PostgreSQL/PostGIS에, 비정형 텍스트는 MongoDB에, 빠른 조회가 필요한 데이터는 Redis에 저장하고, 복잡한 관계 정보는 Neo4j에 저장하여 각각 다른 데이터 유형의 특성을 최대한 살리는 것이 중요하다.

분석 레이어에서는 대용량 데이터를 효율적으로 처리하기 위해 분산 컴퓨팅이 활용된다. Apache Spark가 배치 처리를, Apache Flink는 실시간 스트리밍 처리를 담당한다. 이들은 마치 거대한 공장의 생산 라인처럼, 원자재를 단계적으로 가공하여 최종 제품으로 만들어낸다.

최종적으로 서비스 레이어는 REST API나 GraphQL[1]을 통해 정제된 POI 정보를 제공한다. 이는 다양한 애플리케이션에서 일관된 방식으로 POI 데이터에 접근할 수 있게 해준다.

이 모든 시스템은 Kubernetes[2] 같은 컨테이너 오케스트레이션 플랫폼 위에서 마이크로서비스 아키텍처로 구현된다. 각 기능별로 독립적인 서비스로 분리하여 유연성과 확장성을 높이는 방식이다. 수억 개의 POI 데이터를 처리하고, 하루에도 수천만 건의 요청을 처리할 수 있는 견고한 시스템이 이렇게 구축된다.

---

1) GraphQL는 Facebook에서 개발한 API 쿼리 언어 및 런타임으로 클라이언트가 필요한 데이터만 정확히 요청할 수 있게 해주어 REST API의 한계를 극복하고 효율적인 데이터 페칭을 가능하게 한다.(출처 : https://graphql.org/)

2) Kubernetes는 구글에서 개발된 오픈소스 컨테이너 오케스트레이션 플랫폼으로 컨테이너화된 애플리케이션의 배포, 확장, 관리를 자동화하여 대규모 분산 시스템의 운영을 간소화한다(출처 : https://kubernetes.io/)

혼잡도 분석

혼잡도 분석은 시간적·공간적 밀집 상태에 맞는 안내나 대응을 제공하기 위한 분석 기법이다. 이 분석은 특정 시간대에 도로가 얼마나 막히는지, 대중교통이 얼마나 붐비는지, 특정 장소에 사람이 얼마나 몰리는지를 예측하거나 실시간으로 파악하여 서비스에 반영하는 것이 목적이다.

도로 혼잡도는 차량 속도, 주행 거리, 정체 구간의 밀도 등을, 대중교통 정보는 탑승 인원, 운행 간격, 차량 내 밀집도 등을 수집해야 하고, 상점, 관광지, 병원처럼 공간에서는 사용자 방문 로그, 체크인 데이터, CCTV 기반 인원 카운팅 등을 수집해야 한다. 혼잡도는 단순히 '사람이 많다/적다'로 판단되는 것이 아니라, 그 밀도의 추이, 체류 시간, 분포 특성까지 분석해야 한다.

데이터 수집 및 저장

이러한 데이터를 시계열이나 공간 기반으로 분석하거나 두 방법을 결합하여 분석할 수도 있다. 예를 들어, 어떤 버스 노선의 혼잡도를 분석하려면 시간대별 승하차 데이터를 수집하면 어떤 시간에 어떤 구간이 가장 붐비는지를 도출해 낼 수 있다. 공간 기준으로는 특정 구역의 센서나 GPS 데이터를 통해 영역별 사용자 밀도를 시각화하고, 변화 패턴을 추적할 수도 있다. 이때 분석 대상 데이터는 구조화된 형태만 있는 것이 아니며, 리뷰나 SNS 게시글, 포털 검색 트렌드처럼 비정형 데이터에서도 혼잡도에 활용된다.

혼잡도 분석에서 데이터의 수집 및 해석 작업은 주로 Python 기반의 오픈 소스 도구들이 많이 활용된다. 특히, 실시간 또는 반복적인 분석은 데이터 집계, 밀도 추정, 시각화, 공간 분석 등을 손쉽게 처리할 수 있어야 한다.

데이터 수집 및 저장

- 시간적 데이터 : 승하차 기록, 방문 시간, 체크인 데이터 등
- 공간적 데이터 : GPS 좌표, 센서 데이터, CCTV 카운팅 등
- 비정형 데이터 : 리뷰, SNS 게시글, 포털 검색 트렌드 등

데이터 저장 기술
- PostgreSQL/PostGIS, Redis, Kafka
- 공간 인덱스(R-Tree) 적용

시계열 데이터 분석

- Pandas : 시간 단위 집계, 데이터프레임 변환
- 커널 밀도 추정(KDE) : 시간대별 밀도 패턴 분석
- scikit-learn : 이상 탐지, 예측 모델 구축
- NumPy/SciPy : 통계적 분석, 시계열 데이터 처리

KDE: 각 데이터 포인트를 중심으로 종 모양 분포 적용하여 연속적 밀도 추정

공간 데이터 분석

- GeoPandas : 공간 데이터프레임 처리
- 공간 연산 : .within(), .intersects(), .distance(), .butter()
- PostGIS : ST_Contains(), ST_Distance(), ST_Within()
- Shapely, Fiona, Pyproj : 기하학적 연산, 좌표계 변환

공간 인덱스(R-Tree): 2차원 공간 데이터 빠른검색을 위한 트리 구조의 인덱싱 기법

밀도 추정 및 패턴 분석

- 커널 밀도 추정(KDE) : 혼잡도 곡선 생성, 분포 패턴 파악
- 머신러닝 모델 : 시간대, 요일 등을 고려한 다차원 밀도 추정
- FAISS : 벡터 유사도 기반으로 유사 혼잡 패턴 가진 장소 검색

시각화 도구
Matplotlib, Folium, Plotly

실시간 처리 및 서비스 적용

- 스트리밍 처리 : Kafka, Redis Streams로 실시간 데이터 처리 및 이벤트 감지
- 서비스 활용 : 경로 추천, 장소 추천, 혼잡 알림, 대안 경로 제안, 시간대별 방문 최적화

혼잡도 분석 프로세스

시계열 데이터 분석

시간대별로 어떤 장소에 얼마나 많은 사람들이 몰렸는지를 분석하려면 먼저 데이터를 시계열 형태로 정리해야 한다. 이때 Python의 Pandas 라이브러리를 활용하면, 시간 단위로 데이터를 집계하거나 평균을 손쉽게 구할 수 있다. 예를 들어, 어떤 매장 앞의 체크인 데이터를 시간순으로 정리하면 평일 오전 10시에서 11시 사이에 방문자가 평균 몇 명이었는지를 계산할 수 있다.

혼잡도가 평소보다 유난히 높거나 낮은 상황을 탐지하려면, scikit-learn과 같은 머신러닝 도구에서 제공하는 이상 탐지 기법을 사용한다. 이를 통해 특정 장소에서 예상과 달리 많은 인원이 몰리는 상황을 자동으로 감지하여 관리자나 사용자에게 알림을 보낼 수 있다. 또는 사람이 몰리는 패턴을 예측하고 싶을 경우, 간단한 밀도 추정 모델을 통해 어느 시간대, 어떤 장소에서 몰릴 가능성이 높은지를 확률적으로 추정해야 한다. 이 밀도 추정이 혼잡도 분석에서 가장 중요하다.

밀도 추정Density Estimation은 어떤 현상이 얼마나 자주, 어느 위치에 집중되어 나타나는지를 수치화하여 예측하는 기법이다. 예를 들어, 쇼핑몰의 출입 데이터를 수집했다고 가정해보자. 이 데이터를 시간 단위로 정리하면 점심 직후부터 저녁까지 방문자 수가 증가하고, 주말에 유난히 붐비는 패턴을 확인할 수 있다. 이런 데이터를 분석하여 '이번 주 토요일 오후 3시에 이 쇼핑몰에 방문자가 얼마나 몰릴지'를 예측하는 것이 밀도 추정이다.

이런 패턴을 모델링하려면 간단한 수준의 통계 계산부터 머신러닝 모델까지 다양한 방법을 적용해야 한다. 가장 기본적인 방법은 히스토그램처럼 데이터를 시간대별로 나누고, 각 구간의 데이터 분포를 계산하는 것이다. 하지만 이 방식은 구간 경계에 따라 결과가 달라질 수 있고, 자연스러운 분포를 얻기 어렵다.

그래서 커널 밀도 추정KDE, Kernel Density Estimation을 많이 사용한다. 이 기법은 사람들이 언제 얼마나 몰리는지 시간의 흐름에 따라 자연스럽게 연결해주는 방법이다. 예를 들어, 어떤 장소에 특정 시간에 10명이 방문했다고 해보자. 이 10명이 정확히 그 시간에만 있었다고 가정하기보다는 그 주변 시간에도 사람들이 있다고 보는 게 자연스럽다. 커널 밀도 추정은 바로 이런 식으로 각 방문 기록을 중심으로 '종(鐘) 모양'의 곡선을 하나씩 그려서, 그 곡선들이 겹쳐지는 부분을 통해 전체적으로 사람이 많이 몰린 시간대를 파악할 수 있게 해준다.

그래서 단순히 "3시에 10명", "4시에 12명"처럼 뚝뚝 끊긴 숫자가 아니라 그 사이 시간대에도 어느 정도 사람이 있었다는 가정을 반영하여 연속적인 혼잡도 곡선을 그릴 수 있다. 이 때문에 커널 밀도 추정을 사용하면 "이 장소는 오후 2시 30분부터 5시까지 천천히 붐비기 시작해서, 4시쯤 가장 혼잡했구나"처럼 흐름을 자연스럽게 파악할 수 있게 된다.

이 방식은 시계열 데이터(시간 기반)나 공간 데이터(위치 기반) 모두에 적용할 수 있다. 시계열 밀도 추정을 통해 시간대별 혼잡도를 예측할 수 있고, 공간 밀도 추정을 통해 지도 위에서 어떤 지역의 혼잡도를 시각화할 수 있다. 밀도 추정 모델은 복잡한 예측 알고리즘과 달리 과거 데이터를 기반으로 비교적 가볍고 직관적으로 작동하기 때문에 실제 서비스에서 많이 활용된다.

특히, 사용자 수가 많지 않거나, 시스템 리소스가 제한적인 환경에서도 충분히 적용할 수 있어 실용적이다. 여기에 머신러닝 모델을 결합하면, 시간대, 요일, 날씨, 지역 이벤트 등 다양한 외부 요인을 함께 고려한 다차원 밀도 추정도 가능하다.

분석한 혼잡도 데이터를 지도 위에 표현할 때는 Folium[1]이나 Plotly 같은

---

1) Folium는 Python에서 Leaflet.js 라이브러리를 활용하여 인터랙티브한 지도를 생성할 수 있게 해주는 라이브러리로 지리 데이터를 시각화하고 웹 브라우저에서 확대, 축소, 이동이 가능한 동적 지도

시각화 도구가 유용하다. 예를 들어, 서울 시내 주요 지점의 혼잡도를 원의 크기나 색상으로 지도에 표현하여 한눈에 비교할 수 있다. 혼잡도가 높은 지역은 빨간색, 낮은 지역은 파란색으로 표시하는 것이다.

좀 더 정교하게 시각화하려면 다양한 차트를 지원하는 Matplotlib를 활용한다. Matplotlib은 Python에서 많이 사용되는 시각화 라이브러리로서 데이터를 세밀하게 설정할 수 있는 기능을 제공하기 때문에 히트맵, 산점도, 시계열 그래프, 다축 그래프 등 거의 모든 종류의 통계 그래프를 얻을 수 있다.

여기에 선의 두께, 색상, 눈금의 간격, 글꼴 크기까지 모두 조절할 수 있어, 보고용 시각자료나 대시보드 수준의 시각화도 직접 제작할 수 있다. 다른 분석 도구와 연동이 용이하다는 점도 강점이다. Pandas의 집계 데이터를 바로 Matplotlib으로 넘겨서 시각화할 수 있고, NumPy[1]나 SciPy[2]와 결합하여 수치 계산 결과를 그래프로 표현할 수도 있다.

공간 데이터 분석

지도 기반의 공간 분석은 Pandas의 데이터프레임 기능에 지리 정보 처리GIS 기능을 결합한 Python 라이브러리 GeoPandas[3]를 자주 사용한다. GeoPandas는 표 형식의 데이터와 위경도 좌표, 다각형, 선, 면적 등 공간 데이터를 함께 다룰 수 있어 지도 위에 표시되는 행정구역, 도로망, POI 같은

를 만들 수 있다(출처 : https://python-visualization.github.io/folium/)

[1] NumPy는 대규모 다차원 배열과 행렬을 처리할 수 있는 Python 라이브러리로 과학 컴퓨팅에 필수적인 수학 함수들을 제공하며 데이터 분석의 기반이 되는 도구이다.(출처 : https://numpy.org/)

[2] SciPy는 과학 기술 계산을 위한 Python 라이브러리이다. 최적화, 선형대수, 적분, 보간, FFT, 신호 및 이미지 처리, ODE 솔버 등 고급 수학적 알고리즘을 제공한다.(출처 : https://scipy.org/)

[3] GeoPandas는 Pandas 라이브러리를 확장하여 지리공간 데이터를 쉽게 다룰 수 있게 해주는 오픈소스 프로젝트로 공간 연산, 지오메트리 조작, 지리정보 시각화 등의 기능을 제공한다. (출처 : https://geopandas.org/)

객체를 불러와서, 어떤 지점이 어느 지역 경계 안에 포함되는지, 서로 떨어진 거리나 면적이 얼마나 되는지, 경로가 두 지점을 어떻게 연결하는지 같은 공간 연산을 손쉽게 수행할 수 있다.

GeoPandas는 하나의 도구처럼 보이지만 실제로는 Shapely[1], Fiona[2], Pyproj[3] 같은 오픈소스 라이브러리와 연동되어 작동한다. 우선 Shapely는 공간 객체의 기하학적 연산을 처리한다. 두 지점 사이의 거리 계산, 영역 간의 포함 여부 확인, 도형의 교차 여부 판단 같은 작업이 필요할 때, GeoPandas는 이 계산을 Shapely에 넘겨 처리한다. 사용자는 .distance()나 .intersects() 같은 메서드를 GeoPandas에서 호출하지만, 실제 계산은 Shapely가 담당하는 것이다.

Fiona는 공간 데이터 파일을 읽고 저장하는 역할을 맡는다. GeoPandas가 read_file() 함수를 통해 Shapefile이나 GeoJSON[4] 같은 공간 데이터를 불러올 수 있는 것도 Fiona가 파일 포맷을 해석하고 처리해주기 때문이다. 그리고 Pyproj는 좌표계 변환을 담당한다. 위경도 좌표계를 다른 평면 좌표계로 바꾸거나 지역에 따라 정의된 서로 다른 좌표 시스템 간 변환이 필요할 때, GeoPandas는 Pyproj를 통해 계산을 수행한다.

---

1) Shapely는 Python에서 기하학적 객체의 조작과 분석을 위한 라이브러리로 점, 선, 다각형 같은 기하학적 객체의 포함 관계, 교차, 합집합 등의 공간 연산을 수행할 수 있다.
(출처 : https://shapely.readthedocs.io/)

2) Fiona는 벡터 데이터 파일을 읽고 쓰기 위한 Python 라이브러리이다. Shapefile, GeoJSON 등 다양한 지리 데이터 포맷을 처리할 수 있으며 GeoPandas의 기반 기술 중 하나이다.
(출처 : https://fiona.readthedocs.io/)

3) Pyproj는 지도 투영법과 좌표계 변환을 처리하기 위한 Python 라이브러리이다. PROJ 라이브러리를 기반으로 하며 위경도 좌표를 다양한 투영 좌표계로 변환하는 기능을 제공한다.
(출처 : https://pyproj4.github.io/pyproj)

4) GeoJSON은 지리 데이터를 인코딩하기 위한 개방형 표준 포맷으로 JSON을 기반으로 하며 점, 선, 다각형, 다중점 등 다양한 지리적 특성을 표현할 수 있어 웹 기반 지도 애플리케이션에서 널리 사용된다.(출처 : https://geojson.org/)

이를 통해 공간 객체 간의 포함 관계.within(), 교차 여부.intersects(), 거리 계산.distance(), 버퍼 생성.buffer() 같은 공간 연산을 직관적인 메서드 호출만으로 수행할 수 있다. 예를 들어, 사용자 위치가 공원 경계 안에 있는지를 판단하거나 특정 POI 반경 500m 안에 있는 지점을 필터링할 때 유용하게 쓰인다.

하지만 데이터의 양이 많아지고 사용자 수가 늘어나면서 실시간으로 수많은 위치 데이터를 분석해야 하는 상황에서는 GeoPandas만으로는 속도와 확장성의 문제에 직면한다. 이때 PostGIS[1]를 활용한다. PostGIS는 공간 데이터를 효율적으로 다루기 위해 만들어진 PostgreSQL의 확장 모듈로 수백만 개 이상의 좌표 데이터와 도형 정보를 저장하고, 복잡한 공간 쿼리를 SQL로 직접 처리할 수 있게 해준다.

예를 들어, PostGIS에서는 ST_Contains(), ST_Distance(), ST_Within() 같은 SQL 함수들을 사용하여 위치 기반 조건 필터링, 범위 내 검색, 거리 기반 정렬 등을 매우 빠르게 수행할 수 있다. 또한 PostGIS는 공간 인덱스, 특히, R-Tree 기반 인덱스를 지원하여 대량의 위치 데이터를 매우 빠르게 검색할 수 있다.

공간 인덱스는 일반적인 데이터베이스 인덱스와 비슷한 개념이지만, 텍스트나 숫자 대신 위치(좌표, 영역 등 공간 정보)를 기준으로 데이터를 빠르게 찾아내기 위한 구조다. 예를 들어, 수십만 개의 배달 지점이 데이터베이스에 저장되어 있을 때, 현재 사용자 위치 기준으로 반경 1km 내 지점만 골라야 한다고 해보자.

하나씩 거리를 계산해서 비교하면 시간이 오래 걸리지만, 공간 인덱스를 사용하면 전체 데이터를 전부 비교하지 않고 먼저 후보 영역을 좁히고, 그 안

---

[1] PostGIS는 PostgreSQL 데이터베이스를 위한 공간 데이터베이스 확장 모듈이다. 지리 정보 시스템(GIS) 기능을 추가하여 위치 쿼리를 실행하고, 공간 인덱스를 생성하며, 지오메트리 객체를 저장하고 분석할 수 있게 해준다.(출처 : https://postgis.net/)

에서만 계산을 수행하기 때문에 처리 속도가 매우 빨라진다. 이러한 인덱스 덕분에 PostGIS는 지도 위에서 가까운 POI 검색, 반경 필터링, 공간 조인 같은 작업을 빠르게 처리할 수 있다.

이처럼 GeoPandas는 분석과 시각화 작업에 적합하고, PostGIS는 실시간 위치 쿼리나 분석에 더 최적화되어 있어 두 도구를 함께 사용하는 경우도 많다. GeoPandas를 통해 공간 데이터를 가공하고 시각화한 뒤, 최종 결과를 PostGIS에 저장하고 웹 또는 앱 서비스에서 실시간으로 활용하는 식이다.

밀도 추정 및 패턴 분석

혼잡도 분석은 단순히 '사람이 많은 곳'을 파악하는 것에서 더 나아가, 비슷한 혼잡 패턴을 가진 장소를 비교하거나 추천에 활용할 수도 있다. 이때 단순한 통계 값 비교보다는 혼잡도를 벡터 형태로 표현하여 패턴 자체의 유사도를 비교하는 방식이 효과적이다. 예를 들어, A라는 공원이 주말 오후에 사람들이 많이 몰리고, 평일에는 한산한 패턴을 보인다고 하자. 다른 공원 B도 비슷한 시간대에 유사한 이용 흐름을 보인다면, A와 B는 '혼잡 패턴이 비슷한 장소'라고 말할 수 있다.

이런 분석은 FAISS 같은 벡터 검색 도구를 사용한다. FAISS는 콘텐츠 기반 추천 시스템에서 이미지나 텍스트 같은 고차원 벡터 간의 유사도 계산에 사용하는데, 혼잡도 벡터에도 그대로 적용할 수 있다. 혼잡도 벡터란 시간대 기준으로 혼잡도의 강도를 수치화한 값을 벡터로 구성한 것이다.

예를 들어, 하루를 24시간으로 나누고 각 시간대의 평균 방문자 수를 배열로 표현하면, 그것이 해당 장소의 혼잡도 벡터가 된다. 이렇게 장소에 대한 혼잡도 벡터를 미리 계산해 두면 특정 장소의 벡터와 유사한 패턴을 가진 장소들을 FAISS로 빠르게 검색할 수 있다.

실시간 처리 및 서비스 적용

혼잡도 데이터를 실시간으로 수집하고 서비스에 반영하려면 스트리밍 기반의 데이터 처리가 필수적이다. Kafka나 Redis Streams 같은 이벤트 처리 도구를 사용하면 센서 데이터나 사용자 위치 정보가 들어오는 즉시 분석 파이프라인을 통해 혼잡도를 계산할 수 있다. 이 결과를 Redis나 Elasticsearch와 같은 인메모리 또는 검색형 저장소에 저장하여 사용자 요청 시 빠르게 조회하거나 시각화할 수 있다. 또한 혼잡도를 직접 사용자에게 노출하지 않더라도 경로 추천이나 장소 추천의 가중치로 활용할 수도 있다.

주변 장소 추천

주변 장소 추천은 사용자의 현재 위치나 이동 경로를 기준으로 근처 장소를 선별하여 제시하는 것을 말한다. 이 과정에서 단순히 가까운 거리의 장소를 나열하는 것이 아니라 사용자 개인의 선호도, 현재 상황, 행동 맥락 등을 함께 고려하여 가장 적절한 장소를 추천하는 방식이다.

이 추천은 사용자의 현재 위치를 중심으로 반경 내에 존재하는 장소들을 필터링한 뒤, 그중 어떤 장소가 사용자에게 가장 적합한지 판단하는 복합적인 과정으로 구성된다. 이러한 판단은 단순한 지리적 인접성만으로는 설명되지 않는다.

예를 들어, 똑같이 300미터 이내에 있는 두 개의 카페가 있다 하더라도, 한 사용자는 조용한 분위기의 독립 카페를 선호하고, 다른 사용자는 프랜차이즈 카페의 편안한 서비스를 선호할 수 있다. 이러한 개인 차이를 반영하기 위해 추천 시스템은 여러 방식의 알고리즘을 활용하게 된다. 우선 가장 구현하기 쉽고 직관적인 콘텐츠 기반 추천부터 알아보자.

콘텐츠 기반 추천

콘텐츠 기반 추천은 장소 하나하나를 'POI', 즉 관심 지점으로 간주하고, 각 장소가 가진 고유한 속성 정보를 벡터로 구조화하여, 사용자 취향과 유사한 장소를 선별하여 제안하는 방식이다. 이 알고리즘은 장소의 메타데이터만으로도 작동할 수 있기 때문에 사용자 정보가 부족한 상황에서도 유용하게 활용된다.

특히, 콜드 스타트 이슈가 존재하는 서비스에서는 초기 단계에서 우선적으로 고려해볼 수 있는 방식인데, 관심 카테고리 선택이나 검색어 입력 등을 통해 기본적인 사용자 정보 수집은 선행되어야 한다.

아래는 그러한 상황을 가정한 예시이다. 사용자가 과거에 선호하였거나 또는 기본 입력을 통해 파악된 취향을 바탕으로 사용자 프로필을 구성하고 추천 대상인 장소 A, B, C와의 유사도를 계산하는 과정을 보여준다. 이 표에서 사용자는 '카페', '조용한 분위기'를 꾸준히 선호했고, '와이파이 제공' 여부에는 절반 정도의 선호를 보인 것으로 추정된다.

장소별 속성과 사용자 프로필

속성	장소 A	장소 B	장소 C	사용자 프로필
카페	1	1	1	1.0
중간 가격대	0	0	0	0.0
조용한 분위기	1	1	0	1.0
와이파이 제공	1	0	1	0.5

이처럼 사용자와 장소를 동일한 속성 기준으로 표현한 뒤, 추천 대상 장소와의 유사도를 수학적으로 계산하여 순위를 매긴다. 유사도 계산에는 코사인 유사도Cosine Similarity가 자주 활용된다.

사용자 프로필이 [1.0,0.0,1.0,0.5], 장소 A의 벡터가 [1,0,1,1]일 때, 두 벡터의 유사도는 다음과 같이 계산된다.[1] 유사도 점수가 높을수록 사용자 취향에 가까운 장소로 간주되며, 추천 리스트의 상위에 배치된다.

$$\text{코사인 유사도} = \frac{1 \cdot 1 + 0 \cdot 0 + 1 \cdot 1 + 1 \cdot 0.5}{\sqrt{1^2 + 0^2 + 1^2 + 1^2} \cdot \sqrt{1^2 + 0^2 + 1^2 + 0.5^2}} = \frac{2.5}{\sqrt{3} \cdot \sqrt{2.25}} \approx 0.963$$

---

1) 코사인 유사도에 대한 자세한 설명과 실행 방법은 다음 자료를 참조하기 바란다.
- https://wikidocs.net/24603?utm_source=chatgpt.com
- https://kr.mathworks.com/help/textanalytics/ref/cosinesimilarity_ko_KR.html?utm_source=chatgpt.com#d126e7012

주변 장소 추천 프로세스

다만, 이진 벡터 기반 표현은 장소 간의 미묘한 차이를 충분히 반영하지 못한다는 한계가 있다. 예를 들어, '카페'라는 범주 안에는 북적이는 프랜차이즈 매장도 있고, 잔잔한 음악이 흐르는 서점형 카페도 존재하지만, 단순한 속성만으로는 이 둘의 분위기 차이를 구분하기 어렵다.

또한, '조용함', '활기참' 등과 같은 정성적 요소를 0 또는 1로 구분하는 것도 현실의 복합적인 감성 정보를 담기에는 부족하다. 이러한 한계를 보완하기 위해 실제 추천 시스템에서는 속성을 0에서 1 사이의 연속적인 스코어로 표현하거나 Word2Vec, FastText, BERT와 같은 언어 모델을 활용하여 장소 설명과 리뷰 데이터를 임베딩 벡터로 변환하기도 한다.

예를 들어, "잔잔한 재즈가 흐르는 브런치 카페"와 "조용한 음악이 흐르는 독립 커피숍"은 텍스트만 보면 다르게 보이지만, 임베딩 공간에서는 매우 유사한 벡터로 나타날 수 있다. 이러한 방식은 단순한 범주 정보를 넘어 장소 간 의미적 유사성까지 정교하게 반영할 수 있게 해준다.

사용자와 장소 간의 유사도를 벡터 간 유사도로 계산하여 높은 점수 순으로 장소를 추천할 때, 동일 유사도 점수를 갖는 경우가 발생한다. 이런 경우, 우선 물리적 거리를 먼저 고려할 수 있다. 사용자의 현재 위치에서 가까운 장소가 동일 점수를 가진 다른 장소보다 우선 추천되는 것이다.

다음으로 고려할 수 있는 기준은 사용자의 맥락 정보와의 일치 여부다. 동일 유사도 점수를 가진 장소라도 시간대, 요일, 날씨, 이동 수단 등에 따라 더 적합한 장소가 존재할 수 있다. 예를 들어, 두 장소가 모두 '조용한 카페'라는 공통된 속성을 지니더라도, 장소 A는 오전 시간대에 붐비는 반면 장소 B는 오후에 한산하다면, 오후에 앱을 사용하는 사용자에게는 장소 B가 더 적절한 선택이 된다.

또는 행동 데이터 기반의 인기 지표도 보조적으로 적용될 수 있다. 최근 방문 횟수가 많거나, 사용자 리뷰 점수가 높거나, '찜' 혹은 '저장' 수가 많은 장소는 그 자체로 신뢰의 신호로 작용할 수 있다. 콘텐츠 기반 추천만 적용한다면 거리, 맥락, 행동 데이터 등처럼 보조 기준을 적용해야만 추천 품질을 높일 수 있다.

물론 실제 서비스 환경에서는 콘텐츠 기반 추천 결과가 단독으로 사용되기보다는 협업 필터링, 강화학습 기반 모델과 함께 적용하는 경우가 많다. 그 결과 추천 리스트는 여러 알고리즘의 결과가 결합된 형태로 재정렬되며, 콘텐츠 기반 추천의 유사도 점수는 그 중 하나의 요소로 작용하게 된다.

협업 필터링

협업 필터링Collaborative Filtering은 비슷한 취향을 가진 사용자들이 비슷한 항목을 선호한다는 가정에 기반한 추천 방식이다. 콘텐츠 기반 추천이 장소의 속성을 기준으로 유사한 장소를 찾는 방식이라면, 협업 필터링은 사용자 행동의 유사성을 중심으로 작동한다. 즉, 나와 유사한 행동을 보인 다른 사용자가 좋아한 장소를 나에게도 추천하는 방식이다.

이 알고리즘은 크게 두 가지로 나눌 수 있다. 하나는 사용자 기반User-based 협업 필터링이며, 다른 하나는 아이템 기반Item-based 협업 필터링이다. 사용자 기반은 나와 비슷한 사용자들이 좋아한 장소를 추천하고, 아이템 기반은 내가 좋아한 장소와 비슷한 장소를 추천한다.

실제 시스템에서는 이 두 방식을 결합하여 활용하는 경우도 많다. 협업 필터링을 적용하려면 먼저 사용자와 장소 간의 상호작용 데이터를 수집하고, 이를 행렬 구조로 정리한다. 이때의 상호작용에는 평점, 리뷰 등 명시적 피드백과 방문 횟수, 체류 시간 등 암묵적 피드백이 모두 포함될 수 있다.

예를 들어, 예시처럼 사용자-장소 간의 피드백 행렬이 있다고 가정해보자.

사용자-장소 간의 피드백 행렬 예시

구분	장소 A	장소 B	장소 C	장소 D
사용자 1	5	?	4	?
사용자 2	4	3	5	2
사용자 3	1	5	?	3

여기서 물음표는 아직 해당 사용자가 방문하지 않았거나 피드백을 남기지 않은 장소를 의미한다. 협업 필터링은 이 행렬을 기반으로 사용자 1이 아직 평가하지 않은 장소 B에 대해 얼마나 선호할 가능성이 있는지를 예측한다.

이 예측은 유사한 행동 패턴을 가진 다른 사용자들의 데이터를 바탕으로 이뤄진다. 즉, 사용자 1과 비슷한 장소들을 평가해온 사용자들을 먼저 찾고, 그들이 장소 B에 남긴 평가 정보를 참고하여 사용자 1이 B를 어떻게 느낄 가능성이 높은지를 간접적으로 추정하는 방식이다. 직접적인 정보는 없지만, 나와 유사한 사람들이 어떻게 행동했는지를 기반으로 나의 행동을 예측하는 것이 협업 필터링의 핵심 아이디어다.

이 과정에서 자주 사용되는 방식은 잘 알려진 가중 평균 기반의 유사도 예측 공식이다.

$$\hat{r}_{u,i} = \frac{\sum_{v \in N(u)} \text{sim}(u,v) \cdot r_{v,i}}{\sum_{v \in N(u)} |\text{sim}(u,v)|}$$

- $\hat{r}_{u,i}$: 사용자 u의 장소 i에 대한 예측 평점
- $N(u)$: 사용자 u와 유사한 이웃 사용자 집합
- $\text{sim}(u,v)$: 사용자 간 유사도 (예: 피어슨 상관계수, 코사인 유사도)
- $r_{v,i}$: 사용자 v가 장소 i에 남긴 실제 평점

이 방식은 단순히 장소의 속성만을 기준으로 판단하는 콘텐츠 기반 방식과는 달리, 사용자가 아직 인지하지 못한 새로운 장소를 발견할 수 있게 해주는 장점이 있다. 예를 들어, 사용자가 한 번도 가본 적 없는 독립 서점형 카페를 비슷한 성향을 가진 다른 사용자들이 선호하고 있었다면, 그 장소는 협업 필터링을 통해 자연스럽게 추천될 수 있다. 이처럼 협업 필터링은 사용자 간 또는 장소 간의 관계를 활용하여 속성 정보만으로는 알 수 없는 은밀한 선호 패턴을 포착할 수 있다는 점에서 큰 장점이 있다.

그러나 협업 필터링도 콜드 스타트와 데이터 희소성에 대한 한계가 있다. 신규 사용자나 신규 장소의 경우 충분한 피드백 정보가 없어 정확한 추천이 어렵고, 전체 사용자-장소 행렬에서 대부분의 항목이 비어 있는 경우, 유사도 계산 자체가 불안정해질 수 있다. 이 문제를 해결하기 위해 최근에는 행렬 분해Matrix Factorization 방식이 널리 활용된다.

대표적으로는 특이값 분해SVD, 비음수 행렬 분해NMF 등이 있으며, 이 기법은 사용자와 장소를 저차원 잠재 공간Latent Space으로 매핑하여 숨겨진 선호 패턴을 추출하는 방식이다. 다만, 이러한 원리는 수학과 통계학에 대한 전문적인 이해가 필요하므로 이 책에서는 구체적인 설명을 다루지 않음을 미리 밝히며, 보다 자세한 내용을 알고 싶다면 아래 참고 자료를 통해 직접 학습해 보길 권한다.

Matrix Factorization Techniques for Recommender Systems
- https://datajobs.com/data-science-repo/Recommender-Systems-[Netflix].pdf
- 다양한 행렬 분해 기법을 추천 시스템에 적용하는 방법 설명

Introduction to Non-negative Matrix Factorization
- https://ww2.amstat.org/meetings/proceedings/2013/data/assets/handouts/309174_77893.pdf
- NMF의 개념, 알고리즘 소개와 함께 SVD와의 비교 설명

강화학습

강화학습 기반 추천 시스템은 사용자와의 반복적인 상호작용을 통해 스스로 추천 전략을 개선해나가는 방식이다. 일반적인 추천 시스템이 과거 데이터를 기반으로 고정된 모델을 구성하는 반면, 강화학습은 추천 행동에 대한 실시간 피드백을 통해 "이 사용자에게 어떤 장소를 추천하면 가장 좋은 반응을 얻을 수 있을까"를 계속해서 학습한다.

이 방식에서 시스템은 다음 세 가지 요소를 중심으로 구성된다.

- **상태**State: 사용자의 현재 상황 (예: 위치, 시간대, 날씨, 이동 수단 등)
- **행동**Action: 시스템이 추천할 수 있는 장소 후보
- **보상**Reward: 추천 결과에 대한 사용자 반응 (예: 방문 여부, 체류 시간 등)

아래는 강화학습 기반 추천 시스템에서 상태, 행동, 보상 간의 관계를 간단히 정리한 예시이다. 각 행은 하나의 사용자 상태State에서 특정 행동Action을 했을 때, 그에 대한 사용자 반응을 수치화한 보상Reward을 보여준다.

상태-행동-보상 예시

상태 (S)	행동 (A)	보상 (R)
강남역, 오후 3시, 흐림, 도보 이동	독립 카페 추천	1
강남역, 오후 3시, 흐림, 도보 이동	프랜차이즈 카페 추천	0
을지로, 오전 10시, 맑음, 지하철 이동	베이커리 카페 추천	1

예를 들어, 사용자가 "강남역, 오후 3시, 흐림, 도보 이동"이라는 상태에 있을 때, 시스템이 '독립 카페'를 추천했을 경우 사용자가 실제로 방문하여 보상 1이 발생했지만, 같은 조건에서 '프랜차이즈 카페'를 추천했을 경우에는 방문하지 않아 보상 0이 기록되었다. 이러한 경험이 반복되면 시스템은 점차 독립 카페 추천을 이 상황에서 더 선호하도록 학습하게 된다.

또 다른 상황인 '을지로, 오전 10시, 맑음' 상태에서 '베이커리 카페 추천'도 사용자에게 긍정적인 반응을 얻었기 때문에 향후 유사한 상황에서도 유사한 추천이 강화된다.

이처럼 각 상황에서의 추천 행동과 그에 따른 반응이 반복적으로 축적되면, 시스템은 어느 행동이 더 좋은 결과를 유도하는지를 수치적으로 판단하고, 그에 따라 특정 상태에서 더 적절한 추천을 선택하는 방향으로 정책을 조정해 나간다.

Q-learning

이 과정을 수식적으로 모델링한 것이 바로 Q-learning이다. Q-learning은 가치 기반 강화학습의 대표적인 기법이다. 각 상태-행동 쌍에 대한 Q값을 갱신하는 방식으로 추천 정책을 학습하며, 업데이트 수식은 다음과 같다.[1]

예시에서의 초기 Q값은 설명을 위해 임의로 설정한 값이며, 실제 시스템에서는 모든 상태-행동 쌍의 Q값이 0 또는 무작위 작은 값으로 초기화된 뒤 점차 학습을 통해 업데이트된다.

$$Q(s,a) \leftarrow Q(s,a) + \alpha \cdot \left[r + \gamma \cdot \max_{a'} Q(s',a') - Q(s,a) \right]$$

- $Q(s,a)$: 현재 상태 s에서 행동 a에 대한 Q값
- α: 학습률 (learning rate)
- r: 보상 (reward)
- γ: 할인율 (discount factor)
- $\max_{a'} Q(s',a')$: 다음 상태 s'에서 가능한 행동 중 가장 높은 Q값
- $\leftarrow$: Q값을 갱신함을 의미하는 대입 연산자

상태-행동-보상 예시를 반영하면 Q-learning 값은 기존 0.5에서 0.622로 계산되어 해당 상태에서 "독립 카페 추천" 행동의 가치가 증가했으며, 이후 같은 상태에서 이 행동이 선택될 가능성이 높아진다.

A2C

Q-learning은 간단하고 직관적인 구조 덕분에 널리 사용되지만, 모든 상황에 항상 효율적인 것은 아니다. 예를 들어, 추천 후보가 너무 많거나, 상태 공간이 복잡해지는 경우에는 모든 상태-행동 쌍의 Q값을 별도로 저장하고

---

1) (참고) https://www.mindscale.kr/docs/reinforcement-learning

업데이트하는 방식이 비효율적일 수 있다.

Q-learning은 행동을 선택할 때 항상 최대 Q값만을 기준으로 하기 때문에 시스템이 익숙한 선택만 반복하고, 새로운 추천을 시도하지 않는 경향을 보인다. 이로 인해 사용자의 취향이 변하거나 상황이 달라도 동일한 추천이 계속 이어지는 탐색 부족 현상이 발생할 수 있다.

이러한 한계를 극복하기 위해 등장한 방식이 바로 A2C$^{Advantage\ Actor\text{-}Critic}$ 같은 정책 기반 강화학습이다. A2C는 정책 함수, 즉 어떤 상태에서 어떤 행동을 할지 확률적으로 결정하는 함수와 가치 함수, 즉 그 선택이 얼마나 유리한지를 추정하는 함수로 나눠서 학습한다.[1]

- Actor: 정책 π(a|s)를 학습하여 특정 상태에서 어떤 행동을 할 확률 조정
- Critic: 가치 함수 V(s)를 추정하여 그 상태에서 기대되는 보상 평가
- Advantage: 실제 보상과 기대 보상 간의 차이

$$A(s,a) = r + \gamma V(s') - V(s)$$

위 수식에서 r+γV(s')는 현재 행동 후 실제로 얻은 즉각적 보상(r)과 다음 상태에서의 예상 가치(γV(s'))의 합으로 해당 행동의 실제 가치를 나타낸다. V(s)는 현재 상태에서의 기대 가치이므로, 두 값의 차이는 특정 행동이 평균보다 얼마나 더 좋은 결과를 가져왔는지를 수치화한 것이다.

다음 예시에서 '독립 카페 추천'은 현재 상태 가치가 0.45, 다음 상태 가치가 0.6일 때 Advantage가 1.09로 계산된다. 즉, 이 행동은 기대보다 훨씬 높은 보상을 유도했기 때문에 정책 모델은 해당 행동을 선택할 확률을 더 높이도록 학습된다.

---

[1] (참고) https://www.mindscale.kr/docs/reinforcement-learning/a3c

A2C Advantage 값 계산 예시

- 현재 상태 $s = $ "강남역, 오후 3시, 흐림, 도보 이동"
- 행동 $a = $ "독립 카페 추천"
- 보상 $r = 1$
- 현재 상태 가치 $V(s) = 0.45$
- 다음 상태 가치 $V(s') = 0.6$
- 할인율 $\gamma = 0.9$

Advantage 값

$$\begin{aligned} A(s,a) &= r + \gamma \cdot V(s') - V(s) \\ &= 1 + 0.9 \cdot 0.6 - 0.45 \\ &= 1 + 0.54 - 0.45 \\ &= 1.09 \end{aligned}$$

A2C는 이처럼 확률적인 행동 선택을 통해 다양한 추천을 탐색하면서도, 그 안에서 효과적인 전략을 점진적으로 강화할 수 있다는 점에서 Q-learning보다 더 유연한 추천을 가능하게 한다. 두 기법은 모두 사용자 반응을 바탕으로 추천 전략을 학습하는 강화학습 알고리즘이지만, 그 작동 방식과 특성에는 명확한 차이가 있다.

Q-learning과 A2C (Advantage Actor-Critic) 비교

항목	Q-learning	A2C (Advantage Actor-Critic)
학습 방식	상태-행동 쌍에 대한 가치(Q값)를 직접 학습	정책 함수와 가치 함수를 동시에 학습
행동 선택 방식	가장 Q값이 높은 행동을 선택	확률적으로 행동을 선택하며 정책 업데이트
탐색-활용 균형	Q값 기반 선택에 치우쳐 탐색 부족 가능성 있음	확률적 선택을 통해 탐색과 활용을 자연스럽게 조절
데이터 구조	Q 테이블이 커질수록 메모리와 계산 부담 ↑	Actor-Critic 구조로 고차원 문제에도 유연하게 대응

항목	Q-learning	A2C (Advantage Actor-Critic)
적응성	일정한 정책을 유지하며 서서히 개선	상태 변화에 따라 더 민감하게 조정 가능
직관성과 구현	비교적 단순하고 직관적인 구조	상대적으로 복잡한 구조지만 유연성과 확장성 우수
추천 시스템 예시	단순 사용자 패턴 학습에 적합	맥락 기반, 실시간 추천, 사용자 선호 변화 대응에 적합

하이브리드 추천

추천 시스템에 단일 알고리즘만 적용하면 사용자 취향의 다양성과 맥락을 충분히 반영하기 어렵다. 콘텐츠 기반 추천은 장소 속성 정보만으로 개인화된 추천이 가능하지만, 새로운 경험을 발견하는 데 한계가 있다.

반면, 협업 필터링은 사용자 행동을 기반으로 예기치 못한 장소를 추천해 줄 수 있지만, 충분한 데이터가 전제되지 않으면 성능이 급격히 저하된다. 강화학습은 사용자 반응을 실시간으로 반영하여 추천 전략을 개선하지만, 초기 학습 단계에서는 불안정한 결과가 발생하기도 한다.

이러한 각각의 장단점을 보완하기 위해 등장한 방식이 바로 하이브리드 추천Hybrid Recommendation이다. 하이브리드 방식은 두 가지 이상의 추천 알고리즘을 통합하거나 조합하여 추천 품질을 높이고 다양한 상황에 더 유연하게 대응할 수 있도록 설계된다.

가중치 앙상블

가중치 앙상블은 여러 알고리즘에서 산출된 추천 점수에 각각 다른 가중치를 부여하고, 이를 합산하여 최종 추천 순위를 계산하는 방식이다. 이 구조는 비교적 단순하기 때문에 실제 서비스에서도 널리 활용된다.

예를 들어, 콘텐츠 기반 추천 점수와 협업 필터링 추천 점수가 모두 존재하는 상황에서 콘텐츠 기반 추천에는 0.4의 가중치를, 협업 필터링에는 0.6의 가중치를 부여할 수 있다. 이렇게 하면 콘텐츠 기반의 속성 유사성과 협업 필터링의 사용자 행동 기반 유사성이 함께 반영된 최종 점수가 계산된다.

추천 대상이 되는 장소가 여러 개일 경우, 각 점수와 가중치를 곱한 뒤, 이들을 합산하여 최종 추천 순위를 결정한다. 계산 결과, 예시에 있는 장소 중에서는 장소 B가 가장 높은 점수를 얻어 사용자에게 우선적으로 추천된다.

가중치 앙상블 기반 장소 추천 점수 계산

장소	콘텐츠 기반 추천 점수	협업 필터링 점수	가중치 (0.4, 0.6)	최종 점수
A	0.80	0.70	0.4× + 0.6×	0.74
B	0.60	0.85	0.4× + 0.6×	0.75
C	0.90	0.60	0.4× + 0.6×	0.72

스태킹

가중치 앙상블 방식은 여러 추천 점수를 단순히 가중 평균으로 합산하는 구조이기 때문에 가중치 설정에 따라 결과가 크게 좌우된다. 이 방식은 구조가 단순하고 확장성이 뛰어난 반면, 각 알고리즘의 결과를 정적인 비율로만 반영하기 때문에 사용자 상황이나 데이터 맥락에 따라 미세한 조정이 어려울 수 있다.

이러한 한계를 극복하기 위한 방식이 바로 스태킹Stacking이다. 스태킹은 각 추천 알고리즘의 출력을 하나의 입력 피처로 변환한 뒤, 그 피처들을 기반으로 최종 추천을 예측하는 메타 모델[1]을 훈련시키는 방식이다. 즉, 콘텐츠

---

1) 메타 모델(Meta Model)은 여러 개의 개별 학습 모델로부터 생성된 예측 결과를 조합하여 최종 예측을 수행하는 상위 모델이다. 이러한 접근 방식은 스태킹(Stacking) 기법에서 주로 사용되며, 다양한 모델의 예측을 통합하여 전체적인 성능을 향상시키는 데 목적이 있다. 메타 모델은 일반적으로 로

기반 추천 점수, 협업 필터링 점수, 강화학습 기반 행동 선택 확률 등을 하나의 입력 벡터로 통합하고, 이를 통해 어떤 아이템을 추천해야 사용자 반응이 좋을지를 예측하는 구조다.

스태킹의 핵심은 단순히 여러 알고리즘의 점수를 결합하는 것이 아니라 각 알고리즘이 제공하는 점수가 과거에 어떤 사용자 반응과 연관되었는지를 통계적으로 분석하고, 그 패턴을 기반으로 예측 모델을 훈련시키는 것이다.

이 과정에서 콘텐츠 기반 추천 점수, 협업 필터링 점수, 강화학습 점수는 그 자체로 완성된 추천 결과가 아니라, 사용자 반응을 예측하기 위한 입력 피처로 활용된다.

학습 데이터 예시

콘텐츠 기반 점수	협업 필터링 점수	강화학습 점수	클릭 여부(레이블)
0.80	0.70	0.65	1
0.60	0.85	0.55	0
0.90	0.60	0.70	1

이 표는 실제 사용자 반응을 포함한 학습 데이터로 사용되고, 시스템은 여기서 어떤 점수 조합이 높은 클릭 확률로 이어졌는지를 반복적으로 학습하게 된다.

예를 들어, "콘텐츠 기반 점수가 0.8 이상이고, 강화학습 점수가 0.6 이상이면 클릭 확률이 75% 이상이다"와 같은 행동 패턴에 가까운 규칙이 모델 내부에 내재화된다.

이러한 구조 덕분에 스태킹은 복합적인 판단 기준을 자동으로 반영할 수

지스딕 회귀, 결정 트리, 신경망 등 다양한 알고리즘을 사용할 수 있으며, 베이스 모델들의 예측 결과를 새로운 특징으로 간주하여 학습한다.(출처 : https://en.wikipedia.org/wiki/Ensemble_learning)

있다. 각 점수가 단독으로 작동하는 것이 아니라 조합과 맥락 속에서 해석되기 때문에 단순 가중치 앙상블보다 훨씬 유연한 추천 전략이 가능하다.

예를 들어, 사용자 A는 행동 데이터가 풍부하여 협업 필터링 점수가 중요한 판단 근거가 될 수 있고, 사용자 B는 신규 가입자로 콘텐츠 기반 추천의 비중이 높을 수 있다. 사용자 C는 특정 시간대에만 활동하는 경우로, 강화학습 점수가 더 민감하게 작동할 수 있다.

이처럼 상황에 따라 달라지는 조건을 별도로 명시하지 않아도, 스태킹은 과거 데이터를 통해 각 점수 조합이 무엇을 의미하는지를 자동으로 해석하고 반영할 수 있다.

맥락 기반 최적화

여러 알고리즘을 결합하여 복합적인 추천 전략을 구성하더라도 사용자의 상황과 환경에 따라 어떤 알고리즘의 결과를 더 신뢰할지 또는 어떤 속성을 더 강조할지는 달라질 수 있다. 이때 중요한 개념이 바로 맥락Context이다.

맥락 기반 최적화는 시간, 위치, 날씨, 기기 유형, 이동 수단, 요일, 배터리 잔량 등 사용자가 처한 외부 환경과 내부 상태를 함께 고려하여 추천 결과를 동적으로 조정하는 방식이다. 즉, 같은 사용자라도 어떤 맥락에서 추천이 이루어지는가에 따라 알고리즘 가중치나 속성 중요도를 다르게 반영한다.

예를 들어, 사용자가 "강남역 인근", "도보 이동 중", "오후 3시"라는 맥락에 있다면 접근성 높은 장소나 잠시 들를 수 있는 카페가 우선 추천될 수 있다. 반대로 "비 오는 저녁 시간", "자택 근처", "자동차 이동 중"이라는 상황에서는 편안한 분위기나 주차 가능 여부가 더 높은 우선순위를 가질 수 있다.

맥락에 따른 가중치 조정 예시

맥락	콘텐츠 기반 추천	협업 필터링	강화학습
신규 사용자, 평일 오전	높음 (0.7)	낮음 (0.2)	보통 (0.1)
재방문 사용자, 주말 오후	보통 (0.3)	높음 (0.5)	보통 (0.2)
날씨 변화, 이동 경로 자주 변경	낮음 (0.2)	보통 (0.3)	높음 (0.5)

이 표는 사용자의 상황에 따라 어떤 추천 방식이 더 효과적인지를 판단하는 기준을 보여준다. 예를 들어, 새로 가입한 사용자는 행동 데이터가 거의 없기 때문에 콘텐츠 기반 추천이 더 믿을 만한 기준이 될 수 있다. 반대로 이전에 방문한 장소나 활동 기록이 풍부한 사용자라면 협업 필터링을 더 신뢰할 수 있다.

실제 서비스에서는 이런 판단을 실시간으로 자동 조정할 수 있도록 설계된다. 사용자가 어떤 상황에 있는지 파악한 후, 그에 맞게 알고리즘별 가중치를 다르게 적용하여 가장 반응이 좋은 추천 전략을 자동으로 찾아가는 방식도 함께 사용된다.

맥락 기반 최적화의 핵심은 사용자 중심적 시선이다. 동일한 알고리즘이라도 사용자 환경에 따라 다르게 작동해야 하며, 그 조정은 단순 규칙이 아니라 사용자 데이터를 기반으로 지속적으로 학습되고 개선되는 구조가 되어야 한다.

지오펜싱

지오펜싱Geofencing은 가상의 경계를 설정한 후 사용자가 이 영역을 진입하거나 이탈할 때 자동으로 이벤트를 발생시키는 기술이다. 말 그대로 '지리적 울타리'Geo-fence를 의미하는데, 지도 위에 보이지 않는 경계선을 그려 두고 이 경계를 사용자가 통과하면 미리 정의된 알림이나 기능이 작동된다.

작동 원리는 간단하다. 사용자의 위치 정보가 지속적으로 수집되고 있고, 이 좌표가 미리 설정된 지오펜스 범위에 들어왔는지 또는 벗어났는지를 실시간으로 비교하는 방식이다. 이때 이벤트는 알림을 보내는 것일 수도 있고, 특정 기능을 자동 실행하거나, 데이터를 기록하는 형태로 구성할 수도 있다. 예를 들어, 사용자가 매장 반경 100미터 안에 들어오면 할인 쿠폰을 발송하거나 버스가 정류장에 도착했을 때 자동으로 하차 알림을 보내는 것이다.

위치 데이터 수집

지오펜싱은 사용자의 위치를 실시간으로 파악해야 하기 때문에 어떤 방식으로 위치 정보를 수집하느냐에 따라 구현 방법도 달라진다. 가장 일반적인 방식은 GPS 기반이며, 위성 신호를 이용할 수 있어 야외에서 널리 쓰인다. 반면, 실내에서는 GPS 신호가 약해지기 때문에 Wi-Fi 신호, 셀룰러(기지국) 네트워크 기반 위치 정보를 사용하는 경우가 많다.

Wi-Fi 기반 지오펜싱은 매장 내 공공 Wi-Fi나 사설 Wi-Fi 정보를 활용하여 정밀한 위치 인식이 가능하고, 셀룰러 네트워크는 배터리 소모가 적어 백그라운드 위치 추적에 유리하다. 서비스 목적에 따라 정확도, 실내외 환경, 배터리 효율 등을 고려하여 적절한 방식 또는 하이브리드 방식으로 구현하기도 한다.

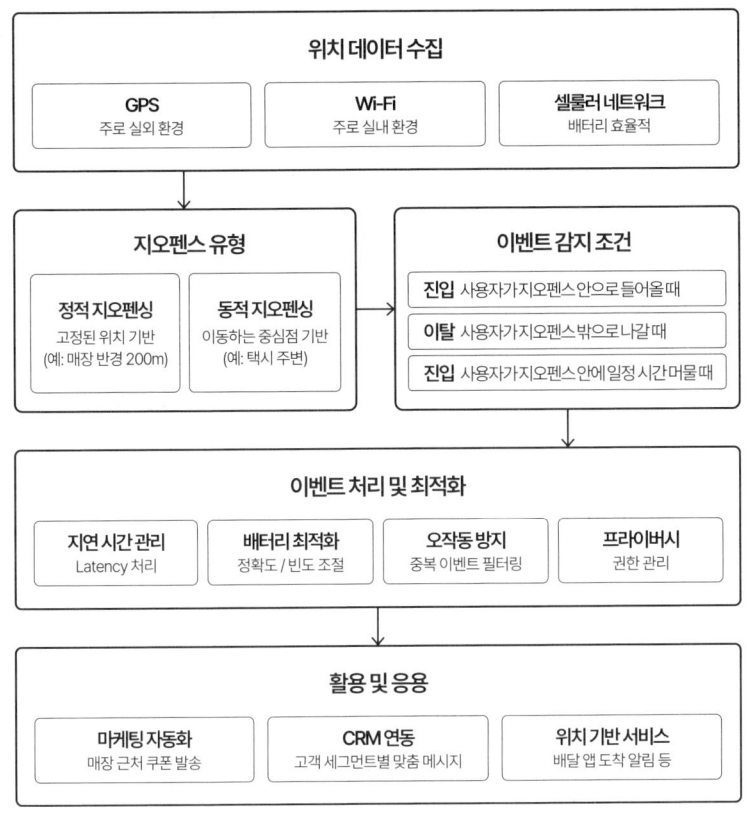

지오펜싱 프로세스

지오펜싱의 유형

지오펜싱은 그 형태에 따라 정적 지오펜싱과 동적 지오펜싱으로 나뉜다. 정적 지오펜싱은 지도 위에 고정된 영역을 기준으로 동작한다. 예를 들어, 특정 매장 반경 200미터를 미리 설정해두고, 이 안으로 사용자가 들어오면 이벤트가 발생하는 방식이다.

반면, 동적 지오펜싱은 이동하는 중심점 주변에 일정 반경의 지오펜스가 함께 이동하는 방식이다. 예를 들어, 사용자가 택시에 탑승하면 그 차량이 중심점이 되어 일정 반경의 지오펜스가 차량과 함께 이동하고, 목적지 근처에 접근했을 때 자동으로 알림을 보내는 방식이다. 이는 모빌리티 서비스처럼 기준점 자체가 계속 바뀌는 상황에서 특히 유용하다.

이벤트 감지

지오펜싱의 핵심은 사용자의 위치 변화를 자동으로 감지하여 정해진 행동을 자동으로 실행하는 것이다. 이때 이벤트 발생 조건은 세 가지로 구분할 수 있다.

- 첫째, 사용자가 지정된 지오펜스 안으로 들어왔을 때
- 둘째, 지오펜스 밖으로 나갔을 때
- 셋째, 지오펜스 안에 일정 시간 이상 머물렀을 때

예를 들어, 커피 브랜드 앱이 있다고 해보자. 이 앱은 매장 반경 100미터 안에 들어온 사용자에게 "오늘의 할인 쿠폰" 알림을 자동으로 보낸다. 사용자가 따로 앱을 켜지 않아도 근처를 지나가면 이벤트가 발생한다.

또는 물류 회사에서 배송 차량이 특정 창고 반경에 5분 이상 머물렀을 때만 자동 출고 요청이 등록되도록 설정했다면 잠깐 지나치는 경우에는 오작동이 발생하지 않고, 실제로 정차했을 때만 정확하게 시스템이 작동한다.

이처럼 지오펜싱은 단순히 "어디에 있다"는 사실을 넘어, 그 위치에서 어떤 행동을 했는지를 기준으로 이벤트를 자동 실행시킬 수 있다. 덕분에 사용자 조작이 없더라도 상황에 맞는 기능이나 메시지가 자연스럽게 작동할 수 있다.

지오펜싱으로 위치 기반 이벤트를 자동으로 트리거 하려면 몇 가지 기술이 필요하다. 가장 먼저 필요한 것은 사용자의 위치 정보를 실시간으로 수집하는 기능이다. 모바일 앱에서는 주로 GPS, Wi-Fi, 셀룰러 네트워크 정보를

조합하여 사용한다.

수집된 위치 데이터를 기반으로 설정해 둔 지오펜스 영역과 비교하여 사용자가 진입했는지, 이탈했는지를 판별하는 로직이 작동한다. Android에서는 GeofencingClient를 통해 지오펜스를 등록하는데, 구체적으로 GeofencingRequest 객체를 생성하고 PendingIntent와 함께 addGeofences() 메서드를 호출하여 이벤트를 수신한다. 개발자가 지리적 영역을 등록해 두면, 사용자 위치가 그 영역과 겹치는 순간 콜백을 받아 처리할 수 있다.[1]

다만 지오펜싱 이벤트가 단순히 진입이나 이탈로만 처리되는 것은 아니다. 앞서 언급했듯이 사용자가 지정된 영역에 들어와 일정 시간 이상 머물렀을 때만 이벤트를 발생시키고자 한다면, 진입 시각을 기록해 두고 일정 시간이 지난 뒤에도 사용자가 여전히 그 영역에 있을 경우에만 알림을 발송하거나 기능을 실행하는 추가 로직이 필요하다.

이벤트 처리 및 최적화

중요한 점은 지오펜싱 이벤트 처리 과정에서 지연 시간Latency이 발생할 수 있다는 것이다. 실제 사용자가 지오펜스 경계를 통과한 순간과 애플리케이션이 이를 감지하고 처리하는 시점 사이에는 수 초에서 수십 초의 지연이 생길 수 있다. 이는 기기의 배터리 상태, 위치 정확도 설정, 네트워크 상태 등

---

1) 안드로이드에서 GeofencingClient, GeofencingRequest 및 PendingIntent를 사용한 지오펜싱 구현에 관한 정보는 다음 자료에서 확인할 수 있다.
- 위치 기반 지오펜싱: https://developer.android.com/training/location/geofencing
- GeofencingClient 클래스 참조: https://developers.google.com/android/reference/com/google/android/gms/location/GeofencingClient
- 지오펜싱 API 구현 가이드: https://developers.google.com/maps/documentation/geolocation/geofencing

여러 요인에 영향을 받는다. 따라서 실시간성이 매우 중요한 서비스라면 이러한 지연을 고려한 설계가 필요하다.

이벤트는 다양한 액션과 자동 연결될 수 있다. 예를 들어, 로컬 알림을 통해 사용자에게 쿠폰이나 메시지를 보여줄 수 있고, 서버로 이벤트 정보를 전송하여 마케팅 자동화 시스템과 연동할 수도 있다. 이때는 Firebase[1], AWS Lambda[2], Node.js 기반 API 서버 등을 활용하여 이벤트 정보를 저장하고 처리한다. 실시간 반응이 필요한 경우에는 Kafka나 Redis Streams 같은 이벤트 처리 시스템을 사용하기도 한다.

실제 상황에서 지오펜싱이 오작동하기도 한다. GPS 신호가 튀어서 잠깐 영역에 들어왔다 나간 것으로 인식되거나 체류 시간이 짧은 경우에도 이벤트가 불필요하게 발생할 수 있으므로 예외 처리도 신경 써야 한다. 주로 중복 이벤트 필터링, 체류 시간 확인, 위치 변화의 방향성 분석 같은 추가 조건이 사용된다.

또한 사용자 위치를 계속 추적하는 만큼, 배터리 최적화와 프라이버시 보호 측면도 반드시 고려해야 한다. 위치 정보는 가장 민감한 개인정보 중 하나로, 모든 모바일 플랫폼에서는 명시적인 권한 요청이 필수적이다.

Android 10 이상에서는 백그라운드 위치 권한ACCESS_BACKGROUND_LOCATION을 별도로 요청해야 하며, iOS에서는 '항상 허용' 권한을 위해 사용자에게 명확한 사용 목적을 설명해야 한다. 또한 EU의 GDPR[3]이나 미국의

---

1) Firebase는 구글에서 제공하는 모바일 및 웹 애플리케이션 개발 플랫폼으로 실시간 데이터베이스, 인증, 클라우드 호스팅 등의 서비스를 제공한다.(출처 : https://firebase.google.com/docs)

2) AWS Lambda는 Amazon Web Services의 서버리스 컴퓨팅 서비스로 코드를 실행하기 위한 인프라를 관리하지 않고도 코드를 실행할 수 있게 해준다.(출처 : https://aws.amazon.com/lambda/)

3) GDPR은 일반 데이터 보호 규정(General Data Protection Regulation)으로 EU 시민의 개인정보 보호를 강화하기 위한 유럽연합의 규정이다.(출처 : https://gdpr.eu/what-is-gdpr/)

CCPA[1] 같은 개인정보보호법을 준수하기 위해 수집된 위치 데이터의 저장 기간과 용도를 명확히 하고, 필요 이상으로 데이터를 보관하지 않는 것이 중요하다.

활용 및 응용

지오펜싱은 마케팅 자동화 도구로도 널리 활용된다. 예를 들어, 사용자가 특정 매장 근처를 지나갈 때 자동으로 할인 알림을 보내거나 오프라인 이벤트 장소에 도착했을 때 체크인 쿠폰을 발급하는 식이다. 또, 특정 지역 방문 사용자 대상으로 맞춤형 리마인드 메시지를 보내 재방문을 유도하는 경우가 많다.

실제 상용화된 지오펜싱 서비스 사례로는 스타벅스 앱의 '오더 & 페이'를 들 수 있다. 사용자가 주문한 매장 근처에 접근하면 "주문하신 매장에 곧 도착하시나요?"라는 알림을 자동으로 발송하여 픽업 준비를 유도한다. 또한 쿠팡이츠 같은 배달 앱은 배달원이 고객 주소 근처에 접근했을 때 "배달원이 잠시 후 도착합니다"라는 알림을 자동으로 보내 고객 경험을 개선한다. 소매 분야에서는 홈플러스나 이마트 같은 대형마트 앱이 매장 근처에 접근한 회원에게 당일 특가 정보를 자동으로 전송하는 기능을 구현하고 있다.

이때 단순히 위치에 따라 알림을 보내는 것보다는 CRM과 연동하는 게 효과적이다. CRM Customer Relationship Management 시스템에는 다양한 사용자 정보가 저장되어 있다. 누가 자주 방문하는 VIP 고객인지, 최근 30일간 한 번도 방문하지 않은 이탈 고객인지, 특정 제품군에 관심을 보였던 사람인지 등을 구분할 수 있다. 이 정보를 지오펜싱 시스템과 연결하면, 각 고객 그룹 Segment에 맞춰 지오펜스 이벤트를 맞춤 설계할 수 있다.

---

1) CCPA: 캘리포니아 소비자 개인정보 보호법(California Consumer Privacy Act)으로 캘리포니아 주민의 개인정보에 대한 권리를 보호하는 법률이다. (출처 : https://oag.ca.gov/privacy/ccpa)

예를 들어, 같은 매장 기준이더라도 VIP 고객이 매장 반경 200미터에 진입했을 때 "고객님만을 위한 한정 혜택이 준비되어 있어요"라는 알림을 보내고, 신규 고객에게는 "첫 방문 고객을 위한 웰컴 쿠폰을 드립니다" 같은 메시지를 보낼 수 있다. 또는 최근 방문 빈도가 떨어진 고객이 지오펜스에 진입하면 "오랜만이에요! 다시 방문해주셔서 감사합니다" 같은 리마인드 메시지를 보낼 수도 있다.

이러한 차별화된 메시지를 구성하려면, CRM 시스템에서 고객 그룹을 미리 분류하고, 각 그룹에 맞는 알림 콘텐츠를 준비해 두어야 한다. 지오펜싱 시스템이 사용자의 위치 이벤트를 감지하면, 해당 정보를 CRM 시스템과 연동하여 고객 그룹을 확인하고, 조건에 맞는 메시지를 자동으로 전송한다.

기술적으로는 사용자의 위치 이벤트를 처리하는 백엔드 시스템이 CRM API와 연동되어야 하며, 사용자 ID(또는 토큰) 기준으로 실시간으로 사용자 프로파일을 불러와야 한다. 알림은 모바일 앱의 푸시 알림, 문자 메시지^{SMS}, 이메일 등 다양한 채널로 전송될 수 있고, 이를 Firebase Cloud Messaging[1], OneSignal[2], Amazon SNS[3] 같은 메시징 시스템과 연결해 구현할 수 있다.

---

[1] Firebase Cloud Messaging은 구글의 크로스 플랫폼 메시징 솔루션으로 안정적으로 무료로 메시지를 전송할 수 있다.(출처 : https://firebase.google.com/docs/cloud-messaging)

[2] OneSignal은 여러 플랫폼에서 푸시 알림, 이메일, SMS 및 인앱 메시지를 보낼 수 있는 고객 참여 메시징 솔루션이다.(출처 : https://documentation.onesignal.com/docs)

[3] Amazon SNS는 Amazon Simple Notification Service로 애플리케이션, 최종 사용자 및 디바이스에 알림을 전송하는 관리형 서비스다.(출처 : https://aws.amazon.com/sns/)

경로 추천

경로 추천은 단순히 시작점과 도착지를 직선으로 잇는 것이 아니다. 실제 도로 상황, 교통 규칙, 이동 수단의 제약 조건 등을 모두 고려하여 사용자가 실제로 이동할 수 있는 경로를 계산하고 그중 가장 적절한 경로를 선택하여 제시하는 것이다.

먼저 지도 위에서 '이동 가능한 경로'를 설정하는 방법부터 살펴보자. 우리가 흔히 보는 지도는 시각적으로는 단순해 보여도, 내부적으로는 도로, 골목, 횡단보도, 지하철역, 자전거 도로 등 수많은 요소들이 노드(지점)와 엣지(연결)로 구성된 네트워크 형태의 데이터 구조로 저장되어 있다. 이러한 구조 기반으로 경로를 탐색하는데, 시작 지점에서 도착 지점까지의 모든 경로 중에서 가장 짧거나 빠른 경로를 찾는 것이 기본이다.

이때 경로 탐색에는 주로 다익스트라[1]나 A* 알고리즘[2]을 사용하는데, 도로망이 복잡하거나 대규모일 경우에는 이를 확장한 고도화된 기법이 적용된다. 실제 구현에서는 OSRM[3], GraphHopper[4] 같은 오픈소스 엔진이 널리

---

1) 다익스트라(Dijkstra) 알고리즘은 네덜란드의 컴퓨터 과학자 에츠허르 다익스트라가 만든 최단 경로 탐색 알고리즘으로 가중 그래프에서 두 노드 사이의 최단 경로를 찾는 방법이다. (출처 : https://www.microsoft.com/en-us/research/blog/dijkstras-algorithm-for-shortest-paths/)

2) A* 알고리즘은 1968년 스탠퍼드 연구소에서 개발된 경로 탐색 알고리즘으로 다익스트라 알고리즘을 확장하여 목표 방향으로 휴리스틱 추정을 통해 탐색 효율성을 높인 방법이다. (출처 : https://www.redblobgames.com/pathfinding/a-star/introduction.html)

3) OSRM(Open Source Routing Machine)은 2010년에 시작된 C++로 작성된 고성능 라우팅 엔진으로 OpenStreetMap 데이터를 사용하여 최단 경로 계산 및 이동 시간 추정을 제공하는 오픈 소스 소프트웨어이다. (출처 : https://docs.mapbox.com/help/glossary/osrm/)

4) GraphHopper는 2012년에 설립된 자바 기반 오픈 소스 라우팅 라이브러리 및 서버로 대규모 도로망에서 효율적인 경로 계산과 다양한 이동 수단을 지원하는 솔루션이다. (출처 : https://developer.here.com/blog/smart-routing-with-graphhopper)

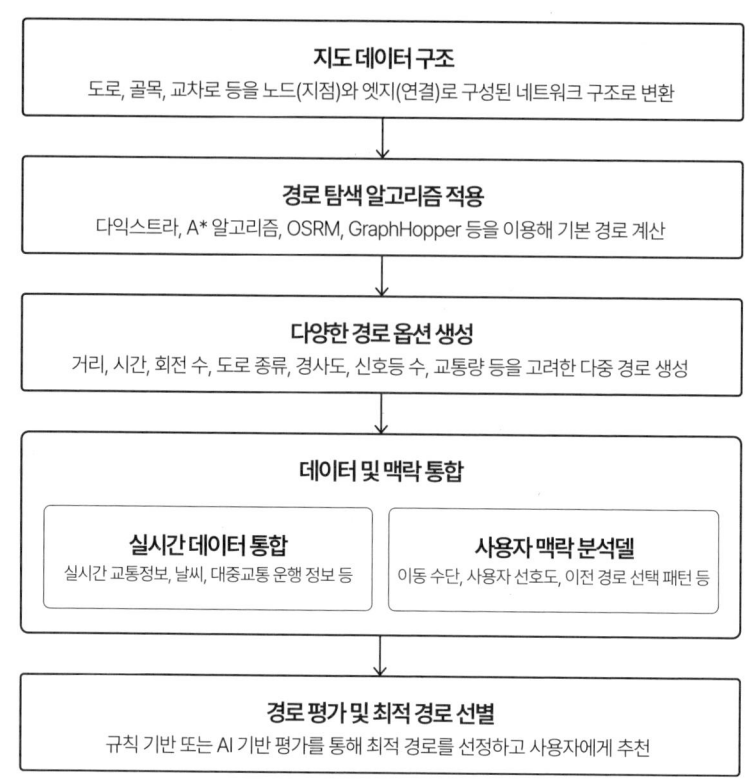

경로 추천 프로세스

활용되며, OpenStreetMap 데이터를 기반으로 교통수단별 접근 가능 도로, 제한속도, 일방통행 여부 등을 자동으로 반영하여 이동 경로를 계산해준다.

이제 이동 가능 경로 중에서 어떤 경로를 사용자에게 추천할지 결정한다. 짧은 거리나 소요 시간이 적은 경로를 제시하는 것이 기본이지만, 실제로는 사용자에게 더 나은 조건과 맥락을 함께 고려해야 한다.

먼저, 경로 탐색 엔진은 목적지까지 도달 가능한 경로들을 생성한다. 이때 생성되는 경로는 하나가 아니라, 거리, 시간, 회전 수, 도로 종류, 경사도, 신호등 수, 교통량 등을 계산하여 다양한 경로들이 제시된다. 이러한 경로에 대해 가중치를 적용하거나 점수를 부여한다. 예를 들어, 교통 정체가 심한 구간이 포함된 경로는 시간 가중치가 높아지고, 환승이 많은 대중교통 경로는 사용자 피로도를 고려하여 감점 요인이 될 수 있다. 반대로, 자전거 전용 도로가 잘 연결되어 있거나 도보 환경이 쾌적한 경로는 가산점을 받을 수 있다.

실시간 교통 정보나 날씨 데이터가 반영되기도 한다. 예를 들어, 비 오는 날에는 경사도가 심한 경로보다는 우회 경로라도 평탄한 쪽을 추천한다. 대중교통은 혼잡도 데이터, 도착 예정 시간, 환승 대기 시간 등도 고려하여 최적 경로를 결정한다. 이런 정보들은 교통 정보 제공 기관, 지하철 운행 시스템 등 외부 API를 통해 실시간으로 수집하여 반영된다.

사용자의 이동 수단에 따라 추천 기준도 달라진다. 자동차라면 빠른 길이 우선이지만, 전기차라면 충전소 위치를 포함한 경로가 필요할 수 있고, 도보 사용자라면 횡단보도 수나 음영 지역 여부가 중요하게 작용한다. 특히, 공유 킥보드나 자전거처럼 이동 범위가 좁고 제약이 많은 교통수단일수록 안전성과 접근성이 강조된다.

이렇게 경로를 평가하고 선별하는 과정은 간단한 규칙 기반 필터링으로 구현할 수도 있지만, 최근에는 AI 모델을 활용하는 경우가 많다. 과거 사용자들이 어떤 경로를 선택했는지, 어떤 경로에서 이탈이 많았는지 같은 데이터를 학습하여 비슷한 사용자에게 더 적합한 경로를 제안한다. 여기에 콘텐츠 기반 추천이나 협업 필터링 기법을 활용하면 사용자의 성향이나 행동 이력을 반영한 맞춤 경로를 추천할 수 있다.

여정 플래너

여정 플래너는 사용자가 머무는 일정과 관심사에 기반하여 여행 일정을 작성해주는 기능이다. 서울을 방문하는 관광객을 상상해보면 그들은 한두 곳의 명소만 가는 것이 아니라, 숙소에서 출발하여 식사를 하고, 관광지를 둘러보고, 쇼핑이나 체험을 즐긴 뒤 다시 숙소로 돌아오는 일정을 원한다. 여정 플래너는 이 일련의 흐름을 시간이나 장소 기준으로 여정 내용을 추천하며, 단순한 장소 추천을 넘어 이동 경로, 소요 시간, 거리, 비용까지 고려된 맞춤형 계획을 자동으로 구성해준다.

사용자 입력 및 조건 설정

예를 들어, 서울에 2박 3일간 머무는 관광객이 '전통 문화', '한식 맛집', '도보 이동 선호'라는 조건을 입력했다면, 여정 플래너는 다음과 같은 1일차 일정을 제안할 수 있다.

서울 2박 3일 여행 – 1일차 여정 예시

숙소 : 나인트리 호텔 종로
- 서울 종로구 중심에 위치
- 주요 관광지와 도보 이동 가능
- 체크인 : 전날 저녁 / 체크아웃: 3일차 오전

09:00 : 숙소 출발

09:15 : 경복궁
- 도보 15분
- 무료 입장
- 예상 소요 시간 : 약 1시간 30분

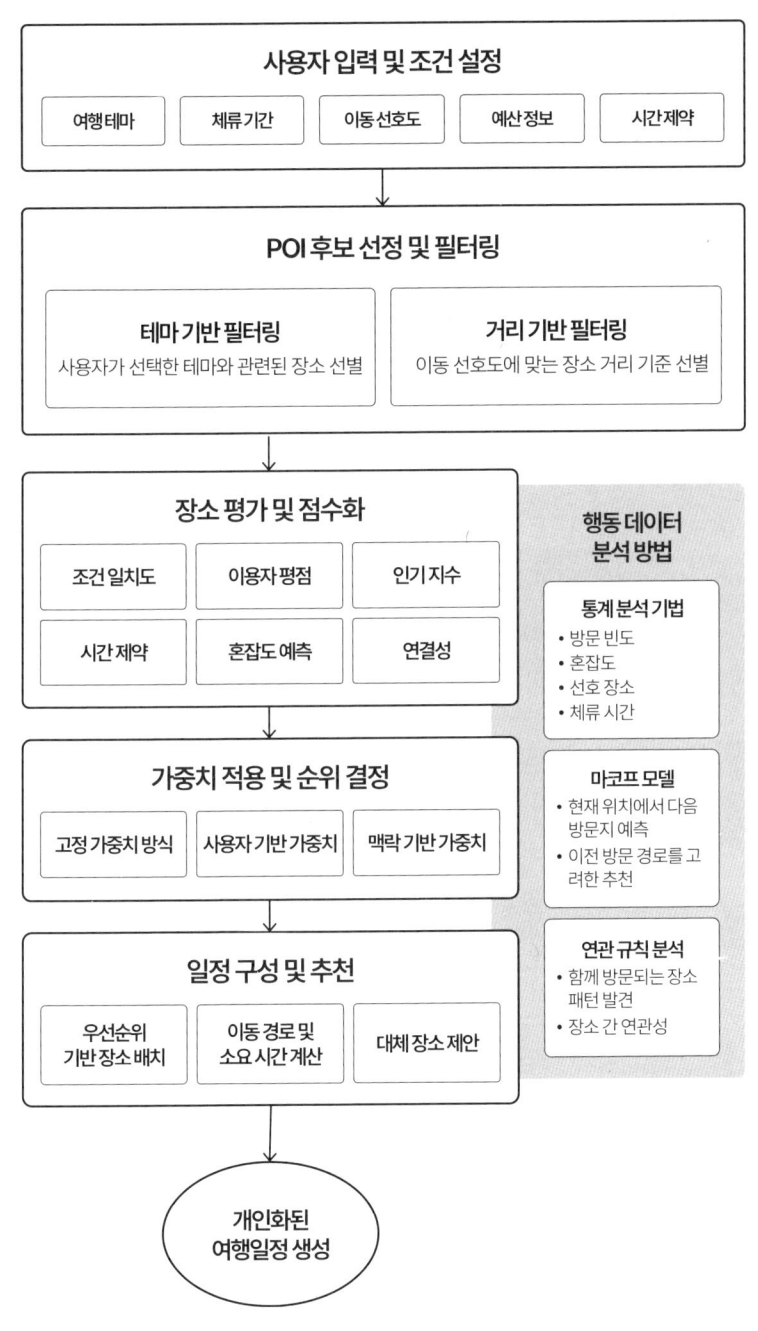

여정플래너 프로세스

10:45 : 북촌 한옥마을
- 도보 8분
- 전통 가옥 거리 산책
- 예상 소요 시간 : 약 1시간

12:00 : 인사동 전통 찻집
- 도보 7분
- 휴식 및 점심 겸 다과
- 예상 소요 시간: 약 30분
- 1인당 평균 비용 : 약 12,000원

13:00 : 서울공예박물관
- 도보 10분
- 입장료 : 5,000원
- 체험 프로그램 참여
- 예상 소요 시간: 약 1시간 30분

15:00 : 광장시장
- 지하철 약 15분 소요
- 시장 탐방 및 한식 체험
- 예상 소요 시간 : 약 2시간
- 자유식 (예상 비용 개별 상이)

17:30 이후 | 숙소 복귀 또는 자유 일정

POI 후보 선정 및 필터링

위와 같은 맞춤 여정을 추천하기 위해 가장 먼저 할 일은 사용자 조건에 맞는 장소 후보POI를 선정 및 평가하여 우선순위를 결정하는 것이다. 서울을 방문하는 관광객이 "전통 문화"와 "한식 맛집"을 즐기고 싶고, "도보 이동을 선호"한다고 입력하면, 추천 시스템은 이 조건을 바탕으로 서울 지역 POI 목록에서 후보를 선별한다.

테마 기반 필터링

먼저 전통 문화에 해당하는 장소를 찾기 위해 각 장소가 가지고 있는 전통, 문화유산, 박물관, 고궁 등 태그나 카테고리 정보를 기준으로 필터링한다. 예를 들어, 지도 데이터나 관광공사 API 등에서 제공하는 POI 메타데이터에는 "문화재", "역사 명소", "전통 체험" 같은 분류가 포함되어 있는데, 이를 기반으로, 경복궁, 북촌 한옥마을, 종묘, 서울공예박물관, 남산골 한옥마을 같은 전통 관련 명소를 우선 추린다.

다음으로 한식 맛집과 관련된 장소는 음식점 데이터 중에서 카테고리가 한식으로 되어 있거나 메뉴 분석을 통해 한식 키워드가 많은 장소, 또는 리뷰에 한식 관련 키워드가 자주 등장하는 곳을 선별한다. 여기에 리뷰 수, 별점, SNS 언급량 등 인기 순위를 가중치로 반영하여 광장시장, 삼청동수제비, 토속촌 삼계탕 같은 장소들을 선별한다.

거리 기반 필터링

도보 이동 선호라는 조건은 다른 조건과는 달리, 거리 기반 필터링에 해당한다. 예를 들어, 추천 후보 중에서 도보 15분(약 1km) 이내에 위치한 장소를 우선적으로 정렬하거나 이동 간 대중교통 없이 도보로 이어질 수 있는 장소 묶음을 우선 추천한다. 예를 들어, 경복궁-북촌 한옥마을-인사동-서울공예박물관은 모두 서로 10분 이내 도보 거리여서, 이 조건에 딱 들어맞는다.

장소 평가 및 점수화

이제 선별된 후보 장소에 대해 다음과 같은 평가 항목 기준으로 점수화된 평가 지표를 만든다.

- **조건 일치도** : 전통, 한식, 도보 등 입력 조건과의 적합성
- **이용자 평점** : 리뷰 별점, 리뷰 수
- **인기 지수** : 방문 수, SNS 언급량, 최근 트렌드
- **시간 제약** : 운영 시간, 휴무일, 예상 체류 시간
- **혼잡도 예측** : 특정 시간대의 붐빔 정도
- **연결성** : 다른 POI와의 거리, 동선 상 자연스러움

예를 들어, 경복궁은 "전통 문화" 조건에 완벽하게 부합하고, 위치상 북촌 한옥마을, 인사동과 매우 가까우며, 입장료가 무료이고, 오전 방문에 적합하다는 점에서 높은 점수를 받는다. 북촌 한옥마을도 유사 조건을 만족하고 도보 이동으로 이어지기 때문에 함께 추천된다. 광장시장은 도보로는 다소 멀지만, 워낙 상징성 있고 대중교통으로 쉽게 접근 가능하다는 점에서 저녁 일정에 포함될 수 있다.

가중치 적용 및 순위 결정

최종적으로 어떤 장소를 우선적으로 제시할지를 결정하려면, 단순히 후보지를 나열하는 것만으로는 부족하다. 각 장소가 사용자 조건에 얼마나 부합하는지를 판단하고, 이를 종합 점수로 환산하는 과정이 필요하다. 이때 각 평가 항목에 동일한 비중을 부여하기보다는, 사용자 선호나 상황에 따라 가중치Weight를 차등 적용함으로써 보다 정교하고 실제적인 추천이 가능해진다. 이 가중치를 정의하는 방식은 크게 세 가지로 구분할 수 있다.

고정 가중치

첫째는 고정 가중치 방식이다. 시스템이 특정 여행 테마나 기본 설정에 따라 항목별 중요도를 미리 정해두는 방식이다. 예를 들어, '전통 문화'를 주제로 하는 여행에서는 '전통성'과 '도보 이동 적합성' 항목에 높은 가중치를, 반

대로 '미식 여행'에서는 '음식 퀄리티'나 '이용자 평점' 항목에 더 큰 비중을 둘 수 있다. 이 방식은 사용자 설정 없이도 기본적인 일관성과 품질을 보장할 수 있어 실무에서는 주로 이 방식을 채택한다.

고정 가중치 방식은 특정 여행 목적이나 서비스 기획 방향에 따라, 평가 항목별 가중치를 사전에 정해놓는 방식이다. 예를 들어, '전통 문화 체험'을 테마로 한 여정 플래너라면 아래와 같은 가중치 설정이 가능하며, 모든 사용자에게 동일한 기준이 적용되므로 기획 의도나 기본 흐름을 유지하는 데 유리하다.

고정 가중치 설정 예시

평가 항목	가중치	예시 (전통문화 테마 기준)
전통성	0.25	
도보 이동 적합성	0.20	
이용자 평점	0.20	
인기 지수	0.15	
운영 시간 적합성	0.10	
혼잡도 예측	0.10	
합계	1.00	

사용자 기반 가중치

둘째는 사용자 입력 기반 가중치 방식이다. 이는 여행자가 자신의 취향을 반영할 수 있도록 각 항목의 중요도를 직접 설정하는 방식이다. 설문처럼 복잡한 절차 대신 '별점'이나 '슬라이더' 형태의 직관적인 UI를 통해 사용자 피드백을 받는 것이다.

예를 들어, 사용자가 '도보 이동 선호도'를 다섯 개 만점 중 네 개로 설정하면, 도보로 접근 가능한 장소에 더 높은 점수가 부여된다. '혼잡한 장소를 피하고 싶다'는 입력은 혼잡도 예측 항목의 가중치를 높여, 한산한 시간대나 덜 알려진 장소를 우선 추천하는 방식으로 반영된다.

사용자가 각 항목에 대해 별점을 준 경우, 이를 정규화하여 가중치로 변환한다. 예를 들어, 아래와 같이 입력했다면 모든 항목의 점수를 더한 총합으로 정규화한다. 이처럼 사용자의 선호를 가중치에 직접 반영함으로써 개인화된 추천이 가능해진다.

사용자 별점 입력 기반의 정규화 가중치 계산 예시

평가 항목	별점 (1~5)	정규화된 가중치 계산 (별점 ÷ 총합)
전통성	5	5 ÷ 21 ≈ 0.238
도보 이동 적합성	4	4 ÷ 21 ≈ 0.190
혼잡도 예측	3	3 ÷ 21 ≈ 0.143
이용자 평점	3	3 ÷ 21 ≈ 0.143
인기 지수	3	3 ÷ 21 ≈ 0.143
운영 시간 적합성	3	3 ÷ 21 ≈ 0.143
합계	21	1.00

더 나아가, 사용자에게 명시적인 설정을 요구하지 않더라도, 별점, 후기 작성, 클릭 및 체류 시간 등 과거의 장소 반응을 분석하여 선호도를 간접적으로 추정하고 그에 따라 가중치를 조정하는 방식도 가능하다. 예를 들어, 사용자가 '전통 문화' 관련 장소에 평균 4.8점을 줬다면, 전통성 가중치를 상대적으로 높게 설정할 수 있다.

이때는 항목별 평점 평균을 기반으로 정규화한다. 이처럼 사용자 행동 데이터를 통해 가중치를 동적으로 조정하는 방식은 별도의 명시적 설정 없이 개인화된 경험을 제공할 수 있어 맞춤화 품질을 크게 향상시킬 수 있다.

항목별 가중치 = 해당 항목 평점 평균 / 전체 항목 평점 평균 총합

사용자 행동 기반 선호 추정에 따른 간접 가중치 설정 예시

평가 항목	평균 반응 점수	정규화된 가중치
전통성	4.8	0.239
도보 이동 적합성	4.3	0.214
혼잡도 예측	3.5	0.174
이용자 평점	3.1	0.154
인기 지수	2.4	0.119
운영 시간 적합성	2.0	0.100
합계	20.1	1.00

맥락 기반 가중치

셋째는 맥락 기반 가중치 방식이다. 이 방식은 사용자가 별도로 입력하지 않아도 현재 상황이나 환경 정보를 바탕으로 가중치를 자동 조정하는 방식이다. 예를 들어, 비 예보가 있는 날에는 실외 활동에 대한 가중치를 낮추고, 실내 전시 공간이나 우산 대여가 가능한 장소가 우선적으로 추천된다.

마찬가지로, 주말이나 연휴에는 관광지의 혼잡도를 고려하여 혼잡도 항목의 가중치를 높이는 방식도 가능하다. 계절, 날씨, 요일, 지역 이벤트 일정 등 다양한 맥락 정보가 반영되어, 실시간성 있고 유연한 추천이 이루어진다. 특히, 사용자가 별도로 설정하지 않아도 "지금 상황에 적합한 일정"을 제안할 수 있다는 점에서, 사용자 피로도를 줄이고 경험 만족도를 높일 수 있다.

이때는 기본 가중치×상황 보정 계수의 형태로 자동 계산되며, 예시와 같은 방식으로 실시간 조건에 따라 자동으로 조정된 가중치를 기반으로 장소별 총점을 다시 계산할 수 있다.

날씨 및 요일에 따른 맥락 기반 가중치 조정 예시

평가 항목	기본 가중치	맥락 조정 계수	적용 후 가중치 (기본 × 계수)
도보 이동 적합성	0.20	비 오는 날 → 0.5	0.20 × 0.5 = 0.10
실내 장소 적합성	0.10	비 오는 날 → 2.0	0.10 × 2.0 = 0.20
혼잡도 예측	0.10	주말 → 1.5	0.10 × 1.5 = 0.15

이 세 가지 가중치 정의 방식은 독립적으로 적용될 수도 있지만, 혼합적으로 운용될 때 가장 큰 시너지를 발휘한다. 예를 들어, 기본적으로는 고정 가중치를 사용하되, 사용자 입력이 있을 경우 우선 반영하고, 날씨나 요일과 같은 맥락 조건이 감지되면 해당 요소를 추가 조정하는 방식이다. 이렇게 다층적인 가중치 조정 구조를 활용하면, 여정 플래너는 사용자의 상황을 고려한 서비스로 발전할 수 있다.

이제 아래의 두 표는 기존 항목별 점수에 가중치를 적용하여 종합 점수를 계산하는 과정을 보여주기 위한 예시다.

관광지(전통문화 관련 POI) 평가표 예시

장소명	전통성 (0.25)	이용자 평점 (0.20)	인기 지수 (0.15)	도보이동 적합성 (0.20)	운영시간 적합성 (0.10)	혼잡도 예측 (0.10)	종합 점수
경복궁	1.25	0.94	0.735	1.00	0.50	0.42	4.845
북촌 한옥마을	1.20	0.92	0.705	1.00	0.50	0.40	4.740
종묘	1.25	0.88	0.675	0.94	0.40	0.43	4.540
서울공예박물관	1.175	0.90	0.645	0.98	0.40	0.39	4.451
남산골한옥마을	1.15	0.86	0.63	0.76	0.50	0.41	4.342

식당(한식 맛집 POI) 평가표 예시

장소명	음식 퀄리티 (0.25)	이용자 평점 (0.20)	리뷰/ 언급량 (0.20)	도보 거리 (0.10)	운영 시간 (0.15)	혼잡도 예측 (0.10)	종합 점수
삼청동 수제비	1.20	0.96	0.88	0.47	0.75	0.41	4.67
토속촌 삼계탕	1.175	0.94	0.96	0.38	0.75	0.38	4.57
광장 시장	1.125	0.92	1.00	0.30	0.75	0.35	4.46

일정 구성 및 추천

이렇게 각 장소에 대한 점수가 계산되면, 시스템은 우선순위가 높은 장소들끼리 동선을 고려하여 일정에 배치한다. 만약 선택된 장소들이 너무 멀거나 하루 일정에 모두 포함하기 어려울 경우에는 거리와 체류 시간을 기준으로 조정하거나 대체 장소를 제시한다. 예를 들어, 서울공예박물관이 월요일에 휴관이라면, 같은 지역 내의 국립현대미술관 서울관 같은 대체 장소가 추천될 수 있다.

여정 플래너는 기본적으로 사용자 조건에 따라 적절한 장소를 필터링하고 평가하는 것에서 출발한다. 그런데 최근에는 방문자 행동 통계, 이탈률 분석, 국적별 선호도 분석 같은 기법을 추가 분석하여 장소 간의 단순한 유사성이나 거리뿐만 아니라 실제로 사용자들이 어떻게 움직였는지, 누가 어디를 선호하는지 더 정교한 여정을 생성하고 있다.

예를 들어, 서울을 방문한 관광객들의 실제 행동 데이터를 분석해보면 경복궁을 방문한 사람의 약 82%가 이후 북촌 한옥마을을 방문한 통계가 있다. 이런 데이터를 반영하여 사용자가 경복궁을 일정에 포함했을 때 다음 방문지로 북촌 한옥마을을 추천할 수 있는데, 이런 추천이 단순한 거리 기반 추천보다 더 만족스러울 수 있다.

또한, 국적별 관광 패턴 분석도 여정 추천에 활용할 수 있다. 예를 들어, 중국인 관광객의 방문 로그 분석 결과, 전체 중 약 68%가 경복궁을 여행 일정에 포함하고 있으며, 그 중 상당수가 남산타워나 명동으로 이어지는 동선을 자주 선택한다는 사실을 확인할 수 있다.

반면 일본인 관광객은 상대적으로 전통 유산보다는 카페 거리나 쇼핑 중심의 코스를 더 선호하고, 미국인 관광객은 한옥 체험과 박물관 관람 비율이 높게 나타날 수 있다. 이러한 국적별 성향은 개인의 여정 생성에 반영되어 같은 조건을 입력해도 국가, 언어, 체류 기간 등에 따라 추천 여정이 다르게 구성되도록 만들 수 있다.

행동 데이터 분석

이러한 추천은 주로 방문 이력 데이터를 활용한다. 즉, 지역을 방문한 수많은 관광객들의 위치 데이터를 기반으로 사람들이 어느 장소에 언제 갔고, 그 다음 어디로 이동했는지를 파악할 수 있다.

이 데이터를 통해 반복적인 행동 패턴을 찾을 수 있는데, 이때 통계 분석 기법, 마코프 모델, 연관 규칙 분석 같은 방법이 많이 사용된다.

통계 분석 기법

가장 단순한 방식인 통계 분석 기법은 특정 장소가 얼마나 자주 방문되는지, 어느 시간대에 붐비는지, 방문한 사람들의 국적, 연령, 체류 시간 등을 집계하여 전체적인 흐름이나 분포를 파악한다. 예를 들어, "중국인 관광객의 68%가 경복궁을 방문했다"거나 "경복궁을 방문한 사람의 평균 체류 시간은 1시간 20분이다"처럼 정적인 요약 정보를 만들 때 활용된다.

마코프 모델

마코프 모델Markov Model은 시간에 따라 사용자가 어느 장소에서 다음 장소로 이동할 확률을 계산할 때 쓰인다. 가장 기본적인 1차 마코프 모델First-order Markov Model은 현재 위치만 고려해서 다음 방문지를 예측한다. 예를 들어, 경복궁을 방문한 다음 어디로 갈지 예측하고 싶다면, 과거 데이터에서 "경복궁 → 북촌 한옥마을", "경복궁 → 종묘" 같은 이동 사례를 수집하여 각 경로의 확률을 계산하는 방식이다.

여행 패턴을 더 정확히 예측하기 위해서는 고차 마코프 모델Higher-order Markov Model을 활용할 수 있다. 이 방법은 단순히 현재 위치만 보는 것이 아니라, 이전에 방문했던 여러 장소들의 순서까지 함께 고려한다.

쉽게 설명하자면, 1차 마코프 모델은 "당신이 지금 북촌 한옥마을에 있으니, 다음은 인사동에 갈 확률이 높습니다"라고 안내한다. 반면 2차 마코프 모델은 "당신이 경복궁을 거쳐 북촌 한옥마을에 왔으니, 다음은 인사동에 갈 확률이 높습니다"라고 더 많은 정보를 담아 추천한다. 3차 마코프 모델은 더 나아가 "당신이 숙소에서 출발해 경복궁을 거쳐 북촌 한옥마을에 왔으니, 다음은 인사동에 갈 확률이 높습니다"처럼 더 긴 여행 여정을 고려한다.

실제 여행객 데이터를 분석해보면 이런 차이가 분명히 드러난다. 단순히 북촌 한옥마을에서 다음으로 갈 곳을 예측하면, "인사동 40%, 삼청동 35%, 광화문 25%"로 나올 수 있다. 그러나 "경복궁 → 북촌 한옥마을" 순서로 방문한 사람들만 분석하면, "인사동 65%, 삼청동 20%, 광화문 15%"로 인사동을 선호하는 패턴이 더 강하게 나타날 수 있다. 더 나아가 "숙소 → 경복궁 → 북촌 한옥마을" 순서로 방문한 사람들을 분석하면, "인사동 80%, 삼청동 15%, 광화문 5%"로 인사동 선호도가 압도적일 수 있다.

여정 플래너

고차 마코프 모델 기반 추천 예시

마코프 모델 종류	고려하는 방문 이력	추천 방식 예시	북촌 한옥마을 다음 방문지 예측
1차 마코프 모델	현재 위치만 고려	"지금 북촌 한옥마을에 있으니, 다음은…"	인사동(40%), 삼청동(35%), 광화문(25%)
2차 마코프 모델	이전 1개 + 현재 위치 고려	"경복궁을 거쳐 북촌 한옥마을에 왔으니, 다음은…"	인사동(65%), 삼청동(20%), 광화문(15%)
3차 마코프 모델	이전 2개 + 현재 위치 고려	"숙소에서 출발해 경복궁을 거쳐 북촌 한옥마을에 왔으니, 다음은…"	인사동(80%), 삼청동(15%), 광화문(5%)

이처럼 고차 마코프 모델은 단순히 "지금 어디에 있는가"가 아니라 "어떤 경로로 여기까지 왔는가"를 고려하기 때문에, 여행객의 흐름을 더 자연스럽게 예측할 수 있다. 예를 들어, 남산타워에서 온 관광객과 인사동에서 온 관광객은 같은 장소(북촌 한옥마을)에 있더라도 다음 목적지 선호도가 다를 수 있는데, 고차 마코프 모델은 이런 미묘한 차이를 포착하여 더 개인화된 추천을 제공할 수 있다.

연관 규칙 분석

연관 규칙 분석Association Rule Mining은 장바구니 분석처럼 함께 방문된 장소 간의 관계를 분석하는 기법이다. 이 기법은 방문 순서보다는 '함께 등장하는 패턴'에 초점을 맞춘다. 예를 들어, "경복궁과 북촌 한옥마을은 함께 일정에 포함된 경우가 많다"는 식으로, 두 장소가 얼마나 자주 함께 등장했는지를 분석하여 추천의 근거로 활용할 수 있다.

이때 핵심 지표는 지지도Support, 신뢰도Confidence, 향상도Lift다.

- **지지도**는 전체 사용자 중에서 특정 장소 조합이 함께 등장할 비율을 의미한다.
- **신뢰도**는 특정 장소(A)를 방문한 사람 중 또 다른 장소(B)도 함께 방문한 비율을 뜻

한다.
- **향상도**는 두 장소 간의 우연적 동시 발생 가능성을 고려한 지표로, 두 장소가 독립적일 때 대비 실제로 얼마나 더 자주 함께 방문되는지를 나타낸다.

예를 들어, 1,000명의 서울 관광객 중 500명이 경복궁을 방문했고, 그 중 400명이 북촌 한옥마을도 함께 방문했다면 다음과 같이 지표들을 계산한다.

- 지지도는 40% (400 / 1,000)
- 신뢰도는 80% (400 / 500)
- 향상도는 신뢰도를 북촌 한옥마을의 방문 비율로 나눈 값이다. 만약 북촌 한옥마을 방문 비율이 50%(500명)라면, 향상도는 1.6 (80% / 50%)가 된다.

향상도가 1보다 크면(이 경우 1.6) 두 장소 간에 양의 상관관계가 있다는 뜻으로, 우연히 함께 방문하는 것보다 더 자주 함께 방문된다는 의미다. 향상도가 1이면 두 장소는 서로 독립적이며, 1보다 작으면 오히려 한 장소를 방문하면 다른 장소를 방문할 가능성이 줄어든다는 뜻이다.

이렇게 계산된 지표들은 "경복궁을 방문한 사람이라면 북촌 한옥마을도 갈 가능성이 높다"는 근거가 되고, 여정 플래너는 이 정보를 바탕으로 실제로 많이 선택된 장소 조합을 추천할 수 있다. 특히, 향상도는 단순히 인기 있는 장소들의 조합이 아닌, 실제로 의미 있게 연관된 장소 조합을 찾는 데 도움을 주어 더 정교한 추천을 가능하게 한다.

10 광고
Advertising

쿠키리스 사용자 식별

리타겟팅 광고

컨텍스트 광고

클릭 예측 모델

A/B 테스트 자동화

브랜드 리프트 측정

멀티채널 어트리뷰션 분석

10. 광고

　디지털 광고는 기술과 환경 변화에 민감하게 반응하는 영역이다. 개인정보 보호 규제의 강화, 서드파티 쿠키의 소멸, 브라우저의 추적 차단 기능 확대 등은 기존의 타겟팅과 측정 방식을 근본부터 흔들고 있다. 동시에 사용자의 관심과 행동 흐름은 더 세밀하게 추적해야 하고, 광고의 효율성과 정밀도에 대한 기대는 더욱 높아지고 있다.

　광고는 더 이상 반복 노출의 게임이 아니라 데이터 흐름을 이해하고, 가장 적절한 시점에 가장 효과적인 메시지를 전달하는 정밀한 설계 과정이 되었다. 이렇듯 광고 기술이 빠르게 바뀌는 요즘, AI는 타겟팅부터 콘텐츠 생성까지 주요 요소들을 새로 설계하는 데 널리 활용되고 있다.

　이 장에서는 쿠키 없이 사용자를 식별하는 기술, 행동 기반 리타겟팅 전략, 콘텐츠 맥락을 이해하는 컨텍스트 광고, 클릭 예측을 위한 모델링, A/B 테스트의 자동화, 브랜드 리프트 측정, 멀티채널 어트리뷰션 분석 등 디지털 광고의 최신 기술과 흐름을 살펴본다.

쿠키리스 사용자 식별

최근 디지털 광고에서는 쿠키 기반의 사용자 추적과 식별이 점점 더 어려워지고 있다. 이는 기술 변화뿐만 아니라 개인정보 보호에 대한 사회적 요구와 글로벌 규제 강화가 동시에 작용한 결과다.

유럽연합은 2018년부터 시행된 GDPR[1]을 통해 사용자 동의를 받지 않은 상태에서의 개인 데이터 수집과 활용을 엄격히 제한하고 있으며, 사용자가 자신에 대한 정보 수집 여부를 직접 제어할 수 있도록 명문화하였다.

미국도 CCPA[2], CPA[3] 등 주 단위의 개인정보 보호 법제가 확산되고 있으며, 광고 식별에 관한 통제권 확보를 강조하고 있다. 이러한 규제 흐름 속에 비식별화 데이터에 대한 규제가 강화되고 있다.

정책 변화와 함께 브라우저 기술의 변화도 광고 기술에 영향을 주고 있다. 구글은 크롬 브라우저에서 서드파티 쿠키[4]를 단계적으로 폐지하겠다는 방침을 발표하고, 이를 대체할 기술로 Privacy Sandbox 프로젝트[5]를 추진 중이

---

1) GDPR(General Data Protection Regulation)은 EU에서 2018년 5월 시행된 개인정보보호 규정으로 개인정보 처리에 관한 규칙을 정립하고 EU 시민들의 데이터 권리를 보호한다.(출처 : https://gdpr.eu/what-is-gdpr/)

2) 캘리포니아 소비자 프라이버시법(CCPA)는 2020년 시행된 캘리포니아주의 개인정보보호법으로 소비자에게 자신의 개인정보에 대한 권리를 부여하고 기업의 데이터 처리 투명성을 요구한다. (출처 : https://oag.ca.gov/privacy/ccpa)

3) 콜로라도 프라이버시법(CPA)은 2023년 7월 발효된 콜로라도주의 프라이버시법으로 소비자의 개인정보 권리를 보호하고 기업에 책임을 부과한다.
(출처 : https://coag.gov/resources/colorado-privacy-act/)

4) 서드파티 쿠키는 사용자가 방문하는 웹사이트가 아닌 다른 도메인에서 생성한 쿠키로 주로 광고 추적과 교차 사이트 행동 분석에 사용된다.(출처 : https://web.dev/articles/samesite-cookies-explained)

5) Privacy Sandbox 프로젝트는 구글이 서드파티 쿠키를 대체하기 위해 개발 중인 기술 모음으로

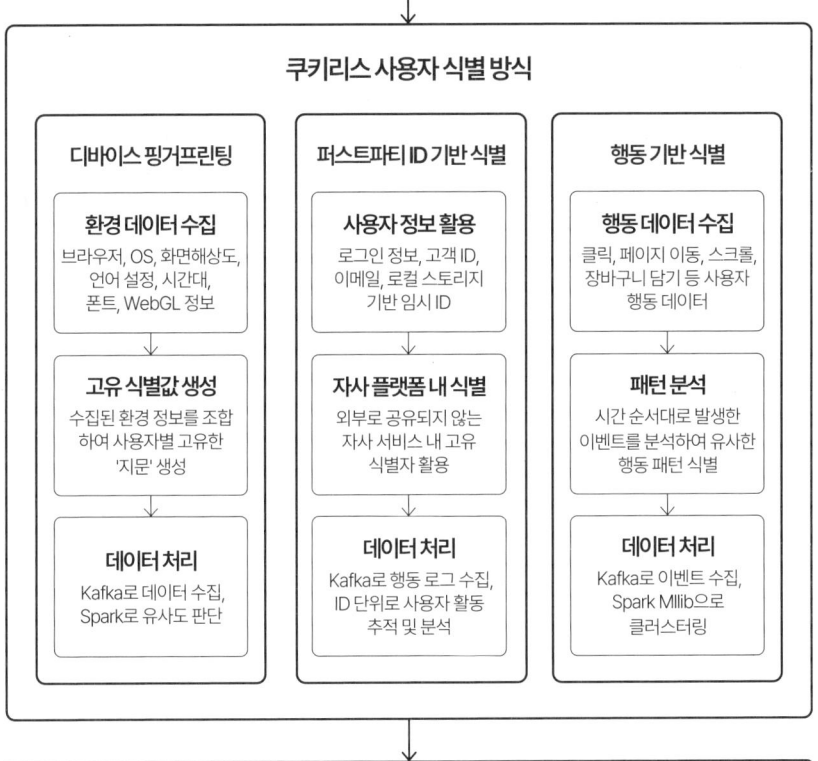

쿠키리스 사용자 식별 프로세스

쿠키리스 사용자 식별

다. 애플의 사파리는 이미 ITP[1]를 통해 타사 쿠키는 물론, 일부 퍼스트파티 쿠키까지 제한하고 있고, 파이어폭스도 ETP[2]를 통해 유사한 추적 차단 정책을 시행하고 있다. 이처럼 주요 브라우저들이 개인정보 보호를 강화하고 있어 기존의 쿠키 기반 광고 기술은 사라질 수밖에 없는 환경이 되었다.

쿠키리스 사용자 식별 방식

이러한 흐름 속에서 쿠키리스 사용자 식별 기술이 등장하였다. 이 기술은 쿠키에 의존하지 않고, 다양한 방식으로 사용자를 구분하고 추적할 수 있다. 그래서 광고 타겟팅, 리타겟팅, 성과 측정 등 디지털 마케팅 전반을 쿠키 없이 구현할 수 있게 해주는 기술적 대안으로 주목받고 있다.

쿠키리스 식별은 쿠키를 사용하지 않고 사용자를 구분하거나 식별하는 기술을 의미한다. 여기서 "식별"은 반드시 실명이나 명확한 개인정보를 가리키는 것이 아니라 동일한 사용자가 여러 번 방문했는지 또는 어떤 채널에서 유입됐는지를 구분할 수 있는 수준의 식별을 의미한다.

디바이스 핑거프린팅

쿠키 없이 사용자를 식별하기 위한 방식은 크게 세 가지 정도로 나눌 수 있다. 첫 번째는 디바이스 핑거프린팅Device Fingerprinting이다. 이 방법은 사

개인정보를 보호하면서도 웹 광고 생태계를 유지하는 것을 목표로 한다.
(출처 : https://privacysandbox.com/)

1) ITP(Intelligent Tracking Prevention)는 애플의 Safari 브라우저에 도입된 기술로 크로스 사이트 추적을 제한하고 서드파티 쿠키 사용을 차단한다.
(출처 : https://webkit.org/blog/7675/intelligent-tracking-prevention/)

2) Mozilla Firefox에서 사용자 개인정보를 보호하기 위해 구현한 기능으로 서드파티 쿠키와 크립토마이닝 같은 추적 기술을 차단한다. (출처 : https://support.mozilla.org/en-US/kb/enhanced-tracking-protection-firefox-desktop)

용자의 브라우저 종류, 운영체제, 화면 해상도, 언어 설정, 시간대, 설치된 폰트, 그래픽 렌더링 방식[1] 등 다양한 사용자 환경 정보를 조합하여 특정 사용자를 식별하는 고유한 '지문'을 만드는 방식이다.

사용자가 웹사이트에 접속하면 자바스크립트를 통해 사용자 디바이스의 속성 정보를 수집하고, 이 정보들을 조합한 후 난수나 해시값을 결합하여 고유한 임시 ID를 만들 수 있다. 예를 들어, A라는 사용자가 서울에서 크롬 브라우저와 1920x1080 해상도의 윈도우 노트북으로 접속했다면, 해당 조합을 기반으로 식별값을 생성하고, 같은 조건으로 다시 접속했을 때 이를 동일 사용자로 추정하는 것이다.

이때 Apache Kafka를 통해 실시간으로 발생하는 이벤트 데이터를 수집하고 저장한 후, Spark에서 이 데이터를 처리하여 각 접속 로그의 환경 정보를 비교하고 유사도를 판단함으로써 동일 사용자 여부를 비교적 정확히 파악할 수 있다. 비밀번호나 로그인 없이도 기기 특성만으로 어느 정도 반복 방문자를 식별할 수 있다는 점에서 유용하지만, 브라우저 업데이트나 설정 변경에 따라 정확도가 떨어질 수 있다.

퍼스트파티 ID 기반 식별

두 번째는 퍼스트파티 ID 기반 식별이다. 이 방식은 사용자가 특정 사이트에 로그인했을 때 발생하는 고유한 사용자 ID를 활용하는 것이다. 예를 들어, 사용자가 A 쇼핑몰에 로그인하면, 해당 사이트는 사용자 이메일이나 내부 고객 번호를 기반으로 '퍼스트파티 ID'를 생성할 수 있다. 이 ID는 외부 사이트에서는 공유되지 않지만, 해당 사이트 내에서는 사용자 행동을 추적하고 분석하는 데 활용된다.

---

1) 그래픽 렌더링 방식(WebGL)은 웹 브라우저에서 플러그인 없이 3D 그래픽을 렌더링하기 위한 JavaScript API로 브라우저 핑거프린팅에도 활용될 수 있다.(출처 : https://developer.mozilla.org/en-US/docs/Web/API/WebGL_API)

퍼스트파티 ID는 단순히 '회원 ID'처럼 보이지만, 실제로는 훨씬 더 넓은 개념이다. 퍼스트파티 ID란 특정 웹사이트나 앱을 운영하는 서비스가 직접 수집한 정보를 기반으로 생성한 사용자 식별자다.

사용자가 회원으로 로그인하는 경우, 웹사이트는 내부적으로 고유한 고객 ID를 할당하게 된다. 이 ID는 외부로 공유되진 않지만, 자사 웹사이트 안에서는 매우 신뢰도 높은 식별 수단이 된다. 예를 들어, 사용자가 특정 쇼핑몰에 로그인한 상태로 상품을 둘러보는 동안 발생한 모든 클릭과 페이지 이동 이벤트는 'user_12948'과 같은 고객 ID와 연결된다. 이처럼 명확한 퍼스트파티 ID가 있는 경우, Kafka를 통해 수집된 로그는 ID 단위로 정렬되며, Spark에서 효율적으로 행동 분석이나 추천 시스템에 연결할 수 있다.

회원 가입을 통해 생성되는 고객 ID나 이메일 주소처럼 명확한 개인 식별 정보도 포함되지만, 로그인하지 않은 사용자에게 발급되는 세션 ID나 로컬 스토리지 기반의 임시 식별자도 퍼스트파티 ID로 간주될 수 있다. 예를 들어, 어떤 사용자가 A 쇼핑몰을 방문하여 상품을 둘러보다 로그인을 하지 않은 채 사이트를 나갔다가, 몇 시간 뒤 다시 같은 기기로 접속했다고 하자. 이때 서비스는 사용자의 브라우저에 저장된 퍼스트파티 쿠키나 로컬 세션 정보를 활용하여 동일한 방문자로 인식할 수 있으며, 그 식별값은 회원 ID가 아니더라도 퍼스트파티 ID 역할을 한다.

즉, 퍼스트파티 ID는 꼭 로그인이나 회원 가입을 전제로 하지 않더라도, 해당 서비스 내부에서만 유효한 형태로 생성되고 활용되는 식별자까지 포함된다. 이러한 ID는 외부 광고 플랫폼이나 제3자 사이트와 공유되지 않기 때문에 개인정보 보호 측면에서도 비교적 자유롭다. 실제로 최근 많은 기업들이 자사 로그인을 적극 유도하거나 한 번의 로그인으로 다양한 서비스를 이용할 수 있는 통합 계정을 도입하는 것도 이러한 퍼스트파티 ID를 강화하기 위한 전략으로 볼 수 있다.

행동 기반 식별

세 번째는 행동 기반 식별 방식이다. 이 방법은 쿠키나 로그인 정보 없이 사용자가 남긴 광고 노출, 클릭, 장바구니 담기, 페이지 이동 등 이벤트 로그를 시간 순서대로 분석하여 유사한 행동 패턴을 가진 사용자를 하나의 동일인으로 추정하는 방식이다.

예를 들어, 사용자가 어떤 제품을 10~15초 간격으로 클릭하고, 같은 시간대에 접속하며, 비슷한 페이지 이동 경로를 보였다면, 이전에 방문한 D 사용자와 동일인일 가능성이 높다고 판단하는 것이다. 이러한 방식은 단일 로그만으로는 식별 정확도가 낮지만, Apache Kafka로 연속된 이벤트 흐름을 수집하고, Spark에서 MLlib 라이브러리[1]에서 제공하는 KMeans, DBSCAN 등의 클러스터링 알고리즘을 PySpark를 통해 적용하면, 행동 패턴이 유사한 식별자들을 하나의 사용자로 묶을 수 있다. 이때 생성된 클러스터는 사용자 ID가 없는 환경에서도 상당 수준의 타겟팅이나 리타겟팅 근거로 활용될 수 있다.

이처럼 쿠키 없이도 다양한 기술적 수단을 통해 사용자를 식별하는 방법이 존재하며, 각 방식은 상황에 따라 병행되거나 보완적으로 사용된다.

---

[1] MLlib 라이브러리는 Apache Spark의 머신러닝 라이브러리로 확장성 있는 분산 머신러닝 알고리즘과 유틸리티를 제공한다.(출처 : https://spark.apache.org/mllib/)

리타겟팅 광고

리타겟팅 광고는 한 번 방문한 사용자에게 다시 광고를 노출하여 사용자를 재유입시키는 타겟 광고 기법이다. 예를 들어, 사용자가 어떤 쇼핑몰에서 상품을 둘러보고 구매하지 않은 채 이탈했을 때, 포털, 뉴스 사이트 등 다른 채널을 방문하면 사용자가 봤던 상품 광고가 다시 등장하는 방식이다.

이 방식은 사용자의 이전 행동을 기록하고, 이를 기반으로 적절한 시점과 위치에 광고를 다시 보여주는 전략이다. 일반적인 광고가 잠재고객 전체를 상대로 노출되는 것이라면, 리타겟팅 광고는 "이미 관심을 보인 사용자"라는 조건이 붙은 타겟에게만 노출된다는 점에서 효율성과 전환율 측면의 성과를 기대할 수 있다.

사용자 행동 데이터 수집

일반적으로 리타겟팅 광고는 사용자 행동 데이터를 기반으로 실시간 입찰 RTB, Real-Time Bidding 시스템과 연동되어 작동한다. 사용자가 특정 상품을 조회하거나 장바구니에 담았다는 로그가 기록되면, 해당 사용자는 리타겟팅 대상으로 등록된다.

이후 사용자가 다른 웹사이트를 방문하면, 광고 영역이 RTB 네트워크에 연결되어 즉시 "이 사용자에게 어떤 광고를 보여줄지"에 대한 경매가 자동으로 진행된다. 이때 광고주 측의 리타겟팅 시스템이 대상 사용자의 ID 또는 식별자 기준으로 광고 요청을 판단하고 가장 알맞은 광고 문구나 이미지를 골라서 보여준다.

쿠키 기반 리타겟팅이 어려워지면서, 최근에는 퍼스트파티 데이터를 활용하거나 쿠키리스 식별 기술을 접목하고 있다. 예를 들어, 로그인 사용자에 대

리타겟팅 광고 프로세스

해서는 내부 고객 ID를 활용한 퍼스트파티 기반 리타겟팅이 가능하고, 로그인하지 않은 경우에도 기기 정보나 브라우저 특성을 조합한 디바이스 핑거프린팅으로 식별한다.

또한 사용자의 상품 탐색 이력이나 구매 직전 행동을 기반으로 한 행동 유사도 기반 모델링도 리타겟팅 효과를 높이기 위해 자주 사용된다.

데이터 처리 및 타겟 사용자 식별

리타겟팅 광고를 구현하려면 단순히 사용자 정보를 수집하는 것을 넘어 광고를 보여줄 대상군을 어떻게 정의하고, 어떤 광고를 어떤 타이밍에 노출할지 결정하는 전체 흐름을 자동화할 필요가 있다. 예를 들어, 쇼핑몰에서 "운동화"를 조회한 사용자 중 장바구니에 담고도 구매하지 않은 사람들을 대상으로 48시간 이내에 "10% 할인 쿠폰이 포함된 광고"를 노출시키는 캠페인을 설계한다고 하자. 이럴 경우, 실시간으로 사용자 행동을 감지하고, 조건에 맞는 사용자를 필터링하여, 그에 적합한 광고 콘텐츠를 연결해야 한다.

이를 위해 먼저 사용자의 행동 데이터를 스트리밍 방식으로 수집해야 한다. 주로 Apache Kafka를 많이 사용한다. Kafka는 웹사이트나 앱에서 발생하는 상품 조회, 장바구니 담기, 로그인, 구매 등 이벤트 로그를 실시간으로 메시지 큐 형태로 수집하고 전달할 수 있다.

그다음 수집된 데이터를 분석하여 리타겟팅 조건을 만족하는 사용자를 빠르게 찾아낸다. 여기서는 Apache Spark와 PySpark가 자주 활용된다. Spark는 대용량 데이터를 빠르게 처리하는 분산 데이터 처리 엔진이고, PySpark는 Spark 기능을 Python 환경에서 사용할 수 있게 해주는 API다.

예를 들어, Spark에서는 "운동화 상품을 본 뒤, 24시간 내에 장바구니에 담고, 아직 구매하지 않은 사용자"라는 조건을 SQL 쿼리처럼 정의해서 대량의 로그 데이터에서 해당 조건에 맞는 사용자만 실시간으로 추출하고, PySpark의 window 함수나 groupBy, filter 등의 연산을 통해 시계열 데이터 기준으로 행동 분석을 수행한다.

광고 콘텐츠 생성

이제 이 사용자에게 어떤 광고를 어떤 문구와 이미지로 보여줄지 결정해야 한다. 가장 기본적인 방식은 템플릿 기반 자동 생성이다. 예를 들어, "{{상품명}}이 다시 찾아왔어요! 오늘 안에 구매하시면 {{할인율}} 할인 혜택을 드립니다."와 같은 사전 정의된 문장을 미리 만들어 두고, 사용자마다 다른 상품 정보나 할인 정보를 채워 넣는 방식이다.

이때 Python에서는 Jinja2[1]와 같은 템플릿 엔진을 사용하면 유연하게 문구를 구성할 수 있으며, 광고 배너용 이미지도 상품 카테고리나 관심사에 따라 자동으로 교체될 수 있도록 설계한다.

최근에는 GPT와 같은 생성형 AI를 활용하여 텍스트 카피도 자동 생성한다. 사용자의 행동 데이터를 요약하여 GPT 모델에 프롬프트로 전달하면, 그에 맞는 자연스럽고 상황에 맞는 광고 문구를 생성할 수 있다.

예를 들어 "최근 운동화를 조회한 20대 남성 고객에게 보낼 광고 문구를 작성해줘. 톤은 간결하고 유쾌하게." 같은 프롬프트를 보내면, "지금 인기 폭발! 이 운동화, 놓치지 마세요" 같은 문구를 자동으로 생성해주는 식이다. 오픈AI의 GPT뿐 아니라 Hugging Face의 Transformers 라이브러리를 사용하면 자체적으로 파인튜닝한 언어 모델을 운영할 수도 있다.

광고 문구뿐만 아니라 이미지 생성까지 자동화할 수 있다. Stable Diffusion과 같은 이미지 생성 모델을 활용하면, "러닝화를 신고 달리는 캐릭터" 같은 설명에 맞는 광고용 시각 콘텐츠를 자동 생성할 수 있다.

---

1) Jinja2는 Python 웹 프레임워크인 Flask의 기본 템플릿 엔진으로 템플릿에 변수와 제어 구조를 삽입할 수 있는 텍스트 기반 템플릿 언어이다. HTML, XML 등 마크업 언어와 함께 사용되며, 동적 콘텐츠 생성을 위한 강력한 도구이다.(출처 : https://palletsprojects.com/p/jinja/)

DSP 및 RTB 시스템 연동을 통한 광고 노출

이렇게 구성된 광고 콘텐츠는 DSP[1] 또는 자사 광고 플랫폼에 자동으로 연동되어 집행된다. 이 과정 또한 Kafka와 Spark를 통해 실시간으로 상태를 업데이트하고, 성과 데이터를 기반으로 어떤 조합이 효과적인지 학습하는 구조로 연결된다.

결과적으로 사용자의 행동 로그 분석부터, 타겟 추출, 콘텐츠 생성, 광고 집행까지의 흐름이 모두 자동화되고 데이터 기반으로 연결되어야, 진정한 의미의 개인화 리타겟팅 광고가 구현된다. 이는 단순한 자동화 수준을 넘어, 사용자 한 명 한 명에게 가장 적절한 메시지를 전달하려는 기술적 시도이며, 광고의 정밀도와 효율성을 크게 높일 수 있는 핵심 전략으로 평가받고 있다.

이러한 구조를 갖추면 리타겟팅 광고는 단순한 반복 노출이 아니라 사용자의 현재 상황과 맥락에 맞춘 정교한 리마케팅 전략으로 진화할 수 있다. 리타겟팅은 단순히 다시 광고를 노출하는 것이 아니라 사용자와의 상호작용 히스토리를 분석하고, 그 흐름에 맞는 시점과 콘텐츠로 다시 다가가는 정교한 전략이다. 특히, 전환 가능성이 높은 사용자를 중심으로 예산을 집중할 수 있어, 퍼포먼스 마케팅에서 매우 중요하게 여기는 기술로 자리잡고 있다.

---

1) DSP(Demand-Side Platform)는 광고주나 에이전시가 여러 광고 거래소(Ad Exchange)에서 디지털 광고 인벤토리를 구매할 수 있게 해주는 자동화된 플랫폼이다. 실시간 입찰(RTB) 방식으로 작동하며, 타겟팅 옵션과 데이터 분석 도구를 통해 광고주가 효율적으로 타겟 고객에게 도달할 수 있도록 지원한다.(출처 : https://www.iab.com/insights/programmatic-advertising-guide/)

컨텍스트 광고

컨텍스트 광고는 사용자가 누구인지보다는 지금 사용자가 보고 있는 콘텐츠의 맥락에 맞춰 광고를 노출하는 기법이다. 예를 들어, 사용자가 '등산용 재킷 리뷰'가 담긴 블로그 글을 읽고 있다면, 해당 페이지에는 '등산 장비'나 '야외용 텐트' 광고가 노출되는 식이다. 이 방식은 사용자의 관심사를 추적하거나 과거 행동 이력을 분석하지 않더라도 현재 소비 중인 콘텐츠를 기준으로 자연스럽게 관련성 높은 광고를 보여줄 수 있다.

과거에는 키워드 매칭 위주의 단순한 방식이 많았지만, 최근에는 자연어 처리NLP 기술이 발전하면서 콘텐츠의 의미와 문맥을 더 정교하게 분석할 수 있게 되었다. 단어 단위의 일치가 아니라, 문서의 주제, 문장 간 연결, 감정적 톤, 문체 등을 종합적으로 이해하고, 이에 어울리는 광고를 자동으로 매칭할 수 있게 된 것이다.

예를 들어, 텍스트 내에 '가을 등산', '쌀쌀한 날씨', '가벼운 바람막이' 같은 표현이 포함되어 있다면, 시스템은 이를 종합적으로 판단하여 "간절기 아우터" 같은 광고를 우선적으로 노출할 수 있다. 이러한 분석에는 BERT나 RoBERTa 같은 사전학습 기반의 언어 모델이 활용되며, 텍스트에서 추출된 임베딩을 통해 광고 콘텐츠와 문서 간의 의미적 유사도를 계산하게 된다.

이를 위해서는 웹페이지의 HTML 본문을 수집하고, 그 안에 포함된 본문 텍스트, 제목, 메타 태그, 카테고리 정보를 기준으로 NLP 기반의 콘텐츠 분석을 수행한다. 이때 콘텐츠를 분석하여 '여행', '육아', '재테크' 등 특정 주제로 분류하거나 감정 분석을 통해 긍정/중립/부정의 분위기를 파악할 수도 있다. 이 과정에서 사용되는 오픈소스 라이브러리는 Python 환경의 spaCy, Hugging Face Transformers 또는 토픽 모델링용 BERTopic 등이 있다.

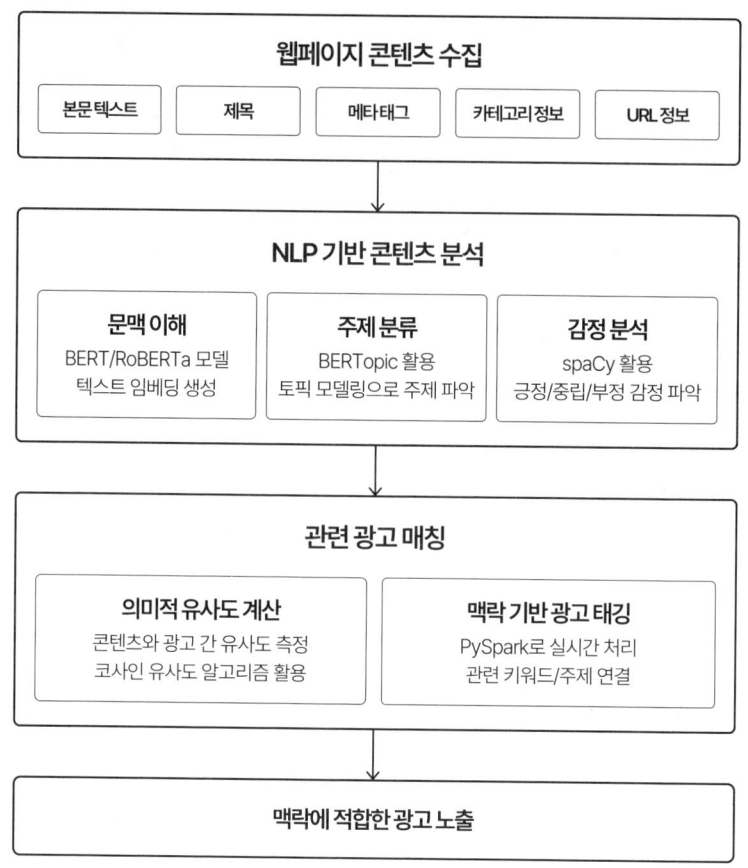

컨텍스트 광고 프로세스

예를 들어, Spark 기반 로그 분석 시스템에서 페이지 방문 이벤트를 수집하고, 해당 페이지의 URL을 기반으로 본문을 가져온 후, PySpark로 NLP 모델을 연동하여 실시간으로 광고 태깅을 구현할 수 있다.

컨텍스트 광고는 사용자의 개인 정보를 활용하지 않아 쿠키리스 환경에 특히 적합하며, 최근 더욱 주목받고 있다.

클릭 예측 모델

클릭 예측 모델은 사용자의 광고 클릭 가능성을 사전에 예측하는 모델로 퍼포먼스 중심 광고의 핵심 기술 중 하나다. 광고 노출 기회가 주어졌을 때, 그 광고가 클릭될 확률CTR, Click-Through Rate을 빠르게 예측하여 광고 입찰, 예산 분배, 광고 순위 결정 등 광고 전략의 자동화와 최적화를 구현한다.

예를 들어, 동일 광고 지면에 두 개의 광고가 후보로 올랐을 때, 클릭 확률이 더 높은 광고를 우선 노출하는데, 이때 예상 클릭률에 광고주의 입찰가를 곱한 값은 광고 경매 시스템에서 순위를 정하는 중요한 기준이다.

클릭 예측 모델은 사용자, 광고, 맥락에 대한 다양한 피처가 입력되면 해당 조합을 통해 클릭 확률을 예측하는 모델이다. 초기에는 로지스틱 회귀 같은 선형 모델이 주로 사용되었지만, 데이터가 방대해지고 피처 간 상호작용이 복잡해지면서 딥러닝 기반 모델이 표준으로 자리 잡았다. 대표적으로는 Wide & Deep 모델[1], DeepFM[2], DCN[3], DIN[4] 등이 있고, 모두 PyTorch나

---

1) Wide & Deep 모델은 구글에서 개발한 추천 시스템으로 선형 모델(Wide)의 기억력과 딥러닝(Deep)의 일반화 능력을 결합한 하이브리드 모델이다. Wide 부분은 명시적 피처 조합을 학습하고, Deep 부분은 저차원 임베딩을 통해 새로운 피처 조합을 발견한다.(출처 : https://arxiv.org/abs/1606.07792)

2) DeepFM는 CTR 예측을 위한 모델로 팩터라이제이션 머신(FM)과 심층 신경망을 결합한 구조이다. FM 컴포넌트가 저차원 피처 상호작용을 모델링하고, 딥 컴포넌트가 고차원 피처 상호작용을 학습하여 두 가지 장점을 통합했다.(출처 : https://arxiv.org/abs/1703.04247)

3) DCN(Deep & Cross Network)는 자동으로 피처 간 교차 상호작용을 학습하는 신경망 구조로 명시적인 교차 레이어와 병렬적인 딥 네트워크를 결합했다. 특히, 교차 레이어가 피처 간 상호작용을 효과적으로 학습하면서도 계산 복잡도를 낮추는 장점이 있다.(출처 : https://arxiv.org/abs/1708.05123)

4) DIN(Deep Interest Network)는 사용자의 다양한 관심사를 모델링하기 위해 설계된 네트워크로, 지역적 활성화 단위(Local Activation Unit)를 통해 사용자의 과거 행동과 현재 광고 간의 관련성을 동적으로 계산한다. 특히, 사용자의 다중 관심사를 효과적으로 포착하는 능력이 뛰어나다.

TensorFlow 같은 오픈소스 프레임워크에서 구현할 수 있다.

학습 데이터셋 구성

클릭 예측 모델을 학습시키기 위해서는 사용자의 행동 로그로부터 입력값과 정답이 명확히 구분된 형태의 지도학습 데이터셋을 만들어야 한다. 이때의 구조는 일반적으로 '입력 피처 → 클릭 여부'로 구성된다.

여기서 입력 피처란 사용자가 광고를 보게 된 상황에 대한 다양한 정보들을 말하며, 클릭 여부는 해당 광고가 실제로 클릭되었는지를 나타내는 이진 값으로 모델이 예측해야 할 정답 역할을 한다.

입력 피처 (X)

- 사용자 ID
- 시간대 (예: 오후 3시)
- 기기 (예: iPhone)
- 광고 카테고리 (예: 스포츠 의류)
- 광고 위치 (예: 모바일 앱 홈 화면)
- 사용자의 최근 클릭 기록 (예: 지난 7일간 스포츠 광고 클릭 여부)

출력 값 (Y)

- 클릭 여부 (0 또는 1)

예를 들어, 사용자가 오후 3시에 아이폰으로 쇼핑 앱을 이용하던 중 스포츠 의류 광고를 홈 화면에서 본 뒤 클릭했다면, 이 한 건의 로그는 '사용자 상황과 광고 특성'이라는 입력 피처들과 '클릭했다(1)'라는 정답이 연결된 하나의 학습 데이터로 구성된다. 수천만 건의 이런 로그가 쌓이면, 모델은 어떤

(출처)https://arxiv.org/abs/1706.06978

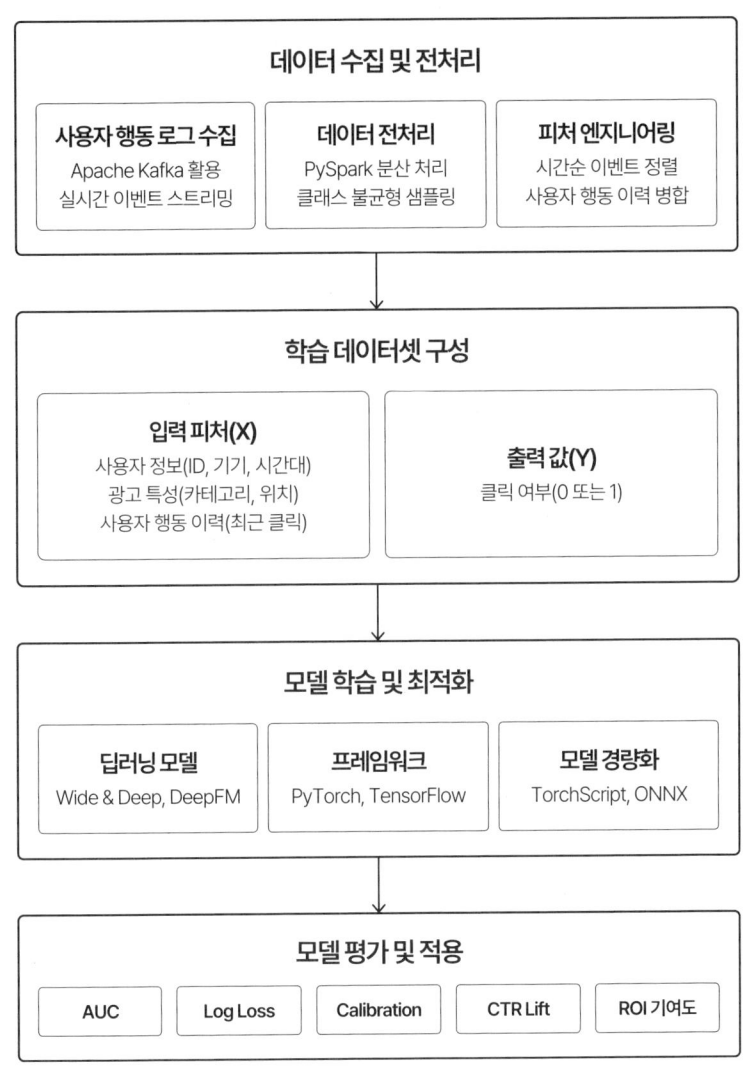

클릭 예측 모델 프로세스

조합의 피처일 때 클릭이 일어나는지를 학습하게 되고, 이후 유사한 상황에서 클릭 가능성을 예측할 수 있게 된다. 이처럼 입력 피처와 클릭 여부가 짝을 이루는 구조는 클릭 예측 모델 학습의 기본이며, 광고 시스템의 예측 정확도를 좌우하는 중요한 출발점이다.

모델 평가 및 적용

클릭 예측 모델의 성능을 평가할 때는 단순히 "맞췄다 vs 틀렸다"는 식의 정확도^{Accuracy}으로는 부족하다. 실제 광고 데이터에서는 클릭이 일어나는 비율이 매우 낮기 때문이다. 예를 들어, 전체 광고 노출 중 클릭이 일어난 비율이 1%라고 가정하면, 모든 광고가 클릭되지 않을 거라고 예측해도 99% 정확도가 나오게 된다. 하지만 이런 모델은 실제로 아무 쓸모가 없다. 그래서 클릭 예측에서는 다음과 같이 좀 더 정교한 평가 지표들이 사용된다.

AUC

가장 많이 쓰이는 지표는 AUC$^{Area\ Under\ the\ ROC\ Curve}$다. 이 지표는 "모델이 클릭된 광고와 클릭되지 않은 광고를 얼마나 잘 구분해내는가"를 평가한다. 예를 들어, 모델이 광고 A에는 클릭 확률 0.9, 광고 B에는 0.2를 예측했는데 실제로 A가 클릭되고 B는 클릭되지 않았다면, 이건 모델이 잘 구분한 것이다. AUC 값은 0.5(랜덤과 동일)에서 1.0(완벽한 구분) 사이를 가지며, 보통 0.7 이상이면 꽤 잘 작동한다고 평가된다.

로그 손실

그다음 로그 손실$^{Log\ Loss}$가 있다. 로그 손실은 예측한 확률 값이 정답과 얼마나 가까운지를 수치로 측정하는 지표다. 예를 들어, 실제로 클릭이 일어났는데 모델이 클릭 확률을 0.95로 예측했다면 손실이 작지만, 0.05로 예측했다면 손실이 크다. 이 지표는 모델의 예측이 얼마나 "자신감 있게 정확한지"를 평가하는 데 유용하며, 값이 낮을수록 좋은 모델이다.

보정

또 하나 보정^{Calibration}이 있다. 이건 모델이 예측한 확률이 실제 관찰된 클릭률과 얼마나 일치하느냐를 보는 지표다. 예를 들어, 모델이 클릭 확률

0.7이라고 예측한 광고가 실제로도 약 70% 클릭되었다면, 모델은 잘 보정 Calibrated된 것이다. 보정이 잘 되어 있는 모델은 클릭 확률을 실제로 광고 입찰 전략에 활용할 수 있다는 의미이기도 하다.

CTR Lift 및 ROI 기여도

이 외에도 CTR Lift, ROI 향상 기여도 등 비즈니스 관점의 평가 지표가 있다. CTR Lift는 클릭 예측 모델을 적용했을 때 클릭률이 얼마나 개선되었는지를 나타내고, ROI는 모델 기반 타겟팅이 실제 매출이나 전환에 어느 정도 영향을 주었는지를 평가하는 지표다. 예를 들어, 기존 대비 15% 더 높은 클릭률을 보였다면 CTR Lift가 15%라고 할 수 있고, 광고비 대비 수익이 증가했다면 ROI 기여도 역시 높게 평가된다.

데이터 수집 및 전처리

실제 광고 시스템에서는 수많은 사용자 행동 로그가 끊임없이 쌓이는데, 이 데이터를 그대로 모델에 넣을 수는 없다. 먼저 데이터를 정리하고, 모델이 학습하기 좋은 형태로 바꿔주는 전처리 과정이 필요하다. 실무에서는 이 작업을 자동화하고 대규모로 처리하기 위해 Apache Kafka와 PySpark 같은 오픈소스 도구들이 사용된다.

Kafka에 의한 데이터 수집은 앞에서 언급했으므로 PySpark의 처리 과정만 살펴보자. 광고 클릭 예측 모델을 만들기 위해서는 '클릭한 경우'와 '클릭하지 않은 경우'를 모두 포함한 학습 데이터가 필요하지만, 실제 로그에서는 클릭이 일어난 경우보다 클릭하지 않은 경우가 훨씬 많다.

이럴 때 PySpark에서는 클릭/비클릭 비율을 적절히 맞춰서 학습 데이터를 균형 있게 샘플링하거나 다운샘플링 기법을 적용할 수 있다. 예를 들어, 클릭이 1%에 불과하다면, 클릭하지 않은 99% 중 일부만 추려서 클릭한 샘플과 비슷한 비율로 학습 데이터셋을 구성하는 것이다.

PySpark를 활용하면 시간순 정렬도 쉽게 처리할 수 있다. 사용자가 광고를 클릭하기 전에 어떤 행동을 했는지 알기 위해 이벤트 로그를 타임스탬프 기준으로 정렬하여 행동 흐름을 분석한다. 예를 들어, 사용자가 먼저 '러닝복'을 검색한 후 '운동화' 광고를 클릭했다면, 이 순서를 그대로 반영하여 모델이 시간적인 맥락까지 이해할 수 있도록 돕는다.

여기에 사용자의 과거 행동 정보를 장기·단기 이력으로 나누어 병합하는 작업도 이뤄진다. 예를 들어, 지난 7일간 사용자가 어떤 카테고리의 광고를 자주 클릭했는지를 '장기 피처'로, 오늘 하루 동안의 클릭 기록을 '단기 피처'로 구성하여 모델에 입력하면 사용자 선호도의 흐름이나 변화까지 분석할 수 있어 예측 정확도를 높이는 데 도움이 된다.

모델의 학습 이후에는 실시간 또는 배치 형태로 예측이 수행된다. 실시간 환경에서는 예측 속도와 지연 시간이 중요한 이슈이기 때문에 추론용 모델은 TorchScript[1]로 경량화하거나 ONNX로 변환하여 GPU나 CPU 환경에서 빠르게 실행될 수 있도록 최적화된다. 실시간 입찰RTB 구조에서는 100ms 내에 클릭 예측과 입찰 응답이 완료되어야 하므로 시스템 설계와 모델 경량화는 매우 중요한 요소다.

지금까지 살펴본 바와 같이 클릭 예측 모델은 단순히 정확한 예측만 하는 것이 아니라 예측 결과가 실제 광고 성과에 어떤 영향을 주었는지를 함께 고려해야 한다. 좋은 예측 모델은 클릭을 '맞추는' 것이 아니라 광고 캠페인의 전체 성과를 '끌어올리는' 데 기여해야 하며, 이를 다양한 지표로 정량적이고 입체적으로 평가하는 것이 실무에서는 매우 중요하다.

---

1) TorchScript는 PyTorch 모델을 Python 런타임 없이도 실행 가능한 형태로 변환하는 기술이다. 훈련된 모델을 프로덕션 환경에 배포할 때 필요한 경량화와 최적화를 지원하며, C++ 환경에서도 모델을 실행할 수 있게 해준다.(출처 : https://pytorch.org/docs/stable/jit.html)

A/B 테스트 자동화

A/B 테스트 자동화는 서로 다른 광고 버전이나 타겟 전략을 비교하여 어떤 조합이 더 나은 성과를 내는지를 자동으로 판단하고 최적화하는 기법이다. 전통적인 A/B 테스트는 보통 하나의 광고 문구, 이미지, 타이틀 등 콘텐츠 요소를 조금씩 바꿔서 두 가지 버전을 준비하고, 이를 무작위로 사용자 그룹에 나눠 노출한 뒤 들어 클릭률CTR, 전환률CVR, 체류 시간 등을 비교하였다. 그러나 이렇게 수동으로 테스트를 하면, 설계에서 결과 분석을 거쳐 결정을 내리는 시간이 오래 걸려 실시간으로 반영되기 어렵다.

자동화된 A/B 테스트는 이 모든 과정을 데이터 기반으로 실시간으로 처리한다. 먼저 여러 버전의 광고 크리에이티브를 사전에 정의하고, 각 버전을 동일한 조건에서 일정 비율로 노출시키는 분산 로직이 작동한다. 이때 어떤 버전이 더 많이 클릭되었는지, 구매로 이어졌는지 등 사용자의 반응 데이터는 Kafka와 같은 스트리밍 플랫폼을 통해 수집되고, PySpark나 Spark Streaming을 이용하여 실시간으로 집계된다. 이때 각 버전별 성과가 어느 정도 통계적 유의성을 갖추게 되면, 성능이 더 좋은 버전을 자동으로 선택하여 노출 비중을 늘리거나 아예 하나의 버전으로 고정하는 방식으로 최적화가 이루어진다.

A/B 테스트 자동화에서는 단순히 데이터를 많이 모아 비교한다는 것보다는 테스트 중 의미 있는 결과가 보이면 빠르게 결론을 내리는 것이 더 중요하다. 특히, 광고처럼 실시간으로 반응이 오고 예산이 소모되는 환경에서는 더 적은 사용자 반응만으로도 '어떤 버전이 더 효과적인지' 빠르게 판단하는 것이 효율적이다. 이런 목적에 잘 맞는 통계적 접근이 바로 베이지안 방식과 순차 테스트Sequential Testing다.

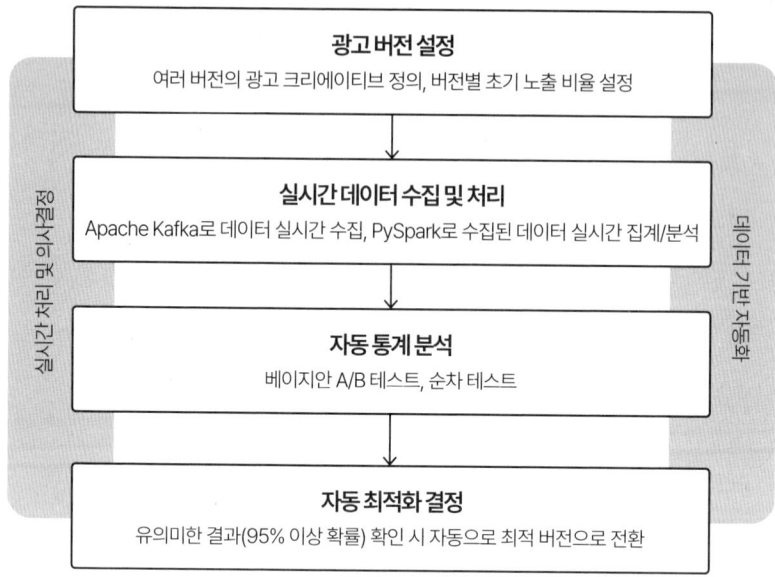

A/B 테스트 자동화 프로세스

전통적인 A/B 테스트 방식은 두 광고 버전 모두에 대해 충분히 많은 사용자 반응이 쌓일 때까지 기다린 다음, 그 데이터를 바탕으로 통계적으로 의미 있는 차이가 있는지를 확인하여 결정한다. 보통 "이 결과가 우연이 아닐 확률이 95% 이상일 때($p<0.05$)"라는 기준을 사용하여 어떤 버전이 더 나은지를 판단하는데, 이 방식은 시간이 오래 걸리고, 중간에 결과를 확인하면 통계적 오류가 발생할 수 있다는 단점이 있다.

반면 베이지안 A/B 테스트는 실시간으로 데이터가 들어오는 대로 결과를 업데이트하며, "지금까지의 데이터를 보면 B 버전이 A보다 더 나을 확률이 몇 퍼센트인가?"라는 질문에 확률적으로 답을 해준다. 예를 들어, B 버전의 클릭률이 A보다 높을 확률이 93% 이상이라는 결과가 나오면, 이 시점에서 실험을 조기 종료하고 B 버전을 본격적으로 운영할 수 있다. 이렇게 하면 더 빠르게 효과 좋은 광고를 적용할 수 있고, 성과가 낮은 버전으로 인해 낭비되는 광고비도 줄일 수 있다.

비슷한 개념으로 순차 테스트는 실험 중간에도 통계적으로 유효한 결과가 나오는 순간, 실험을 끝내도록 설계된 테스트 방법이다. 실험이 끝날 때까지 기다릴 필요 없이, 성과 차이가 분명해지는 순간 바로 결론을 낼 수 있는 점이 장점이다.

이러한 방식은 다음과 같은 방법으로 Python에서 손쉽게 구현할 수 있다.

- scipy.stats[1]와 statsmodels[2]는 전통적인 통계 분석과 함께 간단한 순차 테스트에도 사용할 수 있다.
- bayespy[3], pymc3[4], scikit-bio[5] 같은 라이브러리는 베이지안 방식의 실험을 모델링하는 데 활용된다.
- Ax[6]는 베이지안 A/B 테스트, 하이퍼파라미터 튜닝, 실험 최적화를 통합적으로 지원하며, 자동화된 실험 운영에 적합하다.

---

1) scipy.stats는 SciPy 라이브러리의 통계 모듈로 확률 분포, 통계 함수, 통계적 검정 등 다양한 통계 기능을 제공하는 Python 패키지이다. A/B 테스트에서 p-value 계산이나 가설 검정에 널리 사용된다.(출처 : https://docs.scipy.org/doc/scipy/reference/stats.html)

2) statsmodels는 통계 모델 추정, 검정, 시계열 분석 등 통계 분석에 특화된 Python 패키지로 고급 통계 기능과 회귀 분석, ANOVA, 시계열 모델링 등을 제공한다. 엄격한 통계적 검증이 필요한 A/B 테스트에 적합하다.(출처 : https://www.statsmodels.org/stable/index.html)

3) bayespy는 베이지안 추론과 머신러닝을 위한 Python 라이브러리로 베이지안 네트워크, 변분 추론 등을 구현할 수 있다. 확률적 프로그래밍과 베이지안 A/B 테스트에 활용된다.
(출처 : https://github.com/bayespy/bayespy)

4) pymc3는 확률적 프로그래밍을 위한 Python 라이브러리로 MCMC(Markov Chain Monte Carlo) 샘플링 방법을 사용해 베이지안 모델의 사후 분포를 추정한다. A/B 테스트에서 베이지안 접근법을 적용할 때 사용된다.(출처 : https://docs.pymc.io/en/v3/)

5) scikit-bio는 생물정보학 분석을 위한 Python 라이브러리로 통계적 검정, 서열 분석, 다양성 측정 등의 기능을 제공한다. 생물학적 데이터에 대한 통계적 분석이 필요할 때 활용된다.
(출처 : http://scikit-bio.org/docs/latest/index.html)

6) Ax는 Facebook(Meta)에서 개발한 적응형 실험 플랫폼으로 베이지안 최적화를 이용한 A/B 테스트와 하이퍼파라미터 튜닝을 지원한다. 복잡한 실험 설계와 자동화된 의사결정에 적합하다.
(출처 : https://ax.dev/)

위 방법 중 Ax를 이용하면, A/B 두 버전의 클릭률 데이터를 스트리밍 형태로 받아서 특정 시점에서 B가 더 우수하다는 베이지안 확률이 95%를 넘으면 실험을 종료하고 B로 전환하는 식으로 실험을 구성할 수 있다.

이처럼 테스트를 더 스마트하고 빠르게 종료할 수 있도록 돕는 통계적 기법과 도구들이 자동화 시스템에 포함되면, 의사결정의 속도와 정확도를 동시에 높일 수 있다.

브랜드 리프트 측정

브랜드 리프트 측정Brand Lift Measurement은 광고가 단기적인 클릭이나 전환 외에 사용자의 인식과 태도에 어떤 긍정적인 변화를 일으켰는지를 확인하는 방법이다. 다시 말해, 광고를 본 사람이 그렇지 않은 사람보다 브랜드를 더 잘 기억하거나, 더 호감 있게 느끼거나, 구매 의사가 높아졌는지를 광고 노출 전후의 인식 차이로 측정하는 것이다. 특히, 전환 중심 광고 성과로는 설명하기 어려운 브랜드 캠페인, 영상 광고, 디스플레이 광고 등에서 필수적인 지표로 활용된다.

실험군과 대조군 설정

보통 두 집단을 구성하여 테스트를 진행한다. 하나는 광고를 본 사용자 집단(노출 그룹), 다른 하나는 보지 않은 집단(비노출 그룹)이다. 이후 두 그룹에 대해 "이 브랜드를 알고 있습니까?", "이 브랜드를 얼마나 긍정적으로 생각하십니까?", "구매 의향이 있습니까?"와 같은 문항을 묻고, 그 응답 차이를 분석하여 광고가 실제로 브랜드 인식에 영향을 줬는지를 평가한다.

예를 들어, 광고를 본 사람들 중 45%가 브랜드를 알고 있다고 답했고, 광고를 보지 않은 사람들 중에서는 37%가 그렇다고 답했다면, 이 두 집단의 차이인 8%포인트가 바로 브랜드 리프트라고 할 수 있다. 즉, 광고 덕분에 브랜드를 더 많이 기억하게 된 사람들의 비율을 나타내는 것이다.

측정 방식

과거에는 이런 조사를 설문 방식으로 수작업 처리했지만, 지금은 디지털 플랫폼과 통합된 자동화된 브랜드 리프트 측정 시스템이 많이 활용된다. 대

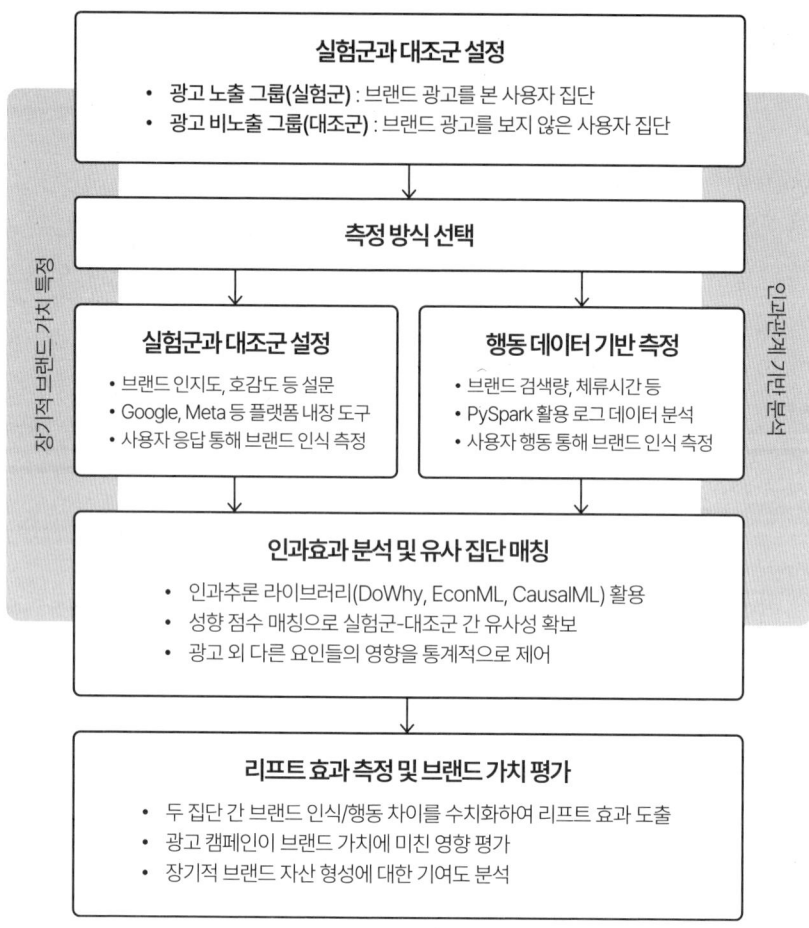

브랜드 리프트 측정 프로세스

표적으로 구글, 메타, 틱톡 같은 플랫폼에서는 광고 캠페인 집행 시 자동으로 실험군과 대조군을 나눠 노출하고, 플랫폼 내에서 자체 설문조사 기능을 통해 인식 데이터를 수집한다. 이 과정을 통해 실시간으로 리프트 효과를 정량화하고, 캠페인 중에도 리포트를 통해 결과를 확인할 수 있다.

그런데 브랜드 리프트를 꼭 설문조사로만 측정할 필요는 없다. 실제로 오픈소스 도구와 로그 데이터를 활용하면, 노출된 사람과 노출되지 않은 사람

사이에 어떤 차이가 있는지를 분석하여 광고 효과를 추정할 수 있다. 이때 핵심은 "광고를 본 것 외에는 거의 비슷한 조건을 가진 사용자 그룹"을 찾아서, 그 두 그룹의 행동 차이를 비교하는 것이다. 이를 통해 광고가 실제로 브랜드 인식이나 행동에 영향을 미쳤는지를 판단할 수 있다.

예를 들어, 광고를 본 사용자 그룹(노출 그룹)과 보지 않은 사용자 그룹(비노출 그룹)을 나누고, 그들이 일정 기간 내에 브랜드 이름을 검색했는지, 웹사이트를 다시 방문했는지, 또는 브랜드 관련 페이지에서 얼마나 오래 머물렀는지 등을 비교할 수 있다. 만약 광고를 본 그룹이 브랜드 이름을 검색한 비율이 확실히 높다면 광고가 인식에 영향을 준 것으로 해석할 수 있다.

인과효과 분석 및 유사 집단 매칭

이런 분석을 위해 실무에서는 PySpark를 사용하여 대규모 사용자 로그를 전처리하고, Python의 인과추론 라이브러리들을 활용하여 다음과 같이 분석을 수행할 수 있다.

- **DoWhy** : 광고 노출이 브랜드 검색 행동에 영향을 주는지에 대한 인과관계를 정의하고, 그에 대한 추정을 수행해주는 도구다.
- **EconML** : 마이크로소프트에서 만든 라이브러리로 머신러닝 기반으로 인과효과 Causal Effect를 계산해준다.
- **CausalML** : 우버에서 개발한 도구로 광고 기술 환경에서 유사 집단 매칭과 효과 추정에 유용하다. 여기서 유사 집단 매칭이란 광고에 노출된 사용자들과 최대한 비슷한 특성(연령, 성별, 이용 패턴, 지역 등)을 가졌지만 광고에 노출되지 않은 사용자들을 찾아 대조군으로 구성하는 통계적 기법을 말한다. 이를 통해 광고 효과만을 분리하여 정확하게 측정할 수 있다.

광고 캠페인 기간 중 웹사이트를 방문한 사용자들의 로그를 분석하여 광고 노출 여부, 방문 시간, 지역, 기기 종류, 기존 방문 빈도 등 다양한 조건을 기반으로 두 개의 유사한 사용자 집단을 만든다. 이때 성향 점수 매칭 Propensity Score Matching이나 최근접 이웃 매칭 Nearest Neighbor Matching[1] 같은 방법으로 처리 집단과 통제 집단 간의 특성 차이를 최소화한다.

그런 다음 각 집단의 브랜드 키워드 검색 비율을 비교하면, 광고가 인지도에 미친 영향을 수치로 추정할 수 있다. 이때 "광고를 본 적 있나요?" 같은 설문 없이도 행동 데이터만으로 리프트 효과를 추정할 수 있다.

브랜드 리프트 측정은 단순히 "얼마나 많은 사람이 클릭했는가"보다 한층 더 깊이 있는 분석을 할 수 있으며, 장기적인 브랜드 자산 형성과 인지도 확보 전략의 효과를 수치로 확인할 수 있는 방법이다. 클릭 기반 퍼포먼스 광고와 달리 브랜드 캠페인의 성과를 과학적으로 평가하고 최적화하는 데 필수적인 요소다.

---

[1] 최근접 이웃 매칭(Nearest Neighbor Matching)은 인과 추론 분석에서 사용되는 매칭 기법으로 처리군의 각 개체에 대해 공변량 공간에서 가장 가까운 대조군 개체를 찾아 매칭하는 방법이다. 이 방법은 관찰 데이터에서 실험군과 대조군 간의 특성 차이를 최소화하여 인과 효과를 더 정확하게 추정할 수 있게 해주며, 특히, 성향 점수만으로는 포착하기 어려운 다차원적 유사성을 고려할 수 있다는 장점이 있다.(출처 : https://towardsdatascience.com/matching-methods-for-causal-inference-a-machine-learning-perspective-53acad7e3fbe)

멀티채널 어트리뷰션 분석

멀티채널 어트리뷰션 분석Multi-Channel Attribution Analysis은 사용자가 어떤 광고나 마케팅 채널을 통해 구매, 가입, 문의 등 최종 행동을 했는지를 분석하는 기법이다. 과거에는 '마지막으로 클릭한 광고'만을 성과로 인정하는 마지막 클릭 방식Last Click Attribution이 널리 사용되었지만, 실제 고객 여정은 한두 번의 접점으로 이루어지지 않는다. 사용자는 SNS 광고를 보고 관심을 가졌다가, 이메일 뉴스레터를 통해 다시 제품을 확인하고, 며칠 뒤 검색 광고를 클릭한 후 구매에 이르는 등 다양한 채널을 거쳐 최종적으로 전환되는 경우가 많다.

멀티채널 어트리뷰션 분석은 이러한 경로 전체를 고려하여 각 채널의 전환 기여도를 정량적으로 평가한다. 예를 들어, 사용자가 A → B → C 순으로 채널을 거쳐 구매했다면, 마지막인 C뿐만 아니라 A와 B도 일정 부분 기여한 것으로 보고, 그 공헌도를 나누는 방식이다. 이렇게 분석하면 단기 성과만 높은 채널에 과도한 예산이 몰리는 것을 방지하고, 고객 여정 전반에서 효율적인 예산 분배와 전략 수립이 가능해진다.

사용자 경로 데이터 수집

이를 구현하려면 우선 사용자의 경로 데이터를 수집해야 한다. 이때 Kafka와 같은 스트리밍 플랫폼을 통해 웹, 앱, 이메일, 검색, 소셜미디어 등 다양한 채널에서 발생하는 이벤트 로그를 통합적으로 수집한다. 수집된 로그는 PySpark로 전처리되며, 각 사용자의 행동을 시간 순으로 정렬하고, 채널별 접점 이력을 구성하게 된다.

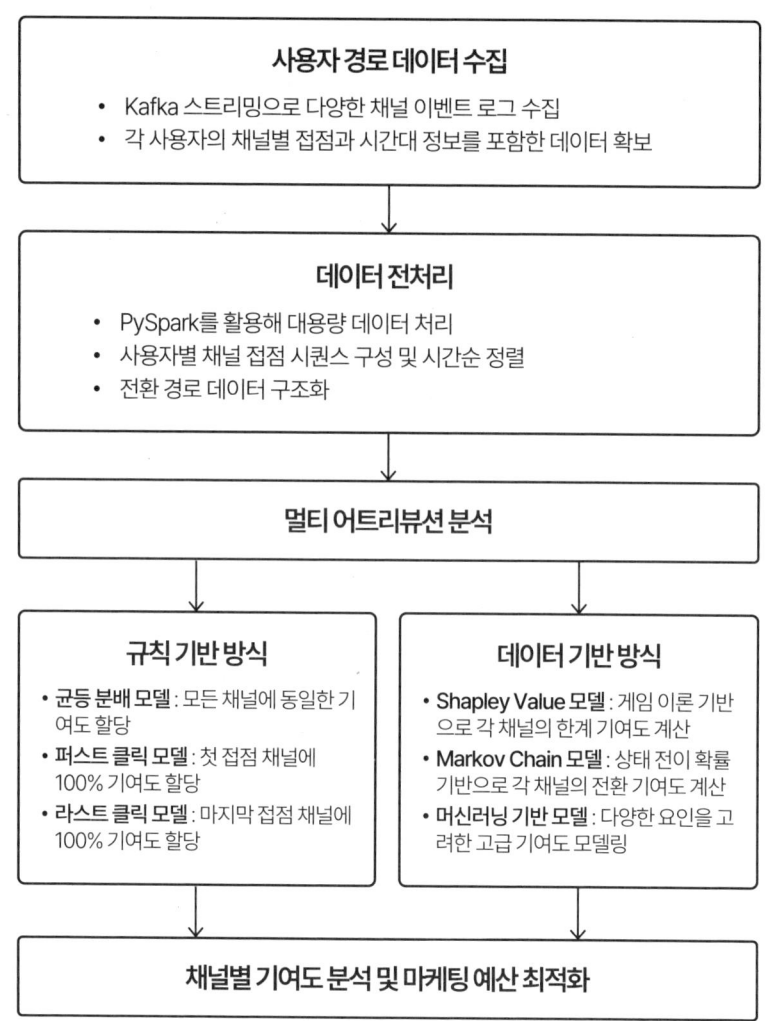

멀티채널 어트리뷰션 분석 프로세스

멀티채널 어트리뷰션 분석

멀티채널 어트리뷰션 분석은 크게 규칙 기반 방식Rule-based과 데이터 기반 방식Data-driven으로 구분할 수 있다.

규칙 기반 방식

우선 규칙 기반 방식은 단순한 고정 규칙을 정해두고, 그에 따라 전환 기여도를 나누는 방법이다. 예를 들어, 사용자가 'SNS 광고 → 검색 광고 → 이메일'의 순서로 광고를 접하고 구매했다면, 다음과 같은 방법으로 기여도를 부여한다.

- 균등 분배 방식은 이 세 채널에 각각 1/3씩 기여도를 나눠준다.
- 퍼스트 클릭 방식은 첫 번째 채널인 SNS 광고에 모든 기여도를 부여한다.
- 라스트 클릭 방식은 마지막에 영향을 준 이메일 채널에 100% 기여도를 부여한다.

이 방식은 구현이 간단하지만, 실제로 어떤 채널이 전환에 더 결정적인 역할을 했는지 반영하기 어렵다. 예를 들어, 사용자가 이메일은 그냥 무심코 눌렀을 뿐이고, 실제로는 검색 광고에서 상품 정보를 자세히 본 것이 전환에 더 중요한 영향을 줬다면, 라스트 클릭 방식은 그런 사실을 반영하지 못한다.

데이터 기반 방식

그래서 최근에는 데이터 기반 방식이 더 주목받고 있다. 이 방식은 사용자들의 실제 전환 경로 데이터를 수집해서 각 채널이 얼마나 중요한 역할을 했는지를 통계적 모델이나 머신러닝 기법을 활용하여 정량적으로 추정한다.

대표적으로 Shapley Value 모델이 있다. 이 방식은 원래 게임 이론에서 여러 플레이어가 협업해서 얻은 이익을 어떻게 나눌지를 계산할 때 쓰이는 방법인데, 광고에서는 각 채널을 '플레이어'로 보고, 어떤 조합에서 이 채널이 빠졌을 때 전환율이 얼마나 달라지는지를 계산한다.

예를 들어, SNS 광고, 검색 광고, 이메일 광고가 조합된 전환 경로를 비교하면서, SNS 광고가 포함되었을 때 전환 확률이 눈에 띄게 높아졌다면, 그 채널에 더 많은 기여도를 할당하게 된다.

또 다른 방법은 Markov Chain 모델이다. 이 모델은 사용자가 A 채널에서 B로, B에서 C로 이동하는 과정을 상태 전이$^{State\ Transition}$로 보고, 각 채널이 '전환으로 이어지는 경로'에서 어떤 역할을 하는지를 계산한다. 예를 들어, 사용자가 검색 광고를 보고 브랜드 홈페이지를 방문했다가, 이메일을 받고 최종 구매로 이어졌다면, 중간의 검색 광고가 이 흐름에서 빠졌을 때 전환율이 얼마나 줄어드는지를 계산하여 해당 채널의 기여도를 추정한다.

이러한 데이터 기반 방식은 광고 전환이 발생한 실제 흐름과 맥락을 반영할 수 있어, 단순 클릭 수나 마지막 접점에만 의존하는 기존 방식보다 훨씬 정교하고 현실적으로 분석할 수 있다. 특히, 예산 배분이나 광고 전략을 설계할 때, '보이지 않던' 기여 채널의 가치를 발견할 수 있다는 점에서 매우 유용하다.

찾아보기

한국어

ㄱ

가중치 387
가중치 앙상블 455, 456
가중치 조정 428, 459, 478
감성 분석 19, 90
감정 분석 53, 55, 58, 114, 115, 116, 117, 118, 119, 120, 121
감정 사전 119, 120
강화학습 251, 448, 450, 451, 454, 457, 458, 459
개체명 인식 148, 153, 162, 165, 171, 172
객체 탐지 28, 29, 39, 147, 148, 371
거대 언어 모델 385
거리 기반 필터링 473
검색 로그 292
검색어 확장 190
검색 파이프라인 244
경로 추천 467
고객 그룹 465
고객 세분화 53, 56, 65, 66, 67, 69
고객 여정 53, 76, 85, 86, 87, 88, 89, 90, 91, 515
고객 의도 53, 108, 109, 110, 111, 113
고객 의도 예측 53, 108, 109, 111, 113
고객 이탈 분석 94
고객 평생 가치 53, 76, 77, 79, 81, 83, 84
고객 프로파일링 53, 56, 57, 59, 61, 63, 84, 97, 104
고정 가중치 474
관련도 196
구매 로그 303
구조적 데이터 처리 153
군집화 72, 73
규칙 기반 처리 264, 390
규칙 기반 추천 249, 256, 257, 259, 347, 348
그래디언트 부스팅 110
그래픽 렌더링 491

근사 최근접 이웃 38, 202, 243

ㄴ

내적 방식 206, 229

ㄷ

다국어 번역 417
다익스트라 467
단계적 필터링 345
단어 빈도 267, 268, 269
대화 메모리 226
대화형 225
데이터 전처리 289, 320, 333
데이터 추출 282
동의어 처리 188, 190
디비피디어 176, 181

ㄹ

라우터 393
래퍼 객체 216
레인보우 테이블 22
로그 손실 504
로그인 23, 41, 96, 112, 285, 287, 491, 493, 494, 496
리타겟팅 485, 487, 490, 493, 494, 495, 496, 497, 498

ㅁ

마지막 클릭 방식 515
마코프 모델 480, 481, 482
맥락 458
맥락 기반 가중치 477
맥락 기반 최적화 458
맥락 기반 추천 249, 276, 277, 279, 350
머신러닝 31, 61, 82, 83, 84, 87, 89, 95, 96, 98, 104, 106, 110, 111, 117, 120, 126, 154, 163, 171, 270, 317, 320, 426, 428, 437, 438, 493, 513, 517
멀티모달 검색 236
멀티모달 인코딩 238
멀티모달 챗봇 355, 371, 372, 373
멀티채널 어트리뷰션 분석 515

멀티태스크 모델 123
멀티-핫 인코딩 318
메타 모델 456
명시적 데이터 280
모델 앙상블 347, 348, 349
모델 양자화 402
모델 학습 382
모듈 46, 215
문맥 이해 385
문서 구성 분석 129, 147, 148, 149, 152
문서 구조 분석 129, 148, 151, 152, 153, 155, 157
문장 임베딩 161, 163, 199, 201, 205, 415, 416
밀도 추정 435, 437, 438, 442

ㅂ

베이지안 507, 508, 509, 510
벡터 정규화 241
벡터 조정 241
벡터 통합 240
벡터화 60, 280, 315, 316, 317, 318, 319, 320, 322
보이스봇 401, 402
보정 47, 147, 188, 477, 504
불용어 제거 177, 193, 266
뷰티풀수프 180
브랜드 리프트 측정 485, 487, 511, 512, 513
비밀번호 11, 20, 21, 22, 23

ㅅ

사용자 기반 가중치 475
사용자-아이템 행렬 330
사용자 프로파일 274, 280, 292, 295, 299, 303, 305, 310, 311, 312, 315, 318, 319, 322, 323, 324, 325
사전 학습 382, 383, 414
상태 전이 518
상품 속성 280, 282, 297, 299, 301, 302, 304, 307, 315, 316, 323, 324, 325, 326
색상 검색 232
생성형 검색 185, 209, 210, 211, 212, 213, 214, 215, 217, 219, 221, 223, 225
서드파티 쿠키 488, 490
선호도 계산 253

선호 점수 253, 254, 255
설명형 223
성향 점수 매칭 100
셀프 어텐션 387
소문자 변환 266
속성 태깅 282
손실 함수 142
솔트 22
스크래피 180
스태킹 456
시계열 데이터 분석 437
시나리오 챗봇 355, 361, 362, 363, 365
신경망 기계 번역 377, 380, 381, 382, 383
신분증 인증 11, 28, 29, 31, 33
신용카드 11, 24, 25, 26, 27, 28, 286
실루엣 분석 67
실시간 입찰 498
쌍둥이 모델 105

ㅇ

아마존 킨들 다이렉트 퍼블리싱 154
아이디 11, 14, 15, 16, 17, 18, 19
암시적 데이터 280, 292
어텐션 241, 380, 385, 386, 387
얼굴 인증 11, 39, 40, 41, 42
얼굴 탐지 39
엔터티 129, 131, 157, 158, 164, 165, 166, 167, 168, 169, 170, 171, 172, 173, 175, 176, 177, 178, 179, 180, 181, 182, 183, 264
엘보우 방법 67
여정 플래너 423, 470, 471, 473, 475, 477, 479, 481, 483
역단어 빈도 267, 269
역색인 189, 190, 193, 209
연관 규칙 분석 480, 482
예외 처리 흐름 218
예측값 337, 339
오디오 내레이션 418
오케스트레이터 393
온보딩 개인화 249, 260, 261, 263, 265, 267, 269, 271, 273
요약 생성 388, 414

원-핫 인코딩 317, 318
웹 소켓 408
위변조 검증 30
위치 데이터 460
위치 인코딩 381
위키피디어 176
유사도 계산 314
유사도 분석 41, 129, 131, 160, 161, 163
유클리드 거리 41, 42
음성 합성 407
의도 분석 405
이미지 검색 185, 213, 227, 228, 229, 231
이미지 전처리 24, 47, 147, 148
이벤트 감지 462
이진 벡터 446
이탈 예측 53, 56, 92, 93, 95, 96, 97, 103, 107
이탈 직전 행동 패턴 분석 94
인과 효과 99
인구 통계 249, 252, 253, 254, 255
인구 통계 기반 추천 249, 252, 253, 255
임베딩 16, 17, 41, 61, 62, 153, 155, 161, 162, 163, 199, 201, 202, 203, 204, 205, 206, 212, 213, 229, 230, 238, 270, 320, 358, 359, 371, 372, 406, 415, 416, 426, 427, 447
임베딩 처리 358

ㅈ

자기지도학습 230
자연어 검색 199
자연어 처리 14, 15, 16, 17, 123, 132, 140, 148, 152, 153, 161, 162, 171, 181, 183, 228, 266, 282, 306, 307, 320, 364, 365, 405, 406, 414, 415
장바구니 로그 299
정규화 68, 241, 320, 335, 476
정보 검색 366
정의형 224
제로샷 211, 212, 220, 222, 223, 224
조건부 선택형 하이브리드 349
주변 장소 추천 444
주제 모델링 415, 416
지능형 문서 처리 129, 156, 157, 159
지능형 콜센터 400

지리적 울타리 460
지문 인덱싱 37
지문 인식 27, 34, 35
지문 인증 11, 33, 35, 37, 38
지식 기반 추천 249, 274, 275, 347
지식 증류 403
지오펜싱 423, 460, 461, 463, 465, 466
질문 응답형 219, 220, 221, 225
질문 이력 추적 기능 226
질의 재구성 242

ㅊ

차원의 저주 241
청킹 402
체크섬 26
최근접 이웃 매칭 514

ㅋ

코사인 유사도 63, 161, 162, 205, 207, 229, 280, 325, 326, 336, 432
콘텐츠 기반 추천 280
콜드 스타트 293, 296, 308, 327, 350, 351, 444
쿠키리스 485, 488, 489, 490, 491, 493, 494, 500
클러스터링 62, 66, 67, 68, 69, 232, 271, 274, 406, 415, 416, 493
클릭 예측 모델 485, 501, 503, 505
키워드 검색 185, 188, 189, 191, 193, 194, 195, 197, 209, 514

ㅌ

테마 기반 필터링 473
텍스트 분류 모델 391
텍스트 전처리 263
토큰화 15, 162, 171, 194, 385
통합 요약 222
튜링 43
트리 기반 분리 모델 105, 106
특성 강화 241
특성 엔지니어링 59
특징 공학 426
특징점 기반 35, 36

ㅍ

파라미터 132, 133, 146, 214, 229, 308
파인튜닝 141, 230, 383
판단 로직 391
패턴 매칭 149
퍼소나 53, 71, 73, 74, 75
퍼스트파티 490, 491, 492, 494, 495
품사 태깅 265
프롬프트 133, 136, 141, 144, 145, 211, 213, 214, 215, 217, 218, 283, 367, 385, 388, 389, 393
프롬프트 엔지니어링 388
프롬프트 튜닝 144
프리프로세서 393
피드백 적용형 하이브리드 351
핑거프린팅 490

ㅎ

하이브리드 번역 390, 391, 393, 395
하이브리드 추천 249, 342, 343, 345, 347, 349, 351, 353, 455
하이퍼파라미터 튜닝 509
학습 데이터셋 502
해시값 22
해싱 22
행동 기반 식별 493
행동 기반 이탈 징후 탐지 94
행렬 분해 450
협업 필터링 249, 293, 327, 328, 329, 331, 333, 335, 337, 339, 341, 344, 345, 347, 348, 351, 352, 353, 448, 456, 457, 458, 459, 469
형태소 분석 116, 188
화자 분리 399, 412, 413, 414, 415
화자 식별 413, 414
회원가입 13, 14, 56, 260

로마자

A

A2C 452, 454, 455
A* 알고리즘 467
A/B 테스트 113, 287, 485, 507, 508, 509
Abstractive Multi-document Summarization 222
Agent 215
AgentExecutor 216, 217
Airflow 64, 70, 245, 246, 284
all-MiniLM 163
Amazon Kinesis 433
Amazon Polly 420
Amazon Redshift 154
Amazon SNS 466
Amplitude 87
ANN 243
Annoy 38, 42, 163
Anthropic 216
Apache Atlas 171
Apache Flink 112
Apache Kafka 433
Apache NiFi 153
Apache OpenNLP 171
Apriori 알고리즘 258
ArcFace 41, 42
ARIMA 432
Attention 387
Attention Score 387
AUC 504
AWS Lambda 464
Ax 509

B

bayespy 509
BBC Juicer 175, 177
bcrypt 22
Behavioral Churn Signal Detection 94

BERT 19, 61, 62, 118, 123, 126, 163, 201, 228, 238, 405, 426, 427, 428
BG/NBD 모델 79
BLIP 239
BLOOM 140
BM25 195
BufferMemory 219

C

CAPTCHA 11, 43, 44, 45
Causal Effect 99
causalml 101, 103
CausalML 513
CCPA 465, 488
Celery 51
ChatAnthropic 216
Chat History Tracker 226
ChatOpenAI 216
Chunking 402
Claude 132, 135, 210, 388, 394
CLIP 228, 230, 239, 372, 373
CLV 76, 79, 81, 82, 84
CNN 29, 30, 32, 36, 149, 158, 159, 229, 230
Content-Based Filtering 280
Context 458
Conversational Memory 226
ConversationalRetrievalChain 226
ConversationBufferMemory 217
ConversationMemory 219
CosFace 41
CPA 488
CRM 465
CTR Lift 505
CUDA 403, 404
Curse of Dimensionality 241
CVC 24
CVV 24

D

DAG 64, 246, 284

DataFrame 87, 302, 319, 331
DBDiagram.io 172
DBSCAN 67, 73, 493
DCN 501
DeepFM 501
DeepL 381
DIN 501
DINOv2 230, 238
distiluse-base-multilingual 163
Django 46, 157
DNN 39
DoWhy 513
DSP 498

E

econml 103, 107
EconML 513
EfficientNet 229
Elasticsearch 189, 190, 192, 197, 203, 212, 213
Embedding 212, 238, 416
Entity 172, 264
Error-handling Flow 218
ESPnet 408
ETP 490
EXIF 32

F

F1 점수 429
Face ID 27
FaceNet 41, 42
FAISS 38, 163, 202, 212, 213, 229, 230, 243, 366, 367, 415
Fallback 218
FAQ 데이터베이스 358
FAQ 챗봇 358
FastAPI 163, 215
Faster R-CNN 29
faster-whisper 403, 404
FastSpeech2 407, 418, 420
FastText 16, 447

Feature Boosting 241
Feature Engineering 426
ffmpeg 373
Filebeat 197
Fiona 440
Firebase 58, 278, 464, 466
Firebase Analytics 58, 278
Firebase Cloud Messaging 466
Flask 46, 157, 215
Flat 202
Fluentd 278
Folium 438

G

Gamma-Gamma 81, 82
GAN 32, 420
GDPR 464, 488
Generation 367
Gensim 320, 321
GeoJSON 440
GeoPandas 439
GIT 239
Google Analytics 58, 86, 278, 294
Google BigQuery 154
Google Cloud Text-to-Speech 420
Google Translate 381
Google Vision API 25
GPT 17, 18, 19, 73, 118, 132, 140, 210, 211, 212, 282, 283, 368, 388, 394, 415, 497
GPT-Neo 140
Gradient Boosting 83
GraphHopper 467
GraphQL 163, 434

H

Hashing 22
HNSW 202, 229, 230
HSV 232, 234
Hugging Face 17, 140, 154, 158, 159, 181, 183, 212, 282, 283, 284, 289, 320, 381, 388, 499

Hugging Face Transformers 17, 154, 159, 282, 283, 320, 381, 388, 499

I

Intent 108, 405
Inverse Document Frequency 267
Inverted Index 189
Item2Vec 62
ITP 490
IVF 202, 229, 230

J

JSON 58, 148, 153, 158, 194, 215, 216, 294, 295, 297, 298, 300, 304, 306, 307, 309, 310, 311, 331, 332
JSONB 298, 299, 303, 305, 310, 311, 322

K

KDP 155
Kibana 197
K-Means 271, 274
k-NN 203, 207
KNNBasic 339
KNNWithMeans 339
Knowledge Distillation 403
Kubernetes 434

L

Lab 232, 234
LangChain 214, 245
Last Click Attribution 515
LayoutParser 28, 154
Lifetimes 82
LLaMA 132, 140
LlamaIndex 226, 245
LLM 385
Logistic Regression 96
Logstash 197, 278, 309
Lowercasing 266
LSTM 89, 150, 432

Luhn 알고리즘 26

M

MarianMT 394, 417
Marian NMT 381
Matrix Factorization 450
MediaPipe Face Mesh 48
Metabase 172
Meta Model 456
MiniLM 163, 416
MinMaxScaler 320
Mixpanel 86
MLP 241
mlxtend 258
MongoDB 434
Mozilla TTS 408
Multi-Hot Encoding 318

N

n-그램 기반 분석 161
Naive Bayes 117
Neo4j 432
NER 165, 178, 181, 264
networkx 88
Neural TTS 420
N-gram Analysis 161
NLP 15, 140, 162, 183, 266, 282, 499, 500
NLTK 162
NMF 339
NMT 381, 389, 391, 394, 417
Node.js 464
Normalization 241
Notion AI 145, 146
NPS 119
NumPy 46, 439

O

OCR 13, 24, 25, 28, 30, 44, 45, 147, 150, 371, 373

One-Hot Encoding 317
OneSignal 466
ONNX Runtime 404
OpenCV 24, 39, 46
OpenStreetMap 468
OpenTelemetry 409
OSRM 467

P

PaLM 388
pandas 87, 258, 279, 301, 302
Papago 381
PCA 241
Pegasus 414
pgModeler 172
Pillow 44
plotly 87
POI 423, 425, 426, 427, 428, 429, 431, 432, 433, 434, 439, 441, 442, 444, 472, 473, 478, 479
POI 분류 428
POI 식별 426
Positional Encoding 381
POS Tagging 265
PostGIS 441
PostgreSQL 158, 172, 181, 255, 259, 279, 282, 284, 298, 301, 304, 316, 322, 332, 434, 441
Privacy Sandbox 488
PromptTemplate 215
Prophet 432
psmpy 101
pwgen 21
pyannote-audio 413
pymc3 509
Pyproj 440
PySpark 505
Python 21, 36, 46, 48, 64, 87, 112, 171, 180, 201, 258, 289, 312, 435, 439, 440, 496, 497, 499, 506, 509
pytrend 288

Q

Qdrant 163, 213, 229, 230, 234, 243
Q-learning 452, 454, 455
Quantization 402

R

RabbitMQ 409
RAG 212, 222, 223, 224, 355, 357, 360, 366, 367, 368, 369, 415
RAG 기반 챗봇 355, 366, 367, 369
random 44, 45, 46
Random Forest 83, 426
Rasa 364
Reddit 289, 291
Redis 51, 112, 443, 464
ResNet 229, 238
Retrieval 366
RFM 모델 77
RoBERTa 18, 228, 428, 499
RTB 494, 498

S

Sankey 88
SBERT 62, 201, 204, 212, 238, 416
scikit-bio 509
scikit-image 234
scikit-uplift 103, 106
SciPy 439, 509
scipy.sparse 337
scipy.stats 509
Score 100, 119, 168, 173, 196, 514
secrets 21
Segment 465
Self-Attention 387
Sentence-BERT 62
Sentence-transformers 162, 163
Shapely 440
Shapley Value 517
SIFT 35

Similarity Calculation 314
SMOTE 428
SourceAFIS 36
spaCy 159, 162, 181, 320, 499
Spark 112, 181, 496, 500, 507
Spark Streaming 112
SQL 255
SSD 29
Stable Diffusion 49, 50
Stacking 456
StandardScaler 336
Stanza 162
State Transition 518
statsmodels 509
STT 400
SummaryMemory 219
SURF 35
surprise 339
SVD 339
SVM 117

T

T2T 394
Tacotron2 407, 418, 420
TensorFlow 24, 31, 36, 40, 46, 154, 406, 502
TensorFlow EAST 24
TensorRT 403
Term Frequency 267
Tesseract OCR 28, 150
TF-IDF 162, 195, 267, 269
TfidfVectorizer 270
T-learner 105, 106
Tokenization 15
ToolExecutor 215
Top-k 207, 208
TorchScript 506
TTS 407
Turing 43

U

Universal Analytics 278
Universal Sentence Encoder 406

V

VOC 53, 55, 119, 122, 123, 124, 125, 126

W

Weaviate 163, 213, 229, 230
WebGL 491
WebSocket 408
Whisper 402, 403, 404, 405, 409, 411
WhisperX 403
Wide & Deep 모델 501
Word2Vec 16, 426, 427, 447
WordNet 15
Wrapper Object 216

X

X-learner 105, 106

Y

YOLO 29, 39